COLEX READER | COLEX AUDIO

AF875399

COLEX

ACCESO GRATUITO DURANTE UN AÑO AL eBOOK Y/O AUDIOLIBRO **ADQUIRIDOS A TRAVÉS DE AMAZON**

Si ha adquirido este libro a través de **Amazon**, puede solicitar acceso gratuito a su versión digital durante **un año de forma gratuita**. Siga estos pasos:

¿Cómo solicitarlo?

1. Envíe un **correo electrónico a info@colex.es** con el asunto: **«Solicitud de eBook - [Título del libro]»**.
2. **Adjunte la factura de compra** de Amazon como comprobante.
3. Indique en el cuerpo del correo:
   - Su **nombre completo.**
   - Su **dirección de correo electrónico.** (para activar su cuenta en **www.colex.es**, si aún no está registrada).
4. **Una vez verificada la compra, recibirá un código de activación** para canjear en www.colex.es

✓ Una vez se valide el código, aparecerá una ventana de confirmación y su eBook y/o audiolibro estará disponible **durante 1 año desde su activación** en la pestaña «Mis libros» en el menú de usuario.

— Para más información y acceso a su código, visite: www.colex.es —

* Los audiolibros están disponibles en las ediciones más recientes de nuestras obras. Se excluyen expresamente las colecciones «Códigos comentados», «Biblioteca digital» y los productos de www.vademecumlegal.es.

No se admitirá la devolución si el código promocional ha sido manipulado y/o utilizado.

EL CONTROL DE LA CONSTITUCIONALIDAD DE LAS NORMAS

ESTUDIO COMPARADO MÉXICO-ESPAÑA

EL CONTROL DE LA CONSTITUCIONALIDAD DE LAS NORMAS

ESTUDIO COMPARADO MÉXICO-ESPAÑA

Yuri Pavón Romero

COLEX 2025

© Editorial Colex, S.L.
Calle Costa Rica, número 5, 3.º B (local comercial)
A Coruña, 15004, A Coruña (Galicia)
info@colex.es
www.colex.es

I.S.B.N.: 978-84-1194-989-7
Depósito legal: C 413-2025

SUMARIO

CAPÍTULO II

EL CONTROL ABSTRACTO DE LA CONSTITUCIONALIDAD DE LAS NORMAS EN ESPAÑA

CAPÍTULO III

EL CONTROL ABSTRACTO DE LA CONSTITUCIONALIDAD POR ÓRGANO JURISDICCIONAL EN MÉXICO

CAPÍTULO IV

EL CONTROL ABSTRACTO DE LA CONSTITUCIONALIDAD EN MÉXICO Y ESPAÑA. CRÍTICA Y POSTURAS

PRÓLOGO

Tengo mucho gusto en prologar la presente monografía del Doctor Yuri Pavón Romero sobre El control de constitucionalidad de las Normas: estudio comparado México-España. Primero, porque trae causa de una magnífica tesis doctoral defendida en la centenaria Universidad de Alcalá de Henares bajo la batuta del Profesor Guillermo Escobar Roca. Segundo, porque el Profesor Yuri Pavón es el director del seminario de derecho administrativo nada menos que de la Universidad Nacional Autónoma de México, la UNAM y, sobre todo, porque la monografía plantea relevantes desafíos para el jurista de nuestro tiempo, que conviene tener bien presentes, especialmente en un mundo en el que la Constitución material parece presa de enfoque formales que agostan sus valores y principios. Principios y valores que deben ser defendidos y preservados por el Tribunal Constitucional, máximo intérprete y guardián de la Norma Fundamental.

La monografía del Doctor Pavón Romero tiene cuatro partes bien diferenciadas en las que el autor estudia el control de constitucionalidad en sentido amplio, el control abstracto de constitucionalidad de las Normas en el derecho español y en el Derecho Mexicano, para concluir, como debe ser, con una serie de reflexiones críticas acerca del sentido y funcionalidad del control abstracto de las Normas en los dos países.

Estamos en presencia de un estudio exhaustivo, riguroso, bien articulado y que trata todas las cuestiones relativas al control de constitucionalidad de las leyes tanto en México como en España. En este sentido, como Presidente del Foro Iberoamericano y Director del Doctorado Internacional en Derecho Administrativo Iberoamericano, el enfoque realizado por el Doctor Pavón Romero al comparar dos Ordenamientos tan relevantes como el español y el mexicano es atinado y permite avanzar y mejorar al plantear al final una serie de propuestas y mejoras en esta materia.

Como es bien sabido, la Constitución, producto del constituyente, surge de la propia sociedad para organizar los poderes del Estado. Se trata de una Norma, la Norma de las normas, la Norma Fundamental. que de forma sistemática trata de organizar la vida de la comunidad, regulando, al menos, dos grandes cuestiones: las relaciones entre los individuos y el Estado; y las funciones fundamentales del Estado y sus órganos, el ámbito de sus competencias y sus relaciones en el marco de los fundamentos, principios y valores del Estado social y democrático de Derecho.

En efecto, tal y como ya se indicaba en el artículo 16 de la declaración de Derechos del Hombre y el Ciudadano de 1789, toda sociedad en la que no esté asegurada la garantía de los derechos ni determinada la separación de los poderes carece de Constitución. Y hoy, mal que nos pese, al menos la garantía de la separación de los poderes es en tantas latitudes una mera cuestión formal o cosmética a causa de la ausencia de independencia y autonomía de los integrantes de muchos Tribunales y Cortes de constitucionalidad.

Las bases del concepto liberal y moderno de Constitución se fundamentan en el reconocimiento y garantía de la libertad del ciudadano frente al poder público a través de una serie de principios y técnicas, destacando el respeto a los derechos fundamentales y la consagración de la división de poderes. Elementos que deben ser protegidos y defendidos por los Tribunales Constitucionales al realizar el control de constitucionalidad de las leyes.

La Constitución española de 1978, la norma que regula la convivencia de los españoles, establece, tanto en el preámbulo como en el articulado, una serie de valores y principios que deben impregnar el régimen jurídico y el orden social colectivo. No es baladí, por tanto, que el citado preámbulo señale la justicia, la libertad y la seguridad como los tres valores constitucionales más importantes. La justicia porque es esencial al Estado de Derecho que exista un ambiente en el que la ley trate a todos por igual y en el que los jueces y tribunales realicen su función jurisdiccional con autonomía e independencia. La libertad, que el preámbulo cita en segundo término, porque es básico que los españoles podamos desarrollar nuestra personalidad libremente y, finalmente, la seguridad, porque la paz es condición necesaria para la justicia y la libertad.

El preámbulo de la Constitución proclama en su segundo inciso, recogiendo una vieja tradición del primer constitucionalismo del siglo diecinueve, el principio de juridicidad, también denominado principio de legalidad. Es decir, la ley, expresión de la voluntad popular, debe ser la razón de ser del Estado de Derecho. La soberanía nacional se manifiesta a través de las leyes, que se erigen así en la máxima referencia de la voluntad del pueblo. Este principio hoy está siendo cuestionado porque la batalla entre la razón y la voluntad está siendo dominada por una visión del poder público que trata, por todos los medios, de imponerse a como dé lugar frente a los límites inherentes a un sistema democrático que descansa sobre los postulados del Estado de Derecho.

En el Estado de Derecho, el principio de juridicidad, el imperio de la ley como expresión de la voluntad general, debe impregnar la actividad pública, también la privada, para que a través de una adecuada y coherente interpretación constitucional, nos conduzca a «un orden económico y social justo», a «la protección de los españoles en el ejercicio de los derechos humanos», a «una digna calidad de vida», a «la dignidad de la persona», al «libre desarrollo de la personalidad», a los «derechos inviolables inherentes a la persona» y, por supuesto, al «respeto a los derechos de los demás».

Como es bien sabido, el tema del control en general, el control de constitucionalidad de las normas jurídicas en particular responde a la necesidad de dar sentido y cumplimiento a uno de los fines principales de la democracia. En efecto, limitación del poder y participación ciudadana son los principales fundamentos de esta forma de gobierno. Por eso, el poder sin control es un poder ilimitado, algo que contraria esencial y gravemente la esencia de la democracia misma. Se trata de un asunto sobre el que hay que volver una y otra vez porque constituye uno de esos tema-testigo en los cuales el Derecho, la justicia, aparecen, por sí mismos, como los elementos fundamentales que ayudan a entender el sentido de la democracia, el alcance del Estado Social y democrático de Derecho.

En efecto, si hacemos una incursión histórica en las fuentes del pensamiento democrático, nos encontramos que los antiguos, los clásicos que estudiaron y que pusieron en funcionamiento el sistema democrático, nos dicen por activa, pasiva, y perifrástica, que hay dos características básicas y fundamentales que ilustran la fortaleza de un sistema democrático. Por una parte, la ética en el ejercicio del poder público, es decir, el poder público como función de servicio a la sociedad, y por otra, la existencia de mecanismos y sistemas de control del poder público sea el ejecutivo, el legislativo o el judicial. Por eso, esta idea de los límites inherentes al poder constituye una consideración bien relevante en la filosofía y en el pensamiento moderno que también se debe aplicar sobre el sistema democrático. Analizar los límites que el propio sistema impone a la confección de las normas por el Parlamento o por la Administración es trascendente y permite precisamente fortalecer el propio sistema democrático.

El límite es consustancial a la idea misma del poder en la democracia. Los fundadores del Estado de Derecho nos alertaron certeramente desde los orígenes acerca de la necesidad de que existan mecanismos de control, de que existan contrapoderes que aseguren el ejercicio equilibrado, mensurado y moderado del poder mismo. Por eso, en la teoría del control de las normas existen diferentes técnicas y procedimientos que, correctamente empleados, más que obstáculos o dificultades al ejercicio del poder, son efectivamente fórmulas que ayudan a que el ejercicio del poder se realice en el marco y conforme a cánones o estándares democráticos.

Los Tribunales Constitucionales nacen para que las leyes, también en algunos casos y países las normas administrativas, cumplan los más elementales estándares constitucionales. Para que se ajusten a los fundamentos, valores y principios constitucionales, para lo cual los integrantes de este órgano, en unos sistemas político en otros judicial, debe gozar de independencia y autonomía. Algo que, en nuestro tiempo, en unos países más y en otros menos, es muy complicado ante el asalto de los poderes ejecutivos que no quieren que sus decisiones sean cuestionadas bajo ningún aspecto.

La ciencia de la técnica normativa, el arte de la confección de las leyes, sobre todo, como ciencia social que trata de la forma de elaboración de las normas jurídicas, tiene una profunda vinculación como uno de los principios generales del Derecho más relevantes, como es el de la seguridad jurídica. Principio esencial en el Estado de Derecho en la medida que la sumisión a unas reglas de juego jurídico conocidas de antemano por todos los operadores facilita la buena fe en el tráfico jurídico y dota a las relaciones jurídicas de la fortaleza y congruencia necesarias para la armonía social.

La técnica normativa, además de regir la forma de elaboración de las normas jurídicas, ha de mantener una indisoluble alianza con los más básicos aspectos materiales de la producción del Derecho. La forma y los valores han de caminar de la mano. Si sólo subrayamos lo procedimental o si sólo nos fijamos en los elementos axiológicos, estaríamos ante planteamientos disgregadores y sesgados. La unión equilibrada entre materia y forma, enseñada hace siglos por Aristóteles, tiene en el tiempo presente una gran relevancia, también para entender el sentido de la interpretación y la hermenéutica constitucional, sobre todo, como ahora comprobamos a diario, se reduce esta suprema tarea del Tribunal Constitucional a pura forma, a puro procedimiento despreciando los valores afinados en el mismo Texto constitucional.

En un Estado de Derecho las Normas jurídicas se confeccionan para que se apliquen. Han de ser claras en lo que atiende a su rúbrica, a su objeto, a sus efectos y a sus destinatarios. Han de ser lo más completas posibles, lo más concretas posibles y lo más concisas que se pueda. Han de estar redactadas según los más elementales cánones de la producción de Normas. Es decir, han de recoger, en la medida de lo posible los patrones, las reglas propias de la mejor técnica normativa. Y la mejor técnica normativa es aquella en la que más resplandece el principio de seguridad jurídica y sus corolarios necesarios: buena fe o confianza legítima entre otros.

Desde la perspectiva constitucional podríamos cuestionarnos hasta qué punto se podría, por ejemplo, anular una ley por inconstitucionalidad al violar el principio de seguridad jurídica por mala técnica normativa. En otras palabras, ¿sería posible que una norma con fuerza de ley cuya redacción atentara contra la seguridad jurídica fuese declarada inconstitucional por el Tribunal Constitucional? ¿Incluye el control de constitucionalidad de las leyes el control sobre los principios de Derecho recogidos directa o indirectamente por la Norma Fundamental?

Evidentemente, la respuesta a esta pregunta sólo puede ser afirmativa. En efecto, igual que se puede declarar inconstitucional una ley que conculque el principio de interdicción de la arbitrariedad, se puede anular por vicio de constitucionalidad una ley que atente contra la seguridad jurídica, pues ambos principios de derecho están expresamente reconocidos en nuestra Carta Magna. Circunstancia que puede concurrir, por ejemplo, si es que una ley no contiene normas transitorias claras y concretas.

En cualquier caso, podríamos decir que el camino esta expedito pues el propio Tribunal Constitucional del Reino de España, ha señalado en su sentencia de 15 de marzo de 1990 que «el legislador ha de perseguir la claridad, no la confusión (...). Es relevante que los operadores jurídicos y los ciudadanos sepan a qué atenerse en la relación con la materia sobre la que la ley legisla (...). Hay que buscar la certeza respecto a lo que es Derecho y no lo es y no provocar relaciones entre normas que den lugar a perplejidad respecto a la previsibilidad exigible al Derecho».

La doctrina que sienta el Tribunal Constitucional español en la sentencia citada permite extraer el contenido constitucional del principio de seguridad: que los operadores jurídicos y los ciudadanos sepan a qué atenerse porque el Derecho, en sí mismo, ha de ser previsible. Es decir, si nos situamos en el campo del Derecho Administrativo, podríamos decir, desde esta perspectiva que una derivación necesaria de la seguridad jurídica es el principio denominado de confianza legítima.

Desde la técnica normativa se puede, y se debe, trabajar a favor de la calidad en la elaboración de las normas y de su congruente articulación e integración en el Ordenamiento jurídico. En este sentido, podemos encontrar algún pronunciamiento del Tribunal Constitucional español que apunta en esta dirección: «Las normas no son elementos aislados e incomunicables, se integran en un conjunto —Ordenamiento jurídico— en cuyo seno de acuerdo con unos principios han de resolverse los problemas» (sentencia 150/1990). Y uno de esos principios es el de seguridad y certeza jurídica que postula, como ya lo hemos señalado anteriormente, que los operadores jurídicos conozcan previsiblemente las reglas del juego, a qué atenerse.

La técnica normativa no es una ciencia social que opera sobre el vacío. El solar sobre la que asienta su operatividad es, ciertamente, la Constitución. Por supuesto. Pero la Constitución, a su vez, suele ser la expresión de una determinada tradición y cultura jurídica. En el caso del Reino de España no podemos desconocer en este sentido el derecho romano, el derecho germánico y el derecho francés, sin olvidar, claro está, los principios propios del derecho español que en materia de derecho público son de tanta relevancia. Pues bien, en este acervo de normas y principios que conforman la tradición y la cultura jurídica española se encuentran lógicamente la seguridad y la certeza jurídica como expresiones de la necesidad de que el Ordenamiento jurídico sea la manifestación de ese dar a cada uno lo suyo, lo que le corresponde, que es la esencia del Derecho. Si en el proceso de elaboración de las normas con fuerza de Ley la idea de Derecho se deja arrumbar por la racionalidad técnica, la razón de Estado o la pura voluntad de poder, entonces la técnica normativa no sería más que un instrumento más del uso alternativo del Derecho en el que últimamente se está convirtiendo nuestro sistema normativo.

La seguridad y la certeza jurídica nos conducen a la postulación de unas necesarias condiciones de inteligibilidad, de conocimiento y entendimiento de las normas que, a su vez, nos plantean que las normas han de ser claras en la semántica y en el estilo de redacción, además de transparentes. El lenguaje normativo no puede ser contrario al lenguaje común. El lenguaje común juridificado mucho tiene que ver con el entendimiento general de las normas, algo que la técnica normativa no puede olvidar porque si las normas no las entienden ni siquiera a quien van dirigidas entonces bien se puede decir que no tienen sentido alguno.

La técnica normativa también trata de la integración de las normas en un Ordenamiento jurídico unitario, abierto y continuo. Unitario porque el Ordenamiento jurídico consiste un único sistema, con subsistemas, pero un sistema con reglas y principios en los que existen diferentes partes y componentes que se insertan armónicamente de acuerdo con las más elementales exigencias de la lógica y la racionalidad. Es abierto porque continuamente unas normas salen y otras entran, unas son reformadas y otras son derogadas. Y finalmente es continuo porque existe un principio de conservación del Ordenamiento que postula la existencia de un continuo de reglas y principales que son precisamente la expresión del derecho como camino hacia la justicia.

Si la Constitución y el resto del Ordenamiento jurídico vinculan a los poderes públicos y a los ciudadanos como dispone el artículo 9.1 de la Constitución, es lógico y razonable que las normas sean redactadas en un lenguaje entendible por los destinatarios de las mismas ya que, además, es un principio básico del Estado de Derecho que las normas jurídicas obligan sin que sea posible alegar desconocimiento. Sin embargo, a pesar de ello, y a pesar de que la técnica normativa invita a que las normas se redacten en lenguaje normativo, pero entendible, la realidad es que la mayoría de la población no alcanza a entender el significado y el contenido de las normas porque éstas siguen redactándose en un lenguaje ininteligible para el común de los mortales.

Por lo que se refiere a la claridad normativa, el principio de seguridad jurídica reclama que la norma jurídica esté redactada claramente y publicada, de manera que sea cierta tal y como, por otra parte, apunta la sentencia del Tribunal Constitucional español de 16 de julio de 1987. Santaolalla ha señalado atinadamente que el principio general del Derecho de seguridad jurídica exige que de los términos de la norma se deduzca claramente su valor normativo, su naturaleza jurídica, su posición en el sistema de fuentes, su eficacia, su vigencia, su estructura y su publicidad.

La claridad en la redacción de la norma, especialmente en lo que se refiere a las cuestiones que hacen referencia al rango, derogación, efectos, dispensas, excepciones, modificaciones y vigencia de la norma evitan el ambiente de oscuridad, opacidad y ambigüedad en el que no pocas veces caen los legisladores o administradores de nuestro tiempo. Cuando esto ocurre, normalmente nos encontraremos ante la generación de un contexto de oscuridad o penumbra buscado por el poder para actuar sin limitaciones, sin restricciones. Es la expresión de un poder que no quiere controles y que legisla o administra persiguiendo siempre hacer su voluntad, utilizando el Derecho y la técnica normativa como meros instrumentos accidentales para consumar sus propósitos. Por eso es tan importante que las reglas o directrices de técnica normativa tengan un adecuado rango jurídico que permitan que el Derecho siga siendo un dique de contención frente a las inmunidades que busca el poder público.

En fin, bienvenida esta nueva obra del Profesor Yuri Pavón Romero que llega para engalanar las bibliotecas jurídicas de tantos juristas de la querida Iberoamérica. A partir de ahora la perspectiva iberoamericana del Derecho Público cuenta con un nuevo exponente que nos ayuda a comprender mejor el sentido y funcionalidad del control abstracto de constitucionalidad de las Leyes.

A Coruña, 17 de febrero de 2025.

Jaime Rodríguez-Arana
Catedrático-Director del Grupo de Investigación de Derecho Público Global de la Universidad de A Coruña.
Presidente del Foro Iberoamericano de Derecho Administrativo

INTRODUCCIÓN

En este libro, se aborda un estudio comparado entre México y España, dos naciones con tradiciones jurídicas y sistemas constitucionales propios, pero que comparten la preocupación por la defensa de la norma suprema doméstica y la consolidación de una justicia constitucional. El control de la constitucionalidad de las normas es un pilar fundamental en el Estado de Derecho contemporáneo, su finalidad es asegurar la supremacía de la Constitución.

La elección del estudio comparado entre México y España como objeto de análisis del control de las normas no es fortuita, atiende a dos naciones sobre las que guardo un fuerte vínculo, razón que permitió seguir de cerca sus disposiciones normativas en este rubro constatando así que ambos países han experimentado procesos de transformación en su orden jurídico de corte significativos en las últimas décadas, lo que ha generado debates académicos y jurisprudenciales en torno a la interpretación y aplicación de la Constitución. En este contexto, para el libro resulta relevante examinar cómo se ejerce el control de constitucionalidad en cada uno de estos ordenamientos, identificando similitudes, diferencias y posibles puntos de encuentro, así como una crítica a cada sistema.

La obra se divide en cuatro capítulos: I. El control de la constitucionalidad. Elemento indispensable para el control del orden jurídico; II. El control abstracto de la constitucionalidad de las normas en España; III. El control abstracto de las normas en México; IV El control abstracto de la constitucionalidad en México y España críticas y posturas.

En el capítulo primero se propone un enfoque dogmático para definir el control de la constitucionalidad, buscando construir conceptos a partir de la interpretación y análisis profundo de las normas, su contexto y su finalidad y no solo de su aplicación literal, por lo cual se aborda la clarificación de ideas como control jurídico, control de constitucionalidad, características que requiere un control de la constitucionalidad, el objeto y finalidad del control de la constitucionalidad, críticas sobre una inadecuada terminología, los medios de control de la constitucionalidad tanto en España como en México, entre otros temas relativos a la evolución de estas figuras en aquellos países.

En el capítulo segundo se desarrolla un análisis de los medios procesales y procedimientos constitucionales del orden jurídico español cuyo objeto sea examinar la concordancia o no de un dispositivo legal entiéndase ley o disposición con fuerza de ley apegado a la constitución, por lo cual se analiza con cierto detalle el recurso de inconstitucionalidad, la declaración sobre la constitucionalidad de los tratados internacionales y el recurso previo de inconstitucionalidad contra proyectos de estatutos de autonomía y contra propuestas de reforma de estatutos de autonomía, destacando también en este apartado la gran importancia que legó el tribunal de garantías constituido en la Segunda República.

En el capítulo tercero se analiza nuevamente lo que implica el control abstracto de las normas, pero en particular el desarrollado por órgano jurisdiccional dejando en claro que la palabra abstracto atiende a una indeterminación sobre la procedencia de los medios de control de la constitucionalidad, es decir que para el control en estos términos no es necesario la aplicación directa del dispositivo normativo a controlar, pues el objeto de procuración no subyacen reparar la afectación de quien sufrió un malestar, por el contrario, lo que se busca es la expulsión de una norma jurídica que alteran la coherencia del orden jurídico al que pertenece; sobre el caso de México se determina que el control abstracto se legisló en marco constitucional apenas en el año de 1994 con la institución conocida como acción de inconstitucional siendo ésta, hasta el año 2011, el único medio procesal para tal efecto pues en específico, con la reforma constitucional del 6 de junio del año 2011 surgió la declaratoria general de inconstitucionalidad cuyos efectos se establecieron como erga omnes teniendo como fuente generadora los recursos de revisión de juicios de amparo indirectos resueltos por la Suprema Corte o el establecimiento de jurisprudencia por reiteración emitida por la misma o por los tribunales colegiados de circuito.

En el capítulo cuarto se lleva a cabo la materialización de la comprensión de los medios abstractos de control que realiza México y España contrastando los medios de control para conocer su eficiencia, así como las razones de su implementación e identificar las fórmulas o propuestas que pudieran implementarse para corregir deficiencias y mejorar la eficacia de estos medios.

Se espera que esta investigación sea de utilidad para el lector que tenga interés en aprender temas de Derecho Constitucional, el control de la constitución, el control abstracto y el modo de actuación para controlar las normas en donde convergen como parámetros la legalidad, la constitucionalidad y la convencionalidad, tratando para ello temas como los órganos resolutores en cada Estado; su procedencia; sus sujetos legitimados; el procedimiento; las sentencias, sus efectos y su cumplimiento.

Cabe advertir que se deja pendiente para el análisis en una segunda edición, el control de la constitucionalidad que derive de la reforma constitucional mexicana que impera desde el anterior 15 de septiembre de 2024[1],

1. DECRETO por el que se reforman, adicionan y derogan diversas disposiciones de la Constitución Política de los Estados Unidos Mexicanos, en materia de reforma del Poder Judicial.

ya que si bien, la transformación en cuestión no afectó, en estricto sentido al control abstracto, pues no se avocó a la faceta procesal, sí modificó las estructuras judiciales encargadas de asegurarlas, como la Suprema Corte de Justicia de la Nación, la cual verá reducido el número de sus integrantes de 11 Ministros a tan solo 9, lo cual incide en los porcentajes para decretar la inconstitucionalidad; además, desde luego tendrá que dilucidarse en un futuro posterior a septiembre de 2025 si hay o no un sesgo en los jueces electos por voto popular a favor de los criterios oficialistas o bien, si se mantiene un ánimo garantista de protección; en otras palabras, si los medios de control abstracto defienden a la Constitución y su parámetro de regularidad o por el contrario, a un estatus político.

AGRADECIMIENTOS

En 1998, en ese lugar maravilloso que es la Universidad de Alcalá, en su paraninfo, María Zambrano, quien fuera la primera mujer en recibir el Premio Cervantes mencionó al inicio de su respectivo discurso, lo siguiente:

> «Para salir del laberinto de la perplejidad y del asombro, para hacerme visible y hasta reconocible, permitidme que, una vez más, acuda a la palabra luminosa de la ofrenda: Gracias».

Como se aprecia, «Gracias» es una palabra luminosa, esa que abre puertas, devela a los bien nacidos pero, sobre todo, si se brinda sinceramente, provee la humildad del que todo ser humano debe estar investido; las gracias siempre deben de expresarse, pues uno jamás llega solo al destino idealizado o bien, al simple destino, por eso hay muchas gracias que dar por este libro, en especial a mis ancestros que empezaron a partir poco después de tenerlo listo como preparativo, mis cuatro maravillosos abuelos, Domitila, Leonor, Silvestre y Juan, que me dieron enseñanzas y un cariño imposible de describir a través de la palabra, eso es puro sentimiento.

A mis padres, Don Fernando Pavón Soriano y Doña Eréndira Romero Serralde, quienes supieron criar y dar amor a cuatro retoños que hoy son partícipes de sus nuevas familias, a ustedes padres por quererme; a mis hermanos les debo una época y enseñanzas que jamás olvidaré.

A mi vida plena en España, país que me cambió, en donde destaco la fortuna de recibir la llegada de Yuri, el amor más puro; a Elizabeth, que me siguió demostrando ser una gran mujer, la compañera idílica que sigue a mi lado.

A quien me ayudó con lo más preciado que una persona puede dar, tiempo y aprecio desinteresado, gracias, Dafne.

A mi querido amigo y maestro, Guillermo Escobar Roca, quien me orientó con atinados comentarios desde que le expresé mi inquietud por escribir sobre el tema.

A Doña Sonia Venegas Álvarez, mujer capaz y brillante, de buena voluntad quien asumió como brújula en la vida a la prudencia y la coherencia. Así me lo muestra siempre.

A quien a pesar de ser un estudioso consolidado del Derecho público se toma un rato de su siempre valioso tiempo para motivarme y sugerirme pasos para seguir creciendo en el ambiente universitario, Jaime Rodríguez-Ararna.

A los amigos profesionales que me han acompañado por la vida universitaria.

Principalmente, a todos mis alumnos.

CAPÍTULO I

EL CONTROL DE LA CONSTITUCIONALIDAD. ELEMENTO INDISPENSABLE PARA EL CONTROL DEL ORDEN JURÍDICO

1. Control de la constitucionalidad

1.1. Concepto

Toda rama del conocimiento emana de la filosofía, esta afirmación se materializa en el mundo académico de muchas formas; por ejemplo, En el mundo latino, las universidades revisten una serie de prácticas formales respecto a sus facultades o escuelas de filosofía, reconociendo a esta materia como aquella que funda las demás ramas del conocimiento.

En este sentido, el reconocimiento que se le da a la filosofía en el mundo deriva entre diversas razones, por ser la disciplina de la cual emana la lógica y es ésta quien brinda estudios dedicados a la explicación y reglas para la formulación de conceptos y definiciones.

En este contexto, al pretender desarrollar el tema del «Concepto del control de la constitucionalidad» debe determinarse qué es el control y qué es la constitucionalidad. Para ello, la construcción de ambos conceptos no obedecerá a lo que la norma prescribe, sino que su producción se realizará a partir de las reglas de la dogmática jurídica, entendida ésta como la Ciencia del Derecho, es decir, un proceso explicativo que va más allá de la aplicación y la descripción de la norma; por lo tanto los conceptos «control», «constitucionalidad» y «control de la constitucionalidad» serán elaborados a partir de la racionalización de la norma, la fenomenología que la rodea, la abstracción de la misma y su finalidad[2], por lo cual, lo que se pretende proporcionar, son

2. La finalidad debe ser vista como un filtro para poder estructurar los conceptos, *Cfr.* Díez Sastre, Silvia, «La formación de conceptos dogmáticos en el Derecho Público», *Revista Jurídica Universidad Autónoma de Madrid*, Madrid, 2015, N.° 31, p. 131.

conceptos dogmáticos[3]. En este contexto, a partir de la observación y análisis de la norma se tienen herramientas para criticarla e incluso, mejorarla. Cabe señalar que, en el mundo del derecho, la elaboración de los conceptos, como lo señala Díez Sastre, no atiende a un plano institucional, pues éstos son propios de la Ciencia Jurídica. En el ámbito legal, lo que se aprecia, son definiciones, esto es, el material jurídico elaborado por algún autorizado. De esta manera es como los órganos del Estado proveen definiciones, a través de las leyes (congresos), la jurisprudencia (tribunales) o los reglamentos (órgano ejecutivo).

En este orden de ideas, por lo que hace al control, las autoridades lingüísticas formales han determinado que éste es el que se encuentra sujeto a «comprobación, inspección, fiscalización o intervención»[4], lo cual se traduce, en el ámbito jurídico, en la facultad de una determinada autoridad para vigilar que los actos realizados por otra estén conforme a derecho.

Ahora bien, si aunado a la idea de control se añade el adjetivo «constitucional» o «de la constitucionalidad», el universo de los distintos tipos de control se reduce a uno, el cual deberá entenderse como la jerarquización y la coherencia normativa a razón de la Constitución de acuerdo con la teoría kelseniana[5].

En este orden de ideas, desde un punto de vista lingüístico y dogmático jurídico, el control de la constitucionalidad es la facultad conferida a uno o varios órganos para vigilar que los actos u omisiones de una autoridad o de un particular[6] en determinados casos, no contravengan el texto constitucional y, por ende, sean coherentes con el orden jurídico, de lo contrario, la autoridad facultada para ejercer el control podrá intervenir y restablecer el orden, así como someter a quien lo transgreda.

---

3. *Idem* pp. 123-124.

4. Diccionario de la Real Academia Española, voz: «Control», puede verificarse en: *http://dle.rae.es/?id=AeYZ09V*

5. Kelsen, Hans, *Teoría general del derecho y del estado,* 2.ª ed., México, Universidad Nacional Autónoma de México, 1958, pp. 135 y 137.

6. En México, a partir del año 2011, se reconoció a los particulares como autoridades para efectos del Juicio de Amparo, (Artículo 5, fr. II, párrafo segundo de la Ley de Amparo) cuando realicen actos equivalen a los de una autoridad que afecten derechos y cuyas funciones estén determinadas en una norma general. Esta protección atiene a la Teoría de la eficacia horizontal de los derechos fundamentales o Drittwirkung alemana. Al respecto, países como España, Portugal, El Salvador, Argentina entre otros países se han pronunciado en sentencias de diversos medios de control de la constitucionalidad sobre esta postura. *Cfr.* Von Bogdandy, Armin, Mac-Gregor Ferrer, Eduardo y Morales Antionazzi, Mariela Coords., *La Justicia Constitucional y su internacionalización ¿Hacia un ius constitutionale commune en América Latina?*, T. I, Valadés, Diego, «La protección de los derechos fundamentales frente a particulares», México, *Instituto de Investigaciones Jurídicas de la UNAM*, Max Planck-Institut Für Ausländisches Öffentliches Recht Und Völkerrecht, Instituto de Derecho Constitucional, 2010, pp. 681-710.

En esta misma tesitura y como se ha referido, el control de la constitucionalidad tiene una vinculación con la Constitución, pues es el encargado de asegurar la supremacía de aquélla frente al orden jurídico. Pero ¿por qué es tan importante asegurar la superioridad de la Constitución en relación a éste?

Al respecto, debe tenerse en cuenta que la constitución posee un doble carácter, político y jurídico; es decir, una naturaleza dual que, por un lado justifica y autoriza la aceptación de la constitución como suprema de un orden institucional porque es el cariz que los poderosos o grupos de influencia o poder —en todos los casos se entiende como *un ser político*— decidieron marcar estableciendo decisiones políticas en su contenido[7]; y por el otro lado, esto es, desde su perfil jurídico, la constitución adquiere tal carácter desde la perspectiva positiva, porque es la única disposición que indica quién o quiénes son los órganos autorizados para crear e imponer leyes a la comunidad y asimismo, determina el procedimiento para que las leyes sean reconocidas. De esta manera, todas las normas que emerjan de los procesos constitucionales legislativos tendrán un respaldo en aquella y una identificación automática en cuanto a grado, así las leyes adquieren una especie de *pedigree* normativo que implica entre otras cosas; primero, que todas las normas de un orden jurídico son siempre inferiores a la constitución; segundo, que entre ellas mismas habrán consideraciones de grado normativo y; tercero, que derivado de las dos primeras consideraciones todas las normas deberán ser por lo menos en teoría obedientes y conformes a las disposiciones constitucionales (de ahí se explica que la coherencia normativa deviene de un hacedor único de normas, quien para redactarlas debe estar atento a que nunca, por lo menos de manera hipotética, se transgreda lo que la disposición suprema determina).

Esta última idea es coincidente con lo establecido por Georges Burdeau cuando determina la superioridad material de la Constitución, ya que ésta implica que todo orden jurídico reposa en la constitución porque quien funda las competencias (la Constitución) es necesariamente superior y de ella reciben su validez; por ende, toda actividad estatal no puede ir en contra de ella sin despojarse al mismo tiempo de su legitimidad jurídica[8].

No obstante lo anterior, los hechos sociales nos han demostrado desde la primera constitución moderna occidental que los esfuerzos de coherencia para que todas las normas, actos y abstenciones por parte del Estado, ten-

---

7. Una Constitución no se apoya en una norma cuya justicia sea fundamento de su validez, se apoya en una decisión política surgida de un ser político, acerca del modo y forma del propio ser. en SCHMITT Carl, *Teoría de la Constitución*, Madrid España, Alianza editorial, 1982, p. 124.

8. BURDEAU, Georges, referido en BARCELÓ ROJAS, Daniel *et al.*, *Manual de Derecho Constitucional. Estructura y Organización Constitucional del Estado Mexicano*, México, UNAM Instituto de Investigaciones Jurídicas y Fondo de Cultura Económica, 2018, p. 43.

gan respaldo en la constitución quedan en muchas ocasiones superadas, por lo que es necesario regular las propias normas de un orden jurídico, así como los diferentes actos y omisiones de las autoridades o particulares actuando como autoridades con la finalidad de que no se vulnere el texto constitucional.

En esta tesitura, el control de la constitucionalidad debe ser considerado como los hechos objetivos atribuibles a un operador institucional (jurídico) con miras a asegurar que no existan, en las disposiciones generales que sustenten actos u omisiones de autoridades o particulares, ideas contrarias al texto de la Constitución.

La definición proveída del «control de la constitucionalidad» intenta ser válida en cualquier escenario; independientemente de las características que la doctrina occidental identifica en sus distintas clasificaciones, por ejemplo, intérprete de tipo único (control jurisdiccional de carácter concentrado), la totalidad de intérpretes (control jurisdiccional difuso) o intérpretes seleccionados (control jurisdiccional mixto); así como el tipo de control (control político, administrativo o jurisdiccional); las especies de control de cada país atendiendo al órgano resolutor (amparo, acción de inconstitucionalidad y controversia constitucional en México; el recurso y cuestión de inconstitucionalidad contra leyes, disposiciones normativas o actos con fuerza de Ley; conflictos constitucionales de competencia, entre órganos constitucionales del Estado y recurso de amparo en España; o el recurso de inconstitucionalidad, conflicto entre órganos, disputa por el Estado Federal; el control de estándares abstractos o el control de normas concretas en Alemania, por mencionar algunos).

En conclusión, y como se ha referido en párrafos precedentes, el control de la constitucionalidad requiere de dos características fundamentales, no sólo que la declaración de que una ley, acto u omisión emitida por una autoridad o particular sea contrario a la constitución o no, así como las razones para llegar a dicha conclusión; sino también, que esta decisión debe ser emitida por autoridad competente.

Las expresiones anteriores están basadas en ideas manifestadas por filósofos del Derecho, como Robert Alexy, quien determina que «El Control de Constitucionalidad es la expresión de la superioridad o prioridad de los derechos fundamentales frente a —o en contra de— la legislación parlamentaria. Su base lógica es el concepto de contradicción. La declaración de inconstitucionalidad de una ley implica que ésta contradice, al menos una norma de la constitución. ...En la mayoría de los casos, los fallos de los tribunales constitucionales son explicativos y tienen la forma de "la ley L es inconstitucional. ..."»[9].

---

9. Andrés Ibáñez, Perfecto y Alexy, Robert, *Jueces y Ponderación Argumentativa,* México, Instituto de Investigaciones Jurídicas, 2018, p. 11.

El mismo autor señala que «este tipo de participación en la legislación implica que la actividad del tribunal constitucional no solo tiene un carácter proposicional o discursivo, sino también un carácter institucional o autoritativo»[10].

1.2. Razones para proteger a la Constitución. Su objeto y finalidad

En el apartado anterior se señaló la importancia lógica, jurídica y política que una Constitución posee.

Ahora bien, desde un punto de vista metodológico, para comprender de mejor manera el control de la constitucionalidad, es menester conocer su objeto y finalidad.

En este orden de ideas, una investigación contiene dos ideas metodológicas, por un lado, el objeto y por el otro, la finalidad, ambas son complementarias, pero distintas entre sí. En los trabajos descriptivos, el objeto se enfoca en lo que se estudia y la finalidad se refiere a lo que se pretende obtener al aplicar el referido objeto.

En este sentido, el objeto de control de la constitucionalidad tiende a proteger a la constitución y la finalidad, será la protección del orden constitucional que emana de aquella.

1.2.1. Objeto del control de la constitucionalidad

El control de la Constitucionalidad se traduce en el pronunciamiento que lleva a cabo un órgano institucionalizado del Estado, reconociendo que una situación jurídica concreta es o no compatible con la norma suprema del orden jurídico.

El modo formal de manifestar el control de la constitucionalidad se expresa a través de resoluciones escritas, que llevan implícitas la expresión lingüística que reconoce o niega la compatibilidad de la norma, acto u omisión con la Constitución.

Lo anterior, si bien es una expresión gramatical también es al mismo tiempo un «acto del habla» que con tan sólo emitirse implica, ya sea la creación, el reconocimiento, el desconocimiento, la compatibilidad o incompatibilidad de una norma, acto u omisión de una determinada autoridad o en ciertos casos, un particular, con la Constitución (acto judicativo —John Langshaw Austin—)[11].

---

10. *Ibidem*, p. 12.

11. Los judicativos consisten en emitir un juicio, oficial o extraoficial, sobre la base de prueba

Los actos judicativos, al lente de los filósofos, lógicos y lingüistas son una especie de los denominados «actos ilocucionarios», porque con tan sólo darse a conocer crean situaciones jurídicas concretas, en efecto, las promesas, las órdenes, no sólo son palabras expresadas, sino también la manifestación de «un estado de cosas» creadas con su sola emisión.

En este tenor, en el contexto del control de la constitucionalidad deben existir los siguientes elementos:

a) El carácter de autoridad de aquel que emita el acto expresivo, es decir, el acto del habla debe emitirlo una institución con facultades para llevarlo a cabo, no puede ser emitido por personas sin autoridad o por cualquier institución de Estado sin habérsele otorgado la competencia correspondiente;

b) Una condición de comprobación, esto implica que la emisión del acto del habla esté sustentado demostrativamente, siendo que en un ámbito jurídico implica el análisis inductivo de un problema y buscar la compatibilidad de la norma o un hecho específico con el texto y la finalidad constitucionales y;

c) La posibilidad de actuar o dejar de actuar al colmarse las condiciones previas.

Dichas características pueden constatarse en los órdenes jurídicos, a modo de ejemplo en los siguientes párrafos, se explica el caso de México y España.

En México, los órganos judiciales encargados de ejercer el control de la constitucionalidad —Poder Judicial de la Federación— han señalado en diversos criterios orientadores y vinculatorios que la defensa de los derechos fundamentales —cabe señalar que el control no se circunscribe sólo a los derechos fundamentales, aunque así lo señale la autoridad resolutora en sus criterios—, se concreta a través de los instrumentos establecidos en la propia Constitución (Recurso de reclamación 172/98), los cuales tienen la finalidad de vigilar el respeto de los referidos derechos y, con ello, limitar el poder de las autoridades. En México, los medios para lograr su prevalencia son el juicio de amparo, la controversia constitucional, la acción de inconstitucionalidad, el juicio de revisión constitucional electoral y el juicio

o de razones, respecto de valores o de hechos en la medida en que se puede distinguir entre éstos. Un judicativo es un acto de tipo judicial, como cosa distinta de los actos legislativos o ejecutivos, que son ambos ejercitativos. Pero algunos actos judiciales, en el sentido amplio de actos hechos por un juez en lugar de serlo, por ejemplo, por un jurado, son realmente ejercitativos. Los judicativos tienen conexiones obvias con la verdad y la falsedad en lo que concierne al fundamento y a la falta de fundamento, o a la razonabilidad y a la irrazonabilidad. Que el contenido de un veredicto es verdadero o falso se advierte, por ejemplo, en una discusión acerca del dictamen de un árbitro. En Langshaw Austin, John, *Cómo hacer cosas con palabras*, trad. de Genaro R. Carrió y Eduardo A. Rabossi, Barcelona, España, Paidós, 1962, pp. 200 y 201.

para la protección de los derechos político electorales del ciudadano, pues a través de éstos se estudia y determina si la normativa en conflicto se contrapone o no con un precepto constitucional, de lo cual deriva la conclusión de resolver sobre su constitucionalidad (Amparo directo 633/2011) ya sea a través del reconocimiento de las facultades, o bien, la prohibición a las instituciones u órganos del Estado de realizar el acto declarado contrario a lo establecido por la máxima norma del orden jurídico vigente (Recurso de reclamación 172/98).

En este sentido, el control de la constitucionalidad con efectos *erga omnes* o *inter partes* repercutirá de un modo u otro en un mediato o inmediato momento en el orden jurídico; por lo cual debe preservar la regularidad constitucional sin rebasar a la propia constitución (Controversia 5/2001).

En el caso de España, la referencia doctrinal ha identificado los aspectos básicos del control de la constitucionalidad para hacer frente a los ataques a la Constitución procedentes de la institucionalidad del Estado; bajo la temática consistente en que el control de la constitucionalidad se aplica sobre actos del poder que se considerarán lícitos hasta en tanto el órgano jurisdiccional constitucional no se pronuncie, con base en argumentos jurídicamente válidos, negándoles tal característica[12], de este modo, los medios de control de la constitucionalidad para asegurar la supremacía constitucional son los señalados en el artículo 161 de la Constitución Española, el cual establece la competencia del Tribunal Constitucional para conocer del recurso de inconstitucionalidad contra leyes y disposiciones normativas con fuerza de ley; el recurso de amparo por violación de los derechos y libertades; así como los conflictos de competencia entre el Estado y las Comunidades Autónomas o de los de éstas entre sí.

1.2.2. Finalidad del control de la constitucionalidad

Hasta este instante hemos referido como objeto del control de la constitucionalidad una serie de procesos que pretenden decidir si determinados actos de poder son coherentes o conformes con el texto constitucional.

Partiendo de lo anterior, debe dejarse en claro que la finalidad del control de la constitucionalidad trasciende el método de la regulación normativa, incluso va más allá de la judicatura, proveyendo consecuencias diversas, en lo jurídico, social, económico o político.

---

12. Aragón Reyes, Manuel, «El control de constitucionalidad en la Constitución Española de 1978», *Revista de Estudios Políticos,* Madrid, España, 1979, núm. 7, pp. 171-196. En el mismo artículo se da una definición de control de la constitucionalidad expresando que ésta es «En sentido lato, el control de constitucionalidad es el procedimiento a través del cual determinados órganos del Estado comprueban si ciertos actos lícitos de los poderes públicos están conformes con la Constitución, decidiendo su anulación o inaplicación en caso contrario».

Así las cosas, cuando se instaura el control de la constitucionalidad en algún orden jurídico no se establece pensando en la admisión de un recurso o el inicio de un proceso, tampoco en el desahogo de pruebas o valoración de las mismas, ni proveyendo el establecimiento de alegatos y emisión de sentencias al por mayor, por el contrario, se busca obtener resultados más generales los cuales sirvan, entre aspectos diversos, para limitar el poder de otros agentes del Estado; invalidar leyes o; regular sujetos sociales diversos[13], siempre con miras a asegurar la supremacía constitucional.

En este tenor, el denominado control de la constitucionalidad se llama así, atendiendo a la finalidad del mismo, esto es, busca verificar, por una determinada autoridad competente, —puede ser de carácter jurisdiccional, político o administrativo— que un acto de poder sea constitucionalmente válido.

Por esta misma razón, el término «control de la constitucionalidad» es el más idóneo para referirnos a esta acción, ya que otras denominaciones, como «Defensa de la Constitución», «Justicia constitucional», «Jurisdicción constitucional», «Garantía de la Constitución»[14] entre muchas otras, no atienden a la finalidad descrita[15].

Lo anterior es así, en virtud de que, la «jurisdicción constitucional», término utilizado por Hans Kelsen, hace referencia exclusivamente al control que, sobre las leyes, es ejercido por tribunales, por lo cual la utilización de esta denominación sería incorrecta, al excluir al control que en otros países es llevado a cabo por órganos de naturaleza política o administrativa; así como aquellos actos de autoridad que no tienen el carácter de leyes y sin embargo, también están sujetos a control de la constitucionalidad[16].

Igualmente, expresiones como «defensa de la constitución», término utilizado por Schmitt, pueden inducir al error, en virtud de que éste alude a la función realizada por el Presidente para procurar la Constitución en cualquier contexto y por cualquier acto, es decir, ante actos lícitos o ilícitos o bien, ante un estado de cosas excepcionales u ordinarias. En este sentido, como se aprecia, el objeto del control de la constitucionalidad no es el mismo que el de la defensa de la constitución, por lo cual no deben confundirse ni considerarse sinónimos.

---

13. Voz: «Control de la constitucionalidad», por ROSARIO RODRÍGUEZ, Marcos Francisco, en *Diccionario de Derecho Procesal Constitucional y Convencional;* Ciudad de México, México, Poder Judicial de la Federación Consejo de la Judicatura Federal, Universidad Nacional Autónoma de México e Instituto de Investigaciones Jurídicas; 2014, Serie Doctrina Jurídica, Núm. 692, Tomo I, pp. 221-223.

14. Como se le mencionaba en la constitución española 1931 -Título IX.

15. *Op. cit.* ARAGÓN REYES, Manuel, p. 172

16. *Cfr.* KELSEN, Hans, *La garantía jurisdiccional de la Constitución (La justicia constitucional),* trad. de Rolando TAMAYO SALMORÁN, Ciudad de México, México, Universidad Nacional Autónoma de México Instituto de Investigaciones Jurídicas y Defensoría de los Derechos Universitarios, 2016, Serie Ensayos Jurídicos, núm. 5, pp. 52 y 59

En este contexto, tampoco creemos adecuado el término «justicia constitucional» utilizado por Fix Zamudio; ya que para este autor, este vocablo comprende no sólo los procesos resueltos por los tribunales constitucionales (jurisdicción constitucional), sino también los procedimientos llevados a cabo por otras instituciones, como ocurre con la figura de las Comisiones de Derechos Humanos o Defensorías del Pueblo[17], las cuales, en opinión de Fix Zamudio, si bien no deberían contemplarse como parte de la materia procesal constitucional porque no resuelven conflictos de carácter constitucional, son muy importantes para el control de la constitucionalidad y la protección de Derechos Humanos.

Sin embargo, esta denominación tampoco es acertada porque la expresión «justicia constitucional», desde el punto de vista de Fix Zamudio se refiere al conjunto de instrumentos tutelares de la Constitución que conforman el contenido del derecho procesal constitucional (disciplina que a su vez, estudia la magistratura, jurisdicción y garantías constitucionales), dejando a un lado los procedimientos realizados por los organismos protectores de derechos humanos (cabe destacar que el mismo autor se contradice en su obra señalando que la denominada «justicia constitucional» incluye a los procedimientos llevados a cabo por los organismos protectores de derechos humanos, pero al mismo tiempo no contempla a estos procedimientos como mecanismos de control de la constitucionalidad, sino como instrumentos auxiliares de control de la misma).

Sobre este último término, a lo largo del presente documento se sostiene que el control ejercido por instituciones como el *Ombudsman* u *Ombudsperson*, sí es un auténtico control de la constitucionalidad y no son sólo instrumentos auxiliares (como señala Fix Zamudio), si bien, los procedimientos realizados por los organismos protectores de derechos humanos no realizan una labor eminentemente jurisdiccional y no tienen un carácter vinculante; si sus resoluciones son acatadas, restauran el orden constitucional.

1.3. El principio de supremacía constitucional

La supremacía constitucional es, para efectos positivos, asegurar el estado de cosas que se planeó al momento de redactar la Constitución, esto implica que la esencia constitucional prevalezca sobre cualquier otra tensión que pudiera hacerle competencia en el plano material, en particular, se pretende que la finalidad constitucional impere sobre decisiones políticas, las cuales típicamente se materializan en las decisiones legislativas a través de las leyes.

---

17. *Cfr.* Fix Zamudio, Héctor y Ferrer Mac-Gregor, Eduardo, *Derecho de Amparo*, México, Ciudad de México, México Porrúa e Instituto de Investigaciones Jurídicas, 2011, pp. 24, 41 y 42. Igualmente se sugiere revisar *Elementos de Derecho Procesal Constitucional*, 3.ª ed., Ciudad de México, México, Suprema Corte de Justicia de la Nación, 2018, p. 32.

En este contexto, las decisiones legislativas nacen a la sazón de representaciones políticas que se hallan dentro del parlamento, por ello es relativamente común que, atendiendo a ideologías y principios de institutos bien determinados, se plasmen ideas que en algún instante puedan ser contrarias a la constitución. Para ello el órgano competente para ejercitar el control debe revisar que esas posturas estén acordes con el texto constitucional.

De este modo, cuando se hace referencia al principio de supremacía constitucional, no sólo se alude a que las decisiones legislativas materializadas en las leyes, no deben ser contrarias al contenido de la norma constitucional sino que la misma esencia de la Constitución se expresa a través de este principio; ya que como hemos referido en apartados anteriores, la Constitución, en su calidad de texto fundamental, creador de un orden jurídico, es la única norma que dice quién y cómo se hacen las leyes. De forma tal que, si una norma no cumple con el procedimiento establecido en la propia constitución o bien, su contenido es contrario a lo establecido por el texto constitucional ésta carecerá de validez por infringir el principio de supremacía constitucional. En términos de Carla Huerta Ochoa «...la Constitución es la primera norma positiva del sistema, ya que establece los procesos y órganos de creación de las normas inferiores, así como los contenidos obligatorios, prohibidos o permitidos de las normas inferiores, de tal forma que la Constitución se convierte en parámetro de validez formal del sistema jurídico»[18].

1.4. Clasificación del control de la constitucionalidad

En la mayoría de los países occidentales, cuando se aborda el control de la constitucionalidad, el estudio se centra en aquél que es ejercido por los jueces constitucionales, probablemente por considerarse al control de la constitucionalidad por órgano jurisdiccional como el más seguro, ya que sus resoluciones deben estar basadas en argumentos jurídicos.

No obstante, en la doctrina existen diversas clasificaciones del control de la constitucionalidad, una de ellas obedece a la naturaleza del órgano que lo ejerce, misma que se divide en:

a) Control de la constitucionalidad por órgano político;

b) Control de la constitucionalidad por órgano administrativo y;

c) Control de la constitucionalidad por órgano jurisdiccional, que a su vez se subdivide atendiendo a los sujetos autorizados para resolverlo (concentrado y difuso) así como por el efecto de sus sentencias (concreto o abstracto).

---

18. HUERTA OCHOA, Carla, *Teoría del derecho, cuestiones relevantes,* Ciudad de México, México, Instituto de Investigaciones Jurídicas de la UNAM, 2009, p. 102.

Cabe hacer la distinción que esta clasificación no debe confundirse con los tipos de control —social, político, jurídico—, pues éstos poseen una naturaleza más generalizada y aunque comparten los órganos que lo ejercen; órganos con naturaleza política, social o jurídica; las características, fines y mecanismos para accionarlos son distintos al control de la constitucionalidad, el cual es por sí mismo, una especie de control distinta a los ya referidos.

1.4.1. Control de la constitucionalidad por órgano político

El control de la constitucionalidad por órgano político, como su nombre lo indica es llevado a cabo por un órgano de naturaleza política, distinto a los órganos constituidos tradicionales.

Mauro Cappelletti señala como características generales de este tipo de control, un carácter preventivo, es decir, que el estudio sobre la constitucionalidad de una norma se realiza antes de que la misma sea promulgada y entre en vigor —a diferencia del control de la constitucionalidad llevado a cabo por órganos jurisdiccionales, que es correctivo—; asimismo, posee una función consultiva, sin carácter vinculante[19]. En este sentido se acepta la postura doctrinaria como valiosa para la comprensión de este tipo de control, pero como se explicará adelante, algunas de las características señaladas por Cappelletti no se adecuan totalmente al control de la constitucionalidad llevado a cabo por órganos políticos en distintas latitudes, como es el caso de Francia, en donde una de las características de este control es la obligatoriedad de sus resoluciones.

Algunos ejemplos de países que tuvieron o continúan teniendo un control de la constitucionalidad por órgano político son México y Francia, en cambio otros, si bien no poseen un guardián político de la Constitucionalidad, sí tienen instituciones de control político como es el veto legislativo en Italia.

En México, si bien es cierto, los medios de control de la constitucionalidad actuales están basados y proveídos por tribunales, no puede negarse que existió un sistema de control constitucional de corte político, el cual radicó en la segunda de las siete leyes constitucionales, conocido como *Supremo Poder Conservador,* éste se inspiró en el *Sénat Conservateur* de la constitución francesa del año VIII (13 de diciembre de 1799)[20].

Las Siete Leyes Constitucionales fue un cuerpo normativo identificado como Constitución, tuvo vigencia de 1836 hasta 1841. Este documento fundamental generó un fuerte impacto en el contexto social y político del

19. CAPPELLETTI, Mauro, «El Control judicial de la constitucionalidad de leyes», trad. de Cipriano GÓMEZ LARA y Héctor FIX ZAMUDIO, *Revista de la Facultad de Derecho de México*, México, 1965, Tomo XV, núm. 60, octubre-diciembre de 1965, pp. 888 - 917.

20. CAPPELLETTI, Mauro, *Obras la Justicia Constitucional dimensiones de la justicia en el mundo contemporáneo*, Ciudad de México, México, Porrúa, 2007 p. 24.

México de aquellos años porque implicó transitar de un modelo federal de tipo americano a un régimen que si bien, no era monárquico, sí fue centralista y oligárquico, obligando a la sociedad y a los grupos políticos a una relación diferente con sus autoridades; pues mientras que en un sistema federal el núcleo de vinculación política reside en las entidades federativas, el régimen de 1836 se distinguió porque el centro ahogaba cualquier actuación de los departamentos, En este sentido, el poder central de ese tiempo fue voraz porque incluso el grupo oligárquico, esto es, quienes integraban el órgano denominado Supremo Poder Conservador tenían facultades de anulación de leyes, resoluciones judiciales y podían declarar la incapacidad física y moral del Presidente, dando así visos de despotismo y dejando de lado la división de poderes, porque se creía que un órgano de esta naturaleza era necesario para fijar una posición neutral que mantuviera al margen de su competencia a los tres poderes tradicionales, ya que se partía de la idea de que los límites normativos para controlar a los poderes públicos eran una «ilusión»[21]. Respecto a las facultades que tenía el Supremo Poder Conservador sobre el control de la constitucionalidad, la segunda de las siete leyes en su artículo 12 expresaba lo siguiente[22]:

> «1) declarar la nulidad de una ley o decreto dentro de dos meses después de su sanción, cuando sean contrarias a un artículo expreso de la Constitución, y le exijan dicha declaración o el Supremo Poder Ejecutivo o la Alta Corte de Justicia, o parte de los miembros del Poder Legislativo en representación que firmen diez y ocho por lo menos;
>
> 2) declarar, excitado por el Poder Legislativo o por la Suprema Corte de Justicia la nulidad de los actos del Poder Ejecutivo, cuando sean contrarios a la Constitución o a las leyes, haciendo esta declaración dentro de cuatro meses contados desde que se comuniquen esos actos a las autoridades respectivas,
>
> 3) declarar en el mismo término la nulidad de los actos de la Suprema Corte de Justicia, excitado por alguno de los otros dos poderes y sólo en el caso de usurpación de facultades».

Por su parte, en el presente, en Europa continental, concretamente en Francia, existe el *Conseil Constitutionnel,* creado por la Constitución de la V.ª República, durante el Gaullismo, fechada el 4 de octubre de 1958 y erigido como órgano limitante del poder del Parlamento y Ejecutivo. La denominación de *Conseil Constitutionnel* (a diferencia de otras latitudes donde el control de la constitucionalidad es llevado a cabo por órganos nombrados «Cortes» o «Tribunales» y donde éste es eminentemente jurisdiccional) está

21. En lo referente al dicho de la necesidad de establecer un órgano neutral para controlar a los poderes públicos porque los límites establecidos en la ley son una ilusión. *Cfr*. Barrera Roblero, Eduardo, «A 180 años del Supremo Poder Conservador», *Nexos, Blog El juego de la Suprema Corte,* México, 2016. https://eljuegodelacorte.nexos.com.mx/?p=5773

22. http://www.ordenjuridico.gob.mx/Constitucion/1836.pdf

motivado por el resquemor jacobino de que la soberanía reside en el pueblo y no en los jueces[23].

Por lo que hace a la naturaleza del mismo, existen diversas posturas doctrinarias sobre el carácter jurisdiccional o político del Consejo Constitucional. Entre las posturas que defienden la naturaleza jurisdiccional del órgano se encuentra la de Marcel Waline, Favoreu, André Hauriou, Marcel Prélot o Maurice Duverger[24] por mencionar algunos, quienes fundamentan su aseveración en virtud de que el Consejo Constitucional, al ejercer el control, lo realiza aplicando el Derecho, pero además, sus decisiones poseen el valor de cosa juzgada[25]; mientras que, autores como Chenot, Roger Pinto, Paul Coste-Floret y Léo Hamon, entre otros; sostienen que el Consejo Constitucional es un cuerpo político por su conformación, así como por las funciones que cumple; en este sentido, se advierte que a su integrantes no se les exigen requisitos para el ejercicio de funciones judiciales, asimismo, para estos autores, el Consejo no sólo decide desde un punto de vista jurídico, sino también desde la oportunidad política[26].

Al respecto, en este documento se sostiene la postura de que el Consejo Constitucional posee una naturaleza política, puesto que no se comprende la concepción de un órgano jurisdiccional sin jueces; igualmente, porque la toma de sus decisiones no atiende necesariamente a un proceso metodológico en donde se indique cómo valorar las alteraciones al sistema de normas constitucionales, sino se ponderan criterios de oportunidad para resolver los asuntos.

Por lo que hace a su estructura, el Consejo está integrado por los expresidentes de la República y de otros nueve miembros, tres de los cuales son nombrados por el Presidente de la República, tres por el Presidente de la Asamblea Nacional y por el Presidente del Senado[27].

La integración del Consejo Constitucional francés, como se aprecia, atiende a que sus integrantes son nombrados, no electos, tampoco se desenvuelven en cuestiones propias de la judicatura, por lo que sus resoluciones, las cuales son obligatorias por mandato de ley, deben estar motivadas, aunque no necesariamente en consideraciones jurídicas.

Asimismo, el tipo de control que ejerce es preventivo y correctivo, esto es, que el estudio de constitucionalidad puede realizarse antes de la promulga-

---

23. *Cfr.* Camba Conscenla, María del Carmen, «La justicia constitucional en Francia. Una brecha en el muro» *Revista Catalana de Derecho Público,* N.º 20, diciembre de 1995.

24. *Cfr. idem*

25. *Cfr.* Fernández Segado, Francisco, «El modelo francés de control político de la constitucionalidad de las Leyes. Su evolución», *Derecho,* Perú, N.º 46 diciembre de 1992, pp. 320 y 321

26. *Cfr. Ibidem*, pp. 321-322 y Camba Conscenla, María del Carmen, *op. cit.*

27. Artículo 56 de la Constitución Francesa del 04 de octubre de 1958.

ción de la norma (preventivo)[28] o bien, cuando la disposición legislativa ya está en aplicación (correctivo)[29] y vulnera derechos y libertades otorgadas por la Constitución; de este modo, mientras que el control previo tiene efectos generales, el control correctivo o *a posteriori*, —en donde la cuestión se plantea con motivo de una instancia ante una jurisdicción— tiene efectos concretos.

Cabe destacar que, en Francia, el control previo o *a priori*, en su aspecto jurisdiccional posee un carácter político-funcional; ello en atención a que el objeto del examen de constitucionalidad no es una ley, sino un proyecto de ley, un procedimiento inacabado, con etapas legislativas por concluir (promulgación), a diferencia de la ley publicada y aplicada (control correctivo), la cual es ya una norma jurídica que se encuentra inmersa en el derecho positivo.

Por el lado de Italia, la Constitución de la República italiana promulgada el 27 de diciembre de 1947 y en vigor desde el 1 de enero de 1948, reconoce en su artículo 74 que el Presidente de la República, antes de promulgar la ley, podrá, mediante mensaje razonado, pedir a las Cámaras una nueva deliberación, deteniendo así el procedimiento legislativo. Sin duda este artículo actualiza una comunicación institucional entre órganos de Estado, no el enjuiciamiento de normas[30], en cambio a criterio personal, se sostiene que se actualiza una especie de veto, pues el Presidente atendiendo a una facultad derivada de la Constitución obliga a las Cámaras a una nueva revisión de un proyecto legislativo, lo cual podría ser una especie de control entre órganos con el fin de que los productos legislativos se apeguen a los principios constitucionales, al respecto Enzo Cheli y Paolo Caretti le han otorgado la denominación de carácter sustancial al veto relativo a la eventual violación de los principios constitucionales[31].

Por las razones expuestas, este control es primordialmente *a priori* y con efectos *erga omnes*, pues está diseñado para que sean los grupos de poder quienes lo ejerzan, no obstante, debe señalarse que han sido introducidas

---

28. Artículo 61 de la Constitución Francesa del 04 de octubre de 1958.

29. Artículo 61-1 de la Constitución Francesa del 04 de octubre de 1958.

30. El enjuiciamiento de normas en el sistema italiano sí puede apreciarse en el artículo 127 de la misma Constitución cuando el Gobierno de la República considere que una ley aprobada por el Consejo Regional excede de la competencia de la Región o se opone a los intereses nacionales o a los de otras Regiones, la devolverá al Consejo Regional en el plazo señalado para el visado, en este sentido, si el Consejo Regional aprueba la ley de nuevo por mayoría absoluta de sus componentes, el Gobierno de la República podrá, dentro de los quince días siguientes a la notificación, suscitar la cuestión de legitimidad ante el Tribunal Constitucional.

31. *Cfr.* CHELI Enzo, y CARETTI, Paolo, «El Proceso Legislativo en Italia», trad.: José-Eugenio SORIANO, *Revista Española de Derecho Constitucional,* España, núm. 16, enero-abril 1986 p. 211.

figuras como la cuestión prioritaria de constitucionalidad en Francia, en donde el control es correctivo y *a posteriori*.

En este mismo marco cabe mencionar que la doctrina mexicana de manera reiterada sostiene que el «juicio político» es un medio de control de la constitucionalidad llevado a cabo por un órgano político, porque el carácter de quien resuelve no son jueces, sino formalmente legisladores; además, porque carece de un verdadero procedimiento, en el cual la recopilación de análisis y elementos no se sujeta a regulación alguna de manera estricta, por lo que su veredicto queda a un amplio margen de discrecionalidad del órgano que conoce del juicio político[32].

Bajo esta temática, de primera instancia el juicio político podría parecer un medio de control de la constitucionalidad, en virtud de compartir ciertos rasgos característicos con el control de la constitucionalidad por órgano político (como que la conformación del órgano resolutor no necesariamente debe estar integrado por jueces) sin embargo esto no es así, porque para que un medio de control de la constitucionalidad ejercido por un órgano político ostente dicho carácter, necesariamente debe de cumplir con el objeto y finalidad del control de la constitucionalidad, es decir, proteger a la Constitución y hacer prevalecer el orden constitucional.

Ante las referidas razones, el juicio político no es un medio de control de la constitucionalidad por órgano político, sino un medio de control del poder por órgano político (el cual pertenece a otra clasificación, los medios de control del poder); esto es así, porque este procedimiento sólo llega a sancionar a los servidores públicos, pero en ningún momento alcanza a la restauración del texto normativo supremo.

1.4.2. Control de la constitucionalidad por órgano administrativo

En la mayoría de las constituciones modernas, están plasmados una serie de derechos humanos, los cuales, al ser introducidos en la norma suprema, además de adquirir el carácter de fundamentales, constituyen también un parámetro de regularidad constitucional, por lo cual la violación de éstos implica también contradecir el texto constitucional y, por lo tanto, la supremacía constitucional.

En diversos países, a la par de la existencia de otros medios de control de la constitucionalidad se encuentran otro tipo de garantías para proteger una parte importante de las constituciones modernas, los derechos humanos.

---

32. *Cfr.* Márquez Rábago, Sergio, *Derecho Constitucional en México,* 4.ª ed., México, PorrúaPrint,2018, p. 202; Garita Alonso, Arturo *et al.*, *Medios de Control Constitucional*, México, Senado de la República, publicado durante la LXVI legislatura, p. 53

En este sentido, surgen a la vida orgánica del Estado instituciones que sin estar adscritas a los órganos de poder clásicos (ejecutivo, legislativo y judicial) desarrollan sistemas de protección a favor de las personas a través de resoluciones concretas, declarativas y personales (como un acto administrativo) ejemplo de ello son las instituciones inspiradas en el modelo escandinavo del *Ombudsman*, el cual tiene diversas denominaciones atendiendo a cada país, como Defensoría del Pueblo, Procuraduría de los Derechos Humanos o Comisión de Derechos Humanos y cuyas características principales son:

1. El funcionario que dirige al órgano autónomo debe distinguirse por su independencia de las estructuras de los poderes clásicos del Estado, por ello su proceso de designación se establece o se asegura en la propia constitución.
2. Sus funciones radican en procurar los derechos humanos a través de acciones como la estimulación y divulgación de los mismos en la sociedad; formulación de recomendaciones a los órganos del Estado cuando lo estime conveniente para fomentar el debido proceso a esos derechos; elaboración de informes sobre la situación actual de los derechos humanos en el país, sugerir la modificación de políticas públicas e incluso de prácticas administrativas con la finalidad de mejorar la protección de los derechos humanos; cooperación con organismos internacionales del sistema de Naciones Unidas; solicitar los informes que sean necesarios a las autoridades acusadas de violar derechos humanos para que en el ejercicio de sus funciones puedan coadyuvar a proteger los mismos.
3. Atender las quejas específicas —que no requieren formalismos jurídicos— de los administrados en contra de actos u omisiones de cualquier autoridad mediante la investigación, crítica y publicidad de las acciones administrativas[33].

Sus determinaciones pueden constituir la emisión de recomendaciones cuya característica primordial es que no son vinculatorias para los órganos de Estado a quienes van dirigidas.

Como se observa, si bien los organismos protectores de Derechos Humanos inspirados en la figura del *Ombudsman* u *Ombudsperson* están dotadas de otras competencias diferentes al control de la constitucionalidad —muchas de las cuales se han referido en el inciso 2)— desde el punto de vista personal, el control de la constitucionalidad es probablemente la función más importante de este tipo de control no jurisdiccional, ya que todas sus facultades, de una forma directa o indirecta están encaminadas a

33. Roward, Donald, en Castañeda, Mireya, *La protección no jurisdiccional de los derechos humanos en México*, Ciudad de México, México, Comisión Nacional de los Derechos Humanos, 2015, p. 14.

dotar de la mayor protección de los derechos humanos, circunstancia que constituye la esencia de este tipo de órganos: La efectiva protección de los derechos humanos.

Es menester destacar que, en la doctrina, por lo menos en la mexicana, existe un consenso en el cual las atribuciones realizadas por organismos protectores de derechos humanos son denominados «Sistema de protección de derechos humanos» cuya tutela no es jurisdiccional. Asimismo, dentro de este orden se ha considerado a las quejas presentadas ante dichos organismos como garantías constitucionales, siendo éstas los medios de defensa que aseguran la protección constitucional, sean o no jurisdiccionales.

En este tenor, las quejas interpuestas ante los órganos protectores de Derechos humanos son una garantía constitucional, por lo cual en los hechos es un medio de control de la constitucionalidad. No obstante ello la doctrina mexicana no ha sido clara en precisar la naturaleza jurídica de este procedimiento, puesto que sólo lo cataloga como una forma de protección de derechos humanos o bien, una garantía constitucional auxiliar de los procesos jurisdiccionales constitucionales[34].

Esta descripción es simplista y equivocada, pues en efecto la tarea primordial de los organismos protectores de derechos humanos es procurar los referidos derechos de manera directa e inmediata y; de manera mediata o indirecta, el principio de supremacía constitucional. De igual modo, es equivocada porque el o los medios de control de la constitucionalidad que resuelven no son accesorios a otras garantías ni constituyen necesariamente el auxilio a otros medios de control de la constitucionalidad, ejemplo de ello son los procedimientos de queja en donde las recomendaciones fueron aceptadas y cumplidas por la autoridad responsable de violar derechos humanos sin necesidad de que para su cumplimiento se accionen otros medios de control.

En México, este órgano protector de los derechos humanos actúa asegurando la constitucionalidad no sólo a través de la admisión o resolución de sus quejas sino también accionando medios de control concreto y abstracto de la constitucionalidad, como controversias y acciones de inconstitucionalidad respectivamente; siendo ésta última la que más ha ejercido la Comisión Nacional de Derechos Humanos, pues desde el año de 1995, hasta finales del mes de octubre del 2019 la Suprema Corte de Justicia de la Nación, de acuerdo a sus registros, informó que resolvió 19 asuntos[35] donde el promovente fue la Comisión Nacional de Derechos Humanos. Por lo que hace a

34. FIX ZAMUDIO, Héctor y FERRER MAC-GREGOR, Eduardo, *op. cit.*, p. 41.

35. Acciones de inconstitucionalidad 48/2009; 9/2011; 24/2012; 29/2011; 29/2012; 22/2013; 11/2013; 21/2013; 20/2013; 20/2014; 3/2015; 10/2013; 19/2015; 28/2015; 33/2015; 6/2015; 87/2015; 12/2015 y 3/2016. *http://www.diputados.gob.mx/LeyesBiblio/compila/inconst.htm*

España, el Tribunal Constitucional en el mismo lapso dictó 12 sentencias en recursos de inconstitucionalidad[36], en donde el Defensor del Pueblo fue el impulsor de aquellos.

A modo de conclusión sobre este tipo de control de la constitucionalidad, puede expresarse que éste es aún más imperfecto que otros, porque el diseño en el cual está concebido no permite que existan consecuencias jurídicas para la autoridad que violó derechos humanos en caso de que ésta no llegase a cumplir la resolución (ya que no son vinculatorias). Igualmente, respecto de la afirmación de Fix Zamudio sobre que los procedimientos no jurisdiccionales en materia de derechos humanos son garantías constitucionales auxiliares de otras garantías, esto no es así, ya que las garantías constitucionales, cualquiera que ésta sea siempre poseerán un grado de imperfección, pues la protección constitucional no se garantiza en términos de todo o nada, sino que es una cuestión gradual, en la que intervienen factores como el sistema constitucional y el funcionamiento efectivo de éste. Considerar que una garantía es auxiliar de otra porque no posee el mismo grado de protección sería tanto como desvirtuarla de su propia naturaleza[37].

1.4.3. Control de la constitucionalidad por órgano jurisdiccional

El control jurisdiccional (nótese que no se habla de control judicial)[38] atiende a un órgano de Estado revestido de facultades exclusivas para dirimir conflictos, está compuesto por especialistas, ajenos a la administración pública (esencia administrativa) o a la expresión política (políticos y/o legisladores).

36. Sentencias dictadas: 76/2019, 99/2018, 88/2017, 87/2017, 86/2013, 45/2017, 31/2016, 95/2003, 53/2002, 292/2000, 274/2000, 225/1998.

37. *Cfr.* CRUZ PARCERO, Juan Antonio, *Hacia una teoría constitucional de los Derechos Humanos*, Querétaro, México, Instituto de Estudios Constitucionales del Estado de Querétaro, 2017, p. 38

38. Si bien en la mayoría de los casos la literatura procesal no distingue la diferencia entre lo judicial y lo jurisdiccional, dichas expresiones no son sinónimos y en ocasiones, como en el contexto del tema que tratamos, vale la pena expresar que el control jurisdiccional alude a la función del desarrollo de la resolución de los conflictos, luego entonces, es el proceso que implica identificar una *litis*, llevar actos apegados a los cánones de la ley, valorar quién tiene el derecho respectivo y dictar la sentencia correspondiente; en cambio, lo judicial alude solamente a la competencia que el Estado le concede a las instituciones encargadas de llevar a cabo los procesos judiciales. Esta diferencia se aprecia en los casos donde hay un poder judicial bien identificado y, por otra parte, tribunales fuera de esa adscripción, de este modo los tribunales judiciales llevan a cabo labores formalmente judiciales y materialmente jurisdiccionales, mientras que los tribunales no adscritos al poder judicial realizan solo funciones jurisdiccionales, pero no ostentan un carácter judicial. *Cfr.* LAMPUÉ, Pierre, *Noción de acto jurisdiccional,* trad. Jesús TORAL MORENO, San José, Costa Rica, editorial jurídica universitaria, 2001, serie: obras selectas de derecho procesal, Vol. 1, pp. 6-12.

En este sentido, cuando se hace referencia al control jurisdiccional se alude a la labor llevada a cabo por órganos materialmente jurisdiccionales para resolver conflictos. En este marco, cuando se habla de control jurisdiccional de la constitucionalidad, se entiende que se coloca ante la competencia de tribunales la determinación de invalidar una ley, acto u omisión contrario a la norma constitucional.

De igual manera, la regularidad de las normas puede llevarse a cabo a través de procesos y procedimientos, siendo los primeros los recurridos cuando se está atendiendo un caso en concreto y los segundos, cuando se aborda la regulación que verse en abstracto sobre el análisis de las normas y su entorno sistemático.

En este orden de ideas, debe resaltarse que, si bien el control judicial está llevado a cabo por tribunales, no quiere decir que todos los medios de control sean auténticos procesos, pues para que esto sea así, necesariamente deben existir partes identificadas que enfrenten prestaciones disímbolas, conformando así la litis. En este tenor, sobre el control de normas abstracto se entablan procedimientos porque no existen partes a las cuales se les aqueje directamente un derecho subjetivo, esto es así porque en dichos procedimientos los lesionados no son sujetos personales de manera directa, sino la regularidad constitucional. Bajo este modelo, aunque formalmente sí existen partes dentro de estos procedimientos, materialmente no se actualiza la afectación jurídica directa a los sujetos legitimados para interponerlo, sino que ostentan ese carácter en razón de la función pública que desempeñan y las competencias que para tal efecto le brindó el orden jurídico.

En palabras de Castellanos Madrazo, «Cuando un derecho fundamental se ejerce dentro del contexto o bien, se halla entrecruzado con algún principio o norma contenidos en un sistema o subsistema, de la propia constitución, el peso que le otorga la unicidad constitucional al sistema o subsistema genera que el derecho ceda en cuanto a su análisis e irradiación autónoma y, por ende, que su interpretación se efectúe a partir de su articulación con aquellos con la finalidad de incorporarlo [...]»[39].

En esta misma línea argumental la Suprema Corte de Justicia de la Nación expresó respecto a la acción de inconstitucionalidad lo siguiente: «Es, en efecto, un procedimiento porque, al no requerir una controversia entre partes, no se surten los momentos procesales típicos. ... Así lo ha precisado el Pleno del más Alto Tribunal en la tesis P./J. 129/1999»[40].

En este entorno, es propicio dejar en claro que esta labor jurisdiccional, dependiendo de cada país, puede llevarse a cabo por varios tribunales (con-

39. CASTELLANOS MADRAZO, José Francisco, *El control de constitucionalidad de la ley en México,* México, Porrúa, 2014, p. 39 del capítulo III (versión electrónica).

40. SUPREMA CORTE DE JUSTICIA DE LA NACIÓN, *¿Qué son las acciones de inconstitucionalidad?,* 2.ª ed., México, Suprema Corte de JUsticia de la Nación, 2004, p. 20.

trol difuso), por solo uno (control concentrado); o bien, de forma híbrida, (control mixto); así mismo, los efectos que se arrojen por dicho control pueden ser generales o concretos, por lo cual, enseguida se brinda un acercamiento a cada uno de los modelos aludidos, sus antecedentes, las características de cada uno y crítica a los mismos.

Cabe destacar que, a diferencia del control de la constitucionalidad ejercido por órganos políticos o administrativos, los cuales no necesariamente atienden formalismos jurídicos ni se resuelven en atención a un procedimiento legalmente riguroso; en el control de la constitucionalidad por órgano jurisdiccional tiene la presunción de ser el más seguro, pues las resoluciones deben atender y estar fundadas en razones jurídicas y no políticas; por lo que tienen la presunción de ser imparciales[41], dotadas de una metodología previa dada por agentes externos, que fue realizada anterior al acto sometido a control.

Finalmente, el control de la constitucionalidad por órgano jurisdiccional, como objeto de estudio se subdivide en otras clasificaciones, entre las que destacan los órganos competentes para resolverlo (difuso, concentrado o mixto); el momento en el que se ejerce (preventivo o correctivo) o; el efecto de sus sentencias (abstracto o concreto). A continuación, se aborda la primera de aquellas clasificaciones, en razón de ser la más didáctica y englobar las características que también son tratadas en las otras dos.

1.4.3.1. Control difuso o americano

Antecedentes

El asunto más representativo de este tipo de control es la sentencia dictada en el caso Marbury vs Madison, fundándose así lo que se conoce como *judicial review*, caso en el cual por primera ocasión en la historia constitucional moderna se dictó la anulación de una disposición general contraria a la norma constitucional.

En este sentido, la *judicial review* es la posibilidad que la soberanía le brinda al Estado a través de la jurisdicción, para hacer frente a las decisiones políticas que expresa la función legislativa, pero también, la función ejecutiva; de hecho, los orígenes de esta figura surgen en 1610, en la Corte que presidía el

41. Cabe destacar que la forma en cómo se designan a quienes integran los órganos de control de la constitucionalidad, como la Suprema Corte de Justicia en México o el Tribunal Constitucional en España puede dar cabida a suponer que las resoluciones emitidas por dichos magistrado o ministros no tengan el carácter de imparcialidad porque son designados por acuerdos de los órganos constituidos, lo que puede traer consigo resoluciones parciales en favor de los agentes políticos que los nombraron, o bien atender a otras causas, como el costo político de fallar en contra de uno u otro poder. No obstante, a pesar de que pudiera existir un interés político en las resoluciones, todas deben revestir un fundamento jurídico. Algunos ejemplos en México se explican en la obra de Cortez Salinas, Josafat, La Suprema Corte de Justicia en México *¿Cuándo vota contra el Presidente?*, México, Instituto de Investigaciones Jurídicas UNAM, 2014,

juez, Sir. Edward Coke[42]en Inglaterra y su maduración se verá reflejada en el caso Marbury vs Madison.

Caso Marbury vs Madison (1803)[43]

Una vez señalados los antecedentes de este sistema, es de destacar que el control difuso de la constitucionalidad nace formalmente al fallarse el caso Marbury contra Madison, resuelto en 1803[44].

El problema surge cuando el 03 de marzo de 1801, John Adams, Presidente de los Estados Unidos, en su último acto como representante de aquel poder, nombra a 42 miembros de su partido (federalista) para dejarlos como jueces de paz en el Distrito de Columbia y Alexandria, pues al día siguiente, Thomas Jefferson (Demócrata Republicano), tomaría posesión como Presidente de los Estados Unidos de América.

Cabe mencionar, que, con anterioridad, en mayo de 1800, para culminar su periodo como Presidente, John Adams había recurrido a uno de los miembros más importantes del partido federalista, John Marshall, a quien nombró su Secretario de Estado.

Contexto político

Es importante destacar que, en ese mismo año, los federalistas perdieron frente al partido de Thomas Jefferson[45] las elecciones presidenciales y las de la mayor parte de los diputados y senadores en el Congreso de la Unión.

---

42. «Roscoe Pound, el gran Decano de Harvard, como ya tuvimos oportunidad de señalar, no pareció albergar dudas acerca de que el *dictum* de Coke parece ser la primera exposición acogida en sus *Reports* de la teoría de la inaplicación de una ley por su vulneración del *natural law*, o lo que es igual, del *common right and reason*. Y un profundo conocedor del pensamiento de Coke como es Allen Boyer, no duda en afirmar que la doctrina moderna de la *judicial review* localiza sus orígenes en la sentencia dictada por Coke en el Bonham´s case. Coke, añade en otro momento Boyer, actuó en la creencia de que los tribunales podían derribar los estatutos que contrariaran el *common law*, o lo que es igual, aquellas normas que, con su saber, consideraran *unreasonable*», en Fernández Segado, Francisco «Sir Edward Coke, El Bonham´s Case y la Judicial Review» *Observatório da Jurisdição Constitucional*, Brasilia, Año 6, n.° 2, julio-diciembre, 2013, pp. 224-225.

43. *Cfr*. Valdés S., Clemente, «Marbury vs. Madison. Un ensayo sobre el origen del poder de los jueces en los Estados Unidos», *Jurídica. Anuario del Departamento de derecho de la Universidad Iberoamericana,* Ciudad de México, México, núm. 35, 2005, pp. 345-375. Disponible en Biblioteca Jurídica Virtual, Instituto de Investigaciones Jurídicas: http://www.juridicas.unam.mx/publica/librev/rev/jurid/cont/35/pr/pr18.pdf

44. Desde un punto de vista material, se llega a la conclusión que el Control difuso de la constitucionalidad se origina a partir del fallo de la sentencia en el caso Marbury vs Madison en 1803, no obstante décadas atrás, doctrinalmente ya se había planteado la idea de que los tribunales debían tener la facultad de declarar nulos los actos de la legislatura si, con base a su estudio, consideraban que éstos iban en contra del texto constitucional. *Cfr*. en Hamilton, Alexander *et. al*., *El federalista*, 2.ª. Ed. en español, trad. Gustavo R. Velasco, Ciudad de México, México, Fondo de Cultura Económica, 2001, pp. 330-336.

45. Autor de la declaración de Independencia, apoyado por James Madison.

En consecuencia John Adams, al haber perdido las elecciones y con el objetivo de proteger a su equipo más cercano de colaboradores, busca colocar a los miembros más importantes de su partido creando plazas de jueces federales y dándoles empleo a otros como jueces de paz durante cinco años; de igual forma, deja a su Secretario de Estado, John Marshall, a cargo de los asuntos de la presidencia; quien, debido a la coyuntura, a la postre fue nombrado Jefe de Justicia en la Suprema Corte (confirmado por el Senado el 27 de enero de 1801) de modo tal que para el 04 de febrero de ese mismo año, Marshall comenzó a desempeñar el cargo de jefe de Justicia de la Suprema Corte.

Lo curioso es que después de tomar posesión del cargo de jefe de Justicia de la Suprema Corte, Marshall continúo siendo Secretario de Estado y ostentando dicho cargo selló y firmó el nombramiento de Marbury como juez de paz el 03 de marzo, un día antes de entregar la Presidencia a Jefferson.

Así, cuando se hace el nombramiento de Marbury, quien lo certifica no sólo fungía como Secretario de Estado, sino también como Jefe de Justicia de la Suprema Corte, nos referimos pues a John Marshall, quien dos años más tarde resolvería el caso de Marbury.

Cabe mencionar que el presidente Adams presentó una ley de organización judicial ante el Congreso, la *Judiciary Act* de 13 de febrero de 1801, a través de la cual se crearon 16 nuevos juzgados federales con la intención de designar de por vida a algunos de los personajes desplazados de su partido; asimismo, en la referida ley se reducía el número de los Jueces de la Suprema Corte de 6 a 5 a partir de la muerte o el retiro de alguno de los jueces que se encontraban en funciones; de este modo se evitaba que Jefferson nombrara por un largo tiempo, a alguno de los jueces de la Corte, la cual se encontraba en aquél momento controlada por los federalistas.

Además de lo descrito, el 27 de febrero de 1801, estando a días de que John Adams dejara el cargo de Presidente, el Congreso ocupado aún por los federalistas, autorizó al presidente nombrar a 42 jueces de paz, quienes ejercerían sus empleos durante cinco años. Dichos nombramientos los suscribió instantes antes de culminar su encargo presidencial.

Lo importante del caso radica en que cuatro de los 42 nombramientos, —el de William Marbury, Dennis Ramsay, Robert Townsend Hooe y William Harper— nunca fueron entregados.

Es menester señalar la existencia de un punto aún más grave, la nueva ley de organización judicial de 13 de febrero de 1801, por la cual se habían creado los nuevos juzgados federales y los nuevos puestos de jueces de paz de tiempo parcial, había sido hecha precisamente por John Marshall, quien siendo el Secretario de Estado era el encargado de hacer llegar los nuevos nombramientos a los jueces designados, pero al mismo tiempo era el Jefe de Justicia de la Suprema Corte de los Estados Unidos y quien en la realidad gobernaba en lugar del presidente, pues éste ya había abandonado las oficinas de la presidencia.

Al tomar su encargo, Thomas Jefferson nombró como su Secretario de Estado a James Madison, quien dio posesión de los puestos correspondientes a todos los jueces de paz que tenían en sus manos los nombramientos firmados por el anterior presidente.

Contexto jurídico

William Marbury y los otros tres miembros del partido federalista cuyos nombramientos nunca les fueron entregados acudieron a reclamar al nuevo Secretario, les fueran entregados los cargos conferidos por el presidente anterior, Madison rechazó su petición.

Ante la negativa del Secretario de Estado, Marbury y los otros afectados presentaron una demanda judicial ante la Suprema Corte de Estados Unidos, en la cual solicitaban que ésta emitiera un *writ of mandamus*[46] contra Madison, cuyo efecto consistía en ordenarle que los pusiera en posesión de sus cargos.

Razones de Marshall para fundar su decisión

Ahora bien, el problema se desarrolló de este modo:

Era indiscutible que los accionantes estaban legitimados para solicitar la posesión del cargo, independientemente de no recibir los nombramientos.

En este sentido, si Marshall hubiera resuelto a favor de Marbury, entonces debía expedir la orden de *mandamus* que éste pedía en contra del Secretario de Estado para ponerlo en posesión del cargo, sin embargo, seguramente Madison la habría ignorado, como lo hizo con la notificación hecha por la Corte para presentar las razones por las cuales no le habían entregado a Marbury y a los otros los cargos.

El Presidente de la Corte sabía que, de expedir una orden al Secretario Madison para entregar su cargo a Marbury; Jefferson habría instruido al Secretario para ignorar la orden, por lo cual, dicha decisión demostraría que la Corte Suprema no era capaz de hacer cumplir sus determinaciones ante el Poder Ejecutivo; y, por otro lado, resolver que Madison había actuado correctamente al no entregarles sus cargos, era equivocado y; además, fortalecía a los enemigos políticos de Marshall.

No obstante lo anterior, si la Corte sostenía que era incompetente para expedir órdenes a un funcionario perteneciente al poder ejecutivo, apoyaría la postura política del Presidente y negaría la posibilidad de que, en un futuro, los órganos judiciales pudieran revisar los abusos del órgano ejecutivo.

Fallo

En esas circunstancias, la Corte declaró que una disposición de una determinada ley era nula porque en su opinión, era opuesta al texto de la Cons-

46. El *writ of mandamus* es un antiguo mandamiento del Tribunal Supremo dirigido a un tribunal o juzgado inferior, o a un organismo o persona, ordenando el cumplimiento de alguna obligación o deber

titución y, lo aún más importante, el poder de interpretar la ley y por consecuencia de declarar la invalidez de una ley cuando ésta es contraria a la Constitución «es de la verdadera esencia del deber judicial». Naturalmente la afirmación de ese poder de interpretar la ley y declarar su invalidez cuando tal ley es contraria a la Constitución, incluye necesariamente no sólo la interpretación de la ley sino la interpretación del texto de la Constitución con la cual se está comparando.

Nacimiento del control difuso

Una vez establecida la facultad de los órganos judiciales para ejercer dicha función, muy pronto comenzó a decirse que ese poder era exclusivo de los jueces.

La pregunta que surge al leer la resolución es: ¿cómo después de sostener que William Marbury tenía derecho a ejercer durante cinco años el cargo de juez de paz aun y cuando no se le hubiera entregado el documento en que se hacía constar su nombramiento; de declarar que tenía el derecho a demandar que se le pusiera en posesión de su cargo, de afirmar junto con eso que el nuevo Secretario de Estado, James Madison, estaba obligado a entregarle el cargo que le había otorgado el presidente anterior y de justificar con citas de todo tipo, que esa Corte tenía el poder de emitir órdenes a los más altos funcionarios federales empezando por el presidente de los Estados Unidos; la Suprema Corte terminaría declarando que el derecho de Marbury al cargo que reclamaba no podía hacerse efectivo?

La respuesta a la pregunta planteada se intentó explicar a razón de una disposición de una ley hecha por lo menos 14 años antes por el Congreso, en la cual se le otorgaba facultades a la Suprema Corte para emitir órdenes a los funcionarios federales y misma que la Corte en el caso en comento, consideró nula, por ser opuesta a la Constitución.

La ley a la cual se refería la Corte y tildaba de anticonstitucional era la Ley de Organización Judicial de 1789 *(Judiciary Act)*, en la que se encontraba la disposición anulada por la Suprema Corte de Estados Unidos, específicamente la Sección 13 de la mencionada ley.

Dicha ley fue la primera en la que el Congreso de acuerdo con el artículo III de la Constitución norteamericana había instituido y establecido una Suprema Corte y los tribunales federales inferiores; así mismo, había señalado las excepciones a las reglas de competencia y la reglamentación de estas últimas. La parte de este artículo que se refiere a lo antes citado dice lo siguiente «Se depositará el poder judicial de los Estados Unidos en una Suprema Corte y en los tribunales inferiores que el Congreso ordene y establezca» por su parte, la sección 2 del mismo artículo expresa que «en todos los casos relativos a embajadores, otros ministros públicos y cónsules, así como en aquellos en que sea parte un Estado, la Suprema Corte tendrá jurisdicción en única instancia. En todos los otros casos antes mencionados la Suprema Corte tendrá jurisdicción en apelación, tanto en lo que toca a los hechos como al derecho, con las excepciones y con arreglo a la reglamentación que haga el Congreso».

La disposición legal sobre la cual la Suprema Corte se pronunció por la nulidad, como se ha referido, de la Sección 13 de la Ley de organización judicial *(Judiciary Act)* de 1789, la cual trataba de manera amplia, el otorgamiento de un poder importante a la Corte para expedir órdenes *(writs of mandamus)* a los funcionarios del gobierno de los Estados Unidos.

Lo que el Juez Marshall hace en su famosa resolución es negar que la Corte, de la cual era Jefe, tuviera el poder de emitir esas órdenes a los funcionarios del gobierno de los Estados Unidos, porque, aunque la sección 13 de la Ley de organización judicial *(Judiciary Act)* de 1789 parecía otorgarle a la Corte ese poder, esa disposición era en sí misma inválida. La parte que fue declarada anticonstitucional señalaba:

> «La Suprema Corte tendrá también jurisdicción en apelación respecto de los tribunales de circuito y los tribunales de los diferentes estados, en los casos que de aquí en adelante especialmente se señalen; y tendrá poder para emitir órdenes de prohibición a los tribunales de distrito, cuando estos procedan como tribunales de almirantazgo y jurisdicción marítima y órdenes en todos los casos garantizados por los principios y los usos de la ley a los tribunales designados, o a las personas que tengan cargos bajo la autoridad de los Estados Unidos».

Dicha disposición fue declarada nula por la Corte al realizar el siguiente razonamiento; si bien el precepto le daba facultad a la Suprema Corte de los Estados Unidos para emitir órdenes *(writs of mandamus)* a funcionarios del gobierno federal; para la Corte, debía pensarse que esa sección 13 de la Ley de organización judicial *(Judiciary Act)* de 1789 se refería a una jurisdicción original, lo cual era contrario al Artículo III de la Constitución que establecía que tal jurisdicción debía ser siempre en apelación. Cabe destacar que, en dicha disposición no se señalaba si la Suprema Corte tenía el poder de emitir tales órdenes en forma directa, en única instancia o solamente como tribunal de apelación.

En consecuencia, para la Corte Suprema de Estados Unidos, la sección 13 de esa ley era nula porque el poder de emitir órdenes a los altos funcionarios federales sólo podía ejercerse como tribunal de apelación y no en vía de jurisdicción original —como apuntaba la interpretación de los jueces sobre la sección 13—.

En este contexto, la relevancia de la sentencia dada en el caso Marbury contra Madison consiste en los puntos resolutivos a los que se llegó, los cuales fueron:

1. La Corte Suprema de Estados Unidos, así como los demás jueces federales tenían el poder de interpretar las leyes;
2. La Corte y los jueces federales estaban facultados para nulificar leyes hechas por los legisladores cuando, en la opinión de dichos jueces,

las normas fueran contrarias al texto constitucional (esencia del control difuso) y;

3. Al tener la competencia para interpretar las leyes y de anularlas cuando fueran contrarias a la Constitución, necesariamente tenían el poder para determinar lo que dice aquella.

Apoyándose en estas premisas, sobre las cuales no parece haber duda alguna, Marshall sostenía:

> «Si una ley está en oposición con la Constitución; si ambas, la ley y la Constitución, se aplican a un caso en particular, de tal manera que la Corte tenga que decidir ese caso conforme a la ley sin mirar a la Constitución; o conforme a la Constitución sin mirar la ley; la Corte tenía que determinar cuál de estas reglas en conflicto rige el caso. Esto es de la verdadera esencia del deber judicial».

Características

El control difuso de la constitucionalidad es una especie del género control de la constitucionalidad jurisdiccional, el cual, a su vez, es una especie de un género mayor, el de control de la constitucionalidad, asimismo y tal como se abordó en el apartado precedente, su origen se remonta a la sentencia emitida en 1803, por la Suprema Corte de Justicia de Estados Unidos en el caso Marbury vs Madison.

Ahora bien, tal y como se fija en la sentencia ya referida, la principal característica de este tipo de control es la facultad conferida a cualquier Juez, sin importar su materia, para salvaguardar la regularidad constitucional de las leyes.

El carácter de difuso atiende a la posibilidad y competencia de cualquier juez, independientemente de su fuero o de la materia, sea para conocer de la constitucionalidad de las leyes o de un acto de autoridad.

En este sentido, ante un caso en concreto referente a cualquier materia, el Juez podrá inaplicar una ley que considere anticonstitucional y fallar mediante una sentencia con efectos *inter partes*.

Por lo tanto, este tipo de control tiene, en oposición al concentrado, como se abordará más adelante, las siguientes características: es incidental, especial y declarativo[47].

Es incidental, porque el problema principal que se somete a la competencia del Juez no es una causa constitucional, sino de legalidad, esto es, la vía en la que se plantea el problema de constitucionalidad es indirecta, es decir, el problema de constitucionalidad se desprende de una controversia que es

47. SUPREMA CORTE DE JUSTICIA DE LA NACIÓN, *La defensa de la Constitución,* Ciudad de México, México, Coordinación de Compilación y Sistematización de Tesis de la Suprema Corte de Justicia de la Nación, 2005, Serie Grandes Temas del Constitucionalismo Mexicano, pp. 26-27.

competencia de la jurisdicción ordinaria[48], relativa a cualquier materia que es la que en principio ocupa al juez[49].

Es especial porque los efectos de las sentencias son concretos o relativos, por consiguiente, sólo afectan a quienes participan en la relación procesal. A propósito de los efectos relativos *(inter partes)* de las sentencias, es de destacar que en los sistemas jurídicos del *common law,* el estadounidense entre ellos, se sostiene la doctrina del *stare decisis,* esto es, la obligatoriedad del precedente, la cual consiste en que todos los tribunales queden vinculados por una declaración de inconstitucionalidad hecha por un tribunal superior. Por lo anterior, aun cuando en una resolución se emita una declaración de inconstitucionalidad, y ésta, en principio haya tenido sólo efectos entre las partes, puede adquirir, en virtud de su invocación en otros asuntos similares efectos *erga omnes* o efectos generales[50].

Por último, es declarativo, porque no expulsa la norma o acto del orden jurídico, sino que sólo se limita a inaplicar la norma; enunciándola inválida para el caso en concreto.

Actualmente, es común encontrar países que en sus sistemas de control de la constitucionalidad combinan medios de control difuso y concentrado, denominados mixtos o híbridos, los cuales se abordarán en apartados subsecuentes. Ante tal convergencia es posible destacar ejemplos en donde se ha ejercido el control difuso de la constitucionalidad.

Uno de aquellos es Argentina, quien en el «Caso Sojo» resuelto el 22 de septiembre de 1887[51] determinó que la Suprema Corte de aquel Estado no era competente al no tener jurisdicción originaria para conocer de un *hábeas corpus* interpuesto por un individuo particular extranjero que no tenía el

---

48. «el fundamento esencial del sistema difuso consiste en una ausencia de diferenciación entre el control de constitucionalidad y el control de legalidad. Esto significa que la jurisdicción constitucional y la ordinaria (de legalidad) no se separan bajo el supuesto de que tanto la interpretación de la constitución, como la de las leyes se realizan conforme a los mismos principios generales de exégesis de las normas jurídicas comunes». Covián Andrade, Miguel, *Fundamentos teóricos del control de la constitucionalidad*, México, Centro de Estudios de Ingeniería Política y Constitucional A.C., 2010, pp. 100-101.

49. *Cfr*. Suprema Corte de Justicia de la Nación, *Los tribunales constitucionales y la Suprema Corte de Justicia de la Nación*, 3.ª ed., México, Suprema Corte de Justicia de la Nación, 2014, p. 45

50. Suprema Corte de Justicia de la Nación, *La defensa de la Constitución... idem*.

51. Los hechos que dieron origen al juicio fue la publicación de un dibujo en el periódico «Don Quijote» el 4 de septiembre de 1887 y por el que su redactor, D. Eduardo Sojo fue puesto en prisión, en atención a una resolución de la H. Cámara de Diputados de la Nación, quien ordenó la prisión de Sojo por todo el tiempo que durasen las sesiones. Por dicha situación, Sojo interpuso el recurso de *hábeas corpus* ante la Suprema Corte, fundando la competencia de la misma en el artículo 20 de la ley de 14 de septiembre de 1863, sobre jurisdicción y competencia de los tribunales nacionales.

carácter de un representante extranjero (cónsul, embajador o ministro) por lo cual, en este caso en concreto el órgano competente debía ser el juez más inmediato.

A continuación, se señalan algunas de las razones en las que se fundó el fallo:

> «La Constitución argentina y la de Estados Unidos, concuerdan en las disposiciones que fundan la jurisdicción de la Suprema Corte, y los fallos de la de los Estados Unidos, así como las opiniones de sus más reputados expositores están contestes en que no puede darse caso ni por ley del Congreso que altere la jurisdicción originaria de la Corte estendiéndola á otros caso que á los que la Constitución imperativamente la ha limitado, de tal modo que la ley y el auto que en transgresión se dictase, no sería de efecto alguno.
>
> ...
>
> En estos casos (los de jurisdicción federal establecidos por el artículo anterior) dice el artículo ciento uno, la Corte Suprema ejercerá su jurisdicción por apelación según las reglas y escepciones que prescriba el Congreso, pero en todos los asuntos y concernientes a embajadores, ministros y cónsules estranjeros y en los que alguna provincia fuera parte, la ejercerá originaria y esclusivamente.
>
> En todos los casos relativos á embajadores u otros ministros públicos, dice la americana, y aquellos en que un estado sea parte, la Corte Suprema tendrá jurisdicción originaria. En todos los otros casos, la jurisdicción de la Corte Suprema será de apelación, tanto respecto a la ley como al hecho, con las escepciones y reglamentos que el Congreso hiciere.
>
> ....
>
> ....
>
> La garantía acordada por el recurso de habeas corpus, fundada en la igualdad ante la ley, no tiene otras escepcion que cuando la persona que ha sido objeto de una mandato indebido contra su libertad, pueda traer un conflicto internacional. En los demás casos, el juez más inmediato, más espedito en sus resoluciones, es y debe ser el competente, no sin la garantía de la apelación, dada asímismo en favor de la libertad
>
> ...
>
> ...
>
> ...
>
> La Corte Suprema, no tiene jurisdicción originaria en una solicitud de **habeas corpus** hecha por un extrangero que no es un embajador, un ministro ni cónsul»[52].

52. Fallos de la Suprema Corte de Justicia Nacional, Sentencia Sojo, Eduardo sobre recurso de hábeas corpus, 22 de septiembre de 1887, Corte Suprema de Justicia de la Nación, Capital Federal, Ciudad Autónoma de Buenos Aires, Magistrados: De La Torre - Ibarguren - Frias - Victorica - Zavalia, Id SAIJ: FA87001154, pp. 127-131. Disponible en http://www.saij.gob.ar/corte-suprema-justicia-nacion-federal-ciudad-autonoma-buenos-aires-sojo-eduardo-recurso-habeas-corpus-fa87001154-1887-09-22/123456789-451-1007-8ots-eupmocsollaf?

Otro ejemplo es Guatemala, quien en su Constitución establece en el artículo 266 la posibilidad de que, tratándose de la inconstitucionalidad de leyes en casos concretos; las partes podrán plantear como acción, excepción o incidente, la inconstitucionalidad total o parcial de una ley cualquiera que sea el proceso, jurisdicción, instancia o casación. Lo anterior implica que el control concreto puede ser ejercido por cualquier juez, ello constituye un control de la constitucionalidad difuso cuyos efectos son concretos[53].

1.4.3.2. Control concentrado

Antecedentes

En la Europa continental del liberalismo francés, en particular, en los años posteriores a la Revolución Francesa de 1789 se dejó en claro que la despersonalización del poder político era una vía central para el desarrollo universal, en este marco, se dejaron muy claras las franjas de competencia entre la función ejecutiva de representación estatal y el Parlamento, reconociendo a este último como el que materializaba las intenciones de la nación, por lo cual poseía el respaldo político y social de la voluntad general, en este sentido, no se veía moralmente aceptada la posibilidad de que jueces calificarán los actos parlamentarios; de hecho, esto dio pie a que en la Constitución francesa de 1799 se estableciera una figura política como el *Sénat Conservateur* (control de la constitucionalidad por órgano político).

El paradigma descrito empezó a trastabillar en el siglo XIX, con varios intentos en diversas latitudes del mundo, para crear una jurisdicción constitucional, que por ende, ya no aceptaba el control de las leyes por vía parlamentaria, ejemplo de ello es el *Proyecto de Kremsier* (Imperio austro-húngaro); o bien, el control constitucional autónomo, concentrado con efectos generales de Suiza, al reformarse la Constitución Federal Helvética; también puede considerarse la sentencia dictada por el Tribunal Supremo Alemán de 17 de febrero de 1883, a través de la cual se controlaba las leyes de los *länders* y la constitucionalidad de los reglamentos.

Asimismo, en el siglo XX, destacó la Constitución de Weimar[54], la cual, contempló un control de la constitucionalidad incipiente y de carácter excep-

53. Constitución Política de la República de Guatemala, Artículo 266.

54. «Las cuestiones constitucionales dentro de cada País en que no exista jurisdicción competente para resolverlas, así como cualesquiera otras que no sean de derecho privado entre los diferentes Países o entre un País y el Imperio serán decididas, a petición de una de las partes, por el Tribunal de Estado del Imperio, en todo aquello en que otro Tribunal del Imperio no sea especialmente competente. El Presidente del Imperio ejecutará la sentencia del Tribunal de Estado del Imperio». *Cfr.* «Constitución del Imperio (Reich) Alemán», de 11 de agosto de 1919, extracto de la Obra *Textos Constitucionales Españoles Extranjeros,* Editorial Athenaeum. Zaragoza, 1930, disponible en: *https://ezequielsingman.files.wordpress.com/2016/03/constitucion-de-weimar-alemania-19191.pdf*

cional, ejemplo de esto, es el artículo 19 de la misma, el cual expresaba que el Tribunal Supremo del *Reich* conocería de litigios que no fueran de derecho privado entre los *länder*, o entre éstos y el *Reich,* siempre y cuando lo solicitara una de las partes y el conflicto no estuviera previsto en la constitución del *länder*, esto implica que se previó la posibilidad de análisis competenciales entres sujetos subnacionales.

Asimismo, su artículo 13 establecía que en caso de que una ley del *länder* presentara una inconsistencia con respecto a las disposiciones del *Reich*, la autoridad central del *Reich* podría accionar un proceso llevado a cabo ante un Tribunal Superior del *Reich* para resolverla.

Origen

El sistema concentrado también es conocido como sistema austriaco o europeo de control de la constitucionalidad, esto es así porque el arquetipo surgió por vez primera en la Constitución austriaca del 1° de octubre de 1920, formulada sobre la base de un proyecto elaborado en la Constitución antes referida por Hans Kelsen, a solicitud del gobierno; en dicho proyecto se previó instalar un Tribunal Constitucional dedicado a resolver concentradamente las cuestiones de anticonstitucionalidad, de manera principal y mediante sentencias con efectos *erga omnes.*

Kelsen, en la estructuración del tribunal regulador de la Constitución, dejó en claro que su conformación debía de atender a jueces que fueran elegidos por el parlamento, ya que, de lo contrario, éstos podrían ser vehículos que beneficiaran a aquellos órganos o sujetos que los hubieran elegido, sea del parlamento o del gobierno, deslegitimado así la causa de su razón de ser, la «defensa» (control) de la Constitución(alidad)[55].

Kelsen estableció como paradigma de los tribunales constitucionales su objeto de análisis, es decir, controlaría las normas de carácter general y heterónomas procedentes de los parlamentos o bien, reglamentos y sentencias.

---

55. La reforma de la Constitución austriaca de 1929 no fue en lo sustancial dirigida contra el Tribunal Constitucional, la enmienda no alteró la jurisdicción del Tribunal, sino que dispuso que sus miembros ya no fueran elegidos por el Parlamento, sino nombrados por la Administración. El antiguo Tribunal fue, de hecho, disuelto y reemplazado por uno nuevo, cuyos miembros, casi en su mayoría, eran partidarios del gobierno. Esto fue el comienzo de una evolución política que inevitablemente tenía que llevarlos al fascismo y que fue responsable de que la anexión de Austria por los nazis no encontrase ninguna resistencia, de ahí la crítica de Kelsen a la reforma constitucional de 1929, pues en su opinión, los integrantes del Tribunal Constitucional debieron continuar siendo elegidos por el Parlamento y no por el gobierno como se señaló en la nueva redacción de 1929. *Cfr*. KELSEN, Hans. «El control de la constitucionalidad de las leyes. Estudio comparado de las constituciones austriaca y norteamericana», traducción de Domingo GARCÍA BELAUNDE, *Ius Et Veritas*, Perú, Año *IV, No* (6), 1993, pp. 81-90.

De esta manera, aquellos sujetos a control de la constitucionalidad sería el análisis de las leyes; las emisiones del Parlamento que conforme a la Constitución poseyeran carácter obligatorio sin revestir necesariamente la forma de leyes, siendo que para este caso la Corte debía proceder a petición de parte; actos gestados por los jefes de estado o de gobierno y casos de control de constitucionalidad por omisión legislativa.

El Tribunal Constitucional actuaba en los términos referidos en el artículo 140 de la Constitución Federal Austriaca («*Osterreichische Bundesverfassung*», 1920), el cual se detalla a continuación.

CONOCERÁ	INSTANCIA QUE ACCIONA	SUPUESTO
El Tribunal Constitucional	– Tribunal Administrativo; – Tribunal Supremo o; – De cualquier tribunal llamado a resolver en segunda instancia	Conocer de la posible anticonstitucionalidad de una ley federal o regional
	– El Gobierno federal	La posible anticonstitucionalidad de las leyes regionales
	– Gobierno regional; o de – un tercio de los miembros del Consejo Nacional.	La posible anticonstitucionalidad de las leyes federales.
	– Un tercio de los componentes de la Asamblea regional. Condición: deberá tener esta facultad en la Constitución regional del *Länder*.	La posible inconstitucionalidad de leyes regionales
	– Cualquier persona que afirme haber sido directamente perjudicada en sus derechos cuando la ley haya cobrado fuerza vinculante para la misma, sin necesidad de haberse dictado decisión judicial ni resolución administrativa individual.	La posible anticonstitucionalidad de las leyes a instancia de cualquier persona que afirme haber sido directamente perjudicada en sus derechos.

Como se aprecia en el artículo constitucional referido, los sujetos legitimados para accionar el control de la constitucionalidad en un sistema concentrado son los tres órganos constituidos tradicionales de forma abstracta y, los particulares de forma concreta.

En este orden de ideas se observa claramente, a diferencia del control difuso, que en el control de constitucionalidad concentrado existe una distinción determinante entre el control de la legalidad y el control de la constitucionalidad. Lo anterior, se aprecia, sin lugar a dudas, en el artículo 89 de la Constitución Austriaca, en específico, en sus numerales 1 y 2, en donde se destaca que los Tribunales (refiriéndose a los tribunales de legalidad) no tendrán competencia para examinar la validez de las leyes, decretos y tratados internacionales debidamente promulgados; en este mismo orden de ideas, si un tribunal concibiera objeciones por razón de ilegalidad contra la aplicación de algún decreto, de conformidad con el citado numeral, deberá interponer, ante el Tribunal Constitucional *(Verfassungsgerichtsho'),* la súplica de que se anule dicho decreto.

Características

Este modelo de control constitucional por sus características es opuesto al difuso, ya que es general, constitutivo y principal.

El control concentrado se caracteriza porque en el sistema existe una institución materialmente jurisdiccional, distinta a los órganos constituidos tradicionales y cuya tarea es calificar a través de la contrastación de leyes y el principio lógico de no contradicción, si una norma es o no contraria a la Constitución.

Por otro lado, el término de generalidad obedece al alcance de las resoluciones de la institución que en exclusiva califica las normas; por lo cual sus determinaciones serán *erga omnes*.

Es constitutivo, porque las sentencias de los medios de control concentrado, en caso de que la norma respectiva se determine como anticonstitucional, tendrá el efecto de abrogarla del orden jurídico, es este sentido resulta opuesto al control difuso, ya que en el concentrado la norma no se inaplica, sino que se constituye una nueva realidad en el orden jurídico, «un nuevo estado de cosas».

Por último, este modelo posee la característica de ser resuelto por vía principal, esto implica que, a diferencia del difuso, el objeto del análisis principal por parte del órgano especializado y exclusivo, es propiamente la compatibilidad de la norma puesta a discusión con el orden jurídico y no un acto controversial entre partes.

1.4.3.3. Control de la constitucionalidad difuso y concentrado. Comparación, crítica y eficacia

Una vez precisados los orígenes y características de ambos sistemas, es necesario reflexionar sobre la eficacia, ventajas, así como las deficiencias de los mismos.

Control	Ventajas en el control de la Constitución	Debilidades en el control de la Constitucionalidad
Concentrado	A) Existe un único intérprete constitucional, con lo cual se garantiza la unificación de criterios sobre una situación constitucional específica; por lo cual se reduce la incertidumbre jurídica del sujeto legitimado para accionar el control de la constitucionalidad. B) En la mayoría de casos, las sentencias emitidas en los medios de control de la constitucionalidad resueltos por órganos concentrados tienen efectos *erga omnes*, lo que asegura una mayor protección para cualquier persona, incluso quienes no son sujetos legitimados para accionarlo o bien, quienes no.	A) En los medios de control abstracto de la constitucionalidad, al resolverse sobre cuestiones indeterminadas (no sobre situaciones jurídicas concretas), la argumentación vertida en los procesos constitucionales es principalista, misma que será llevada a cabo a través del método de análisis dialógico, el cual es la base para llegar a la resolución. Por lo anterior, es necesario el establecimiento de consideraciones mínimas (además del diálogo) que constituyan un método para resolver casos sobre cuestiones abstractas; con la finalidad de evitar al máximo la discrecionalidad del juzgador y más apegado al sistema de normas para preservar la coherencia del orden jurídico. Por ejemplo, qué pasa ante dos interpretaciones distintas pero plausibles y coherentes con la constitución; de qué forma se podría garantizar la ponderación de principios[56] en la interpretación constitucional, etcétera.

56. «Según Dworkin el modelo positivista sólo tiene en cuenta las normas que tienen la particularidad de aplicarse en *todo* o no aplicarse...
El criterio de la identificación de los principios y de las directrices no puede ser el test de origen. Las directrices hacen referencia a objetivos sociales que se deben alcanzar y que se consideran socialmente beneficiosos. Los principios hacen referencia a la justicia y la equidad *(fairness)*. Mientras las normas se aplican o no se aplican, los principios *dan razones para decidir* en un sentido determinado, pero a diferencia de las normas, su enunciado no determina las condiciones de su aplicación. ...» DWORKIN, Ronald, *Los derechos en serio*, trad. de Marta GUSTAVINO, Barcelona, Ariel, 2009, p. 9.

Difuso	A) Más de un juez tienen la atribución de resolver la constitucionalidad de las leyes o actos de autoridad (o particulares) por lo que no es necesario acudir a una jurisdicción especializada para resolver el problema de constitucionalidad. B) La resolución emanada será un traje a la medida haciendo la interpretación perfectamente coherente con el problema a tratar. C) Las resoluciones sobre la constitucionalidad de una ley o acto atienden a las condiciones bien delimitadas del caso en concreto, esto es, circunstancias modales que orientan al juzgador para llegar a una resolución particularizada.	A) Al existir varios intérpretes de la norma constitucional es evidente la existencia del riesgo que implica que entre ellos, en casos distintos pero con la misma norma en cuestión se dicten interpretaciones diferentes al texto supremo, creando así zonas de oscuridad y ambigüedad en la dimensión de las leyes. B) Si se decretase la inconstitucionalidad de la norma y su inaplicación para el caso en concreto entonces se estaría actualizando la injusticia de que solamente quien accionó el juicio respectivo tendría el beneficio de la inaplicación, pero en sentido opuesto la sociedad en general estaría siendo medida con leyes inconstitucionales; C) La norma o acto sujeto a control de la constitucionalidad no deja de existir en el orden jurídico, sino que sólo se inaplica en el caso concreto, por lo cual, sólo el sujeto que acciona el medio de control de la constitucionalidad gozará de los efectos de la resolución.

Como postura conclusiva sobre el contenido del cuadro se advierte una mayor conveniencia jurídica en el control concentrado para asegurar la supremacía constitucional, pues se cumple de una manera más amplia la finalidad del control de la constitucionalidad ya que sus efectos son *erga omnes,* además de que con esta vía no se «desgasta el aparato jurisdiccional». De igual modo, a través de este tipo de control y una vez que la norma sea sometida al examen de constitucionalidad se evita de manera eficiente que cese la aplicación de una norma inconstitucional de manera reiterada, propiciando así que en ningún momento (como ocurre en el control difuso) se aplique a la sociedad leyes inconstitucionales (aunque éstas previamente y en casos concretos hayan sido inaplicadas). Igualmente, con el control de la constitucionalidad concentrado se subsana la desconfianza hacia el poder judicial, pues el control de la constitucionalidad está encomendado a un órgano autónomo y especializado, por lo que se presume que sus sentencias atenderán a asegurar la supremacía constitucional y no a intereses de los órganos constituidos tradicionales.

1.4.3.4. Mixto o jurisdicción concurrente

A lo largo del tiempo, la tajante división entre sistemas concentrado y difuso ha abierto una opción más, el sistema de control de la constitucionalidad híbrido o mixto.

En el sistema de control mixto coexisten órganos cuyo control de la constitucionalidad es ejercido por uno de ellos de forma concentrada y abstracta mientras que los demás lo ejercen de manera concreta y difusa.

Al respecto, Néstor Pedro Sagües señala cuáles son las formas en las que el control mixto se implementa en algunos países[57], estas son:

a) La existencia de una sala constitucional dentro del poder judicial; la cuál será el único órgano para resolver control de constitucionalidad. De modo tal que, aunque sea un órgano formalmente del poder judicial, la función que realizará será de control de la constitucionalidad. Este modelo pudiera apreciarse también en aquellas latitudes en donde existe descentralización política dentro de un territorio nacional; por lo que, cada una de las entidades territoriales pueden tener salas constitucionales dentro de un mismo país[58].

b) Un método de juzgamiento constitucional inicial en tribunales ordinarios. En este marco el problema de constitucionalidad es conocido en primera instancia por un órgano de legalidad perteneciente al poder judicial, en esta tesitura, si el problema de constitucionalidad subsiste, quien conoce en segunda instancia o como tribunal de apelación será el Tribunal Constitucional (caso de Malta).

c) Coexistencia de un órgano que ejerce control de la constitucionalidad concentrado y el resto de jueces con competencia de control de la constitucionalidad difuso. En estos casos existe un tribunal con jurisdicción constitucional[59]quien resuelve planteamientos sobre la constitucionalidad de normas emitiendo para ello sentencias irrevocables y con efectos *erga omnes;* a su vez, la Constitución también otorga facultades a todos los jueces para inaplicar una norma cuando éstas sean inconstitucionales teniendo sus resoluciones efectos *inter partes*. Un ejemplo de aquello está plasmado en la

57. *Cfr*. Sagüés, Néstor Pedro, *Teoría de la Constitución,* Buenos Aires, Astrea, 2004, pp. 451-453.

58. A diferencia del difuso, en donde se les otorga la facultad a todos los jueces para inaplicar una norma en el caso de ser contraria a la Constitución y sus alcances sólo son *inter partes*; en el control mixto se confiere el control a determinados órganos pudiendo emitir resoluciones cuyo carácter sea *erga omnes.*

59. Este tipo de tribunales no implica que sean formalmente Tribunales Constitucionales, entendidos éstos como órganos autónomos cuya jurisdicción es únicamente el ejercicio del control de la constitucionalidad, por lo tanto, en estos casos, sólo se expresa que ejercen la jurisdicción constitucional.

Constitución de Grecia en donde el Tribunal Especial Superior es el único órgano competente para atender los litigios que versen sobre la inconstitucionalidad de fondo emitiendo sus resoluciones con efectos abstractos (artículo 100.1 inciso e)[60] mientras que, simultáneamente se faculta a los demás jueces para conocer sobre temas de constitucionalidad limitando su ejercicio a la inaplicación de la norma en caso de considerarla inconstitucional para la situación concreta (artículo 93.4)[61].

Albrecht Weber, en su ensayo «Tipos de Jurisdicción Constitucional»[62], expresa que en Suramérica aumenta la tendencia a un control constitucional reforzado a través de salas de justicia especializadas (lo cual encuadraría en el inciso a) de la clasificación de Sagüés), no obstante al mismo tiempo se conservan formas de recursos individuales como el amparo mexicano, dando así muestras de que a la par trasciende el control de instituciones de control concentrado sin que desaparezca el control constitucional difuso.

Al respecto, además de lo referido por Albrecht Weber, el control mixto no sólo debe considerarse así porque coexistan medios de control concretos y difusos, sino también porque no existe una delimitación clara entre control de legalidad y de constitucionalidad. (p. Ej. En México, la Suprema Corte de Justicia de la Nación es el máximo tribunal de legalidad del país, perteneciente al Poder Judicial de la Federación pero a su vez es también la última instancia de control de la constitucionalidad y, en ocasiones la única —como es en los casos de la Acción de Inconstitucionalidad y de la Controversia constitucional—).

1.5. Evolución del control de la constitucionalidad en España y México

1.5.1. Evolución del control de la constitucionalidad en España

El control de la constitucionalidad en España se hizo presente hasta después del siglo XIX, pues en ninguno de los textos constitucionales de aquel siglo puede hablarse de la existencia de un sistema de control de consti-

60. «Se instituye un Tribunal Especial Superior, al cual corresponderán: e) El enjuiciamiento de los procesos que versen sobre la inconstitucionalidad de fondo o sobre el sentido de las disposiciones de una ley formal, en el supuesto en que, sobre tales disposiciones, el Consejo de Estado, el Tribunal de Casación o el Tribunal de Cuentas hubiesen pronunciado resoluciones contradictorias».

61. «4 - Los tribunales no podrán aplicar una ley cuyo contenido sea contrario a la Constitución».

62. Weber, Albrecht, «Tipos de Jurisdicción Constitucional», *Anuario Iberoamericano de Justicia Constitucional*, Madrid, España, Número 6, año 2002, pp. 583-599.

tucionalidad de las normas. «Al respecto, debe tenerse presente que, en la concepción liberal decimonónica, los jueces no pueden interferir en el proceso político. Su papel quedaba limitado a resolver controversias que surgieran en el ámbito del Derecho privado, y al enjuiciamiento de las infracciones penales. Ello implica que los jueces no pueden controlar la legalidad de los actos de la administración pública, ni tampoco, la constitucionalidad de las normas emanadas del parlamento»[63].

En este mismo sentido se manifestó Joaquín Varela Suanzes-Carpegna al expresar que «los textos constitucionales del XIX coincidían en considerar a la ley aprobada en Cortes como la suprema fuente del ordenamiento jurídico. Con independencia del papel que se concediera al Monarca en la elaboración de la ley ésta se configuraba como la suprema norma del ordenamiento jurídico del Estado, no sólo por encima del derecho regio (de su potestad reglamentaria, ejercida a través de los Ministros) sino también por encima de la propia Constitución, que nunca a lo largo del siglo XIX se articuló como una norma jurídica suprema, ni siquiera en los textos constitucionales de 1812 y 1869, aunque en éstos, al menos, se distinguió formalmente entre la reforma constitucional y la reforma de las leyes "ordinarias", lo que no bastó para articular un control de constitucionalidad de las leyes»[64].

Mención especial para el caso español merece el proyecto constitucional de 1873 que aspiraba a consolidar con un texto supremo el régimen de gobierno republicano conocido como la primera república española, el cual en sus artículos 70 y 77, reguló un medio de control abstracto, siendo que el primero de aquellos artículos, en su último párrafo determinaba textualmente que el «Poder judicial, representado por el Tribunal Supremo de la Federación, le queda la facultad siempre de declarar en su aplicación si la ley es o no constitucional»; por su parte, el dispositivo 77 estipulaba «En el caso de que el Poder legislativo dé alguna ley contraria a la Constitución, el Tribunal Supremo en pleno tendrá facultad de suspender los efectos de esta ley».

En este marco de historia constitucional, en los siguientes párrafos se enuncia la evolución constitucional de España para que se constate el argumento de la inexistencia de un control de la constitucionalidad durante el tiempo de vigencia de la norma.

---

63 Cucarella Galiana, Luis Andrés, *Estudios de Derecho Procesal Constitucional y Convencional,* Bogotá, Colombia, Doctrina y Ley LTDA, 2015, p. 161.

64. Varela Suanzes-Carpegna, Joaquín, *La construcción del Estado en la España del siglo XIX. Una perspectiva constitucional*, Alicante, Biblioteca Virtual Miguel de Cervantes, 2012. http://www.cervantesvirtual.com/obra-visor/la-construccion-del-estado-en-la-espaa-del-siglo-xix-una-perspectiva-constitucional/html/dcd3569e-2dc6-11e2-b417-000475f5bda5_2.html#I_1_

1.5.1.1. La Constitución Política de la Monarquía Española de 1812

La constitución política de la monarquía española fue promulgada el 19 de marzo de 1812, rigió en la Nueva España y también en lo que sería México; durante los lapsos que van de 1812 a 1814 y de 1820 a 1821, por lo cual se le considera una constitución de la modernidad, posterior a las primeras constituciones de esa clasificación, la americana y las francesas del siglo XVIII[65].

Cabe mencionar que previo a la aprobación de la «Pepa», se ubica el Estatuto de Bayona de 1808, pero este es un documento político proveído por el imperio napoleónico, por ello no se considera a aquel en este listado.

La Constitución Gaditana oficialmente se denominó como la Constitución Política de la Monarquía Española, en sus artículos 14 y 15 se estipuló que el Gobierno de la Nación española es una Monarquía moderada hereditaria y que la potestad de hacer las leyes reside en las Cortes con el Rey.

Asimismo, el artículo 7 daba a entender de su redacción que todo español estaba obligado a ser fiel a la Constitución, obedecer las leyes y respetar las autoridades establecidas, por lo tanto, si bien estaba establecida la supremacía constitucional, no había mecanismos de control de la constitucionalidad jurisdiccionales para asegurarla, sólo existían de carácter administrativo[66] y político[67], aunque incipientes y simbólicos.

---

65. La constitución doceañera del siglo diecinueve se dio en el contexto que se describe en la siguiente cita textual «... De modo que ante la incertidumbre que significó la intromisión de los franceses en 1808 y la abdicación del trono por parte de Carlos IV y Fernando VII, inició en España un movimiento por defender su soberanía. Así, en 1810 se convocó a Cortes Generales y Extraordinarias para elaborar un documento constitucional que hiciera frente a tan diversa situación. En ese sentido, la Instrucción que deberá observarse para la elección de Diputados de Cortes de 1.° de enero de 1810 señaló: "La elección de diputados de Cortes es de tanta gravedad e importancia, que de ella depende el acierto de las resoluciones y medidas para salvar la patria para restituir al Trono a nuestro deseado Monarca, y para restablecer y mejorar una Constitución que sea digna de la Nación española"» Fernández Martínez, Manuel citado en: López Sánchez, Eduardo y Soberanes Fernández, José Luis, coords., *La Constitución de Cádiz de 1812 y su Impacto en el Occidente Novohispano*, Ciudad de México, México, Instituto de Investigaciones Jurídicas UNAM, 2015, p. 333.

66. Existió un control administrativo impuesto por la propia constitución consistente en el juramento que hacían los servidores públicos antes de entrar en funciones establecido en el artículo 117, incluso el rey estaba obligado a guardar y hacer guardar la constitución en términos del artículo 173.

67. El cual estaba reconocido en el artículo 160 en su sección primera, en donde se destaca que la Diputación debería de velar sobre la observancia de la constitución, para ello, daba vista a las Cortes de posibles violaciones. En este orden de ideas, se aprecia una competencia parecida atribuida a las diputaciones provinciales en donde éstas daban aviso a las cortes de las infracciones a la Constitución, conforme al artículo 335 en su apartado noveno.

1.5.1.2. Estatuto Real de 1834

El Estatuto Real fue una carta de derecho público otorgada y flexible, se compone de cinco títulos y un total de 50 artículos, que pretendió restablecer las leyes fundamentales de la monarquía, regulaba la organización de las Cortes, sus funciones y sus relaciones con el Rey, por lo cual era un estatuto más constitutivo del trabajo de las cortes que regulatorio de una nación.

En él no se aprecia capítulo o título orientado a regular la monarquía, ni tampoco medio alguno que asegurara un control completo del mismo; por todo lo anterior, podría decirse que este texto indirectamente reconoce el totalitarismo de la monarquía, pues en ninguna parte se localiza alguna sección dedicada a los derechos fundamentales del ciudadano, ni tampoco de un sistema del control de la legalidad.

1.5.1.3. La Constitución de la Monarquía Española de 1837

Promulgada por Doña Isabel II, llevó por nombre oficial, la de Constitución de la Monarquía Española, en dicho documento se reconoció que la potestad de hacer las leyes residía en las Cortes con el Rey, esta constitución fue la primera en concebir para España la descripción sistemática de derechos, como la libertad personal, la inviolabilidad del domicilio, la libertad de expresión, las garantías penales y procesales, el derecho de petición, la igualdad, el acceso a los cargos públicos y las garantías de propiedad.

No obstante lo descrito, esta constitución no contempló dentro de su texto recursos jurisdiccionales que garantizaran lo contenido en ella por vía concreta ni abstracta.

1.5.1.4. Constitución de 1845

Igual que su antecesora de 1837, fue promulgada por Isabel II, también tuvo como nombre oficial, Constitución de la Monarquía Española y se reconocía el mismo modelo de creación de leyes, es decir, sus creadores serían el Rey y Las Cortes, a diferencia de sus dos predecesoras (1834 y 1837), tuvo una vigencia más amplia, 24 años; esto, en el marco del derecho implica estructuras orgánicas más estables, lo cual no necesariamente permite descansar sobre un margen ideológico moderno o acorde a la concepción liberalista que, por ejemplo estableció la constitución de Cádiz.

Esta Constitución tampoco regula nada relativo al control concreto o al abstracto de la constitucionalidad, de hecho, su regulación es muy parecida a la descrita en la norma suprema de 1837, pues igual se regula en un Título Diez, una división rígida de funciones, por lo que, a los jueces sólo se les facultaba para resolver conflictos y no para interpretar las leyes.

1.5.1.5. Constitución Democrática de la Nación Española de 1869

Esta constitución no fue promulgada por un monarca, sino por las Cortes Constituyentes a nombre de la Nación Española, el artículo 33 reconoció que la forma de gobierno de la Nación Española era la Monarquía.

De igual forma, ésta contaba con un Título VII, denominado Del Poder Judicial, el cual reconocía en su artículo 92 que los Tribunales no podían aplicar los reglamentos generales, provinciales y locales, sino en cuanto estén conformes con las leyes. En este contexto, se aprecia que no existía control de la constitucionalidad jurisdiccional, aunque sí un control de legalidad respecto de los reglamentos, pues las instituciones formalmente judiciales estaban facultadas para realizar un análisis de legalidad de éstos con las leyes, es decir, se ensalza el principio de reserva de ley.

1.5.1.6. Constitución de 1876

La Constitución de la Monarquía Española de 1876 se enmarcó posterior a la primera república española de 1873, fue promulgada por Don Alfonso XII, la cual, en su artículo 18 estipulaba que la potestad de hacer las leyes reside en las Cortes con el Rey.

Por su parte, el artículo 76 reconocía que los tribunales y juzgados les competía exclusivamente la potestad de aplicar las leyes en los juicios civiles y criminales, sin que pudieran ejercer otras funciones que las de juzgar y hacer que se ejecute lo juzgado. En este contexto, el poder judicial se ubicó en el Título IX, bajo la denominación de Administración de Justicia.

1.5.1.7. Constitución de 1931

Opuesto al fenómeno constitucional del siglo XIX, la Constitución de 1931 es la base jurídica para que se erija la segunda República en la historia española, este documento supremo fue promulgado por Julián Besteiro Fernández, Presidente de las Cortes, en su articulado se reconoce que España es una República democrática de trabajadores de toda clase, que se organiza en régimen de Libertad y de Justicia[68].

En esta constitución ya existía un control de la constitucionalidad de carácter jurisdiccional, pues reconoció a un órgano encargado de atender el recurso de constitucionalidad de las leyes, el Tribunal de Garantías Constitucionales, el cual refiere un control de la constitucionalidad concreto (juicio de amparo) y abstracto (el recurso de inconstitucionalidad de las leyes)[69].

---

68. Artículo primero.

69. Artículo 121

En esta tesitura, la naturaleza del Tribunal de Garantías Constitucionales[70] era distinta a los tribunales de justicia[71], prueba de ello es lo descrito en el artículo 100, en el cual se determina que, en caso de que un tribunal de justicia debiera de aplicar una ley que estime inconstitucional, éste suspenderá el procedimiento y dirigirá la consulta al Tribunal de Garantías.

Por lo que hace a su conformación, los integrantes del Tribunal de Garantías Constitucionales eran elegidos por el Parlamento, las Cortes, las regiones españolas, los Colegios de Abogados de la República española y por las Facultades de Derecho de España, además, también lo integraba el presidente del alto Cuerpo consultivo de la República[72]. En esta conformación, uno de los puntos criticables al Tribunal es la falta de especialización jurisdiccional de sus integrantes, a pesar de que, su competencia era eminentemente jurisdiccional.

Es menester hacer notar la clara diferencia entre esta Constitución y todas sus antecesoras, porque se diferencia claramente un control de legalidad y de constitucionalidad. De este modo, mientras el control de legalidad estaba a cargo de órganos como el Tribunal de Cuentas de la República, señalado en el artículo 120, el cual estaba facultado para fiscalizar la gestión económica o bien, el Tribunal Supremo contenido en el numeral 11 del artículo 14; el control de la constitucionalidad por órgano jurisdiccional, concreto y abstracto, de conformidad con el precepto 121 del texto constitucional era ejercido por el Tribunal de Garantías Constitucionales[73].

---

70. De acuerdo a la página electrónica del Tribunal Constitucional de España, «Fue concebido como un sucedáneo de una Segunda Cámara o Senado, con una composición numerosa y compleja, establecida en la propia Constitución (artículo 122)» https://www.tribunalconstitucional.es/es/tribunal/historia/Paginas/Tribunal-de-Garantias-Constitucionales.aspx

71. Artículo 100. Cuando un Tribunal de Justicia haya de aplicar una ley que estime contraria a la Constitución, suspenderá el procedimiento y se dirigirá en consulta al Tribunal de Garantías Constitucionales.

72. Artículo 122. Compondrán este Tribunal: Un presidente designado por el Parlamento, sea o no Diputado. El presidente del alto Cuerpo consultivo de la República a que se refiere el artículo 93. El Presidente del Tribunal de Cuentas de la República. Dos Diputados libremente elegidos por las Cortes. Un representante por cada una de las Regiones españolas, elegido en la forma que determine la ley. Dos miembros nombrados electivamente por todos los Colegios de Abogados de la República. Cuatro profesores de la Facultad de Derecho, designados por el mismo procedimiento entre todas las de España.

73. «El Tribunal de Garantías era el órgano encargado del ejercicio de la jurisdicción constitucional, qué debe entenderse por ésta. En este sentido y como con acierto ha señalado el Profesor P. de Vega en relación con el nuestro actual Tribunal Constitucional, "al no existir [ni en el tiempo presente ni en la constitución de 1931] una cláusula general de Jurisdicción Constitucional, ésta tendrá que centrarse en el conjunto de competencias taxativamente fijadas en el ordenamiento fundamental"» ROURA GÓMEZ, Santiago A., *La defensa de la Constitución en la Historia Constitucional Española: Rigidez y control de Constitucionalidad en las experiencias Republicanas. (1873-1931),* Tesis Doctoral, La Coruña 1997, Pág. 596.

Respecto al control de la constitucionalidad establecido en la Constitución de 1931, los medios para accionarlo estaban descritos en mismo 121, en el cual se determinaba que el Tribunal de Garantías era competente para resolver:

> «a) El recurso de inconstitucionalidad de las leyes;
>
> b) El recurso de amparo de garantías individuales, cuando hubiere sido ineficaz la reclamación ante otras autoridades;
>
> c) Los conflictos de competencia legislativa y cuantos otros surjan entre el Estado y las regiones autónomas y los de éstas entre sí;
>
> d) El examen y aprobación de los poderes de los compromisarios que juntamente con las Cortes eligen al Presidente de la República;
>
> e) La responsabilidad criminal del Jefe del Estado, del Presidente del Consejo y de los Ministros; así como
>
> f) La responsabilidad criminal del presidente y los magistrados del Tribunal Supremo y del Fiscal de la República».

Sus modelos de inspiración fueron el Tribunal Constitucional Checoslovacǫ en sus artículos II y III de la Ley de 20 de febrero de 1920, preliminar a su carta constitucional y el Alto Tribunal Constitucional Austriaco, en su título VI, apartado B, artículos 137 al 148 de la Constitución Federal de la República Austriaca de 1 de octubre de 1920[74].

El Tribunal de Garantías fungió como un auténtico guardián de la Constitución a través de su jurisprudencia, que representaba la interpretación de la Constitución, lo cual permite en el presente analizarlo no sólo como un hito histórico, sino como un órgano dotado de jurisdicción constitucional que planteó y dio soluciones a temas importantes y polémicos para su contexto histórico; por ejemplo[75]:

a) La afirmación del llamado «Estado integral», con lo cual jurídicamente se sostenía que se abandonaba al estado central sin identificar a España como una federación;

b) La idea de autonomía regional como principio constitucional que fijó una idea de autonomía constituida, la cual debía ser salvaguardada por el Estado;

c) El principio de primacía del Derecho estatal sobre el regional, de modo tal que, cuando existiera duda respecto de si una materia ha sido o no atribuida a la exclusiva competencia regional, la presunción jurídica era favorable al Estado y;

74. *Cfr.* Cucarella Galeana, Luis Andrés, *op. cit.,* 170

75. *Cfr.* Bassols Coma, Martín, *El Tribunal de Garantías Constitucionales de la II República, la primera experiencia de justicia constitucional en España*, Madrid, España, Boletín Oficial del Estado, 2010. pp. 139 - 162.

d) Respecto a los actos y procedimientos parlamentarios, el tribunal determinó que éstos se encontraban bajo su jurisdicción, pero no podía actuar de oficio.

De esta manera, España continuó con la institucionalidad de un Tribunal Constitucional del periodo de entreguerras del siglo XX.

1.5.1.8. Constitución de 1978

El año de 1978 es pilar de la historia constitucional de España, pues en él se suscitan fechas determinantes que formalizaron la vigencia de la norma suprema del orden jurídico español.

El 31 de octubre se llevó a cabo la aprobación de «la Constitución del 78» por las Cortes, en sesiones plenarias del Congreso de los Diputados y del Senado; posteriormente, se ratificó por el pueblo español en referéndum el 06 de diciembre; sancionándola el Rey ante las Cortes el 27 de diciembre y publicada en el Boletín Oficial del Estado el 29 de diciembre.

Esta Constitución contempla, desde su entrada en vigor, diez títulos, los cuales son: I De los Derechos y Deberes Fundamentales; II De la Corona; III De las Cortes Generales; IV Del Gobierno y de la Administración; V De las Relaciones entre el Gobierno y las Cortes Generales; VI Del Poder Judicial; VII Economía y Hacienda; VIII De la Organización Territorial del Estado; IX Del Tribunal Constitucional y; X De la Reforma Constitucional.

Los rasgos generales, así como el órgano que ejerce dicho control y los medios para garantizarlo será el contenido del apartado siguiente.

1.5.2. Control de la constitucionalidad jurisdiccional en España. Actualidad

1.5.2.1. Naturaleza como órgano hermenéutico y jurisdiccional

El control jurisdiccional de la constitucionalidad en España, en el presente, es el de un sistema concentrado, esto implica que es un Tribunal específico, fuera de la órbita judicial, cuenta con la competencia de llevar a cabo la interpretación superior y última de la Constitución con miras a que otros órganos de Estado no la contravengan.

En este marco, la Constitución española de 1978 estableció en su título IX la regulación del Tribunal constitucional, el cual, a juicio personal tiene dos antecedentes inmediatos, uno de carácter internacional y otro nacional; el primero atiende al modelo concentrado que se originó en la Constitución austriaca de 1920; mientras que el nacional es el Tribunal de Garantías de la Segunda República.

Una de las finalidades del Tribunal Constitucional español es el estudio de la constitucionalidad de las leyes y de algunos actos[76] de forma concentrada; por lo que sus normas reguladoras lo caracterizan como el intérprete supremo de la Constitución (artículo primero de la Ley Orgánica del Tribunal Constitucional).

Es menester señalar que el Tribunal Constitucional no debe confundirse con el Tribunal Supremo, quien de acuerdo al artículo 123 de la Constitución española y al 53 de la Ley Orgánica del Poder Judicial es un órgano jurisdiccional superior en todos los órdenes, salvo lo dispuesto en materia de garantías con jurisdicción en toda España. Es decir, el Tribunal Supremo es el máximo órgano de control de legalidad; mientras que el constitucional es, como ya se mencionó, el máximo órgano de control de la constitucionalidad; por lo cual se entiende la razón del porqué algún autor lo haya denominado «el poseedor del monopolio de rechazo de las normas con fuerza de ley»[77], ya que es la única autoridad para declarar la constitucionalidad o no de una ley[78], no obstante ello, hay que reconocer que el Tribunal Constitucional participa en una estructura que podríamos llamar sistémica del orden jurídico español. Esto es así porque, de alguna forma, los tribunales de naturaleza ordinaria, es decir, los judiciales, coadyuvan con control de la constitucionali-

76. La Constitución Española en su artículo 53.3 estipula que la protección de los principios y derechos establecidos en el capítulo tercero de la misma serán protegidos a través de la jurisdicción ordinaria; por su parte, el último párrafo del apartado IV de la Exposición de motivos de la Ley Orgánica 6/1985, de 1 de julio, del Poder Judicial establece que «El valor de la Constitución como norma suprema del ordenamiento se manifiesta, también, en otros preceptos complementarios. Así, se configura la infracción del precepto constitucional como motivo suficiente del recurso de casación y se menciona expresamente la directa aplicabilidad de los derechos fundamentales, haciéndose explícita protección del contenido esencial que salvaguarda la Constitución». Asimismo, el artículo 41 de la Ley Orgánica 2/1979, de 3 de octubre, del Tribunal Constitucional, señala que «Los derechos y libertades reconocidos en los artículos catorce a veintinueve de la Constitución serán susceptibles de amparo constitucional, en los casos y formas que esta Ley establece, sin perjuicio de su tutela general encomendada a los Tribunales de Justicia. Igual protección será aplicable a la objeción de conciencia reconocida en el artículo treinta de la Constitución».
En este sentido y derivado de una interpretación sistemática de los tres artículos se desprende que respecto al control de la constitucionalidad sobre actos que violen derechos fundamentales la jurisdicción constitucional no es la única competente, pues también lo realiza la jurisdicción ordinaria mediante la resolución del recurso de casación. No es óbice lo anterior para señalar que, respecto de otros actos, como los conflictos por competencias, el Tribunal Constitucional sí ejerce control de la constitucionalidad sobre actos de manera concentrada.

77. Pérez Tremps, Pablo, *Sistema de Justicia Constitucional,* 2.ª ed., Pamplona, España, Thomson Reuters, 2016, p. 22.

78. El monopolio para el ejercicio del control de la constitucionalidad de leyes le compete al Tribunal Constitucional; y bajo determinadas circunstancias, las cuales ya fueron señaladas en el pie de página 75, el control de la constitucionalidad sobre actos es competencia de ambas jurisdicciones, ordinaria y constitucional.

dad, en particular cuando plantean una cuestión de inconstitucionalidad ante el propio Tribunal Constitucional o mediante la resolución de procesos que violen derechos fundamentales y aquellos estipulados en el capítulo tercero del Título Primero de la Constitución Española.

De hecho, para reafirmar lo expresado, se puede constatar el voto particular del Magistrado Francisco Rubio Llorente dentro de la sentencia 4/1981, en donde expresa el razonamiento descrito, al reconocer que:

> «El Tribunal Constitucional es el intérprete supremo de la Constitución, pero no el único, y nuestros Jueces y Tribunales están obligados a interpretarla, no sólo para declarar derogadas las normas anteriores que se le opongan, o inconstitucionales las posteriores de rango infralegal que la infrinjan, sino también para solicitar un pronunciamiento del Tribunal Constitucional respecto de las Leyes posteriores, cuya constitucionalidad les parezca cuestionable o para resolver negativamente, optando por la aplicación de la Ley impugnada, las alegaciones de inconstitucionalidad que puedan hacer las partes. En uno y otro caso, el juez ordinario actúa como juez de la constitucionalidad, con entera libertad de criterio y sin verse forzado, como en otros sistemas, a plantear ante el Tribunal Constitucional la cuestión suscitada por las partes en cuanto que no la considere 'manifiestamente infundada».

En este orden de ideas, el carácter exclusivo de intérprete en supremo del régimen español a favor de la constitucionalidad está reconocido en la resolución 76/1983, en particular en la sección de fundamentos, en su número 4, al expresar que el «Tribunal Constitucional corresponde, en su función de intérprete supremo de la Constitución (art. 1 de la Ley Orgánica del Tribunal Constitucional [LOTC], custodiar la permanente distinción entre la objetivación del poder constituyente y la actuación de los poderes constituidos, los cuales nunca podrán rebasar los límites y las competencias establecidas por aquél ...».

En este sentido, de modo básico, se llega a la conclusión de la supremacía formal del Tribunal Constitucional con respecto a cualquier otro tribunal para interpretar a la Constitución, todo esto se reafirma con el contenido del artículo 164 de la Constitución Española, la cual da un carácter vinculante y *erga omnes* a las sentencias que declaren la inconstitucionalidad de una ley o de una norma con fuerza de ley y todas las que no se limiten a la estimación subjetiva de un derecho.

1.5.2.2. Competencias

El artículo 161 de la Constitución Española señala una jurisdicción nacional, lo que sin duda implica su poder potencial de conocer cualquier conflicto de constitucionalidad gestado al seno del territorio español.

En este marco, expresamente el texto supremo del orden jurídico español le asigna en el artículo 161.1, al Tribunal Constitucional conocer de:

COMPETENCIAS DERIVADAS DEL ARTÍCULO 161.1 DE LA CONSTITUCIÓN	**COMPETENCIAS DERIVADAS DEL ARTÍCULO 2 Y 3 DE LA LEY ORGÁNICA 2/1979, DE 3 DE OCTUBRE, DEL TRIBUNAL CONSTITUCIONAL**
a) Del recurso de inconstitucionalidad contra leyes y disposiciones normativas con fuerza de ley.	a) Del recurso y de la cuestión de inconstitucionalidad contra Leyes, disposiciones normativas o actos con fuerza de Ley.
b) Del recurso de amparo por violación de los derechos y libertades.	b) Del recurso de amparo por violación de los derechos y libertades.
c) De los conflictos de competencia entre el Estado y las Comunidades Autónomas o de los de éstas entre sí.	c) De los conflictos constitucionales de competencia entre el Estado y las Comunidades Autónomas o de los de éstas entre sí.
d) De las demás materias que le atribuyan la Constitución o las leyes orgánicas.	d) De los conflictos entre los órganos constitucionales del Estado. d) bis. De los conflictos en defensa de la autonomía local.
	e) De la declaración sobre la constitucionalidad de los tratados internacionales. e) bis. Del control previo de inconstitucionalidad en el supuesto previsto en el artículo setenta y nueve de la presente Ley.
Además, conocerá de las impugnaciones que realice El Gobierno sobre las disposiciones y resoluciones adoptadas por los órganos de las Comunidades Autónomas.	f) De las impugnaciones previstas en el último supuesto de la columna de al lado (Además, conocerá de las impugnaciones que realice El Gobierno sobre las disposiciones y resoluciones adoptadas por los órganos de las Comunidades Autónomas.)
	g) De la verificación de los nombramientos de los Magistrados del Tribunal Constitucional, para juzgar si los mismos reúnen los requisitos requeridos por la Constitución y la presente Ley.

Además, conocerá de las impugnaciones que realice El Gobierno sobre las disposiciones y resoluciones adoptadas por los órganos de las Comunidades Autónomas.	h) De las demás materias que le atribuyen la Constitución y las Leyes orgánicas.
	Para dictar reglamentos sobre su propio funcionamiento y organización, así como sobre el régimen de su personal y servicios. La competencia del Tribunal Constitucional se extiende al conocimiento y decisión de las cuestiones prejudiciales e incidentales no pertenecientes al orden constitucional, directamente relacionadas con la materia de que conoce, a los solos efectos del enjuiciamiento constitucional de ésta

En este tenor, se aprecia que el Tribunal Constitucional posee mayor número de facultades originadas en su Ley orgánica, lo que no es contradictorio a la Constitución, pues esta misma expresa en su artículo 161.1 d) que el Tribunal constitucional conocerá de las demás materias que le atribuyen las leyes orgánicas.

1.5.3. Evolución del control de la constitucionalidad en México

México es un país independiente desde el 28 de septiembre de 1821; sin embargo, no siempre tuvo legislación constitucional propia. Al respecto, Emilio Rabasa, en su libro «Historia de las Constituciones Mexicanas», provee una serie de reflexiones en las cuales narra que hubieron textos fundamentales, pero éstos no pueden ser considerados eminentemente mexicanos, ejemplo de esto son las Bases Constitucionales aceptadas por el Segundo Congreso Mexicano, en las cuales se reconocía los llamamientos al trono fijados en los Tratados de Córdoba (el acceso y sucesión de los Borbones) o bien, la Constitución de Cádiz del 19 de marzo de 1812 que, aunque ésta rigió en dos ocasiones en México y emergió de un congreso constituyente, lo cierto es que en esencia emanó para regular a un imperio español y no a una nación mexicana[79].

---

79. *Cfr.* Rabasa, Emilio O, *Historia de las Constituciones Mexicanas,* 3.ª ed., Ciudad de México, México, Instituto de Investigaciones Jurídicas y Universidad Nacional Autónoma de México, 2008, p. 2.

Cabe señalar que, para considerar a una constitución como mexicana y parte del sistema jurídico de este Estado, deben reunirse las calidades de vigencia, aplicación en alguna parte del territorio, forma de gobierno propia y no haber sido derivada o que reconozca al poder de otro Estado, por lo anterior, se considera como constituciones mexicanas a las de los años de 1824; 1836; 1843; 1847; 1857 y 1917.

1.5.3.1. Constitución Federal de los Estados Unidos Mexicanos de 1824

Durante la vigencia de la constitución de 1824 no existió un control de la constitucionalidad por órgano judicial[80] debido a la influencia de la escuela exegética francesa, en la cual los jueces eran un mero aplicador de la ley.

Esto se desprende de su articulado, ya que el precepto 123 de la Constitución de aquella época expresaba que el Poder Judicial residía en una Suprema Corte de Justicia, en los Tribunales de Circuito y en los Juzgados de Distrito. Además, el artículo 137 sólo le otorgaba a la Corte funciones de órgano de apelación y no de tribunal de control de la constitucionalidad[81]. Esta naturaleza de la Suprema Corte se refuerza con lo estipulado

80. No obstante lo expresado, Iván Carlo Gutiérrez Zapata sostiene lo contrario, basándose para ello en el apartado 6, de la fracción V, del artículo 137.
«Artículo 137. Las atribuciones de la corte suprema de justicia son las siguientes:
...
6.° "De las causas de almirantazgo, presas de mar y tierra, y contrabandos, de los crímenes cometidos en alta mar, de las ofensas contra la nación de los Estados Unidos Mexicanos, de los empleados de hacienda y *justicia de la federación y de las infracciones de la constitución y leyes generales, según se prevenga por ley»*. Gutiérrez Zapata, Iván Carlo, «La Evolución del Control Abstracto de Constitucionalidad de la Ley en México: El Nacimiento de la Acción de Inconstitucionalidad», en Ferrer Mac-Gregor, Eduardo, Magaña de la Mora, Juan Antonio y Roa Ortiz, Emmanuel, coords., *Derecho procesal constitucional en perspectiva histórica,* Ciudad de México, México, Instituto de Investigaciones Jurídicas, 2018, tomo II; p. 21.

81. Cabe destacar que por lo que hace a este artículo, la fr. I señalaba dentro de las atribuciones de la Suprema Corte «Conocer de las diferencias que puede haber de uno a otro Estado de la federación, siempre que las reduzcan a un juicio verdaderamente contencioso en que debía recaer formal sentencia, y de las que susciten entre un Estado y uno o más vecinos de otro o entre particulares sobre pretensiones de tierra, bajo concesiones de diversos Estados...». En este orden de ideas, como se aprecia, la redacción es muy general y si bien los temas sobre los cuales recaen estos recursos podría llegar a pensarse que se tratan de conflictos competenciales (objeto de lo que hoy se conocen como controversias constitucionales), la redacción no lo deja claro por sí misma, sino hasta una lectura sistemática de la Constitución en la que se reafirma el carácter de tribunal de apelación que le era otorgado a la Corte. Al respecto, autores como David Pantoja, señalan sobre la estructura de la Corte en la Constitución de 1824 lo siguiente «el Congreso aún

por el artículo 165 de la Constitución, el cual establecía un control de la constitucionalidad por orden político pues le confería al Congreso general la facultad exclusiva de interpretar la constitución y resolver las dudas que existieran sobre el contenido de los artículos constitucionales, así como del Acta Constitutiva.

1.5.3.2. Leyes Constitucionales de 1836

Por lo que hace a la Constitución de 1836, ésta sólo reconoció un control de la constitucionalidad por órgano político, así lo refiere la segunda de las siete leyes, la cual es el fundamento del «Supremo Poder Conservador». Este órgano era colegiado y estaba conformado por cinco individuos que, entre sus cualidades de legitimidad debían contar con por lo menos cuarenta años y haber sido Presidente o Vicepresidente de la República, Senador, Diputado, Secretario del Despacho o Magistrado de la Suprema Corte de Justicia.

La competencia del Supremo Poder Conservador se reconoció en el artículo 12, numerales primero, segundo y tercero de la referida segunda ley, donde se estableció la posibilidad de que este órgano declarara la nulidad de una ley, decreto o acto a solicitud de los órganos constituidos tradicionales, de modo tal que, tratándose de una ley o decreto del Legislativo, quienes podían solicitar la declaración de nulidad eran el Ejecutivo, la Alta Corte de Justicia o parte del poder legislativo (por lo menos 18 legisladores); mientras que, para un acto proveniente del ejecutivo, los poderes accionantes podían ser el Legislativo o la Suprema Corte de Justicia y, si se trataba de un acto proveniente de la Corte de Justicia, los órganos legitimados para solicitar la nulidad podían ser alguno de los otros dos poderes.

Adicional a lo que se mencionó, la Séptima Ley, en su artículo quinto estipuló que sólo el Congreso General resolvería las dudas de artículos constitucionales, en este contexto, es importante destacar que este dispositivo constitucional solamente expresaba quién resolvía las dudas de los artículos, sin embargo, no se clarificó si las dudas respectivas provenían de un caso concreto al aplicar un artículo del texto constitucional o del simple texto normativo aun sin aplicación efectiva.

---

no había aprobado la reglamentación de la Corte, solamente se dedicaban a responder correspondencia. Existió un problema normativo porque no había una Ley Orgánica ni un Reglamento Interior. Fue hasta 1826 cuando se aprobaron las Bases para el Reglamento de la Suprema Corte de Justicia», en CORTEZ SALINAS, Josafat, «Sobre el origen de la Corte Suprema de Justicia de 1824», *Boletín de Derecho Comparado*, México, Vol. 48, N.° 142, enero-abril 2015, Versión online: *http://www.scielo.org.mx/scielo.php?script=sci_arttext&pid=S0041-86332015000100021#notas*

En este sentido, se aprecia un control por órgano político[82], el cual podían accionar los órganos judiciales, legislativos y/o políticos, con miras a nulificar una ley, decreto o acto por razones de contrariedad con la Constitución, esto implicaba un análisis de literalidad.

1.5.3.3. Bases de Organización Política de la República Mexicana (1843)

Las Bases son un texto alternativo, expedido ante un fallido Congreso Constituyente de 1842, el cual en su momento pretendió impulsar una constitución de corte federalista, lo cual era contrario a los deseos de Antonio López de Santa Anna, quien fungió en varias ocasiones como Presidente del país, no obstante los proyectos que se derivaron del referido Congreso llegaron a influir el texto de las Bases.

Este documento tiene el mérito de haber extinguido al Supremo Poder Conservador.

Si bien el Supremo Poder Conservador había desaparecido, seguía prevaleciendo un control de la constitucionalidad de corte político, ejercido tanto por el ejecutivo, el ministerio o el congreso; ejemplo de ello, está en lo dispuesto en la fracción XVII del artículo 66 de las Bases en el que se establece como facultad del Congreso «Reprobar los decretos dados por las asambleas departamentales cuando sean contrarios á la Constitución ó á las leyes, y en los casos prevenidos en estas Bases»; el artículo 96, en el que se facultaba al ministerio para dejar de atender (inaplicar) una orden que fuera expedida en contra de las Bases; así como lo estipulado en el precepto 142 en el cual se le atribuía la facultad a los gobernadores de Departamento de «devolver dentro de ocho días á las asambleas departamentales sus decretos cuando los consideren contrarios á estas Bases ó á las leyes».

No obstante, una facultad que se le confirió a la Suprema Corte de Justicia, fue la de conocer «de las demandas judiciales que un departamento intentare contra otro, ó los particulares contra un departamento, cuando se reduzcan á un juicio verdaderamente contencioso» atribución que anteriormente ya se había estipulado en la Constitución de 1824. Esta facultad, al igual que en 1824 podría ser considerada un antecedente de las controversias constitucionales que rigen en la actual constitución mexicana, las cuales son medios de control de la constitucionalidad concreto resuelto por un órgano jurisdiccional.

---

82. En un proyecto de reforma de las siete leyes, el diputado José Fernando Ramírez presentó el 30 de junio de 1840 un voto particular a través del cual manifestó que la Suprema Corte debiera ser quien conociera del control abstracto de las normas y así mismo, que era necesario crear una ley que regulará el proceso en cuestión. FERRER MAC-GREGOR, Eduardo, MAGAÑA DE LA MORA, Juan Antonio y ROA ORTIZ, Emmanuel, coords., *op. cit.* pp. 24 a 26.

1.5.3.4. Acta Constitutiva y de Reformas, sancionada por el Congreso Extraordinario Constituyente de los Estados-Unidos Mexicanos, el 18 de mayo de 1847[83]

En el marco de una declaración de guerra del gobierno norteamericano a México y de dos derrotas propiciadas los días 07 y 08 de mayo de 1846 al ejército mexicano, se gestó un contexto gracias al cual el 04 de agosto del mismo año Mariano Salas, presidente interino se pronunció en la «Ciudadela por el federalismo, contrario al régimen central que se erigía en aquel instante[84].

El Plan de la Ciudadela de 1846 volvió a dar vigencia a la constitución de 1824 sobre ésta recae la llamada Acta Constitutiva y de Reformas, sancionada el 18 de mayo de 1847 por un denominado poder constituyente.

El control de la constitucionalidad existente en este documento estaba a cargo tanto de un órgano político, el Congreso General y las Legislaturas, a través del control de normas y cuyos efectos eran generales; como de órganos jurisdiccionales, esto es, los tribunales que resolvían los juicios de amparo, cuyos efectos eran concretos.

En este orden de ideas, el control de la constitucionalidad por órgano político estaba previsto en los artículos 22, 23 y 24.

En su artículo 22, reconocía la facultad de la Cámara de Senadores para que ésta pudiera iniciar un procedimiento de declaración de nulidad de una ley de un Estado, mismo que resolvería el Congreso General; mientras que el artículo 23 estipulaba el procedimiento llevado a cabo de manera formal ante la Suprema Corte de Justicia, pero que materialmente resolvían las Legislaturas; tratándose de una ley del Congreso General. Lo anterior, se ilustra en los siguientes esquemas:

83. Nombre original del documento.

84. *Cfr.* Serrano Ortega, José Antonio y Vázquez Josefina, Zoraida, «El nuevo orden 1821-1848» en Velásquez García, Eric, *et. al.*, *Nueva Historia General de México*, México, Colegio de México, 2016, p. 430.

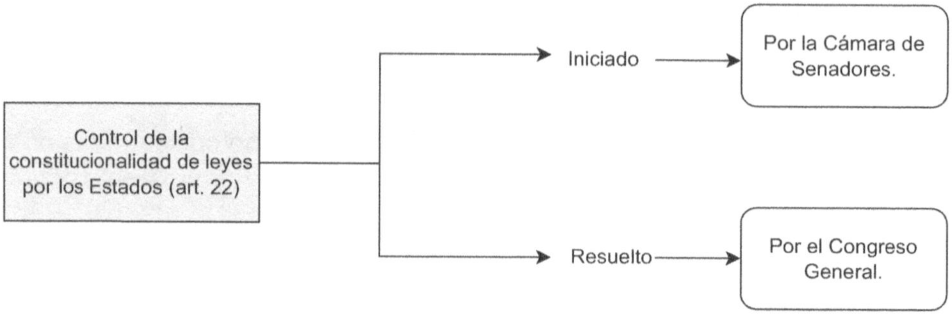

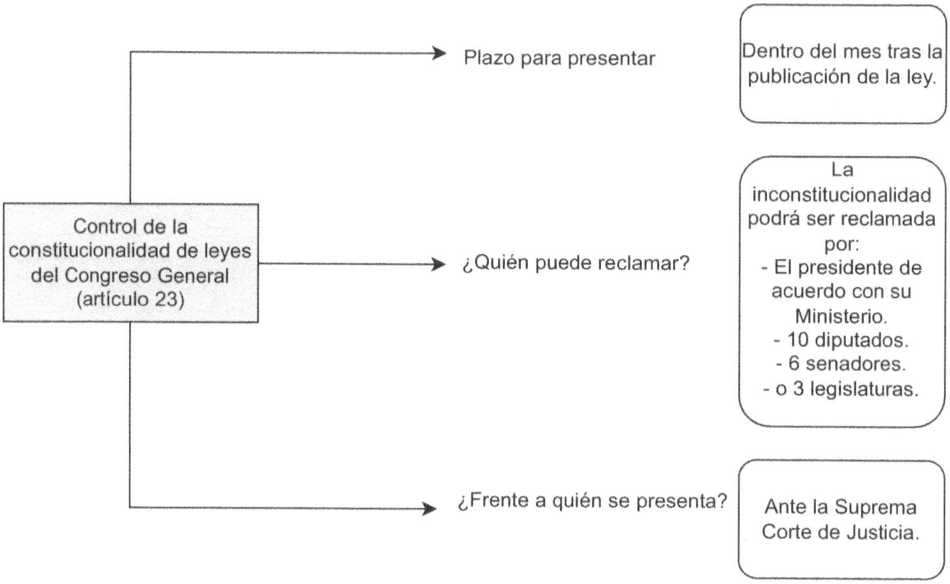

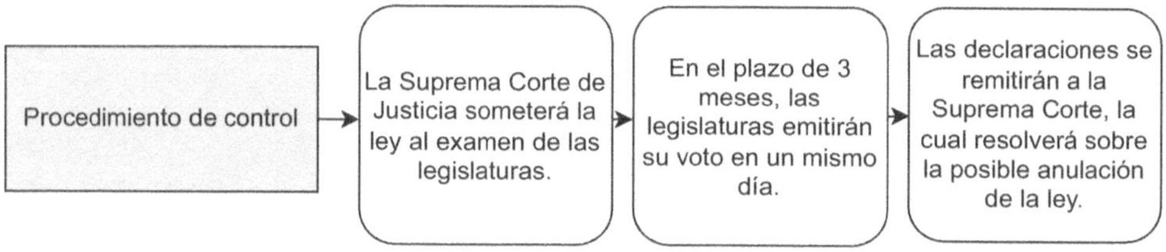

Cabe señalar que, en ambos casos, el Congreso general y las Legislaturas solo se sujetaban a decidir si la ley de cuya invalidez se pretendía, era o no constitucional; de calificarla como contraria al texto constitucional, se debía insertar la letra de la ley anulada y el texto de la Constitución o ley general que se oponía.

Por lo que hace al control de la constitucionalidad por órgano jurisdiccional, suele expresarse que el acta de reforma de 1847 fue la primera respuesta jurisdiccional de control de regularidad constitucional[85]; sin embargo, los tratadistas expresan que eso sólo es válido considerando al juicio de amparo, ya que éste fue reconocido en el artículo 25 del Acta en donde se otorgó competencia a los tribunales de la federación para amparar a los habitantes de la República en contra de ataques de los poderes ejecutivos o legislativos de la propia Federación o de las entidades federativas, limitándose los tribunales al caso particular sin hacer ninguna declaración general de la ley o el acto que lo motivara[86].

No obstante que el artículo 25 del Acta Constitutiva y de Reformas de 1847 estipuló lo que se mencionó en el párrafo anterior, no existió ley que reglamentara el mencionado artículo, es decir no existió Ley de Amparo, lo cual dejó en indeterminación lo que ahí se ordenaba, razón por lo cual se exigía emitir una ley en donde se describiera; qué se entendería por atentatorio en contra de los Derechos; cuáles recursos y amparos debían ser procedentes; fijar los procedimientos y modo de substanciar los recursos en cuestión; dejar en claro cuando una sentencia haya causado ejecutoria o si había cabida a la apelación o en su caso, a la súplica; y por último, saber cómo debería proceder el poder judicial para el cumplimiento de la sentencia cuando se convirtiera en irrevocable, sin enfrentar al poder judicial con los poderes ejecutivos y legislativos[87].

1.5.3.5. Constitución Federal de los Estados Unidos Mexicanos de 1857

La Constitución de 1857 fue aquella que de modo pleno restauró al federalismo, estableció el Senado hasta el año de 1874 y es la predecesora de la Constitución de 1917.

Esta constitución siguió la protección que ya había dejado en claro las Bases Constitucionales de 1847, respecto a los tribunales federales, sólo que de manera más específica, pues en el artículo 101 se estipulaba la competencia de éstos para resolver controversias que se suscitaran; por leyes o actos de cualquiera autoridad que violen las garantías individuales; leyes o actos de la autoridad federal que vulneren o restrinjan la soberanía

85. *Cfr.* Cossío Díaz, José Ramón, *Sistemas y Modelos de Control Constitucional en México*, 2.ª ed., Ciudad de México, México, Instituto de Investigaciones Jurídicas UNAM, p. 19.

86. Al respecto debe verse la página 55 del documento, numeral 25. *http://www.diputados.gob.mx/biblioteca/bibdig/const_mex/reformas-1847.pdf*

87. Todas estas inquietudes suscitadas ante la falta de la ley fueron expuestas en el informe rendido a la Suprema Corte el 23 de agosto de 1848 por el Fiscal José María Casasola en relación con el amparo promovido en 1847 por Vicente García Torres. *Cfr.* Cossío Díaz, José Ramón, *op cit*, pp. 24-25.

de los Estados y por; leyes o actos de las autoridades que invadan la esfera de la autoridad federal.

Con esta redacción la regularidad constitucional en México, a partir de ese instante, no sólo fue eminentemente legislativa y política, sino que también se empezó a marcar una inclinación hacia el control jurisdiccional concreto.

Así en el siglo XIX, en México se despertaba un control jurisdiccional pero con un problema adjetivo severo, la ausencia de legislación que dictara el procedimiento a través del cual se llevaría a cabo el juicio de amparo, por dicha razón, en noviembre de 1861, se expidió la ley orgánica de procedimientos de los tribunales federales y posteriormente, en diciembre de 1882, la ley reglamentaria del amparo; más tarde, le siguió el código de procedimientos federales de 1897 y, finalmente, ya en el siglo XX, en 1908 fue expedido el código federal de procedimientos civiles, el cual permitió una plena actividad del juicio de amparo.

En los lapsos descritos, el amparo contó con un gran desarrollo jurisdiccional, prueba de ello es que entre 1869 y 1882[88] se emitieron diversos criterios jurisprudenciales que ampliaron la protección de los gobernados, como la posibilidad de presentar las demandas por personas distintas a las interesadas en cuestiones vinculadas con la privación de la vida o su integridad, la imposibilidad de presentar amparo contra resoluciones judiciales; la ley reglamentaria ya mencionada de 1882, misma que amplió las posibilidades de representación para la promoción de demandas, así como el otorgamiento de competencias a otros jueces para actuar en donde no existieran juzgadores de amparo; de igual manera se permitió el uso del telégrafo y se precisó lo que se consideraría como principio de definitividad; por su parte, el código de procedimientos federales de 1897 estableció la posibilidad de que los abogados promovieran a nombre de sus clientes. Respecto al amparo, el código federal de procedimientos civiles precisó la posibilidad de accionar el amparo contra actos judiciales del orden civil, asimismo, se previó la suspensión temporal de lo que sería el acto reclamado y se ordenó la publicación de sentencias y votos.

Aunado al juicio de amparo como control de la constitucionalidad por órgano jurisdiccional de efectos concretos también se legisló en la Constitución de 1857 la controversia constitucional, la cual tenía como objetivo establecer un proceso útil para regular los conflictos competenciales que se suscitaran entre Entidades Federativas y entre éstas en contra de la Unión Federal, lo anterior se aprecia en el artículo 98 el cual establece:

> «Artículo 98. Corresponde á la Suprema Corte de Justicia desde la primera instancia, el conocimiento de las controversias que se susciten de un Estado con otro y de aquellas en que la Unión fuere parte».

---

88. Cossío Díaz, José Ramón, *Ibidem*, p. 35

Sin embargo, la controversia constitucional no fue recurrida para solucionar las materias para las cuales estaba diseñada porque se consideraban sus supuestos como asuntos de naturaleza eminentemente política, por lo tanto, los actores de la época siempre optaron por otros medios para zanjar los conflictos, además, que como se suscitó con el amparo, también este medio carecía de una ley reglamentaria que desarrollara su respectivo proceso.

1.5.3.6. Constitución Política de los Estados Unidos Mexicanos 1917

Promulgada el cinco de febrero de 1917 esta es la constitución más longeva en la historia de México, se caracteriza en el constitucionalismo universal por ser la fundadora de los derechos sociales en un texto supremo.

La constitución mexicana, a diferencia de otras constituciones en el mundo dadas en el siglo XX, tiene como distintivo una exacerbada pluralidad de reformas y adiciones, —al momento de la redacción de este escrito, se han expedido 242 decretos de reforma constitucional, en cuyo contenido se han reformado uno o más artículos, de este modo, de los 136 artículos que la conforman, sólo 21 se conservan sin modificaciones desde su expedición, por ello, ha recibido múltiples críticas respecto a la conveniencia de un nuevo texto supremo—.

En este orden de ideas, el control de la constitucionalidad no escapó de las diversas transformaciones dictadas en el transcurrir de los años, por lo cual, cada que se hable de control de la constitucionalidad se debe atender a un lapso específico.

En este tenor, a la entrada en vigor de la Constitución, el control de la constitucionalidad existente en México era por órgano político y por órgano judicial.

Por órgano político se llevaba a cabo a través del juicio político, de conformidad con los artículos 108 y 111 de la Constitución, mientras que el judicial estaba a cargo de los tribunales federales mediante el Juicio de Amparo, —artículos 103 y 107— y, de forma concentrada, a través de Controversias constitucionales —artículo 105— cuyo único órgano resolutor era la Suprema Corte de Justicia de la Nación.

Tres cuartos de siglo después, en 1992, en materia de control de la constitucionalidad se reformó la constitución para adicionar un apartado B en el artículo 102 y crear un Sistema Nacional de Derechos Humanos, con esta modificación, nació también un control de la constitucionalidad ejercido por órganos administrativos (Comisión Nacional y sus homólogas en las entidades federativas) cuya labor principal es conocer de quejas en contra de actos u omisiones de naturaleza administrativa provenientes de cualquier autoridad o servidor público, con excepción de los del Poder Judicial de la Federación, que violen derechos humanos, mismos que se encuentran contenidos en el texto supremo. Cabe destacar que, aunque pudiera parecer que no se trata de control de la constitucionalidad porque sus resoluciones no son vinculatorias y sólo se refiere a una parte de la constitución (derechos humanos), estos órganos sí realizan un control de la constitucionalidad perfectible y específico, pues si bien, sus resoluciones no son obligatorias, éstas pueden coadyuvar a que la autoridad responsable de la violación rectifique su actuación respecto a la constitucionalidad del acto y con ello, garantizar la protección de los derechos humanos; o bien, sus resoluciones pueden llegar a brindar a las personas, en caso de que éstas acudan a medios de control constitucional judiciales, —como el juicio de amparo—, argumentos que nutran el debate al seno del Tribunal Constitucional resolutor; asimismo; es específico, porque aunque sólo se tutelan principios contenidos en el texto constitucional, los actos y omisiones de las autoridades se estudian a la luz del texto supremo, de este modo, si un acto es contrario a la Constitución carece de validez y con ello se procura el principio de supremacía constitucional.

Más tarde, el 31 de diciembre de 1994 se publicó en el Diario Oficial de la Federación la reforma constitucional más importante por lo que respecta al presente estudio, pues se introdujo en el orden jurídico mexicano la acción de inconstitucionalidad, la cual es el único medio de control abstracto de la constitucionalidad de las leyes en México, cuyo único órgano resolutor es la Suprema Corte de Justicia de la Nación.

Cabe señalar que, en esta reforma no sólo se introdujo la acción de inconstitucionalidad, sino también se detallaron los sujetos legitimados y la procedencia, tanto de la acción de inconstitucionalidad como de la controversia constitucional, ésta última, si bien ya estaba contemplada en constituciones anteriores —incluso en la publicación original de la Constitución de 1917— la redacción no era muy clara sobre las causales de procedencia; además, los sujetos legitimados para accionarla se reducían a la Federación, los Estados (entidades federativas) o alguno de los poderes de éstos; por si fuera poco y como se ha descrito en párrafos anteriores, no existía una ley reglamentaria que regulara este proceso[89].

Dos años después, el 22 de agosto de 1996[90] se publicó en el Diario Oficial otra reforma constitucional, entre sus diversas modificaciones creaba en su

---

89. Durante el periodo comprendido de 1917 a 1994 se presentaron 23 controversias constitucionales, de las cuales antes de 1993, sólo una prosperó (2/1932); en este tenor, como se aprecia, materialmente la controversia constitucional no tuvo aplicación, en la mayoría de los casos por no tener desarrollada una ley reglamentaria que estableciera las reglas en las que debería seguirse este proceso o por declararse la Corte incompetente para conocer del mismo. Las sentencias y acuerdos están disponibles para su consulta en formato digital en la siguiente página electrónica: *https://www.scjn.gob.mx/pleno/seccion-tramite-controversias/controversias-constitucionales-1917-1994*

90. El 06 de abril de 1990 se publicó en el Diario Oficial una reforma constitucional a través de la cual se creó un nuevo sistema de medios de impugnación en materia electoral, cuya labor estaría a cargo de un órgano autónomo especializado denominado Tribunal Federal

artículo 99 un nuevo órgano especializado denominado Tribunal Electoral del Poder Judicial de la Federación, el cual, hasta el día de hoy funge como la máxima autoridad jurisdiccional en materia electoral, por lo cual, sus resoluciones en dicha materia son inatacables; al respecto, el Tribunal Electoral a través de tres procesos realiza un control de la constitucionalidad, éstos son, el Juicio para la protección de los derechos civiles y políticos del ciudadano, el cual procede cuando existe una violación de derechos políticos electorales o bien, de derechos fundamentales vinculados a los ya referidos; el juicio de revisión constitucional mediante el cual los partidos políticos pueden solicitar al Tribunal Electoral el estudio de la constitucionalidad y legalidad de los actos y resoluciones de autoridades electorales, tanto administrativas como jurisdiccionales y; el recurso de reconsideración cuando se impugne la no aplicación de una ley electoral por parte de una Sala Regional electoral por considerarla contraria al texto supremo.

Finalmente, en el año de 2011, la Constitución mexicana sufrió dos reformas muy importantes para el control de la constitucionalidad, que representó un cambio de paradigma del sistema jurídico mexicano. La primera de éstas fue publicada el 06 de junio de 2011, entre sus cambios destacan; la modificación a la estructura del poder judicial de la federación (se crearon Plenos de Circuito y una nueva forma de crear jurisprudencia), se amplió la procedencia del juicio de amparo, puesto que ahora también podía acudirse al amparo por una omisión de la autoridad que vulnere derechos fundamentales; cuando se afecte un interés legítimo, o en contra de un particular actuando como autoridad cuando el acto u omisión viole derechos fundamentales; así mismo, se crearon figuras como el amparo adhesivo[91] y la declaratoria general de inconstitucionalidad[92], la cual otorga facultades al Pleno de la Suprema Corte de Justicia de la Nación para derogar una norma considerada inconstitucional, por lo cual, sus efectos son abstractos aunque derive de un control de la constitucionalidad concreto (revisión de juicios de amparo indirectos). Por lo que hace a la segunda reforma, publicada el 10 de junio de 2011, se modificó la denominación del Capítulo I del título primero de la Constitución Federal, para quedar actualmente como «De los Derechos Humanos y sus Garantías»; se elevó a rango constitucional el principio *pro personae*; así como, la posibilidad de implementar características del control difuso de la constitucionalidad y realizar control de convencionalidad *ex officio*. Por tal motivo, a partir

---

Electoral, éste sería el encargado de supervisar que los actos en materia electoral estuvieran sujetos al principio de legalidad; este órgano es el antecesor del Tribunal Electoral del Poder Judicial de la Federación.

91. Es la posibilidad de la parte que obtuvo sentencia favorable y que tiene interés en que subsista el acto reclamado de presentar amparo en forma adhesiva al que promueva cualquiera de las partes que intervino en el juicio del que emana el acto reclamado (Artículo 107, fr. III, inciso a), segundo párrafo de la Constitución Política de los Estados Unidos Mexicanos)

92. Esta figura se explicará de manera más detallada en el capítulo III de este documento.

de estas dos reformas constitucionales, a continuación, se aborda el control de la constitucionalidad que se ejerce en México en la actualidad, desde un punto de vista formal, esto es, como lo concibe la Suprema Corte de Justicia de la Nación y; desde un punto de vista del observador externo.

1.5.4. Control de la constitucionalidad jurisdiccional en México. Actualidad

La máxima autoridad jurisdiccional en México para interpretar la Constitución es la Suprema Corte de Justicia de la Nación, órgano que forma parte del Poder Judicial de la Federación, de conformidad con el artículo 94 de la Constitución Federal; en este tenor, la postura que este órgano judicial sostuvo durante mucho tiempo respecto al control de la constitucionalidad ejercido en México antes de la reforma constitucional de 10 de junio de 2011, era la del control de la constitucionalidad concentrado, pues en sus diversos criterios jurisprudenciales señalaba que el control de la constitucionalidad sólo podía ser ejercido a través de procedimientos de competencia exclusiva de los Tribunales del Poder Judicial de la Federación[93].

Se considera que lo descrito en el párrafo anterior era por decir lo menos, una postura contramayoritaria a la concepción tradicional del control concentrado, en virtud de que el control de la constitucionalidad en México no era exclusivo de un órgano como tradicionalmente se estipula en la doctrina, sino de varios, Juzgados de Distrito, Tribunales Unitarios[94] y Colegiados de Circuito y excepcionalmente, la Suprema Corte de Justicia de la Nación, sin omitir el control de la constitucionalidad especializado en materia electoral. Luego entonces, bajo el razonamiento de la Corte, la interpretación que realizaban todos los órganos que conformaban el poder judicial se consideró como unidad[95]. Circunstancia que fue un error, porque la falta de claridad en los conceptos de control de la constitucionalidad no ha permitido la comprensión y aplicación adecuada del mismo en dicho país, incluso como se

93. CONTROL JUDICIAL DE LA CONSTITUCIÓN. ES ATRIBUCIÓN EXCLUSIVA DEL PODER JUDICIAL DE LA FEDERACIÓN. Jurisprudencia P./J. 73/99, Amparo directo en revisión 914/98, aprobada el 14 de julio de 1999 y publicada en el Semanario Judicial de la Federación y su Gaceta, Tomo X, agosto de 1999, p. 18, misma que al resolver el veinticinco de octubre de dos mil once la solicitud de modificación de jurisprudencia 22/2011, el Pleno de la Suprema Corte de Justicia de la Nación determinó dejarla sin efectos.

94. La reforma de 11 de marzo de 2021 sustituyó a los tribunales unitarios de Circuito por los Tribunales Colegiados de Apelación, lo cual implicó una composición de tríada de estos órganos, pues antes de la reforma aludida, los Tribunales Unitarios de Circuito sólo se componían por un Magistrado. Con esta modificación se pretende obtener un proceso de mayor reflexión, análisis y consenso al que anteriormente se obtenía por un solo juzgador.

95. El primer párrafo del artículo 94 constitucional señala «Artículo 94. Se deposita el ejercicio del Poder Judicial de la Federación en una Suprema Corte de Justicia, en un Tribunal Electoral, en Tribunales Colegiados y Unitarios de Circuito y en Juzgados de Distrito».

explicará más adelante, la confusión en los conceptos ha puesto en tela de juicio otros nociones como la supremacía constitucional, el control difuso de la constitucionalidad y el control de la convencionalidad por mencionar algunos.

Asimismo, en sus criterios jurisprudenciales anteriores a la reforma constitucional de 06 y 10 de junio de 2011, la Suprema Corte de Justicia de la Nación sostuvo la imposibilidad de tener un sistema de control difuso, argumentando que éste no estaba autorizado por el artículo 133 Constitucional (artículo que consagra el principio de supremacía constitucional y el bloque de constitucionalidad) basando su argumento en que dicho precepto «no es fuente de facultades de control constitucional para las autoridades que ejercen funciones materialmente jurisdiccionales, respecto de actos ajenos, como son las leyes emanadas del propio Congreso, ni de sus propias actuaciones, que les permitan desconocer unos y otros, pues dicho precepto debe ser interpretado a la luz del régimen previsto por la propia Carta Magna»[96].

Para comprender cuáles fueron las razones que sostuvieron el argumento de la Corte de México, es necesario considerar la lectura (vigente del momento en el que se fijaron dichos criterios) de tres artículos constitucionales el 103, 128 y el 133:

a) Artículo 103.- Los tribunales de la Federación resolverán toda controversia que se suscite:

> «Por leyes o actos de la autoridad que violen las garantías individuales
>
> Por leyes o actos de la autoridad federal que vulneren o restrinjan la soberanía de los Estados o la esfera de competencia del Distrito Federal, y
>
> Por leyes o actos de las autoridades de los Estados o del Distrito Federal que invadan la esfera de competencia de la autoridad federal»[97].

b) Artículo 128:

> «Todo funcionario público, sin excepción alguna, antes de tomar posesión de su encargo, prestará la protesta de guardar la Constitución y las leyes que de ella emanen»[98].

96. CONTROL DIFUSO DE LA CONSTITUCIONALIDAD DE NORMAS GENERALES. NO LO AUTORIZA EL ARTÍCULO 133 DE LA CONSTITUCIÓN. Jurisprudencia P./J. 74/99, Amparo directo en revisión 914/98, aprobada el 14 de julio de 1999 y publicada en el Semanario Judicial de la Federación y su Gaceta, Tomo X, agosto de 1999, p. 5.

97. Decreto mediante el cual se declaran reformados los artículos 21, 55, 73, 76, 79, 89, 93, 94, 95, 96, 97, 98, 99, 100, 101, 102, 103, 104, 105, 106, 107, 108, 110, 111, 116, 122 y 123 de la Constitución Política de los Estados Unidos Mexicanos. Diario Oficial publicado el 31 de diciembre de 1994 pp. 5-6.

98. Publicación original, ya que este artículo no tiene reforma alguna en el texto vigente de la Constitución Política de los Estados Unidos Mexicanos (05 de febrero de 1917).

c) Artículo 133:

> «Esta Constitución, las leyes del Congreso de la Unión que emanen de ella y todos los Tratados que estén de acuerdo con la misma, celebrados y que se celebren por el Presidente de la República, con aprobación del Senado, serán la Ley Suprema de toda la Unión. Los jueces de cada Estado se arreglarán a dicha Constitución, leyes y tratados a pesar de las disposiciones en contrario que pueda haber en las Constituciones o leyes de los Estados»[99].

Al realizar una lectura de las ejecutorias que dieron origen a la jurisprudencia P./J. 74/99, se advierte que la Suprema Corte de Justicia de la Nación determinó que a pesar de que la redacción del artículo 133 de la Constitución mexicana abriera la posibilidad para que todos los jueces pudieran ejercer control de la constitucionalidad, esto no era así; pues de una interpretación sistemática, dicho artículo en realidad sólo aludía a los tribunales federales, quienes eran los competentes para conocer de dicho control.

De este modo, si los tribunales federales eran los únicos competentes para ejercer el control de la constitucionalidad incluyendo la interpretación de la Constitución; y si toda autoridad debía atender a lo estipulado por la ley fundamental conforme al artículo 128 de la misma Constitución, es de concluirse, —según la Corte— que lo descrito por el artículo 133 de la Constitución mexicana exclusivamente hacía referencia a los tribunales federales.

Además, aunque reconocían que el artículo 133 de la Constitución mexicana transcribe la redacción del artículo 126 de la Constitución norteamericana, expresaron que el artículo 133 no debía entenderse de la misma forma, pues en dicho país el control de la constitucionalidad se desplegaba «por la vía de excepción o defensa inicialmente ante cualquier autoridad local y [transita] después a la jurisdicción federal a través de recursos procesales, que vinculan dentro de un solo proceso las dos instancias desarrolladas sucesivamente ante las dos jurisdicciones; en cambio, en [el] sistema jurídico mexicano, como ya se asentó con antelación, el control constitucional se previene en la vía de acción y se encomienda exclusivamente al Poder Judicial de la Federación»[100].

---

99. Decreto que reforma los artículos 30, 37, 73, f. XVI y 133 de la Constitución Política de los Estados Unidos Mexicanos, p. 207. Diario Oficial publicado el jueves 18 de enero de 1934.

100. Ejecutoria CONTRADICCIÓN DE TESIS 4/2000-PL. ENTRE LAS SUSTENTADAS POR EL TRIBUNAL PLENO DE ESTA SUPREMA CORTE DE JUSTICIA DE LA NACIÓN Y LA SALA SUPERIOR DEL TRIBUNAL ELECTORAL, AMBOS DEL PODER JUDICIAL DE LA FEDERACIÓN. Considerando Quinto. Ministro Ponente Juan Díaz Romero. Semanario Judicial de la Federación y su Gaceta, Tomo XXIV, septiembre de 2006, p. 424. Disponible en: https://sjf.scjn.gob.mx/sjfsist/paginas/DetalleGeneralScroll.aspx?Epoca=1e3e1fd&Apendice=&Expresion=Amparo%2520directo%2520en%2520revisi%25C3%25B3n%2520912%2f98&Dominio=Temasintesis%2cTema%2cTexto%2cAsunto&TA_TJ=0&Orden=1&Clase=DetalleTesisEjecutorias&Osol=2&NumTE=8&Epp=20&-

Como se aprecia, la competencia del control de la constitucionalidad en México, antes de 2011, era privativa de los tribunales federales, por lo cual, en sus diversos criterios ya sea obligatorios u orientadores aludían a este control como de carácter concentrado[101].

En el siguiente esquema se muestra un diagrama del control de la constitucionalidad ejercido en México hasta ese instante[102].

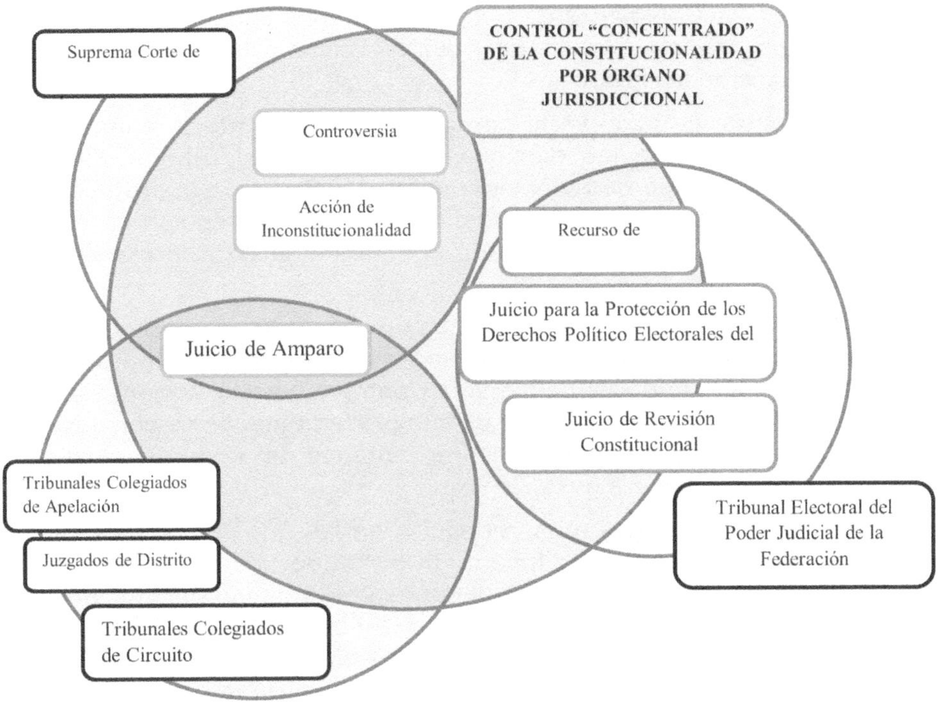

Desde=-100&Hasta=-100&Index=0&InstanciasSeleccionadas=&ID=19726&Hit=6&IDs=28601%2c26367%2c24703%2c24465%2c21448%2c19726%2c18395%2c7263&tipoTesis=&Octava=1&Semanario=0&tabla=&Referencia=&Tema=

101. Es de destacar que si bien, la mayoría de esos criterios lo caracterizaban como concentrado, algunos de ellos, al referirse a este tipo de control aludían a un «control concentrado o difuso» de la constitucionalidad lo cual es equivocado y contradictorio a la vez, ya que los sistemas de control de la constitucionalidad son concentrados, difusos o mixtos y, si bien, éstos últimos poseen características de los dos primeros ello no implica que el término difuso deba aplicarse sinónimamente al concentrado, ejemplo de ello se encuentra en la tesis aislada cuyo rubro es, AMPARO POR JURISDICCIÓN O COMPETENCIA CONCURRENTE. CONSTITUYE UNA EXCEPCIÓN AL PRINCIPIO DE CONTROL CONCENTRADO O DIFUSO DE LA CONSTITUCIONALIDAD., Tesis XIX.1.° P.T.18 K, Amparo en revisión 233/2009, Semanario Judicial de la Federación y su Gaceta, Tomo XXXIII, abril de 2011, p. 1222.

102. Para efectos del presente estudio sólo se enuncian los medios de control de la constitucionalidad a cargo del Tribunal Electoral, pues los mismos no son materia de este tema de investigación en virtud de que el referido tribunal aunque efectúa control de la constitucionalidad, éste sólo lo realiza en materia electoral y de forma concreta.

Como se advierte, el control de la constitucionalidad por órgano jurisdiccional hasta aquel instante no era concentrado, como lo ostentan de manera inapropiada los criterios del Poder Judicial, sino mixto, pues como se observa en el diagrama, la Suprema Corte de Justicia de la Nación conocía —y lo sigue haciendo hasta este instante— de forma exclusiva de la Controversia Constitucional y de la Acción de Inconstitucionalidad, mientras que el Juicio de Amparo es competencia de los Juzgados de Distrito así como de los Tribunales Unitarios[103] y Colegiados de Circuito —sin mencionar los casos excepcionales en los cuales puede conocer la jurisdicción ordinaria y la Suprema Corte de Justicia de la Nación—.

De igual modo, se observa la competencia en cuanto al control de la constitucionalidad de la jurisdicción especializada del Tribunal Electoral, quien mediante recurso de reconsideración[104], juicio para la protección de los derechos político electorales del ciudadano[105] y el recurso de revisión constitucional,[106] realiza el análisis de constitucionalidad de manera concreta y concentrada.

Por lo anterior y debido a que el examen de constitucionalidad era ejercido por varios órganos de manera difusa a través del juicio de amparo y por la Corte de forma concentrada mediante la Controversia y la Acción; así como por la jurisdicción electoral a través de sus procedimientos se concluye que el control denominado «concentrado» en criterios del Poder Judicial de la Federación, en realidad era mixto.

Sin embargo, las citadas jurisprudencias en las que se sostenía que en México se prohibía el control difuso de la constitucionalidad y que —hasta ese instante— existía pues un control concentrado de la constitucionalidad quedaron sin efectos, conclusión a la que se arribó en virtud del marco constitucional generado con motivo de la entrada en vigor del decreto por el que se modificó la denominación del Capítulo I del Título Primero y reformó diversos artículos de la Constitución Política de los Estados Unidos Mexicanos, publicado en el Diario Oficial de la Federación el 10 de junio de 2011.

---

103. Tribunales Colegiados de Apelación.

104. «Como primera modalidad del recurso de reconsideración, éste se constituye como un medio de impugnación único, de una sola instancia cuando se interpone contra (...) (III) Se contravengan las fórmulas establecidas en la Constitución y en la Ley para tal efecto» Huber Olea y Contró, Jean Paul, *Derecho contencioso electoral,* Ciudad de México, Porrúa, 2005, p. 208.

105. «El objeto impugnable en este juicio son los actos violatorios de la Constitución que vulneren los derechos políticos-electorales de voto activo y voto pasivo, así como los de asociación política ...» *Ibidem.* p. 213.

106. «El objeto impugnable en este juicio son los actos o resoluciones de las autoridades electorales de las entidades federativas que violen la Constitución federal siempre y cuando cumplan con determinados principios procesales de procedencia característicos de este medio de impugnación» *Ibidem* p. 228.

Por dicha razón, a partir de la referida reforma constitucional, la Suprema Corte de Justicia emitió nuevos criterios encaminados a señalar que México, independientemente del control «concentrado» que ejercían los órganos del poder judicial, también había adoptado el sistema de control difuso de la constitucionalidad[107], por lo tanto, se dejaba sin efectos criterios contrarios al nuevo texto constitucional[108].

Antes de abordar los impactos de esta reforma en el control de la constitucionalidad en México, es necesario describir brevemente una de las causas que la motivaron.

1.5.4.1. Causas de la reforma constitucional del 10 de junio de 2011. Sentencia de la Corte Interamericana de Derechos Humanos en el Caso Radilla Pachecho vs México

Una de las causas más relevantes que originaron la reforma constitucional de 10 de junio de 2011 es la sentencia de la Corte Interamericana de Derechos Humanos en el caso Radilla Pacheco vs México, emitida el 23 de noviembre de 2009.

Los hechos que motivaron el caso acontecieron el 25 de agosto de 1974, fecha en la cual el señor Rosendo Radilla Pacheco fue detenido por miembros del Ejército de México mientras se encontraba con su hijo en un autobús. Posterior a su detención, fue visto en el Cuartel Militar de Atoyac de Álvarez, con evidencias de haber sido agredido físicamente. A partir de ese hecho no se volvió a saber de su paradero.

Luego de varias denuncias interpuestas ante instancias estatales y federales por los familiares del señor Rosendo Radilla, el 15 de noviembre de 2001, la Comisión Mexicana de Defensa y Promoción de los Derechos Humanos y la Asociación de Familiares Detenidos-Desaparecidos y Víctimas de Violacio-

---

107. «La punta de lanza para el cambio del sistema del control de constitucionalidad se da con el denominado "control de convencionalidad que deriva del sistema Interamericano que es liderado por la Corte Interamericana de Derechos Humanos, cuya influencia en el sistema nacional ha detonado en un nuevo paradigma constitucional al grado no sólo de admitir la existencia de un control difuso de constitucionalidad sino además juzgar desde un[a] perspectiva de derechos humanos, donde lo más importante son los principios y no las reglas, lo que hace la existencia de nuevas formas de interpretar y entender el derecho» ROJAS RIVERA, Victorino, *Control difuso de constitucionalidad y convencionalidad. Origen y evolución en México,* Morelia México, 2017, (párrafo tercero del resumen).

108. En la tesis Aislada P. I/2011, Solicitud de modificación de jurisprudencia 22/2011, aprobada el 29 de noviembre de 2011 y publicada en el Semanario Judicial de la Federación y su Gaceta, Libro III, Tomo 1, diciembre de 2011, p. 549, cuyo rubro es «CONTROL DIFUSO» se estipuló que quedaban sin efectos criterios jurisprudenciales como el que señalaba que el control de la constitucionalidad era atribución exclusiva del Poder Judicial de la Federación o la imposibilidad de aplicar un control difuso en México.

nes a los Derechos Humanos en México, presentaron una denuncia contra el Estado mexicano ante la Comisión Interamericana de Derechos Humanos.

Debido al incumplimiento del Estado mexicano respecto de las recomendaciones hechas por la Comisión Interamericana, el 15 de marzo de 2008, dicho órgano internacional sometió el caso ante la Corte Interamericana de Derechos Humanos, misma que dictó sentencia condenatoria el 23 de noviembre de 2009, notificando al Estado mexicano el 9 de febrero de 2010[109].

Dentro del apartado de «reparaciones» de la sentencia y las cuales se consideran relevantes para el presente estudio se enumeran las siguientes:

1. El Estado deberá adoptar, en un plazo razonable, las reformas legislativas pertinentes para compatibilizar el artículo 57 del Código de Justicia Militar con los estándares internacionales en la materia y de la Convención Americana sobre Derechos Humanos[110].
2. México deberá adoptar, en un plazo razonable, las reformas legislativas pertinentes para compatibilizar el artículo 215 A del Código Penal Federal con los estándares internacionales en la materia y de la Convención Interamericana sobre Desaparición Forzada de Personas[111].

---

109. Seguimiento de Asuntos Resueltos por el Pleno de la Suprema Corte de Justicia de la Nación, Expediente Varios 912/2010, disponible en: https://www2.scjn.gob.mx/AsuntosRelevantes/pagina/SeguimientoAsuntosRelevantesPub.aspx?ID=121589&SeguimientoID=225&CAP=radilla&Promoventes=&ActoReclamado=

110. Los párrafo 337, 341 y 342 de la sentencia Radilla Pacheco vs México señalan lo siguiente: 337 «Los representantes solicitaron a este Tribunal que ordene al Estado realizar una reforma al artículo 13 constitucional, que regula el fuero de guerra, en virtud de que, "[a] unque en principio el artículo pareciera no generar problema alguno, las interpretaciones que de éste se han hecho[,...] llevan a la necesidad de solicitar su reforma para alcanzar la precisión necesaria que impida que elementos del Ejército mexicano sean juzgados por tribunales militares cuando han cometido violaciones a los derechos humanos"»; 341 «Bajo ese entendido, este Tribunal considera que no es necesario ordenar la modificación del contenido normativo que regula el artículo 13 de la Constitución Política de los Estados Unidos Mexicanos». 342. «No obstante lo anterior, la Corte declaró en el Capítulo IX de este Fallo, que el artículo 57 del Código de Justicia Militar es incompatible con la Convención Americana (*supra* párrs. 287 y 289). En consecuencia, el Estado debe adoptar, en un plazo razonable, las reformas legislativas pertinentes para compatibilizar la citada disposición con los estándares internacionales de la materia y de la Convención, de conformidad con los párrafos 272 a 277 de esta Sentencia». en *Corte Interamericana de Derechos Humanos, Caso Radilla Pacheco Vs Estados Unidos* Mexicanos, sentencia de 23 de noviembre de 2009, pp. 92-93. https://www.corteidh.or.cr/docs/casos/articulos/seriec_209_esp.pdf

111. «En la presente Sentencia la Corte estableció que el artículo 215 A del Código Penal Federal, que sanciona el delito de desaparición forzada de personas, no se adecua plena y efectivamente a la normativa internacional vigente sobre la materia (supra párr. 324). Por tal motivo, el Estado debe adoptar todas las medidas que sean necesarias para compatibilizar dicha tipificación penal con los estándares internacionales, con especial atención a lo dispuesto en el artículo II de la Convención Interamericana sobre Desaparición Forzada de Personas, de conformidad con los criterios ya establecidos en los párrafos 320 a 324

3. El Estado deberá implementar, en un plazo razonable y con la respectiva disposición presupuestaria, programas o cursos permanentes relativos al análisis de la jurisprudencia del Sistema Interamericano de Protección de los Derechos Humanos en relación con los límites de la jurisdicción penal militar, así como un programa de formación sobre la debida investigación y juzgamiento de hechos constitutivos de desaparición forzada de personas[112].

Esta sentencia es relevante en virtud de que, como se advierte de su lectura, se le impone a México la obligación de interpretar al artículo 13 constitucional en consonancia con otras disposiciones constitucionales así como con la Convención Americana de Derechos Humanos[113], es decir, se le impone a

del presente Fallo. Esta obligación vincula a todos los poderes y órganos estatales en su conjunto. En tal sentido, el Estado no debe limitarse a "impulsar" el proyecto de ley correspondiente, sino asegurar su pronta sanción y entrada en vigor, de acuerdo con los procedimientos establecidos en el ordenamiento jurídico interno para ello». *idem*.

112. «Asimismo, este Tribunal ha reiterado que la obligación del Estado de investigar de manera adecuada y sancionar, en su caso, a los responsables, debe cumplirse diligentemente para evitar la impunidad y que este tipo de hechos vuelvan a repetirse. En consecuencia, la Corte ordena que, sin perjuicio de los programas de capacitación para funcionarios públicos en materia de derechos humanos que ya existan en México, el Estado deberá implementar, en un plazo razonable y con la respectiva disposición presupuestaria:
a) Programas o cursos permanentes relativos al análisis de la jurisprudencia del Sistema Interamericano de Protección de los Derechos Humanos en relación con los límites de la jurisdicción penal militar, así como los derechos a las garantías judiciales y la protección judicial, como una forma de prevenir que casos de violación a los derechos humanos sean investigados y juzgados por dicha jurisdicción. Tales programas estarán dirigidos a los miembros de todas las Fuerzas Militares, incluyendo a los agentes del Ministerio Público y jueces, así como a los agentes del Ministerio Público de la Procuraduría General de la República y jueces del Poder Judicial de la Federación, y
b) Un programa de formación sobre la debida investigación y juzgamiento de hechos constitutivos de desaparición forzada de personas, dirigido a agentes del Ministerio Público de la Procuraduría General de la República y jueces del Poder Judicial de la Federación, que tengan competencia en la investigación y juzgamiento de hechos como los ocurridos en el presente caso, con el fin de que dichos funcionarios cuenten con los elementos legales, técnicos y científicos necesarios para evaluar integralmente el fenómeno de la desaparición forzada. De manera particular, en este tipo de casos las autoridades encargadas de la investigación deben estar entrenadas para el uso de la prueba circunstancial, los indicios y las presunciones, la valoración de los patrones sistemáticos que puedan dar origen a los hechos que se investigan y la localización de personas desaparecidas de manera forzada (supra párrs. 206 y 222)» *ibidem*, p. 94.

113. «338. Para este Tribunal, no sólo la supresión o expedición de las normas en el derecho interno garantizan los derechos contenidos en la Convención Americana, de conformidad a la obligación comprendida en el artículo 2 de dicho instrumento. También se requiere el desarrollo de prácticas estatales conducentes a la observancia efectiva de los derechos y libertades consagrados en la misma. En consecuencia, la existencia de una norma no garantiza por sí misma que su aplicación sea adecuada. Es necesario que la aplicación de las normas o su interpretación, en tanto prácticas jurisdiccionales y manifestación del orden público estatal, se encuentren ajustadas al mismo fin que persigue el artículo 2 de la Convención 319. En términos prácticos, la interpretación del artículo 13 de la Constitución

México la obligación de realizar una interpretación conforme y, por ende, un control de convencionalidad.

1.5.4.2. Reforma de 06 de junio de 2011, control de constitucionalidad y convencionalidad en México

La reforma constitucional de 10 de junio de 2011 modificó diversos artículos, entre ellos el precepto 1 de la Constitución Federal, el cual señala:

> «Artículo 1o. En los Estados Unidos Mexicanos todas las personas gozarán de los derechos humanos reconocidos en esta Constitución y en los tratados internacionales de los que el Estado Mexicano sea parte, así como de las garantías para su protección, cuyo ejercicio no podrá restringirse ni suspenderse, salvo en los casos y bajo las condiciones que esta Constitución establece.
>
> Las normas relativas a los derechos humanos se interpretarán de conformidad con esta Constitución y con los tratados internacionales de la materia favoreciendo en todo tiempo a las personas la protección más amplia.
>
> Todas las autoridades, en el ámbito de sus competencias, tienen la obligación de promover, respetar, proteger y garantizar los derechos humanos de conformidad con los principios de universalidad, interdependencia, indivisibilidad y progresividad. En consecuencia, el Estado deberá prevenir, investigar, sancionar y reparar las violaciones a los derechos humanos, en los términos que establezca la ley.
>
> (...)»

Derivado de la reforma en comento y aunado a la sentencia del Expediente Varios 912/2010[114] por el Pleno de la Suprema Corte de Justicia de

---

Política mexicana debe ser coherente con los principios convencionales y constitucionales de debido proceso y acceso a la justicia, contenidos en el artículo 8.1 de la Convención Americana y las normas pertinentes de la Constitución mexicana» *ibidem* 92.

114. EXPEDIENTE VARIOS 912/2010, Acuerdo del Tribunal Pleno de la Suprema Corte de Justicia de la Nación, correspondiente al día catorce de julio de dos mil once. Ponente: Margarita Beatriz Luna Ramos. Encargado del engrose, José Ramón Cossío Díaz. Este expediente se formuló para determinar el alcance de las obligaciones del Poder Judicial mexicano ante la sentencia dictada por la Corte Interamericana de Derechos Humanos en el Caso Radilla Pacheco Vs. México.
Dentro de los resolutivos adoptados por el Poder Judicial de la Federación para el cumplimiento efectivo de la sentencia de la Corte interamericana destacan:
En relación con el considerando Séptimo «Control de convencionalidad *ex officio* en un modelo de control difuso de la constitucionalidad»:
«El Poder Judicial de la Federación debe ejercer un control de convencionalidad *ex officio* entre las normas internas y la Convención Americana, en el marco de sus respectivas competencias y de las regulaciones procesales correspondientes [de la siguiente manera:] 1) los jueces del Poder Judicial de la Federación, al conocer de controversias constitucionales, acciones de inconstitucionalidad y de amparo, pueden declarar la invalidez de las normas que contravengan la Constitución Federal y/o los tratados internacionales que reconozcan derechos humanos; 2) los demás jueces del país, en los asuntos de su competencia, podrán desaplicar las normas que infrinjan la Constitución Federal y/o los tratados

la Nación, en la cual se resolvió el alcance y trámite que debía darse a la sentencia de la Corte Interamericana de Derechos Humanos respecto de la sentencia Radilla Pacheco vs México los criterios emitidos por el Poder Judicial de la Federación en los que determinaba que el control de la constitucionalidad en México era solamente «concentrado»[115] cambiaron para reconocer que a partir de los sucesos descritos se estableció también un control difuso de la constitucionalidad por lo cual a partir de ese momento se decretó —en razón de la resolución del expediente Varios 912/2010— la coexistencia de control difuso de la constitucionalidad y convencionalidad así como control concentrado de la constitucionalidad y convencionalidad.

Del análisis de diversos criterios jurisprudenciales y orientadores del Poder Judicial de la Federación sobre el nuevo control de la constitucionalidad se advierten las siguientes posturas formales:

> «1. "... Existen dos vertientes dentro del modelo de control de constitucionalidad en el orden jurídico mexicano.... En primer término, el control concentrado, [realizado por los] órganos del Poder Judicial de la Federación con vías directas de control, [a través de] acciones de inconstitucionalidad, controversias constitucionales y amparo directo e indirecto; en segundo término, el control por parte del resto de los jueces del país en forma incidental durante los procesos ordinarios en los que son competentes, esto es, sin necesidad de abrir un expediente por cuerda separada. Ambas vertientes de control se ejercen de manera independiente y la existencia de este modelo general de control no requiere que todos los casos sean revisables e impugnables en ambas. **Es un sistema concentrado en una parte y difuso en otra**, lo que permite que sean los criterios e interpretaciones constitucionales, ya sea por declaración de inconstitucionalidad o por inaplicación, de los

internacionales que reconozcan derechos humanos, sólo para efectos del caso concreto y sin hacer una declaración de invalidez de las disposiciones, y 3) las autoridades del país que no ejerzan funciones jurisdiccionales deben interpretar los derechos humanos de la manera que más los favorezca, sin que estén facultadas para declarar la invalidez de las normas o para desaplicarlas en los casos concretos". p. 52.
En relación con el considerando noveno "Medidas administrativas derivadas de la sentencia de la Corte Interamericana en el caso radilla Pacheco que deberá implementar el Poder Judicial de la Federación":
"De conformidad con el párrafo 339 de la sentencia dictada por la Corte Interamericana de Derechos Humanos en el caso Radilla Pacheco vs. Estados Unidos Mexicanos, y dados los alcances de la resolución dictada por el Tribunal Pleno, para el efecto de que todos los jueces del Estado Mexicano, en términos de lo dispuesto en el artículo 1° de la Constitución Política de los Estados Unidos Mexicanos, están facultados para inaplicar las normas generales que a su juicio consideren transgresoras de los derechos humanos contenidos en la propia Constitución Federal y en los tratados en materia de derechos humanos, resulta necesario que el Tribunal Pleno modifique la jurisprudencia P./J. 74/1999"». pp. 56-57.

115. CONTROL DIFUSO DE LA CONSTITUCIONALIDAD DE NORMAS GENERALES. NO LO AUTORIZA EL ARTÍCULO 133 DE LA CONSTITUCIÓN. Jurisprudencia P./J. 74/99.

que conozca la Suprema Corte para que determine cuál es la interpretación constitucional que finalmente debe prevalecer en el orden jurídico nacional. [Asimismo, se obliga] a todas las autoridades del país en el ámbito de sus competencias para que apliquen las normas correspondientes haciendo la interpretación más favorable a la persona para lograr su protección más amplia, sin tener la posibilidad de inaplicar o declarar su incompatibilidad"[116].

2. "...[Por lo que hace al] control concentrado, [éste] reside en los órganos del Poder Judicial de la Federación ..., [por lo cual, para la Corte] la pretensión elevada ante los juzgadores es eminentemente constitucional, pues la finalidad de dichos procedimientos estriba en dilucidar si conforme al planteamiento jurídico que le es propuesto, la actuación de una autoridad o el contenido de un precepto se ajusta o no con las disposiciones que consagra la Carta Magna, en aras de la preservación del principio de supremacía constitucional"[117].

3. "En cambio, el control [ejercido] por el resto de los Jueces del país, en los procesos ordinarios se constriñe a dilucidar el conflicto con base en los hechos, argumentaciones, pruebas y alegatos de las partes, dando cumplimiento a las garantías de audiencia, legalidad, debido proceso y acceso a la impartición de justicia. Es ahí donde el juzgador ordinario, al aplicar la norma, realiza el contraste entre la disposición regulatoria y los derechos humanos que reconoce el orden jurídico nacional, por lo cual dicha reflexión no forma parte de la disputa entre las partes contendientes, sino que surge y obedece a la obligación que **impone el control de constitucionalidad y de convencionalidad que consagra el artículo 1o. de la Carta Magna.** Esto es así, porque los mandatos contenidos en el citado artículo deben entenderse en armonía con el diverso 133 constitucional para determinar el marco dentro del que debe realizarse dicho cometido, el cual **resulta esencialmente diferente al control concentrado que tradicionalmente operó en nuestro sistema jurídico, y explica que en las vías indirectas de control, la pretensión o litis no puede consistir en aspectos de constitucionalidad, pues ello sería tanto como equiparar los procedimientos ordinarios que buscan impartir justicia entre los contendientes, a los diversos que fueron creados por el Poder Constituyente y el Poder Revisor de la Constitución con el propósito fundamental de resguardar el citado principio de supremacía constitucional**»[118].

Al respecto, la misma Corte, interpretando en conjunto los artículos 1 y 133 constitucionales ha señalado en sus primeras tesis de jurisprudencia

116. SISTEMA DE CONTROL CONSTITUCIONAL EN EL ORDEN JURÍDICO MEXICANO. Tesis, P. LXX/2011, Varios 912/2010, Semanario Judicial de la Federación y su Gaceta, Libro III, diciembre de 2011, Tomo I p. 557.

117. CONTROL CONCENTRADO Y CONTROL DIFUSO DE LA CONSTITUCIÓN. SUS DIFERENCIAS Y FINALIDAD DENTRO DEL PROCESO ORDINARIO. Tesis, I.7o.A.8 K, Revisión fiscal 197/2012, Semanario Judicial de la Federación y su Gaceta, Libro XII, septiembre de 2012, Tomo III, p. 1679.

118. *Idem.*

y aisladas de la décima época[119] que cualquier órgano jurisdiccional puede inaplicar una ley que considere anticonstitucional en el caso en concreto, sin necesidad de abrir un expediente por cuerda separada, permitiendo así un control difuso de constitucionalidad; sin dejar a un lado el control concentrado, esto es, los procesos llevados a cabo por los órganos del Poder Judicial de la Federación con vías directas de control; acciones de inconstitucionalidad, controversias constitucionales y amparo directo e indirecto[120].

1.5.4.3. El ejercicio del control de la constitucionalidad y convencionalidad en México, según la interpretación brindada por la Suprema Corte de Justicia de la Nación

Hasta este instante se ha descrito los puntos esenciales de la resolución dictada por la Corte Interamericana de Derechos Humanos en el Caso Radilla Pacheco vs México, la reforma constitucional del año 2011 en materia de derechos humanos y la resolución del expediente varios 912/2010; así como los criterios de la Corte Suprema mexicana emitidos en dicho expediente y los cuales han sido determinantes para la actuación de todos los tribunales nacionales en la aplicación del control de la constitucionalidad y convencionalidad y la implementación de este nuevo modelo.

No obstante, debe cuestionarse la uniformidad imperante en los criterios jurisprudenciales y aislados del Poder Judicial de la Federación, más cuando la Suprema Corte de Justicia no emite de manera exclusiva dichos criterios, pues la jurisprudencia compete a la misma Suprema Corte de Justicia de la Nación actuando en Pleno y en sus dos Salas; a los Tribunales Colegiados de Circuito de los treinta y dos circuitos del país y; a los Plenos de Circuito. En este sentido, se enlistan las características que, hasta el momento, la Corte, como máximo tribunal del país y como el órgano cuyos criterios deben ser observados por todos los tribunales del país[121] ha proveído para el ejercicio del control de la constitucionalidad y la convencionalidad en México llevado a cabo por los tribunales federales y los tribunales ordinarios o de legalidad.

---

119. Como se ha referido en páginas anteriores, las reformas constitucionales de 06 y 10 de junio de 2011, adicionaron y derogaron disposiciones de los artículos 94, 103, 104 y 107 de la Constitución Política de los Estados Unidos Mexicanos; así como el cambio de denominación del Capítulo I, del Título Primero y la reforma de diversos artículos constitucionales, en materia de derechos humanos, dichas modificaciones entraron en vigor el cuatro de octubre de dos mil once por lo que hace a la primera, mientras que la segunda entró en vigor al día siguiente de su publicación. Las mencionadas reformas implicaron también una modificación a la estructura del Poder Judicial de la Federación, así como a la competencia de algunos de sus órganos, por lo cual la Suprema Corte de Justicia de la Nación mediante el acuerdo 9/2011 y 12/2011 determinó el inicio de la décima época del Semanario Judicial de la Federación.

120. SISTEMA DE CONTROL CONSTITUCIONAL EN EL ORDEN JURÍDICO MEXICANO, *ibidem*.

121. Artículo 217 de la Ley de Amparo, Reglamentaria de los Artículos 103 y 107 de la Constitución Política de los Estados Unidos Mexicanos.

CONTROL DE LA CONSTITUCIONALIDAD Y CONVENCIONALIDAD REALIZADO POR LOS ÓRGANOS DEL PODER JUDICIAL DE LA FEDERACIÓN	CONTROL DE LA CONSTITUCIONALIDAD Y CONVENCIONALIDAD REALIZADO POR LOS ÓRGANOS ORDINARIOS DE LEGALIDAD	CONTROL DE LA CONSTITUCIONALIDAD Y CONVENCIONALIDAD REALIZADO POR TRIBUNALES ADMINISTRATIVOS	CONTROL DE LA CONSTITUCIONALIDAD Y CONVENCIONALIDAD REALIZADO POR LOS ÓRGANOS QUE REALIZAN CONTROL DE LA CONSTITUCIONALIDAD LOCAL
Tesis: P. V/2013 (10a.)			
– Los juzgadores federales cuentan con facultades constitucionales para realizar el control concentrado y control difuso. – [En el control de convencionalidad realizado por los jueces de amparo] es innecesario reflejar la inconvencionalidad de una norma de derecho interno en los puntos resolutivos de la sentencia en la que se hace dicho pronunciamiento, pues éste sólo trasciende al acto de aplicación, por lo tanto, el control de convencionalidad no puede llegar más allá de la inaplicación de la norma interna en el caso específico; esto es, la inaplicación de la norma cuya inconvencionalidad se declara sólo trasciende a una inconstitucionalidad indirecta del acto reclamado.			

CONTROL DE LA CONSTITUCIONALIDAD Y CONVENCIONALIDAD REALIZADO POR LOS ÓRGANOS DEL PODER JUDICIAL DE LA FEDERACIÓN	CONTROL DE LA CONSTITUCIONALIDAD Y CONVENCIONALIDAD REALIZADO POR LOS ÓRGANOS ORDINARIOS DE LEGALIDAD	CONTROL DE LA CONSTITUCIONALIDAD Y CONVENCIONALIDAD REALIZADO POR TRIBUNALES ADMINISTRATIVOS	CONTROL DE LA CONSTITUCIONALIDAD Y CONVENCIONALIDAD REALIZADO POR LOS ÓRGANOS QUE REALIZAN CONTROL DE LA CONSTITUCIONALIDAD LOCAL
– El control de convencionalidad es llevado a cabo por el juzgador cuando éste determine que una norma interna es contraria a un derecho humano contenido en un tratado internacional e, incluso, a la interpretación efectuada al respecto por la Corte Interamericana de Derechos Humanos, por lo cual el juzgador debe analizar el acto reclamado prescindiendo del precepto de derecho interno y aplicando el instrumento internacional en materia de derechos humanos.			
Tesis: 2a./J. 16/2014 (10a.)			
	– En el control difuso el tema de inconstitucionalidad o inconvencionalidad no integra la litis, pues ésta se limita a la materia de legalidad y, por ello, el juzgador por razón de su función, prescindiendo de todo argumento de las partes, puede desaplicar la norma.	– Tribunales administrativos [órganos no pertenecientes al poder judicial federal ni local, son órganos que realizan funciones jurisdiccionales y poseen autonomía derivada de la Constitución] pueden aplicar control difuso de constitucionalidad y convencionalidad.	

CONTROL DE LA CONSTITUCIONALIDAD Y CONVENCIONALIDAD REALIZADO POR LOS ÓRGANOS DEL PODER JUDICIAL DE LA FEDERACIÓN	CONTROL DE LA CONSTITUCIONALIDAD Y CONVENCIONALIDAD REALIZADO POR LOS ÓRGANOS ORDINARIOS DE LEGALIDAD	CONTROL DE LA CONSTITUCIONALIDAD Y CONVENCIONALIDAD REALIZADO POR TRIBUNALES ADMINISTRATIVOS	CONTROL DE LA CONSTITUCIONALIDAD Y CONVENCIONALIDAD REALIZADO POR LOS ÓRGANOS QUE REALIZAN CONTROL DE LA CONSTITUCIONALIDAD LOCAL
Tesis: 2a. XLII/2014			
– Los órganos del Poder Judicial de la Federación tienen competencia primigenia respecto del control de constitucionalidad y convencionalidad de normas generales, pues son quienes deciden en forma terminal y definitiva si una disposición es o no contraria a la Constitución Federal y a los tratados internacionales sobre derechos humanos. – Tratándose de procedimientos de control concentrado, cuando se haga valer la inconstitucionalidad o inconvencionalidad de normas generales, debe abordarse su estudio al dictar sentencia, sin que los pronunciamientos que se hubieren realizado a través del ejercicio del control difuso por la jurisdicción ordinaria limiten o condicionen las facultades de control concentrado.			

<table>
<tr>
<th>CONTROL DE LA CONSTITUCIONALIDAD Y CONVENCIONALIDAD REALIZADO POR LOS ÓRGANOS DEL PODER JUDICIAL DE LA FEDERACIÓN</th>
<th>CONTROL DE LA CONSTITUCIONALIDAD Y CONVENCIONALIDAD REALIZADO POR LOS ÓRGANOS ORDINARIOS DE LEGALIDAD</th>
<th>CONTROL DE LA CONSTITUCIONALIDAD Y CONVENCIONALIDAD REALIZADO POR TRIBUNALES ADMINISTRATIVOS</th>
<th>CONTROL DE LA CONSTITUCIONALIDAD Y CONVENCIONALIDAD REALIZADO POR LOS ÓRGANOS QUE REALIZAN CONTROL DE LA CONSTITUCIONALIDAD LOCAL</th>
</tr>
<tr>
<td colspan="4">Tesis: P. X/2015 (10a.)</td>
</tr>
<tr>
<td>– No corresponde al Tribunal Colegiado de Circuito examinar, de oficio, la inconstitucionalidad de los preceptos que rigen en los procedimientos o juicios de los que deriva el acto reclamado, pues sostener lo contrario, es decir, que los Tribunales Colegiados de Circuito pueden, mediante un control difuso de regularidad constitucional declarar, en amparo directo, la inconstitucionalidad de disposiciones contenidas en leyes que rigen el procedimiento o juicio de origen generaría inseguridad jurídica para las partes.
– Los tribunales federales pueden emprender el análisis sobre la constitucionalidad de una norma a partir de lo siguiente: (i) en respuesta a la pretensión formulada por el quejoso; (ii) por virtud de la causa de pedir advertida en el planteamiento de los conceptos de violación o en agravios; o bien, (iii) con motivo de la utilización de la institución de la suplencia de la queja deficiente, en términos de la Ley de Amparo.</td>
<td colspan="2">– Corresponde a las autoridades judiciales encargadas de su aplicación (autoridades administrativas, jueces, salas de instancia) examinar de oficio, la inconstitucionalidad de los preceptos que rigen en los procedimientos o juicios de su competencia.</td>
<td></td>
</tr>
</table>

CONTROL DE LA CONSTITUCIONALIDAD Y CONVENCIONALIDAD REALIZADO POR LOS ÓRGANOS DEL PODER JUDICIAL DE LA FEDERACIÓN	CONTROL DE LA CONSTITUCIONALIDAD Y CONVENCIONALIDAD REALIZADO POR LOS ÓRGANOS ORDINARIOS DE LEGALIDAD	CONTROL DE LA CONSTITUCIONALIDAD Y CONVENCIONALIDAD REALIZADO POR TRIBUNALES ADMINISTRATIVOS	CONTROL DE LA CONSTITUCIONALIDAD Y CONVENCIONALIDAD REALIZADO POR LOS ÓRGANOS QUE REALIZAN CONTROL DE LA CONSTITUCIONALIDAD LOCAL
– Los tribunales federales pueden emprender el análisis sobre la constitucionalidad de una norma a partir de lo siguiente: (i) en respuesta a la pretensión formulada por el quejoso; (ii) por virtud de la causa de pedir advertida en el planteamiento de los conceptos de violación o en agravios; o bien, (iii) con motivo de la utilización de la institución de la suplencia de la queja deficiente, en términos de la Ley de Amparo.			
CCLXXXIX/2015 (10a.)			
– El control concentrado de constitucionalidad y convencionalidad respecto de normas generales por vía de acción está depositado exclusivamente en los órganos del Poder Judicial de la Federación.	– El control difuso que realizan las demás autoridades del país, en el ámbito de su competencia, se ejerce de manera oficiosa, si y sólo si, encuentran sustento para ello, respaldándose en el imperio del cual están investidas para juzgar conforme a la Constitución.		

CONTROL DE LA CONSTITUCIONALIDAD Y CONVENCIONALIDAD REALIZADO POR LOS ÓRGANOS DEL PODER JUDICIAL DE LA FEDERACIÓN	CONTROL DE LA CONSTITUCIONALIDAD Y CONVENCIONALIDAD REALIZADO POR LOS ÓRGANOS ORDINARIOS DE LEGALIDAD	CONTROL DE LA CONSTITUCIONALIDAD Y CONVENCIONALIDAD REALIZADO POR TRIBUNALES ADMINISTRATIVOS	CONTROL DE LA CONSTITUCIONALIDAD Y CONVENCIONALIDAD REALIZADO POR LOS ÓRGANOS QUE REALIZAN CONTROL DE LA CONSTITUCIONALIDAD LOCAL
	– El control ordinario que ejercen las autoridades jurisdiccionales ordinarias, en su competencia específica, se constriñe a establecer la legalidad del asunto sometido a su consideración con base en los hechos, argumentaciones jurídicas, pruebas y alegatos propuestos por las partes, dando cumplimiento a los derechos fundamentales de audiencia, legalidad, debido proceso y acceso a la justicia. Es aquí donde el juzgador ordinario, al aplicar la norma, puede contrastar, de oficio, entre su contenido y los derechos humanos que reconoce el orden jurídico nacional (esto es, realizar el control difuso) en ejercicio de una competencia genérica, sin que la reflexión que realiza el juez común, forme parte de la disputa entre actor y demandado.		

CONTROL DE LA CONSTITUCIONALIDAD Y CONVENCIONALIDAD REALIZADO POR LOS ÓRGANOS DEL PODER JUDICIAL DE LA FEDERACIÓN	CONTROL DE LA CONSTITUCIONALIDAD Y CONVENCIONALIDAD REALIZADO POR LOS ÓRGANOS ORDINARIOS DE LEGALIDAD	CONTROL DE LA CONSTITUCIONALIDAD Y CONVENCIONALIDAD REALIZADO POR TRIBUNALES ADMINISTRATIVOS	CONTROL DE LA CONSTITUCIONALIDAD Y CONVENCIONALIDAD REALIZADO POR LOS ÓRGANOS QUE REALIZAN CONTROL DE LA CONSTITUCIONALIDAD LOCAL
DIFERENCIA: La diferencia toral entre los medios de control concentrado y difuso estriba, esencialmente, en que en el primero es decisión del quejoso que el tema de inconstitucionalidad o inconvencionalidad de la ley forme parte de la litis, al plantearlo expresamente en su demanda de amparo; mientras que en el segundo, ese tema no integra la *litis*, que se limita a la materia de legalidad (competencia específica); no obstante, por razón de su función, por decisión propia y prescindiendo de todo argumento de las partes, el juzgador puede desaplicar la norma que a su criterio no sea acorde con la Constitución o con los tratados internacionales en materia de derechos humanos.			
Tesis: 1a. CCXC/2015 (10a.)			
	– El control difuso que realizan los Jueces ordinarios, en el ámbito de sus competencias, constituye una herramienta en su labor de decir el derecho conforme a la Ley Suprema. Esta facultad se ha entendido en el sentido de que el órgano judicial puede ejercerla ex officio, esto es, en razón de su función jurisdiccional y sin que medie petición alguna de las partes; sin embargo, es factible que en un juicio contencioso el actor solicite que el juzgador ejerza control difuso respecto de alguna norma. En este caso, al existir un argumento de nulidad expreso, se dan dos posibilidades:		

CONTROL DE LA CONSTITUCIONALIDAD Y CONVENCIONALIDAD REALIZADO POR LOS ÓRGANOS DEL PODER JUDICIAL DE LA FEDERACIÓN	CONTROL DE LA CONSTITUCIONALIDAD Y CONVENCIONALIDAD REALIZADO POR LOS ÓRGANOS ORDINARIOS DE LEGALIDAD	CONTROL DE LA CONSTITUCIONALIDAD Y CONVENCIONALIDAD REALIZADO POR TRIBUNALES ADMINISTRATIVOS	CONTROL DE LA CONSTITUCIONALIDAD Y CONVENCIONALIDAD REALIZADO POR LOS ÓRGANOS QUE REALIZAN CONTROL DE LA CONSTITUCIONALIDAD LOCAL
	1) que el órgano jurisdiccional coincida con lo expuesto por el actor y considere que debe desaplicar la norma; y, 2) que no convenga con lo solicitado. En este último supuesto, si el órgano del conocimiento considera que la norma no es contraria a la Constitución Federal o a los tratados internacionales en materia de derechos humanos de los que el Estado Mexicano sea parte, bastará con que mencione en una frase expresa que no advirtió que la norma fuese violatoria de derechos humanos, para que se estime que realizó el control difuso y respetó el principio de exhaustividad que rige el dictado de sus sentencias.		

CONTROL DE LA CONSTITUCIONALIDAD Y CONVENCIONALIDAD REALIZADO POR LOS ÓRGANOS DEL PODER JUDICIAL DE LA FEDERACIÓN	CONTROL DE LA CONSTITUCIONALIDAD Y CONVENCIONALIDAD REALIZADO POR LOS ÓRGANOS ORDINARIOS DE LEGALIDAD	CONTROL DE LA CONSTITUCIONALIDAD Y CONVENCIONALIDAD REALIZADO POR TRIBUNALES ADMINISTRATIVOS	CONTROL DE LA CONSTITUCIONALIDAD Y CONVENCIONALIDAD REALIZADO POR LOS ÓRGANOS QUE REALIZAN CONTROL DE LA CONSTITUCIONALIDAD LOCAL
Tesis: 1a. XXXIX/2016 (10a.)			
			– El control difuso de constitucionalidad no implica que los tribunales constitucionales de las entidades federativas puedan resolver asuntos donde la materia de la litis consista, esencialmente, en violaciones a la Constitución Federal. – El presupuesto necesario para que los jueces locales puedan aplicar control difuso en un asunto, consiste en que los asuntos sometidos a su consideración sean de su competencia. En este orden de ideas, el control difuso de constitucionalidad no se traduce en la posibilidad de que los tribunales locales, incluso los supremos de cada entidad federativa, puedan conocer de asuntos donde la litis verse sobre violaciones a la Constitución Política de los Estados Unidos Mexicanos, aun cuando se hagan valer a través de un juicio de protección a derechos fundamentales.

De los criterios aludidos se extrae la postura formal del poder judicial mexicano que en resume es lo siguiente:

1. Los jueces federales pueden realizar control concentrado y control difuso.
2. Existe un control de convencionalidad de manera difusa realizado por jueces ordinarios y jueces pertenecientes al poder judicial de la federación.
3. El control de convencionalidad, para la Suprema Corte consiste en el análisis de una ley ordinaria y su no contradicción con el artículo 1 constitucional y los Tratados Internacionales en los que el Estado Mexicano sea parte, así como los criterios de la Corte Interamericana en donde México ha sido parte.
4. El control difuso debe llevarse a cabo de manera oficiosa por los jueces ordinarios, sin menoscabo que sea solicitado también a petición de parte, pero en ninguno de los dos casos implica que el juez se pronuncie obligatoriamente y de manera exhaustiva sobre el mismo; mientras que cuando se ejerce por los tribunales pertenecientes al Poder Judicial de la Federación deberá realizarse a petición de parte, por suplencia de la queja o que sea advertida por el juzgador en los agravios.
5. El control difuso ejercido por los jueces ordinarios siempre podrá ser analizado por el control concentrado ejercido por los Tribunales del Poder Judicial de la Federación.

En relación a los puntos anteriores se realizará un análisis en el siguiente apartado, en donde se deja ver el criterio que se guarda al respecto.

1.5.4.4. Interpretación jurisprudencial de la Suprema Corte de Justicia de la Nación sobre la reforma constitucional de 10 de junio de 2011

A razón de que en el texto del artículo primero constitucional se estableció que todas las autoridades del Estado mexicano tienen la obligación de respetar, proteger y garantizar los derechos humanos reconocidos en la Constitución y en los tratados internacionales en los que el Estado mexicano es parte, se llegó a la conclusión de que en el sistema jurídico mexicano actual, los jueces de todo el país, estarían «facultados para emitir pronunciamiento en respeto y garantía de los derechos humanos reconocidos por la Constitución Federal y los tratados internacionales, con la limitante de que los jueces nacionales, en los casos [que fueran sometidos a su consideración] distintos de las vías directas de control previstas en la Norma Fundamental, no podrán hacer declaratoria de inconstitucionalidad de normas generales, pues únicamente los órganos integrantes del Poder Judicial de la Federación, actuando como jueces constitucionales, podrán declarar la inconstitucionalidad de una norma por no ser conforme con la Constitución o los tratados internacionales, mientras que las demás autoridades jurisdiccionales del Estado mexicano sólo podrán inaplicar la norma si consideran que no es conforme a la Constitución Federal o a los tratados internacionales en materia de derechos humanos...»[122].

Sin embargo, la adición del control difuso y de convencionalidad tuvo problemas de aplicación e interpretación, puesto que en los ámbitos académicos e institucionales comenzaron a preguntarse si las reformas de 06 y 10 de junio de 2011 implicaba que los tratados internacionales, en términos jerárquicos, debían estar por encima del texto constitucional, a la par o por debajo de ésta.

Ante esta problemática, la Suprema Corte de Justicia nuevamente emitió criterios jurisprudenciales con la finalidad de aclarar el alcance de estos instrumentos, concluyendo que, la relación entre las disposiciones en materia de derechos humanos, independientemente de la fuente que los tutele (constitución o tratados internacionales) no se relacionan en términos jerárquicos, sino que ambas conforman un parámetro de regularidad constitucional, asimismo se reafirma el principio de supremacía constitucional al declarar que, cuando exista una restricción expresa en la constitución para el ejercicio de un determinado derecho humano contenido en un tratado internacional se deberá atender a lo señalado por la norma suprema, al respecto, a continuación se cita uno de los criterios más importantes sobre el tema:

> «DERECHOS HUMANOS CONTENIDOS EN LA CONSTITUCIÓN Y EN LOS TRATADOS INTERNACIONALES. CONSTITUYEN EL PARÁMETRO DE CONTROL DE REGULARIDAD CONSTITUCIONAL, PERO CUANDO EN LA CONSTITUCIÓN HAYA UNA RESTRICCIÓN EXPRESA AL EJERCICIO DE AQUÉLLOS, SE DEBE ESTAR A LO QUE ESTABLECE EL TEXTO CONSTITUCIONAL».

El primer párrafo del artículo 1o. constitucional reconoce un conjunto de derechos humanos cuyas fuentes son la Constitución y los tratados internacionales de los cuales el Estado Mexicano sea parte. De la interpretación literal, sistemática y originalista del contenido de las reformas constitucionales de seis y diez de junio de dos mil once, se desprende que las normas de derechos humanos, independientemente de su fuente, no se relacionan en términos jerárquicos, entendiendo que, derivado de la parte final del primer párrafo del citado artículo 1o., cuando en la Constitución haya una restricción expresa al ejercicio de los derechos humanos, se deberá estar a lo que indica la norma constitucional, ya que el principio que le brinda supremacía comporta el encumbramiento de la Constitución como norma fundamental

---

122. CONTROL DE CONSTITUCIONALIDAD Y DE CONVENCIONALIDAD (REFORMA CONSTITUCIONAL DE 10 DE JUNIO DE 2011), Jurisprudencia 1.ª/J. 18/2012, Contradicción de tesis 259/2011, aprobada el 18 de enero de 2012, Semanario Judicial de la Federación y su Gaceta Libro XV, Tomo 1, diciembre de 2012, p. 420.

del orden jurídico mexicano, lo que a su vez implica que el resto de las normas jurídicas deben ser acordes con la misma, tanto en un sentido formal como material, circunstancia que no ha cambiado; lo que sí ha evolucionado a raíz de las reformas constitucionales en comento es la configuración del conjunto de normas jurídicas respecto de las cuales puede predicarse dicha supremacía en el orden jurídico mexicano. Esta transformación se explica por la ampliación del catálogo de derechos humanos previsto dentro de la Constitución Política de los Estados Unidos Mexicanos, el cual evidentemente puede calificarse como parte del conjunto normativo que goza de esta supremacía constitucional. En este sentido, los derechos humanos, en su conjunto, constituyen el parámetro de control de regularidad constitucional, conforme al cual debe analizarse la validez de las normas y actos que forman parte del orden jurídico mexicano[123].

En este orden de ideas, a través de su criterio la Corte señaló que la relación que guarda la Constitución Federal con respecto a los Tratados internacionales en materia de derechos humanos no se fija en función de la jerarquía normativa, sino que en realidad constituyen un parámetro de regularidad constitucional.

Al respecto, a juicio personal se considera que lo que la Corte denominó parámetro de regularidad constitucional, en realidad conforma un bloque de constitucionalidad, pues es la propia Constitución la que determina los niveles jerárquicos de las disposiciones normativas; es decir, es ésta la que estipula la vía por la cual ingresan al orden jurídico mexicano las disposiciones convencionales (no legisladas) y le asigna las reglas para su no contradicción y supremacía.

1.5.4.5. Reforma constitucional de 11 de marzo de 2021

Esta reforma constitucional derivó de la iniciativa de ley presentada por el Ejecutivo federal el 18 de febrero de 2020, la cual tenía como propuesta principal reformar las estructuras del poder judicial, regular la carrera judicial, así como una nueva forma de integrar la jurisprudencia (sistema de precedentes), sin embargo también buscó dotar de nuevos alcances a distintos medios de control de la constitucionalidad concreto (juicio de amparo y controversia constitucional) así como otras figuras jurídicas, tal es el caso de la declaratoria general de inconstitucionalidad.

---

123. DERECHOS HUMANOS CONTENIDOS EN LA CONSTITUCIÓN Y EN LOS TRATADOS INTERNACIONALES. CONSTITUYEN EL PARÁMETRO DE CONTROL DE REGULARIDAD CONSTITUCIONAL, PERO CUANDO EN LA CONSTITUCIÓN HAYA UNA RESTRICCIÓN EXPRESA AL EJERCICIO DE AQUÉLLOS, SE DEBE ESTAR A LO QUE ESTABLECE EL TEXTO CONSTITUCIONAL, Jurisprudencia P./J. 20/2014, Contradicción de tesis 293/2011, aprobada el 25 de abril de 2014, Semanario Judicial de la Federación y su Gaceta, Libro 5, Tomo I, abril de 2014, p. 202.

Debido a que la materia de esta investigación no aborda el funcionamiento de los órganos del Poder Judicial de la Federación en México ni los medios de control de la constitucionalidad concreto, no se analizará a detalle esta reforma; sin embargo, a continuación, se destacan los puntos primordiales de esta modificación y cuál es el impacto, si es que lo hubiera, al objeto de estudio del presente texto.

Esta reforma constitucional adquirió vigencia hasta su publicación en el Diario Oficial de la Federación el 11 de marzo de 2021, en el decreto se estipulan las modificaciones realizadas a diversas disposiciones de la Constitución Política de los Estados Unidos Mexicanos[124], encaminadas a por lo menos cuatro ejes temáticos (Aspectos funcionales del Poder Judicial de la Federación, Decisiones Judiciales e integración de jurisprudencias, Mecanismos de control constitucional y Temas complementarios), tal como se reconoce en el Dictamen realizado por las Comisiones Unidas de Puntos constitucionales y de Estudios Legislativos segunda respecto del proyecto de decreto de la reforma en comento[125], de los cuales a continuación se describirán brevemente los tres primeros:

1. Los aspectos funcionales del Poder Judicial de la Federación: entre éstos se destacan la sustitución de los Tribunales Unitarios de Circuito por Tribunales Colegiados de Apelación, así como la implementación de Plenos Regionales en sustitución de los Plenos de Circuito. Respecto al primero de ellos, las razones sobre los cuales se asientan estos cambios atienden —según el dictamen— a garantizar sentencias con mayor reflexión e imparcialidad, ya que originalmente los Tribunales Unitarios se componían, como su nombre lo expresa, por un magistrado; con esta transformación se aumentó su integración para dar paso a tribunales colegiados de apelación quienes se integrarán por tres magistrados. De modo tal que las decisiones en los

124. Decreto por el que se declara reformadas y adicionadas diversas disposiciones de la Constitución Política de los Estados Unidos Mexicanos, relativos al Poder Judicial de la Federación. Publicado en el Diario Oficial de la Federación el jueves 11 de marzo del año 2021. Los cambios constitucionales recayeron concretamente en los párrafos primero, quinto, sexto, séptimo, noveno y décimo primero del artículo 94; los párrafos primero y actual tercero del artículo 97; los párrafos séptimo y décimo quinto del artículo 99; los párrafos séptimo y actual noveno del artículo 100; la fracción I y los incisos h), i), j), k), l), el párrafo tercero y el primer párrafo de la fracción III, del artículo 105; los párrafos segundo y tercero de la fracción II, fracciones VIII, IX, XI, XII, XIII y XVI, del artículo 107 y; se adicionan un párrafo décimo segundo al artículo 94, recorriéndose los subsecuentes; un segundo párrafo al artículo 97, recorriéndose los subsecuentes; tres párrafos, para quedar en orden de octavo, décimo primero y décimo segundo, recorriéndose en su orden los anteriores y subsecuentes, del artículo 100; un párrafo quinto al artículo 105, de la Constitución Política de los Estados Unidos Mexicanos, relativos al Poder Judicial de la Federación.

125. Dictamen de las Comisiones Unidas de Puntos Constitucionales y de Estudios Legislativos segunda, con Proyecto de Decreto por el que se reforman y adicionan diversos artículos de la Constitución Política de los Estados Unidos Mexicanos, relativos al Poder Judicial de la Federación.

procesos de su competencia atenderán «al ideal democrático y fortale(cimiento) de la efectividad del recurso conforme a los estándares internacionales»[126].

Por lo que respecta a los Plenos Regionales en sustitución de los Plenos de Circuito es conveniente destacar que éstos últimos fueron creados en el año 2011 para resolver las contradicciones de tesis suscitadas entre los tribunales pertenecientes a dicho circuito. Con esta nueva reforma se pretende optimizar recursos, pues en vez de que exista un pleno de circuito por cada circuito, ahora existirá un órgano que conozca de la contradicción de criterios que se susciten en los circuitos que conforman esa región. Esta última consideración —según el dictamen— consolida a la Suprema Corte de Justicia mexicana como un Tribunal Constitucional.

2. Decisiones judiciales e integración de jurisprudencia. Antes de la reforma, la creación de jurisprudencia en el orden jurídico mexicano se realizaba de tres maneras; por sustitución, reiteración y contradicción de tesis; en la actualidad gracias a la reforma que estamos comentando, se derogó la creación de jurisprudencia por sustitución; subsistiendo así la jurisprudencia por reiteración y contradicción de tesis, adicionándose una nueva forma, el sistema de precedentes, el cual, sólo podrá ser implementado por la Suprema Corte de Justicia de la Nación, de esta forma, la Corte establecerá los argumentos en los cuales se fundan las sentencias emitidas por el Pleno, siendo estos razonamientos precedentes obligatorios para todos los tribunales del país, sean federales o locales, siempre y cuando sean aprobadas por cuando menos, ocho votos de los Ministros, esta misma situación se replicará en las dos salas que componen el Alto Tribunal, con la diferencia que en estos casos, la votación se reducirá a cuatro (en virtud de que son 5 ministros los que integran cada sala de la Suprema Corte)[127]. Recordemos que esta forma de creación de jurisprudencia ya existía, pero sólo se aplicaba en los argumentos vertidos en las controversias constitucionales[128] y acciones de inconstitucionalidad en donde se obtuvieran los mencionados ochos votos a favor[129].

126. *Idem*, p. 197.

127. Artículo 222 y 223 de la Ley Orgánica del Poder judicial de la Federación

128. Además de la votación mínima requerida para que los argumentos vertidos en las sentencias de la controversias constitucionales que haya decretado la inconstitucionalidad de una norma, la ley de la materia adiciona otro requisito para el caso de este medio de control de la constitucionalidad, en virtud de tratarse de un medio de carácter concreto, sus resoluciones sólo tendrán efectos generales siempre y cuando éstas hayan sido promovidas por órganos constituidos tradicionales federales o locales así como por los órganos constitucionales autónomos.

129. Artículo 42 y 43 de la Ley Reglamentaria de las fracciones I y II del artículo 105 de la Constitución Política de los Estados Unidos Mexicanos.

3. Medios de control de la constitucionalidad. Esta reforma reconoció como procedencia de las controversias constitucionales a las normas generales, actos u omisiones. Antes de esta modificación en la Constitución no estaba positivado aquello, tan sólo se decía que este proceso de control de la constitucionalidad sería el adecuado para resolver las controversias constitucionales entre diversas instituciones y niveles de descentralización política (federación, entidades federativas y municipios); también se reconoció la legitimación de los órganos autónomos de las entidades federativas como iniciantes de las controversias constitucionales, pues ahora podrán incoarse entre sí o contra algún órgano tradicional (ejecutivo o legislativo) de la propia entidad; por otro lado, los órganos autónomos federales, con esta reforma también podrán interponer este medio de control de la constitucionalidad entre ellos mismos.

Por lo que respecta a la finalidad de la controversia constitucional, ésta sigue prevaleciendo, es decir, la «salvaguarda de las competencias de los órganos y poderes cuya existencia prevé la Constitución Federal»[130], sin embargo el objeto y contenido de estos medios de control concreto se modificó, puesto que ahora no sólo implica la violación directa de algún precepto constitucional, como lo reconoció la propia ley reglamentaria de las fracciones I y II del artículo 105 constitucional[131], sino que se prevé la posibilidad de promoverla cuando se aduzca una violación al denominado bloque de regularidad constitucional —al cual nos hemos referido en este capítulo—, es decir, derechos fundamentales contenidos en la constitución federal, así como derechos humanos estipulados en tratados internacionales; asimismo, ya no sólo se someten a un test de constitucionalidad las normas generales y actos, sino también las omisiones. Cabe resaltar que la propia Corte Suprema y los órganos legislativos hicieron hincapié en expresar que esta modificación —al igual que el establecimiento de Plenos Regionales— coadyuvaría a fortalecer el rol que tiene la Suprema Corte de Justicia de la Nación como Tribunal Constitucional.

Por otro lado, la reforma también incluyó un acotamiento a la procedencia del recurso de revisión en amparo directo, con la finalidad —de acuerdo al dictamen— de que este recurso sólo procediera cuando

---

130. CONTROVERSIA CONSTITUCIONAL. LA FRACCIÓN I DEL ARTÍCULO 105 DE LA CONSTITUCIÓN POLÍTICA DE LOS ESTADOS UNIDOS MEXICANOS, QUE PREVÉ LOS ENTES, PODERES U ÓRGANOS LEGITIMADOS PARA PROMOVERLA, NO ES LIMITATIVA., Tesis P./J. 21/2007, Controversia constitucional 31/2006, Semanario Judicial de la Federación y su Gaceta, Tomo XXVI, diciembre de 2007, p. 1101.

131. Artículo 1 de la Ley Reglamentaria de las fracciones I y II del artículo 105 de la Constitución Política de los Estados Unidos Mexicanos.

exista un carácter excepcional en materia constitucional o de derechos humanos y no como una instancia más de «legalidad». Aunado a ello, se propuso que el proveído a través del cual se desecha el recurso de amparo directo sería irrecurrible, lo anterior, porque en la práctica judicial, tanto el recurso de revisión como el de reclamación (recurso a través del cual se combatían los acuerdos de trámite por el que se desechaba el recurso de revisión), sólo se utilizaban como instancias de legalidad y no de un auténtico estudio de constitucionalidad, como debiera ser.

Otra de las figuras jurídicas que sufrió modificaciones fue la denominada Declaratoria General de Inconstitucionalidad, ya que anteriormente, para que la sentencia recaída en un amparo en revisión en donde se declarara la inconstitucionalidad de una norma general, tuviera efectos generales; la corte debía adoptar el sentido de la sentencia en dos ocasiones consecutivas[132] mientras que los tribunales debían fijarlo por jurisprudencia reiterada (cinco sentencias en el mismo sentido no interrumpidas); ahora, la reiteración subsiste sólo para los Tribunales Colegiados de Circuito, no así para la Suprema Corte de Justicia de la Nación, quien puede emitirla desde la primera sentencia recaída en un amparo en revisión[133]. Es importante mencionar que a juicio de los legisladores la propuesta que ahora conforma el texto constitucional atiende a simplificar el procedimiento de declaración general de inconstitucionalidad, lo que conlleva a facilitar la expulsión del ordenamiento jurídico de una norma anticonstitucional y garantizar su eficacia.

---

132. Así se estipuló en el segundo párrafo de la fracción II del artículo 107 de la Constitución Política de los Estados Unidos Mexicanos, el cual puede apreciarse en el Decreto por el que se reforman, adicionan y derogan diversas disposiciones de los artículos 94, 103, 104 y 107 de la Constitución Política de los Estados Unidos Mexicanos, publicado en el Diario Oficial de la Federación el 06 de junio de 2011, disponible en: https://www.diputados.gob.mx/LeyesBiblio/ref/dof/CPEUM_ref_193_06jun11.pdf

133. El texto vigente de la fracción II del artículo 107 de la Constitución Federal determina:
«II. ...
Cuando en los juicios de amparo indirecto en revisión se resuelva la inconstitucionalidad de una norma general, la Suprema Corte de Justicia de la Nación lo informará a la autoridad emisora correspondiente.
Cuando los Tribunales Colegiados de Circuito establezcan jurisprudencia por reiteración, o la Suprema Corte de Justicia de la Nación por precedentes, en la cual se determine la inconstitucionalidad de una norma general, su Presidente lo notificará a la autoridad emisora.
Transcurrido el plazo de 90 días naturales sin que se supere el problema de inconstitucionalidad, la Suprema Corte de Justicia de la Nación emitirá, siempre que fuere aprobada por una mayoría de cuando menos ocho votos, la declaratoria general de inconstitucionalidad, en la cual se fijarán sus alcances y condiciones en los términos de la ley reglamentaria.
Lo dispuesto en los dos párrafos anteriores no será aplicable a normas generales en materia tributaria».

Como se advierte, si bien los puntos descritos no agotan todo el contenido de la reforma, sí ofrecen un panorama general de ésta.

Ahora bien, tal y como está concebida esta reforma, es propicio advertir cuáles son los puntos débiles de la actual redacción y si acaso esta modificación en realidad atiende a los fines que la iniciativa y el dictamen señalan y en qué medida impactan a los medios de control abstracto en México.

A lo largo del Dictamen se señala que las modificaciones constitucionales propuestas fortalecerían a la Suprema Corte como un auténtico Tribunal Constitucional, sin embargo como se ha señalado al inicio del capítulo, en México no existe un órgano constitucional autónomo ajeno al Poder Judicial de la Federación que pudiera considerarse formalmente como un Tribunal Constitucional; en cambio, se aprecia que el control de la constitucionalidad lo ejerce el mismo órgano que realiza en última instancia el control de legalidad, esto es, la Suprema Corte de Justicia de la Nación; en este sentido, cuando se alude que la creación de Tribunales Colegiados de Apelación, de Plenos Regionales y la ampliación de legitimación, procedencia y finalidad de la Controversia Constitucional fortalecen el rol de la Corte Suprema como Tribunal Constitucional, en realidad no acontece así, al menos no en sentido formal, ya que esta reforma no dotó de una naturaleza jurídica distinta a la Corte de la que ya de por sí tenía, tampoco adicionó nuevos medios de control de la constitucionalidad ni mucho menos le quitó facultades a este órgano para conocer de procesos de legalidad —véase la fr. III del artículo 105 de la Constitución Política de los Estados Unidos Mexicanos— en realidad, lo que sí aconteció con estos cambios —o al menos lo que se pretendió, ya que la reforma tiene poco más de un año en entrar en vigor— es plasmar criterios jurisprudenciales de la Suprema Corte que en práctica jurisdiccional venían adaptándose respecto del contenido de las normas que regulan los medios de control de la constitucionalidad —Ley de Amparo y Ley reglamentaria de las fr. I y II del artículo 105 de la Constitución Política de los Estados Unidos Mexicanos—, eficientar los órganos y la estructura del poder judicial federal, uniformar criterios jurisprudenciales emanados de los órganos del poder judicial que tienen competencia para ello, dotar de facultades a los nuevos órganos (Plenos Regionales) para que diriman contradicciones de tesis entre tribunales que pertenezcan al mismo Circuito y sólo en ciertos casos (cuando se trata de contradicciones provenientes de tribunales de distintas regiones, o bien, contradicciones entre dos plenos regionales) dejar su análisis a la Suprema Corte de Justicia. En el caso de la integración de los Tribunales Colegiados de Apelación, órganos que sustituyen a los Tribunales Unitarios, el dictamen sostiene que la finalidad de integrar tribunales colegiados de apelación implica dotar a los justiciables de sentencias que garanticen mayor reflexión, derivado de un debate deliberativo, mismo que es propio de un órgano colegiado[134].

---

134. *Cfr.* Dictamen de las Comisiones Unidas de Puntos Constitucionales y de Estudios Legislativos Segunda, con Proyecto de Decreto por el que se reforman y adicionan diversos

Por lo que respecta a los cambios realizados a la controversia constitucional, es importante destacar que la redacción actual del artículo 105, fr. I de la Constitución Federal determina que será competencia de la Corte resolver las controversias constitucionales «...que, sobre la constitucionalidad de las normas generales, actos u omisiones, con excepción de las que se refieran a la materia electoral, se susciten entre:..." diversos órganos estipulados en la mencionada fracción. Ahora bien, si comparamos la redacción de esta fracción I del artículo 105 constitucional, con la que se encontraba vigente hasta antes de la entrada en vigor de la reforma en comento, encontramos que dicho apartado estipuló que este medio de control de la constitucionalidad sería competencia de la Corte, por lo cual sería ésta quien resolviera "... las controversias constitucionales que, con excepción de las que se refieran a la materia electoral, se susciten entre:..."»[135] diversos órganos determinados por la misma fracción. En este tenor se observa que la nueva redacción alude a que el objeto de la controversia serán las normas generales, actos u omisiones, lo cual implica ampliar la procedencia de las controversias constitucionales, ya que ahora también serán objeto de controversia, las omisiones, mismas que no se encontraban contempladas como causales para promoverla.

No obstante, a diferencia de lo pretendido por el legislador, se advierte que la redacción actual traerá consigo problemas de interpretación, ya que cuando se hace referencia a la palabra «acto», se observa que por la literalidad de la fracción I del artículo 105 constitucional se refiere al «hacer» de los distintos órganos del Estado que pudieran generar alguna violación al bloque de regularidad constitucional y los cuales serán distintos a las normas generales, pues éstas se encuentran también nombradas en la propia fracción I y han sido consideradas como los actos llevados a cabo por los órganos del Estado que revisten las características de generalidad, abstracción e impersonalidad. Dentro de este rubro de normas generales, podemos encontrar no sólo a las leyes, sino también a los reglamentos[136], sin embargo, tratán-

artículos de la Constitución Política de los Estados Unidos Mexicanos, relativos al Poder Judicial de la Federación, p. 196-197.

135. Decreto por el que se reforman los artículos 46, 76 y 105 de la Constitución Política de los Estados Unidos Mexicanos, publicado en el Diario Oficial de la Federación el 15 de octubre de 2012.

136. En la Tesis Aislada de rubro CONTROVERSIA CONSTITUCIONAL CONTRA NORMAS GENERALES. EL PRIMER ACTO DE APLICACIÓN QUE DA LUGAR A SU IMPUGNACIÓN PUEDE CONSISTIR EN UNA DIVERSA DISPOSICIÓN DE OBSERVANCIA GENERAL se expresa que «El acto de aplicación con motivo del cual puede promoverse una controversia constitucional puede ser una diversa disposición de observancia general de igual o inferior jerarquía que la impugnada, en virtud de la cual se actualicen situaciones de las que depende su cumplimiento, y no necesariamente un acto dirigido en forma concreta y específica al actor. De esta manera, el supuesto de procedencia de la controversia consistente en el primer acto de aplicación de la norma debe interpretarse en un sentido amplio, es decir, como una concreción normativa que, al actualizar el supuesto de la

dose de la procedencia de las acciones de inconstitucionalidad, la Suprema Corte de Justicia ha adoptado criterios orientadores en los que refiere que las acciones de inconstitucionalidad sólo procederán en contra de normas generales en sentido estricto[137], es decir, leyes y tratados internacionales, no así los reglamentos —como si pudiera proceder en el caso de las controversias— siendo considerado un reglamento como un primer acto de aplicación.

Estas consideraciones aludidas en el párrafo anterior seguramente causarán confusiones en la práctica judicial pues la procedencia para combatir una norma general atenderá al medio de control que se pretenda promover, si es acción de inconstitucionalidad, la norma general será interpretada en sentido estricto; mientras que para la controversia constitucional se acudirá al sentido amplio del término.

1.5.4.6. Crítica al control de la constitucionalidad ejercido en México

Sobre el control de la constitucionalidad que se ejerce actualmente en México es menester aclarar algunos puntos que se consideran, a juicio personal, imprecisos y equivocados, mismos que se enumeran a continuación:

1. **Control de la constitucionalidad. Naturaleza y número de órganos jurisdiccionales competentes para ejercerlo.**

Como se ha descrito, la Suprema Corte de Justicia de la Nación, considerada el máximo intérprete de la constitución, al estipular en sus criterios jurisprudenciales que el control de la constitucionalidad en México antes de las reformas constitucionales de 2011 era de carácter concentrado porque los órganos autorizados para ejercerlo eran los tribunales de la federación es imprecisa y equivocada, por dos razones; la primera atiende a la naturaleza del órgano, puesto que un control concentrado para ser considerado de ese modo debiera ser ejercido por un solo órgano autónomo, distinto a los demás

---

norma, hace efectiva la impugnación». En este orden de ideas, de la lectura de este criterio se desprende que la controversia constitucional materialmente procede en contra de reglamentos, los cuales, según la doctrina y de acuerdo con la tesis poseen una naturaleza ambivalente; por un lado en sentido amplio son normas generales, pues poseen características de abstracción, generalidad e impersonalidad y por el otro, para efectos de la procedencia de la controversia, pueden considerarse como el primer acto de aplicación para promoverla. Tesis P. XIV/2009, Controversia constitucional 26/2008, Semanario Judicial de la Federación y su Gaceta, Tomo XXIX, abril de 2009, p. 1152.

137. Acción de Inconstitucionalidad 168/2007. Este criterio se ha sostenido también en las colecciones de libros emitidos por la Suprema Corte de Justicia de la Nación y el Instituto de Investigaciones Jurídicas de la Universidad Nacional Autónoma de México, véase, Suprema Corte de Justicia de la Nación e Instituto de Investigaciones Jurídicas, *Improcedencia de la acción de inconstitucionalidad para impugnar el procedimiento de reformas a la Constitución Federal o el contenido de éstas*, México, Suprema Corte de Justicia de la Nación, 2010, pág. 79.

órganos constituidos tradicionales (ejecutivo, legislativo y judicial), el cual será la única institución facultada para estudiar la constitucionalidad de los actos, leyes u omisiones de las autoridades estatales; en este tenor, en México, antes de la reforma del año 2011 el control no era ejercido por un solo órgano, sino por varios pertenecientes al poder judicial, es decir Juzgados de Distrito, Tribunales Colegiados, Tribunales Unitarios[138], Tribunal Electoral, Suprema Corte; e incluso, en casos excepcionales por jueces de la jurisdicción ordinaria los cuales no constituyen un poder distinto a los tradicionales, sino forman parte de uno de ellos, el judicial, por tal motivo, atendiendo a la naturaleza del órgano, no se cumplía con dicha característica, pues no era autónomo ni tampoco un solo órgano el responsable del estudio de constitucionalidad.

La segunda razón, atiende al número de órganos competentes para resolver los medios de control de la constitucionalidad; ya que, a pesar de lo descrito, sin caer en un rigor doctrinal y omitiendo que la Suprema Corte de Justicia no posee la naturaleza de tribunal constitucional, ésta no puede considerar que en México existía un control jurisdiccional concentrado, pues lo que ya existía era un control jurisdiccional mixto, lo anterior es así, porque, dejando a un lado la naturaleza formal de los órganos que ejercen el control de la constitucionalidad en México, éste se limitaba a ciertos tribunales, los cuales podían conocer del juicio de amparo; pero al mismo tiempo dentro de los medios de control establecidos en la Constitución mexicana, a partir de 1994, se estableció una facultad exclusiva a la Corte, la cual consiste, hasta el día de hoy, en que sólo ella puede resolver las acciones de inconstitucionalidad y las controversias constitucionales. De este modo, en México ya existían medios de control de la constitucionalidad de carácter difuso y concentrado; como el juicio de amparo que podía ser resueltos por determinados órganos (aquellos pertenecientes al poder judicial) y medios de control resueltos exclusivamente por un órgano (la Suprema Corte de Justicia de la Nación) en el caso de la controversia constitucional y la acción de inconstitucionalidad.

2. **Control de la constitucionalidad y control de la legalidad.**

Actualmente, muchas de las problemáticas que surgen en México para resolver cuestiones de constitucionalidad son debido a que, a diferencia de países como España en donde existe claramente una división formal entre la jurisdicción de legalidad y la de constitucionalidad; en México esto no ocurre, pues la Corte aunque se autodenomine Tribunal Constitucional en sentido material, su naturaleza sigue siendo la de un tribunal de legalidad; incluso puede sostenerse, que en México no ha existido un control concentrado de constitucionalidad, sino difuso —y mixto, a partir de 1994—, ya que no hay una diferenciación entre control de legalidad y control de constitucionalidad, lo cual implica que, tanto la jurisdicción constitucional (en términos de Kelsen) como la jurisdicción de legalidad son llevadas a cabo por los mismos órganos. Esta omisión y confusión doctrinal de la Corte ha generado

138. Tribunales Colegiados de Apelación actualmente.

interpretaciones erróneas y, por lo tanto, confusas e incluso contradictorias, al momento de aplicar el control de la constitucionalidad y de convencionalidad a partir de 2011.

3. **Contradicción de criterios y confusión de conceptos.**

Las circunstancias materiales de aplicación del modelo descrito hasta este instante se han plasmado reiterativamente en criterios bien identificados del Poder Judicial de la Federación, algunos obligatorios y otros orientadores con consecuencias graves para la conceptualización de figuras como el «control de la constitucionalidad», «control difuso», «control concentrado» y «control de convencionalidad»; en este marco, lo que es aún más preocupante son los problemas que derivan al momento de aplicación de dichos criterios por los operadores jurídicos, porque al no ser uniformes, ni estar dotados de las características que la comunidad jurídica generalmente acepta, producen incertidumbre jurídica para el justiciable. Este problema de aplicación se gesta a partir de tres momentos:

a) La interpretación que la Suprema Corte de Justicia establece en el expediente Varios 912/2010 respecto de la sentencia Radilla Pacheco vs México emitida por la Corte Interamericana de Derechos Humanos.

b) Emisión de criterios jurisprudenciales y orientadores por parte de los órganos integrantes del Poder Judicial de la Federación en donde se pronuncian respecto del ejercicio del control de la constitucionalidad y de Convencionalidad en México.

c) Aplicación de criterios en el ejercicio del control de la constitucionalidad concentrado y/o difuso; así como del control de la convencionalidad.

Respecto al inciso a) la interpretación que la Suprema Corte de Justicia estableció en el expediente Varios 912/2010 en relación con la sentencia Radilla Pacheco vs México emitida por la Corte Interamericana de Derechos Humanos fue, por lo que hace a la función judicial, que a partir de aquel instante México establecería a un control de constitucionalidad y de convencionalidad de carácter difuso, el cual coexistiría con el «control concentrado» previamente establecido; así como la aplicación de la interpretación conforme de las normas en relación con la Constitución, los Tratados Internacionales y los criterios emitidos por la Corte Interamericana.

Sobre esta premisa, la Suprema Corte de Justicia en los hechos reiteró el error que sostuvo desde 1999 en su jurisprudencia P. J. 74/1999, al expresar que en México hasta 2011, sólo había existido un control concentrado, pero que con la nueva reforma constitucional y la sentencia Varios 912/2010 el control de la constitucionalidad no sería únicamente de corte concentrado, sino también difuso, permitiéndoles ejercer, a los jueces del orden común, control de la constitucionalidad de corte difuso; mientras que los jueces federales no sólo podrían aplicar el control concentrado sino también el difuso.

El problema en la confusión de conceptos no implica solamente una dificultad académica para identificarlos, sino que, cuando la autoridad competente le establece otras propiedades generalmente aceptadas por la comunidad jurídica a un concepto, éste se vuelve confuso y obscuro en su aplicación.

Ejemplo de lo anterior, como ya se advirtió en apartados anteriores, es la denominación de control concentrado a lo que en realidad es control mixto, pues los efectos del control concentrado de la constitucionalidad en un orden jurídico no son los mismos que cuando se implementa un control mixto de la constitucionalidad, como el caso de México. De igual manera, el establecimiento de un control de convencionalidad *ex officio* —como sentenció la Corte Interamericana a México— no significa lo mismo que el establecimiento de un control de la convencionalidad establecido dentro de un control difuso de la constitucionalidad, concepto que a continuación se abordará.

4. Un control difuso de la constitucionalidad —connotación que, según los criterios del Poder Judicial de la Federación— incluye el control de la convencionalidad *ex officio* de carácter difuso[139]

El Poder Judicial de la Federación en México ha señalado en numerosos criterios jurisprudenciales que la denominación «control difuso de la constitucionalidad» connota el «control difuso de convencionalidad *ex oficio*», aseveración que al momento de aplicarse hace que el juzgador incurra en no tener certeza sobre cuál será la norma que fungirá como parámetro de regularidad, pues a pesar de que el término «constitucionalidad» implica consideraciones distintas a la «convencionalidad», la Suprema Corte los considera sinónimos, colocando al juzgador en una postura frente al orden jurídico de indeterminación hermenéutica, al no conocer con precisión en qué momento y en qué casos la Constitución, el Tratado o ambos se utilizarán como parámetro de regularidad, siendo que el examen de la norma en relación con uno u otro instrumento conforman acciones distintas, mientras en uno se aplica el control de constitucionalidad, en otro se ejerce control de convencionalidad; por lo tanto ambos ejercicios no pueden equipararse ni considerarse sinónimos o subconjunto del otro, en virtud de que persiguen finalidades distintas; mientras que en el control de la constitucionalidad se analiza la no contradicción de la norma en estudio con respecto a la Constitución, en el control de convencionalidad lo que se examina es si una determinada norma es acorde con el Tratado Internacional.

Si bien es cierto, la Suprema Corte de Justicia fijó la prevalencia de la Constitución sobre el tratado internacional cuando exista una antinomia

139. CONTROL DIFUSO DE CONSTITUCIONALIDAD. SI SE SOLICITA SU EJERCICIO Y NO SE SEÑALA CLARAMENTE CUÁL ES EL DERECHO HUMANO QUE SE ESTIMA INFRINGIDO, LA NORMA GENERAL A CONTRASTAR NI EL AGRAVIO QUE PRODUCE, DEBE DECLARARSE INOPERANTE EL PLANTEAMIENTO CORRESPONDIENTE. Tesis XXVII. 3.° J/11, Amparo en revisión 29/2013 (Cuaderno auxiliar 207/2013), Gaceta del Semanario Judicial de la Federación Libro 15, febrero de 2015, Tomo III, p. 2241

entre éstos; lo cierto es que ello no resolvió el problema hermenéutico del juzgador, por lo que hace al procedimiento que deberá seguirse o el tipo de norma que deberá aplicarse (Constitución, Tratado internacional o ambos).

Al respecto, se considera que las expresiones adoptadas en criterios jurisprudenciales en los que se sostiene que el control de convencionalidad está dentro del control de la constitucionalidad difuso son erróneas y ambiguas; por lo cual dichos problemas de interpretación pueden resolverse a partir de la desvinculación del control de convencionalidad dentro del control difuso de constitucionalidad con el objetivo de que el juzgador conozca de forma precisa el tipo de norma que deberá fungir como parámetro de la regularidad.

En este contexto, la jurisdicción constitucional y convencional en México no debe clasificarse como el Poder Judicial de la Federación lo ha determinado, esto es, en la existencia de un control concentrado y difuso de constitucionalidad, incluido el convencional en éste último; sino que, con el objetivo de conocer el tipo de norma que deberá aplicarse, así como el tipo de control que deberá ejercer el juez, lo que en realidad existe es un control mixto de constitucionalidad y convencionalidad llevado a cabo por los órganos del Poder Judicial de la Federación a la par de un control de la convencionalidad *ex officio* ejercido por los jueces de jurisdicción ordinaria. De tal forma que, el actual modelo de constitucionalidad y convencionalidad a partir de la reforma de 2011 podría representarse del siguiente modo:

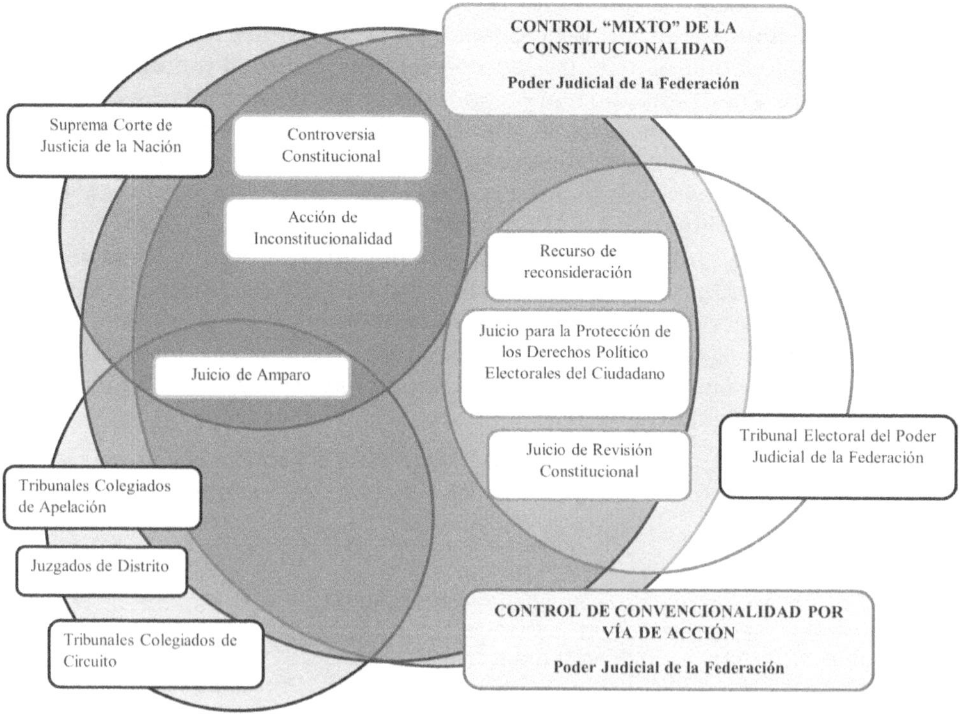

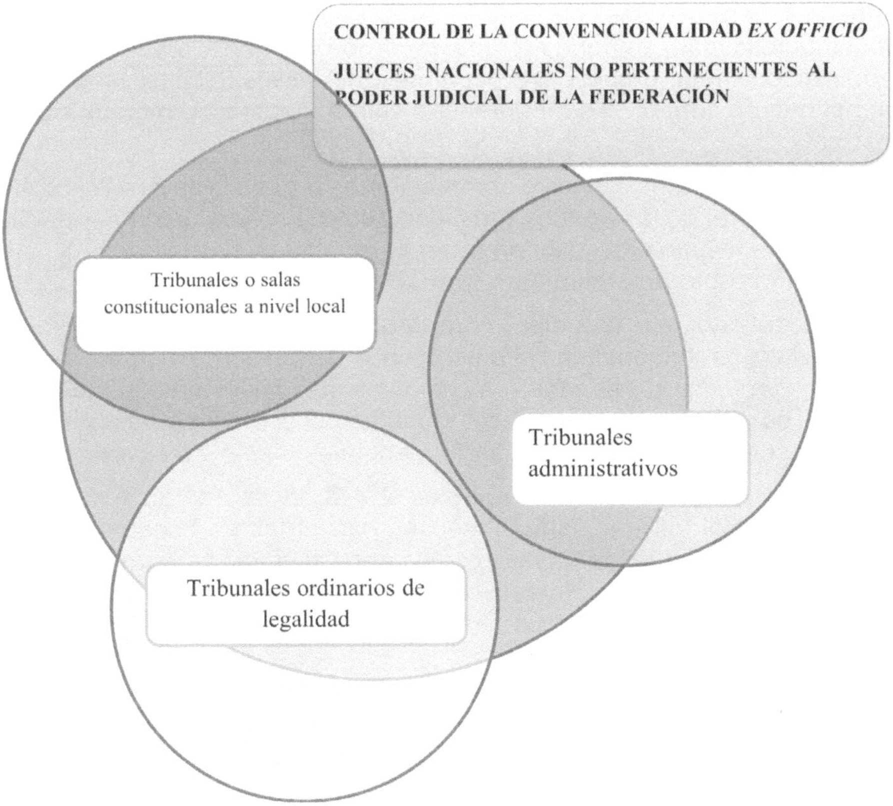

Por si fuera poco, conceptos como «bloque de constitucionalidad», «parámetro de regularidad constitucional», «control concentrado», «control difuso», «control de convencionalidad» son términos que al día de hoy los órganos encargados de interpretar la constitución no han podido establecer claramente y por lo tanto, aplicar con certeza, circunstancia que como se ha referido, genera incertidumbre jurídica porque dependiendo el lugar, el momento, e incluso, el aparato crítico del juzgador, a un mismo acto le sería posible aplicar criterios obligatorios pero con contenido distinto y en algunos casos, contradictorios entre sí sobre un mismo tema.

1.6. Medios de control de la constitucionalidad. Concepto

Continuando con la línea argumental de los conceptos que se han desarrollado desde el inicio de este capítulo, es necesario seleccionar los atributos del mismo, para ello se debe ubicar un género y una especie[140].

140. *cfr*. DÍEZ SASTRE, Silvia, *op. cit*., p. 129.

En este orden de ideas, para clarificar lo que es un medio de control de la constitucionalidad, se debe identificar como género a la palabra garantía, siendo ésta cualquier proceso o procedimiento a través del cual se asegurará el cumplimiento auténtico de un derecho vulnerado, sea de manera objetiva o abstracta.

Asimismo, una de las especies pertenecientes al género de garantía son los medios de control de la constitucionalidad, los cuales son cualquier garantía jurisdiccional cuya finalidad sea proteger la regularidad constitucional, a través de un proceso o procedimiento formal.

En este contexto, para estudiar y comprender los alcances de los medios de control de la constitucionalidad —para efectos del presente estudio, aquellos estipulados en México y España— es conveniente clasificarlos atendiendo al alcance de sus resoluciones, es decir, identificar si el medio dará como resultado una sentencia cuyos efectos serán generales o sólo *inter partes*.

Bajo estas premisas, en los capítulos 2 y 3 se abordarán los distintos medios de control de la constitucionalidad existentes en España y México, profundizando en aquellos cuyas resoluciones tienen efectos generales y, finalmente, en el capítulo 4 se realizará un estudio comparado de los medios de control abstracto entre ambos países.

CAPÍTULO II

EL CONTROL ABSTRACTO DE LA CONSTITUCIONALIDAD DE LAS NORMAS EN ESPAÑA

2. El control abstracto de normas con rango de ley en España

2.1. Introducción y explicación sobre este capítulo

La pieza toral de este trabajo de investigación es la regulación actual del control de la constitucionalidad abstracto de las normas en México y España.

Por ello, es preciso llevar a cabo un análisis de los medios procesales y procedimientos constitucionales del orden jurídico español que tienen como objeto examinar la concordancia o no de una ley o disposición con fuerza de ley[141] con respecto a la Constitución y cuya finalidad sea asegurar el principio de supremacía constitucional, es así, que como se apreciará en los apartados siguientes, el presente capítulo abordará de forma detallada el Recurso de inconstitucionalidad, revisando también en el camino otros mecanismos de control abstracto, como la declaración sobre la constitucionalidad de los tratados internacionales o el recurso previo de inconstitucionalidad contra Proyectos de Estatutos de Autonomía y contra Propuestas de reforma de Estatutos de autonomía; sin embargo, es necesario acotar que en dichos procedimientos, el objeto de análisis no son normas en sentido estricto, sino textos que tienen potencia para convertirse en normas jurídicas e integrarse al orden normativo español, ya sean textos definitivos de tratados internacionales que aún no estén consentidos por el Estado —en el caso de la decla-

141. Cabe destacar que de conformidad con la Ley Orgánica del Tribunal Constitucional el objeto de control del Recurso de Inconstitucionalidad lo constituyen las leyes, disposiciones con fuerza de ley y los actos con fuerza de ley.

ración sobre la constitucionalidad— o bien; textos definitivos de Proyectos de Estatutos y propuestas de reforma aprobadas por las Cortes Generales, tratándose del recurso previo de inconstitucionalidad, el cual, como se verá, ha causado tanta polémica respecto a la conveniencia de su existencia en la normatividad española.

Asimismo, y como se intenta precisar a lo largo de estas páginas, se confirma que, al igual que el sistema de control de la constitucionalidad en México, el español tampoco posee un sistema de control de la constitucionalidad puro de carácter concentrado, lo cual se refleja desde los medios de control de la constitucionalidad que estuvieron vigentes en el Tribunal de Garantías de 1933 y con posterioridad en el actual Tribunal Constitucional.

Es así que en las siguientes secciones del trabajo se apreciarán reflexiones diversas como el legado histórico, cultural y doctrinal sobre control de la constitucionalidad abstracto del tribunal de garantías de 1933; la pertinencia de establecer el recurso de inconstitucionalidad como un medio procesal que puede dar pie a una solución administrativa-política (caso de adoptar un acuerdo por la comisión bilateral de cooperación entra la administración general del estado y alguna comunidad autónoma); así como reflexiones concernientes a plazos amplios para interponer el recurso(tres meses) dejando en indeterminación constitucional a los sujetos receptores de las normas; la naturaleza jurídica de este recurso, la finalidad que persigue, que, en muchas ocasiones se confunde con su objeto; así como los alcances de las sentencias, las cuales, como se verá, ya no atenderán —como acontecía en el Tribunal de Garantías— al tipo de inconstitucionalidad impugnada—formal o material—; entre otros.

2.2. Objeto y finalidad de los medios de control abstracto de la constitucionalidad en España

Como es posible apreciar en el título de esta investigación y como se ha verificado al abordar los antecedentes de los sistemas de control de la constitucionalidad en España y México, desde los orígenes del control de la constitucionalidad por órgano jurisdiccional en dichos países, no es posible delimitar con claridad si se poseen medios de control que corresponden únicamente a sistemas concentrados o difusos, ya que las características materiales de los medios de control son eclécticas.

A pesar de la dificultad narrada y las diversas formas en que pueden clasificarse los medios de control de la constitucionalidad por órgano jurisdiccional (por el órgano resolutor, por el enfoque del análisis de constitucionalidad, por los efectos de la sentencia) tradicionalmente, las clasificaciones más conocidas son atendiendo a la naturaleza de órganos competentes para realizar control de la constitucionalidad —concentrado o difuso— y al enfoque de su análisis —abstracto o concreto—.

Es así que en este apartado se analizarán los medios de control abstracto de la constitucionalidad en España, esto es, el recurso de inconstitucionalidad.

El Tribunal Constitucional a lo largo del tiempo y en varias de sus resoluciones ha dejado constancia sobre el objeto y la finalidad del control abstracto, al respecto destaca por lo reciente de su emisión la sentencia 82/2020[142] en su fundamento jurídico número 2 que en la parte conducente determina:

> «la regla general es que en los procesos de inconstitucionalidad la modificación, derogación o pérdida de vigencia de la norma que se recurre produce la extinción del proceso (por todas, SSTC 19/2012, de 15 de febrero, FJ 2; 216/2012, de 14 de noviembre, FJ 2, 9/2013, de 28 de enero, FJ 2, y 108/2015, de 28 de mayo, FJ 2), ya que la finalidad de este proceso abstracto no es otro que la depuración del ordenamiento jurídico[143], algo innecesario cuando el propio legislador ha expulsado la norma de dicho ordenamiento».

De la anterior redacción apreciamos la existencia de un error metodológico en los fundamentos jurídicos de la sentencia, ya que el Tribunal en su redacción confunde la finalidad con el objeto del recurso.

En este contexto, debe quedar claro que el «objeto» de los procesos de inconstitucionalidad abstractos no es sinónimo de su «finalidad»; en virtud de que cuando se hace referencia al primero, debe atenderse al camino o serie de pasos a seguir para llegar a la decisión que se asume en la resolución judicial (derogar, abrogar o modificar las normas, disposiciones o actos con fuerza de ley sujetas a «enjuiciamiento») por su parte, la finalidad atenderá al último destino de esa resolución del Tribunal Constitucional, es decir al propósito que motivó —en su caso— la derogación, modificación, abrogación o permanencia de la norma, disposición o acto con fuerza de ley. Veamos, en la sentencia que se analiza, se dice que la finalidad del control abstracto como regla general, es la depuración del ordenamiento jurídico, lo cual es un error, pues si bien los procesos de control de la constitucionalidad dan como resultado un efecto (abrogación, derogación, modificación o mantenimiento) sobre la norma, disposición o acto con fuerza de ley sujeta a «juicio» y, desde luego sobre el orden jurídico, esto no implica que dicho efecto sea la finalidad del control, pues esta última atiende a un bien jurídico superior, el cual es asegurar la supremacía constitucional, misma que materialmente se logrará, —en caso de resolver que la norma es contraria a la Constitución— a partir de la abrogación, modificación o derogación de la ley, disposición o acto con fuerza de ley sujeto a control.

---

142. Sentencia 82/2020, de 15 de julio, (BOE núm. 220, de 15 de agosto de 2020), Recurso de inconstitucionalidad núm. 3135-2019

143. Idea que también puede apreciarse textualmente en el fundamento jurídico N.º 6 de la sentencia 141/2013 de recurso de inconstitucionalidad. Sentencia 141/2013, de 11 de julio de 2013 (BOE núm. 183, de 01 de agosto de 2013). Recurso de inconstitucionalidad 1735-2002.

En este sentido, los medios de control abstracto (recurso de inconstitucionalidad)[144], reconocidos en el Título Noveno de la Constitución y en el Título Segundo de la Ley Orgánica del Tribunal Constitucional son junto con su respectiva resolución, el objeto de estudio del control de la constitucionalidad, de modo tal, que mientras el objeto es la tramitación y el sentido de la sentencia dentro del recurso, la finalidad es la verificación de que el referido objeto atienda a la concordancia formal y material con el texto constitucional (supremacía constitucional).

Lo anterior se reafirma con la sentencia 103/1989[145] dictada en un recurso de inconstitucionalidad, en donde se explica que la finalidad del recurso de inconstitucionalidad no es definir en abstracto el tema de análisis, sino enjuiciar la conformidad o disconformidad con la Constitución; incluso el legislador fue claro en advertir la finalidad de los medios de control regulados en el Título II de los Procedimientos de Declaración de Constitucionalidad, así se encuentra evidenciado en el artículo 27 de la Ley Orgánica del Tribunal Constitucional en el cual se determina que la finalidad de los medios de control regulados por aquél título es «garantizar la primacía de la Constitución y enjuicia[r] la conformidad o disconformidad con ella de las leyes, disposiciones o actos impugnados».

2.3. El control de la constitucionalidad previo y correctivo en España

2.3.1. Antecedentes

2.3.1.1. El Tribunal de Garantías

A lo largo del capítulo primero de este trabajo se mencionó la evolución del control de la constitucionalidad en España, en donde se expresó que el control abstracto de la constitucionalidad de las leyes actual tiene su antecedente principal en el Tribunal de Garantías Constitucionales reconocido en la Constitución de 09 de diciembre de 1931.

144. Si bien el Título Segundo de la Ley Orgánica 2/1979, de 3 de octubre, del Tribunal Constitucional determina los dos medios de control de la Constitucionalidad —el recurso de inconstitucionalidad y la cuestión de inconstitucionalidad promovida por jueces y tribunales— sólo se considera a uno de ellos, —al recurso de inconstitucionalidad— como medio de control de constitucionalidad abstracto, mientras que el segundo se ha clasificado doctrinalmente como de control concreto; sin embargo, posee características tradicionales de control abstracto, como los efectos generales de las sentencias.

145. Sentencia 103/1989, de 8 de junio de 1989 (BOE núm. 158, de 04 de julio de 1989), Recursos de inconstitucionalidad 682-1984, 683-1984 (acumulados). Último párrafo del numeral 1, del apartado II «fundamentos jurídicos».

A su vez, el aludido Tribunal de Garantías[146] siguió el modelo de control de la constitucionalidad de las leyes austriaco. Sobre esta idea, Francisco Fernández Segado expresa que el tribunal austriaco (*Verfassungsgerichtshof*) está ligado con el pensamiento de Kelsen que descansa en confrontar en abstracto dos normas jurídicas[147], dilucidando su compatibilidad o contradicción por medio de meras operaciones lógicas[148]. En el mismo sentido se posiciona Manuel Aragón, cuando refiere las distinciones entre el modelo de control de la constitucionalidad kelseniano y el americano, teniendo el primero la característica de ser ejercido por «un solo tribunal especial con jurisdicción concentrada y que realiza el control en ocasión de la impugnación directa de la ley»[149]; mientras que el segundo se organizará «como un control atribuido a todos los tribunales federales y operando siempre con ocasión de un proceso[150]. Aunado a las características antes referidas, se considera pertinente incluir el efecto de las sentencias en cada uno de estos tipos de control; siendo que, generalmente en el control de la constitucionalidad concentrado, como ya se advirtió, el estudio de constitucionalidad de las normas se realiza en abstracto, por lo que los efectos de las sentencias son generales o *erga omnes*; mientras que en el control difuso, el tamiz de constitucionalidad se realiza de modo incidental por lo que es entendible que los efectos de las resoluciones sólo sean concretos o *interpartes*. Sin embargo, como se observa más adelante, tanto México como España poseen medios de control de la constitucionalidad cuyas sentencias producen efectos generales o *interpartes* y, en algunos casos, ambos; ante ello es posible sostener que tanto en los sistemas de control concentrados, como en los difusos y con mayor razón en los mixtos será posible encontrar medios de control de la constitucionalidad cuyos efectos de las sentencias sean *interpartes* o *erga omnes*.

Volviendo al caso español, el texto constitucional de 1931 así como la ley orgánica del Tribunal de Garantías Constitucionales de 1933 reconocieron a dicho órgano como el único facultado para realizar análisis de constitucionalidad, es decir, se optó por un modelo de control concentrado de constitucionalidad primordialmente, con mecanismos de control concreto y abstracto; así como con efectos de las sentencias *inter partes* y *erga omnes*.

---

146. https://www.tribunalconstitucional.es/es/tribunal/historia/Paginas/default.aspx

147. Fernández Segado, Francisco, *La evolución de la justicia constitucional*, España, Dykinson, 2013, p. 1335.

148. No obstante, el mismo autor manifiesta que en el presente, el actual Tribunal Constitucional desarrolla no sólo las labores de un legislador negativo sino también las de uno positivo. *Ibidem*. P. 1386.

149. Aragón Reyes, Manuel, «Artículo 161 Competencias del Tribunal Constitucional», en Oscar Alzaga Villamil (coord), *Comentarios a la Constitución Española,* España, Edersa, 1999, T. XII, p. 194.

150. *Idem*.

En este capítulo se abordará lo correspondiente al control abstracto; materializado en el medio de control denominado recurso de inconstitucionalidad[151].

Sobre este medio de control de la constitucionalidad, la legislación orgánica de 1933 determinó en el artículo veintidós, punto primero, que el recurso de inconstitucionalidad sería resuelto únicamente por el Pleno del Tribunal de Garantías; asimismo, la legitimación para accionarlo se restringió al Ministerio Fiscal, a los Tribunales y a las personas individuales o colectivas interesadas[152] en este último caso, previa tramitación de una cuestión o consulta de inconstitucionalidad.

Como se ha mencionado, el análisis de constitucionalidad se realizaba en abstracto[153], es decir se analizaba la compatibilidad del texto normativo con la Constitución, independientemente de que la noticia de incompatibilidad constitucional hubiera surgido por un acto de aplicación (acto concreto de la ley señalada como inconstitucional)[154]. En este orden de ideas, la argumentación y el examen de constitucionalidad en el recurso, como en cualquier otro medio de control abstracto, se basaba en conocer si la ley sometida a escrutinio se encontraba dentro de los parámetros establecidos en el texto constitucional; en otras palabras, dilucidar si el procedimiento de creación de la norma respectiva, o bien, su contenido era compatible o no con lo establecido por la Constitución.

No obstante lo mencionado, cuando se estudia la Ley Orgánica del Tribunal de Garantías de 1933 se aprecia que algunos de los sujetos legitimados —particulares interesados— para accionar el recurso de inconstitucionalidad, debían realizar previamente ciertos actos, los cuales se encuentran descritos en el capítulo segundo «De los actos preliminares del recurso», del Título Tercero «Sobre el Recurso de inconstitucionalidad»[155]; de esta manera, se advierte que los particulares que resultaran agraviados por «la utilización» o aplicación de una posible norma inconstitucional podrían interponer la denominada «excepción de inconstitucionalidad»[156], la cual se materializaba en la cuestión de inconstitucionalidad planteada dentro de procesos de jurisdicción ordinaria o de legalidad.

---

151. Título tercero «Sobre el recurso de inconstitucionalidad de las leyes» de la Ley Orgánica del Tribunal de Garantías Constitucionales de 1933.

152. Artículo veintisiete, inciso a) de la Ley Orgánica del Tribunal de Garantías Constitucionales de 1933.

153. Artículo veintinueve de la Ley Orgánica del Tribunal de Garantías Constitucionales de 1933.

154. Artículo treinta y uno de la Ley Orgánica del Tribunal de Garantías Constitucionales de 1933.

155. Título Tercero «Sobre el recurso de inconstitucionalidad de Leyes», Capítulo Segundo «De los actos preliminares del recurso» de la Ley Orgánica del Tribunal de Garantías Constitucionales de 1933.

156. Artículo treinta de la Ley Orgánica del Tribunal de Garantías Constitucionales de 1933.

Como ya fue señalado, la «excepción de inconstitucionalidad» materializada en la cuestión de inconstitucionalidad, consistía en que cuando una de las partes en jurisdicción ordinaria, llámese civil o criminal (aunque también contenciosos administrativos previos requisitos legales)[157] manifestaba la inconstitucionalidad de una ley que pretendía ser aplicada al caso concreto, esta alegación debía hacerse del conocimiento de la contraparte para efecto de que una vez que el Juez instructor de la jurisdicción ordinaria tuviera tanto la alegación como la respuesta, éste remitiera la documentación correspondiente al Tribunal Supremo, quien le haría llegar las diligencias a la Sala competente de la materia para que pasado un plazo de cinco días, la referida Sala emitiera un dictamen sobre la procedencia o no de plantear una cuestión de inconstitucionalidad ante el Tribunal de Garantías (jurisdicción constitucional), en caso de ser procedente la cuestión, el proceso ordinario sería suspendido. Sin embargo, si la Sala del Tribunal Supremo consideraba que la cuestión de inconstitucionalidad no era procedente, la parte interesada tenía la posibilidad de acudir al Recurso de Inconstitucionalidad sin que la litis que originó la cuestión se interrumpiera; además era exigible al recurrente una fianza no inferior a cinco mil pesetas ni superior a veinticinco mil para que el recurso pudiera ser tramitado[158].

En este tenor es posible concluir que, por lo que hace al recurso de inconstitucionalidad planteado por particulares, éstos debían transitar primero un medio de control de la constitucionalidad de carácter concreto, es decir, la cuestión o consulta de inconstitucionalidad, para que posteriormente y sólo en caso de que la jurisdicción ordinaria no considerara procedente la consulta, el sujeto legitimado tuviera la posibilidad de promover el recurso de inconstitucionalidad, medio de control de la constitucionalidad abstracto. De modo tal, que, en este caso, el recurso de inconstitucionalidad servía como una especie de medio de apelación ante la negativa de la jurisdicción ordinaria de plantear un medio de control concreto ante la jurisdicción constitucional —Tribunal de Garantías—.

Cabe destacar que para plantear la posible inconstitucionalidad de un precepto o ley en los procesos contenciosos administrativos, de ilegalidad o exceso y desviación de poder; así como de derecho social, el trámite era similar al de la excepción de inconstitucionalidad; por ejemplo, tratándose de cuestiones administrativas o gubernativas; la alegación respecto a la excepción de inconstitucionalidad sería formulada ante la autoridad que hubiera dictado la

157. Artículo treinta y uno, punto dos, de la Ley Orgánica del Tribunal de Garantías Constitucionales de 1933 «En los pleitos contenciosos administrativos se procederá de modo análogo, en cuanto la semejanza del trámite lo permita; pero será condición indispensable que la alegación de inconstitucionalidad haya sido hecha por el interesado en cualquier instancia de la vía gubernativa, siempre que ésta hubiese precedido».

158. Artículo treinta y treinta y uno de la Ley Orgánica del Tribunal de Garantías Constitucionales de 1933.

providencia por el titular agraviado; por lo que el testimonio de la alegación, así como la respuesta de la referida autoridad sería remitida al Cuerpo Consultivo Supremo de la República para que fuera éste quien emitiera el dictamen respecto a la procedencia o no de someter la consulta al Tribunal de Garantías. Igualmente la ley determinaba en estos casos que, de emitirse el dictamen en sentido negativo, quien alegaba la inconstitucionalidad tenía la posibilidad de interponer el recurso de inconstitucionalidad, a sabiendas de dos condiciones, 1) que la Administración no estaría obligada a suspender el trámite del proceso ordinario; y 2) la exigencia al recurrente de depositar la fianza correspondiente para efecto de que se le diera trámite al recurso de inconstitucionalidad[159].

Sobre este tema es necesario advertir que no se está de acuerdo con la denominación que la ley le otorga a la posibilidad de que un particular interesado pueda acudir a la cuestión de inconstitucionalidad y posteriormente al recurso de inconstitucionalidad en caso de no ser favorecido en el dictamen emitido por la jurisdicción ordinaria; ya que al denominarla «excepción de inconstitucionalidad» se estaría atribuyendo a dicha figura una naturaleza jurídica que de facto y de acuerdo a lo descrito por la propia ley orgánica no posee; esto es así porque en sentido estricto la excepción «tiene por contenido una pretensión jurídica cuyo fundamento se resuelve en la negación o afirmación de hechos o de derecho opuestas al fundamento de la pretensión del actor. Su objeto es evitar la sujeción pretendida por el actor en el proceso»[160]. De ahí que el término usado en la ley no sea preciso, pues la denominada «excepción de inconstitucionalidad» no se limita sólo al demandado, sino a cualquiera de las partes dentro del proceso civil o criminal; incluso hasta el mismo juzgador[161] y no atiende a una cuestión opuesta al actor o pretendida por éste; sino más bien se estudia una posible inconstitucionalidad de la ley o precepto que pretende aplicarse al caso concreto, es decir, incidentalmente y dentro del proceso de legalidad que se encuentra resolviendo la jurisdicción ordinaria se inicia un procedimiento —excepción de inconstitucionalidad— para combatir la posible inconstitucionalidad de una ley denunciada por alguna de las partes y que pretende aplicarse al caso. Bajo esta temática es dable concluir que la excepción de inconstitucionalidad es un instrumento que se aproxima más a los medios de control de la constitucionalidad pertenecientes al control difuso; que aquellos que se identifican con el control concentrado, en los cuales el análisis de constitucionalidad es por vía principal y abstracto como lo es el recurso de inconstitucionalidad contenido en la ley orgánica del Tribunal de Garantías.

---

159. Artículo treinta y uno, numeral 5 de la Ley Orgánica del Tribunal de Garantías Constitucionales de 1933.

160. *Cfr.* Claria Olmedo, Jorge A., «La excepción procesal», *Boletín Mexicano de Derecho Comparado*, México, D.F., Nueva Serie, año VIII, Número 22-23, 1975 p. 184.

161. Artículo 100 de la Constitución de la Segunda República Española de 09 de diciembre de 1931.

Ahora bien, la propia Ley Orgánica del Tribunal de Garantías prevé en su artículo treinta, numeral tres, que tratándose del Ministerio Fiscal actuando como sujeto legitimado para argumentar una posible inconstitucionalidad de una ley o precepto legal en un caso concreto; no era necesario agotar los llamados actos preliminares del recurso, sino que directamente el Ministerio tenía la posibilidad de presentar el recurso de inconstitucionalidad ante el Tribunal de Garantías Constitucionales. En estos casos, la persona encargada de presentarlo era siempre el Fiscal General de la República, sin embargo, éste podía delegar tal facultad a otro funcionario del mismo órgano[162].

Es importante destacar que durante la época en la cual estuvo vigente la Constitución de la Segunda República Española; así como la Ley Orgánica del Tribunal de Garantías Constitucionales no se consideró necesario legitimar a las minorías parlamentarias para promover el recurso de inconstitucionalidad, pues como enseguida se abordará, se daba por hecho que el rol de estos órganos dentro de este tipo de procesos —las Cortes de la República y en su caso el órgano legislativo de la región autónoma— sólo se limitaría a defender la constitucionalidad del precepto o ley sometida a análisis constitucional, así está contemplado en el artículo treinta y cuatro perteneciente al capítulo tercero «de los defensores de la constitucionalidad de una ley» del Título Tercero «Sobre el recurso de inconstitucionalidad de las leyes» en donde se describe que las Cortes Generales o en su caso los órganos legislativos de las comunidades autónomas tenían la posibilidad de designar a una persona, pudiendo ser Diputado o no, para que defendiera la constitucionalidad de la ley sometida a control ante el Tribunal de Garantías[163]. Cabe destacar en este apartado, que a diferencia de otros medios de control de la constitucionalidad, el recurso de inconstitucionalidad español previsto en la Constitución Española de 1931 poseía algunas características que podrían asumir que este recurso en realidad tenía la naturaleza jurídica de un proceso y no un procedimiento, ya que en éste sí existían partes en la controversia, además de que se constituía auténticamente una *litis* en la cual una de las partes perseguía la invalidez e inconstitucionalidad de la norma; mientras que la otra, la defendía.

Veamos, las partes se identificaban del siguiente modo; el denunciante de la inconstitucionalidad (Tribunales, Ministerio Fiscal y/o particular interesado) de una ley o precepto, siendo que, en el caso de los particulares interesados, éstos debían acreditar además que la aplicación del precepto o ley tildada

162. Artículo treinta y tres de la Ley Orgánica del Tribunal de Garantías Constitucionales de 1933.

163. Con esta regulación se iba en contra de la corriente kelseniana la cual asevera la importancia de asignarle legitimidad a las minorías parlamentarias para promover procedimientos de control de la constitucionalidad. *Cfr.* KELSEN, Hans, *Escritos sobre justicia constitucional*, trad. de Juan Luis REQUEJO PAGÉS, Madrid, España, Tecnos, 2021, Clásicos del pensamiento, p. 215.

de inconstitucional les causaría una afectación directa a su esfera jurídica. Tratándose de los demás sujetos legitimados para promover medios de control abstracto, es importante precisar que éstos no atienden a una afectación directa a su esfera jurídica, sino que su legitimación obedece a cuestiones de economía procesal, delimitación de competencias, derechos garantizados de las minorías o a procurar el orden público, siendo que todos estos principios convergen en asegurar la supremacía constitucional[164]; el defensor de la constitucionalidad de la ley o precepto sujeto a control (potestad de las Cortes u órgano legislativo de la comunidad autónoma para designarlo) y el juez constitucional responsable de resolver la controversia en abstracto; partes que no siempre se aprecian en todos los medios de control de la constitucionalidad.

Evidentemente tanto en los sistemas de control difuso o concentrado, al ser una de las clasificaciones del control de la constitucionalidad por órgano jurisdiccional siempre estará presente un juez, sea de jurisdicción ordinaria (difuso) o de jurisdicción constitucional (concentrado), por lo que el análisis de constitucionalidad y la respectiva resolución o sentencia atenderán a argumentos jurídicos y no de otra naturaleza.

Sin embargo, por lo que hace a las demás partes, —sujetos legitimados y abogado del Estado— no siempre se persigue una afectación real y efectiva que recaiga sobre sus competencias o incluso, en algunos medios de control abstracto ya no se contempla a una figura que tenga como objetivo la defensa de la constitucionalidad de la norma sujeta a control. Ejemplo de ello es el recurso de inconstitucionalidad previsto en la Constitución Española de 1978, la cual legitima a ciertas autoridades para denunciar la posible inconstitucionalidad a través del recurso sin que se lesione la competencia o facultad de alguna de ellas[165]; asimismo, se advierte en el texto vigente una legitimación activa a favor de las minorías parlamentarias para denunciar la posible inconstitucionalidad de una ley, es decir, se elimina la figura del defensor de la constitucionalidad de la ley, por lo que en realidad y en estricto sentido, a diferencia del recurso de inconstitucionalidad previsto en la Constitución Española de 1931, el recurso de inconstitucionalidad actual se aproxima más a un procedimiento llevado a cabo ante la jurisdicción constitucional.

Volviendo a la Ley Orgánica del Tribunal de Garantías de 1933, los capítulos cuarto, quinto, sexto y séptimo correspondientes al Título Tercero ya mencionado establecieron la interposición, admisión, substanciación y resolución del recurso de inconstitucionalidad; sobre este último rubro destaca que a lo largo del articulado de la Ley Orgánica no se exigen formalidades exhaustivas para emitir las resoluciones recaídas a estos medios de control, lo cual rompe con las generalidades de las sentencias en los procesos, en

164. *Cfr. Ibidem*, pp. 213-216.

165. Artículo 162, numeral 1, inciso a) de la Constitución Española de 29 de diciembre de 1978.

donde es común que éstas se conformen por diversos apartados tales como de antecedentes, competencias, procedibilidad y razones sustantivas para acreditar el fallo; por el contrario lo que se advierte en la ley, son expresiones de mínima formalidad, así se dispuso en el artículo cuarenta y uno en el cual se señala que las sentencias de los recursos contendrán fundamentos jurídicos, pero sin sujetarse a mayores exigencias más que las de hacer constar las circunstancias del recurso interpuesto, los nombres y apellidos de los magistrados del tribunal, del ponente y de los defensores, así como la fecha en la cual fue dictada. En este sentido, se observa que, si bien la ley refiere que las sentencias deben ser fundadas, deja a una libre interpretación a qué se refiere una «sentencia fundada», si acaso implicaría citar los preceptos en los cuales fundan su fallo; o bien si este término implicaba una explicación argumentativa en relación con el orden jurídico y la Constitución; lo cual era vital, pues se trata de un control de la constitucionalidad con un enfoque de análisis abstracto.

Por último, es importante referirnos al Capítulo octavo del Título Tercero de la Ley Orgánica del Tribunal de Garantías, el cual reguló los efectos de las sentencias de los recursos de inconstitucionalidad.

Así, es posible distinguir que el tipo de inconstitucionalidad impugnada era la que determinaba los alcances de la sentencia, de modo tal que si a) la inconstitucionalidad de la ley se originaba por un conflicto de formalidad en el proceso de creación de la norma, los efectos de la sentencia del recurso de inconstitucionalidad serían abstractos[166] sin la posibilidad de modificar las situaciones jurídicas creadas durante la vigencia de la norma inconstitucional; mientras que si, b) el conflicto de constitucionalidad surgía por una cuestión de carácter material, es decir, que el contenido de la norma fuera inconstitucional; los efectos del recurso serían concretos[167].

En consecuencia, los alcances de las sentencias en el recurso de inconstitucionalidad previsto en la Ley Orgánica del Tribunal de Garantías de 14 de junio de 1933 atendían, por un lado, a examinar que la ley sometida a control estuviera revestida de pertenencia (efectos abstractos de la sentencia) o; bien de validez *prima facie* (efectos concretos de la sentencia, la cual, en caso de decretar que la norma fuese acorde con el texto constitucional se convertiría en validez definitiva)[168].

Ahora bien, retomando las ideas de Fernández Segado y Manuel Aragón con las cuales inicia este apartado, podemos advertir que el recurso de

---

166. Artículo cuarenta y dos, numeral 1 de la Ley Orgánica del Tribunal de Garantías Constitucionales de 1933.

167. Artículo cuarenta y dos, numeral 2 de la Ley Orgánica del Tribunal de Garantías Constitucionales de 1933.

168. *Cfr*. Huerta Ochoa, Carla, *Conflictos normativos*, 2.ª. edición, México, IIJ-UNAM, 2017, p. 152.

inconstitucionalidad previsto en la Constitución Española de 1931 y desarrollado por la Ley Orgánica del Tribunal de Garantías de 1933 tenía algunas zonas difuminadas en la que no es posible determinar con precisión si el control de la constitucionalidad era sólo competencia del Tribunal de Garantías —reconocido como único órgano competente para realizar control de la constitucionalidad— o en algunas ocasiones correspondía pronunciarse también a la jurisdicción ordinaria, así se advierte en la figura de la «excepción de inconstitucionalidad»; de igual manera se aprecia en esta misma una especie híbrida de control difuso de la constitucionalidad, pues como se describió en párrafos anteriores, la excepción de inconstitucionalidad debía primero ser analizada por la jurisdicción ordinaria para determinar la procedencia de la cuestión (en caso de emitir dictamen positivo) o del recurso (en caso de emitir dictamen negativo y que el particular quisiera impugnarlo); por lo cual es evidente que en estos casos; antes de que el Tribunal de Garantías conociera de forma única, plena, concentrada o abstracta de la constitucionalidad de una ley, previamente la jurisdicción ordinaria debía realizar un análisis de procedencia, lo cual puede presumir un intento de control difuso de la constitucionalidad para dar paso con posterioridad al control concentrado de la constitucionalidad ejercido únicamente por el Tribunal de Garantías Constitucionales.

Otro de los rasgos que llama la atención para sostener esta falta de división tajante entre la jurisdicción constitucional y la jurisdicción ordinaria es cuando se analiza el recurso de inconstitucionalidad así como los actos preliminares al mismo desde la óptica de la clasificación de los efectos de la sentencias, —recordemos que, como se ha mencionado; las características generales de los medios de control de la constitucionalidad pertenecientes al control concentrado, por lo regular tienen efectos generales independientemente si lo que se impugna es la validez o pertenencia de la norma; mientras que aquellos medios pertenecientes al control difuso, ordinariamente los efectos de las sentencias son concretos—, no obstante, en el caso del recurso de inconstitucionalidad previsto en la Ley Orgánica del Tribunal de Garantías estas generalidades no se aplican, ya que los alcances de las sentencias atienden al tipo de inconstitucionalidad impugnada —formal o material— y no a la forma en la cual se analiza la constitucionalidad —concreto o abstracto—.

En este marco puede expresarse que, si bien genéricamente y atendiendo exclusivamente a la competencia descrita en la ley, el Tribunal de Garantías compartió en su gran mayoría características de un sistema de control concentrado, también es necesario advertir que sus medios de control poseían notas distintivas de un control difuso, como en su momento fueron los efectos concretos de la sentencia en los recursos de inconstitucionalidad en donde se planteaba la inconstitucionalidad material (validez) de una ley e incluso, como ya se advirtió, los actos preliminares al recurso de inconstitucionalidad interpuesto por particulares.

2.3.1.2. El Tribunal Constitucional y la Ley Orgánica 2/1979 de 03 de octubre. El control abstracto de la constitucionalidad previo y correctivo

El 27 de diciembre de 1978, el Rey Juan Carlos I sancionó en las Cortes la Constitución Española, en ella se estipuló en su capítulo IX el órgano que a partir de ese instante llevaría a cabo el control de la Constitucionalidad, el Tribunal Constitucional.

Una vez promulgada la Constitución española de 1978, al año siguiente, en el mes de octubre, se promulgó la Ley Orgánica del Tribunal Constitucional, la cual contenía respecto del control abstracto, tres mecanismos de control[169], dos de carácter previo (Recurso previo de inconstitucionalidad sobre proyectos de estatutos y leyes orgánicas; así como la declaración de constitucionalidad sobre tratados) y otro de carácter correctivo (Recurso de Inconstitucionalidad)[170].

---

169. Se ha dejado fuera de esta clasificación de control abstracto a la cuestión de inconstitucionalidad, a pesar de que amplios sectores la consideren con esta naturaleza, la razón para ello es que ésta no tiene como fuente de su surgimiento un análisis de la norma en abstracto, sino por el contrario, tiene una etapa previa que se lleva a cabo por vía incidental, es decir, ante la duda razonable que tenga un juzgador de la justicia ordinaria respecto a la constitucionalidad de la norma ante un caso concreto, esto es, una norma aplicada. En este sentido, congeniamos con el profesor Ignacio Villaverde Menéndez quien en su artículo llamado, Algunas reflexiones acerca de la cuestión de inconstitucionalidad, manifiesta que «... la cuestión de inconstitucionalidad no debe servir para transferir al TC la carga de resolver el litigio en el que se ha fraguado la cuestión, pero esto no justifica que el TC se desligue de los términos concretos en los que se ha planteado la duda, pues el juicio de relevancia que se le exige al juez conduce a que la duda de constitucionalidad se proyecte necesariamente sobre una singular y precisa regla legal a la que se ha llegado mediante la interpretación del enunciado de la ley a la vista del caso concreto y una vez descartada por el juez proponente la existencia de otra regla igualmente inferida interpretativamente de esa ley pero no contraria a la Constitución» *Cfr.* VILLAVERDE MENENDEZ, Ignacio, «Algunas reflexiones acerca de la cuestión de inconstitucionalidad», *Cuaderno de Derecho Público,* Madrid España, núm. 18, enero-abril 2003 p. 251.
Sobre este aspecto cabe mencionar brevemente lo que expresa Pablo Pérez Tremps respecto a la cuestión de inconstitucionalidad, ya que refiere que este «medio de control se trata de un doble juicio y, también de un doble proceso. Por un lado, el juez ordinario que suscita la cuestión, lo hace porque, en un proceso del que conoce, le surge la duda de constitucionalidad (proceso ordinario o proceso *a quo)*. Por otro lado, el planteamiento de la cuestión ante el Tribunal Constitucional desencadena la apertura de otro proceso, el proceso *ad quem,* que es el auténtico proceso constitucional, cuyo objeto consiste sólo y exclusivamente en determinar si la regla cuestionada es o no contraria a la Constitución». Ahora bien, respecto a su fundamentación, no basta sólo que el juez ordinario enuncie la presunta contradicción, sino que debe plasmar las razones en las que se basa para llegar a dicha conclusión. PÉREZ TREMPS, Pablo, «La cuestión de Inconstitucionalidad en el Derecho Español», *Revista del Centro de Estudios Constitucionales,* Santiago, Chile, Vol. 3, núm. 1, 2005, pp. 129 y 135.

170. Insistiendo en la nota aclaratoria anterior, algunos autores han sostenido que la diferencia entre cuestión de inconstitucionalidad y recurso de inconstitucionalidad es que

Por lo que hace al control previo de constitucionalidad de carácter abstracto, éste se expresó en el Título Sexto denominado «Del Control Previo de Inconstitucionalidad» compuesto por dos capítulos, el primero «Declaración Sobre la Constitucionalidad de los Tratados Internacionales» y el segundo, «El Recurso Previo de Inconstitucionalidad contra Proyectos de Estatutos de Autonomía y de Leyes Orgánicas».

Para el caso de los Tratados Internacionales, la Constitución Española estableció un método —pues formalmente no se trataba de un proceso jurisdiccional de carácter constitucional, sino de un procedimiento llevado a cabo ante el Tribunal Constitucional— denominado declaración de constitucionalidad, la cual consistía en una facultad conferida al Gobierno y/o alguna de las cámaras para que éstos consultaran al Tribunal Constitucional sobre la contradicción o no de un instrumento internacional con el texto constitucional; esta declaración solicitada al Tribunal, tenía efectos vinculantes, muestra de estos procedimientos son la ratificación del Tratado de la Unión Europea firmado en Maastricht el 07 de febrero de 1992 así como el Tratado por el que se establece una Constitución para Europa, firmado en Roma el 29 de octubre de 2004. Este procedimiento ha permanecido desde la creación de la Ley Orgánica del Tribunal Constitucional hasta la actualidad.

2.3.2. El recurso previo de inconstitucionalidad, su derogación y posterior restauración parcial

Por lo tocante al recurso previo de inconstitucionalidad, éste sí reunía las características de un proceso constitucional formal, cuyo objeto eran los proyectos definitivos de estatutos de autonomía y leyes orgánicas. Los suje-

---

la primera «no es una acción concedida para impugnar de modo directo y con carácter abstracto la validez de la ley, sino un instrumento puesto a disposición de los órganos judiciales para conciliar la doble obligación en que se encuentran de actuar sometidos a la ley y a la Constitución" asimismo, sostiene que la "cuestión de inconstitucionalidad tiene un cauce procesal distinto al recurso de inconstitucionalidad, pero con la misma pretensión de declarar la inconstitucionalidad de leyes y normas con fuerza de ley con el objeto de preservar el orden constitucional. Ahora bien, aun cuando a través del recurso de inconstitucionalidad se pretende como en el recurso de inconstitucionalidad la preservación de la constitucionalidad de las leyes, hay que tener en cuenta que en la cuestión, y como diferencia respecto a la vía directa, en ningún caso se puede hablar de acción de los jueces, sino, como aclara el Tribunal Constitucional, de un instrumento necesario puesto a disposición de los tribunales ordinarios en su función de aplicación del derecho al caso concreto, y en cuanto les está vedada la posibilidad de declarar inconstitucionales normas con fuerza de ley en aras del principio de seguridad jurídica. (...)» Rodríguez Merino, Abelardo, «Consideraciones en torno al planteamiento de la denominada "cuestión de inconstitucionalidad" (Comentario de la sentencia del Tribunal Constitucional de 1 de junio de 1981)», pp. 73, 74. Disponible en: http://ibdigital.uib.es/greenstone/collect/cuadernosFacultadDerecho/archives/Cuaderno/s_1983v0/05p061.dir/Cuadernos_1983v005p061.pdf tos que podían interponerla eran los mismos que podían ejercer el recurso de inconstitucionalidad (El presidente del gobierno, defensor del pueblo, 50 diputados, 50 senadores, Órganos Colegiados Ejecutivos y las Asambleas de las Comunidades Autónomas) este medio de control tenía dos efectos; 1) si el proyecto se declaraba constitucional por el Tribunal, el procedimiento de aprobación de la ley o estatuto continuaría su curso; mientras que, 2) si se apreciaba alguna inconstitucionalidad, el Tribunal señalaría concretamente la contradicción normativa y los preceptos constitucionales infringidos para efecto de que el órgano u órganos competentes modificaran o suprimieran el texto tildado de inconstitucional y, una vez subsanado el problema estuvieran en posibilidades de continuar el trámite de creación de la ley correspondiente.

Llama la atención el plazo reducido de tres días que el legislativo le concedió a los sujetos legitimados para interponer el recurso previo[171] de inconstitucionalidad, sin embargo, como más adelante se detalla, el término breve se debe a que el estudio de constitucionalidad no recae sobre una norma, sino sobre un texto definitivo de proyecto de ley orgánica o Estatuto (en la regulación original), por lo que existen ciertas desventajas, como el obstruccionismo parlamentario, principal razón por la que este medio de control fue abrogado por treinta años del orden jurídico español.

Como se ha mencionado, este medio de control de la constitucionalidad de carácter previo fue suprimido en el año de 1985, a raíz de la sentencia 66/1985, recaída en el recurso previo de inconstitucionalidad 872/1984, el cual fue interpuesto por don José María Ruíz Gallardón y 53 diputados más contra el texto definitivo de la propuesta de Ley Orgánica a través de la cual se derogaba el capítulo II del título VI de la Ley Orgánica del Tribunal Constitucional 2/1979 de 03 de octubre.

En la sentencia[172], resuelta por el entonces Magistrado don Francisco Rubio Llorente, se expresaron de manera resumida las pretensiones que los recurrentes hicieron valer, entre las que se encuentran:

a) Una posible violación al principio de interdicción de la arbitrariedad de los poderes públicos, materializada en la supresión de un medio de control de la constitucionalidad previo. Esta derogación, según los

171. «... el procedimiento se rige por lo previsto para los recursos de inconstitucionalidad, si bien, por la naturaleza propia de este recurso, el plazo para su interposición es extremadamente breve (tres días). Y para impedir dilaciones indeseables en su resolución, se establece un plazo improrrogable de seis meses para que el Tribunal resuelva con carácter preferente». Preámbulo de la Ley Orgánica 12/2015, de 22 de septiembre, de modificación de la Ley Orgánica 2/1979, de 3 de octubre, del Tribunal Constitucional, para el establecimiento del recurso previo de inconstitucionalidad para los Proyectos de Ley Orgánica de Estatuto de Autonomía o de su modificación.

172. Sentencia 66/1985, de 23 de mayo, (BOE núm. 134, de 05 de junio de 1985), Recurso previo de inconstitucionalidad núm. 872/1984.

recurrentes servía a un fin constitucionalmente ilícito y lesionaba de manera desproporcionada bienes constitucionalmente garantizados, por lo cual existía una arbitrariedad en la actuación del órgano legislativo, la cual sería calificada por los promoventes como contraria a la justicia, a la razón y las leyes.

b) Atentado contra el bloque de constitucionalidad; porque el recurso previo de inconstitucionalidad al haber sido contemplado en la Ley Orgánica del Tribunal Constitucional, éste ya conformaba el bloque de constitucionalidad.

c) Transgresión de las garantías de las minorías parlamentarias; ya que los recurrentes señalan que la propuesta de modificación de la Ley Orgánica del Tribunal Constitucional se fundamentó en que el recurso previo de inconstitucionalidad debería dejar de existir porque servía como un instrumento obstruccionista de las minorías parlamentarias; lo que pudo evitarse con una reforma a tal medio de control y no con la supresión por completo.

d) Vulneración a la seguridad jurídica, ya que la propuesta de modificación implicaba desaparecer el recurso previo de inconstitucionalidad, lo que a juicio de los recurrentes transgredió la seguridad jurídica, pues al dejar de contemplarlo en la ley habría menos certeza jurídica ya que se dejaría de tener un medio de control previo.

e) Facultad implícita del Tribunal Constitucional para suspender proyectos de ley.

Mientras que las alegaciones interpuestas por el abogado del Estado se centraron en señalar que las pretensiones de los recurrentes atendían a criterios de nueva oportunidad que no se adecuaban a lo solicitado, esto es, a cuestiones inexactas (por ejemplo, dentro de sus alegaciones, el abogado del Estado señaló que para que los recurrentes pudieran hacer valer alguna afirmación de arbitrariedad o desviación de poder —como lo expresaron en su escrito— debía atenderse forzosamente a un principio constitucional y no a la ley; ya que la actuación del legislador sólo está ceñida a la Constitución, mientras que los actos provenientes del Ejecutivo están sujetos a la Ley)[173], a consideraciones de carácter retórico y valoraciones subjetivas más que jurídicas; por lo cual debía desestimarse el recurso previo de inconstitucionalidad.

Por lo que respecta al apartado de fundamentos jurídicos de la sentencia en comento, el Tribunal Constitucional determinó que había motivos suficientes para desestimar el recurso previo de inconstitucionalidad, ya que

173. Segundo párrafo, inciso a) del punto sexto de antecedentes en la Sentencia número 66/1985, de 23 de mayo (BOE núm. 134, de 05 de junio de 1985), Recurso Previo de Inconstitucionalidad número 872/1984. Disponible en: https://www.boe.es/buscar/doc.php?id=BOE-T-1985-10382

éste no fue creado para garantizar la protección de derechos fundamentales de la ciudadanía, como lo sostuvieron los recurrentes, sino que este medio de control consiste en que se otorga facultades al Tribunal Constitucional para dirimir las confrontaciones de interpretación constitucional que tienen dos órganos del Estado sobre un proyecto de norma; por lo cual, expresar que dicho recurso atiende a otra finalidad, como la de garantizar derechos fundamentales de las personas que recurren a él, estaría ampliando la procedencia del recurso, o incluso creándose uno nuevo sin fundamento ni competencias para ello, por lo cual el argumento interpuesto por los recurrentes es incorrecto; así lo determinó el Tribunal Constitucional (TC) en la sentencia referida:

> «Segundo. -El segundo motivo con el que se pretende argumentar la inconstitucionalidad del Proyecto de Ley es el de que, siendo "la existencia de un recurso previo con efectos suspensivos contra Proyectos o Proposiciones de Leyes orgánicas una exigencia implícita de la necesaria garantía de constitucionalidad de las materias propias de las Leyes orgánicas", su supresión es una "violación indirecta de la Constitución". La "exigencia implícita" de la que todo el argumento pende sería, a su vez, una implicación necesaria del mayor valor que la Constitución atribuye a los derechos fundamentales.
>
> El punto de partida del razonamiento, el "mayor valor" de los derechos fundamentales, resulta, sin duda, correcto, pero no así la deducción que a partir de él se construye. El lugar privilegiado que en la economía general de nuestra Constitución ocupan los derechos fundamentales y libertades públicas que en ella se consagran, está fuera de toda duda. De ello resulta no sólo la inconstitucionalidad de todos aquellos actos del poder, cualquiera que sea su naturaleza y rango, que los lesionen, sino también la necesidad, tantas veces proclamada por este Tribunal, de interpretar la Ley en la forma más favorable a la maximalización de su contenido. De este "mayor valor" no cabe deducir, sin embargo, la "exigencia constitucional implícita" de una institución que, como la del recurso previo, no está destinada a asegurar la protección judicial de los ciudadanos que se sientan efectivamente lesionados en sus derechos fundamentales, sino a resolver en esta jurisdicción las diferencias existentes entre órganos constitucionales (o partes de ellos) en cuanto a la interpretación de los preceptos constitucionales, ampliando así no contra la Constitución, pero sí al margen de ella, el ámbito del recurso de inconstitucionalidad que ésta [arts. 161.1.a) y 162.1.a)] instauró. Si, como hemos declarado (Sentencia 42/1982, Fundamento 3) la consagración constitucional de un derecho no es bastante para crear por sí misma recursos inexistentes, tampoco "el mayor valor» de los derechos fundamentales en su conjunto permite considerar implícitas en la Constitución instituciones de garantía que ésta explícitamente no ha creado"»[174].

---

174. Fundamento jurídico segundo de la sentencia número 66/1985 de 23 de mayo (BOE núm. 134, de 05 de junio de 1985) Recurso Previo de Inconstitucionalidad número 872/1984.

Otro de los argumentos sobre los cuales se pronunció el TC fue que la suspensión de los actos emitidos por las autoridades debe atender a la excepcionalidad, esto es así, porque los actos emitidos por órganos del Estado tienen la presunción de validez, por lo cual tratándose de leyes o actos emitidos por los órganos legislativos, esta presunción alcanza su grado máximo ya que el legislador es quien ostenta la representación de la voluntad popular; además porque el objeto del recurso previo de inconstitucionalidad no son leyes o actos, sino proyectos de ley, los cuales por su naturaleza aún no entran en vigor.

Como se aprecia de manera breve, las consideraciones hechas por el Tribunal Constitucional dieron lugar a desestimar el último recurso previo de inconstitucionalidad y por tanto este medio de control de la constitucionalidad dejó de existir en España en ese mismo año, a partir de la entrada en vigor de la Ley Orgánica 4/1985, de 7 de junio, por la que se derogó el capítulo II del título VI de la Ley orgánica 2/1979, de 3 de octubre, reguladora del Tribunal Constitucional[175].

No obstante lo anterior, el recurso previo de inconstitucionalidad se estableció nuevamente en el orden jurídico español en el año 2015. En este sentido, no debe pasar inadvertido que ya habían existido propuestas para revivir el recurso previo, como la ocurrida en el año 2003 cuyo objetivo fue impedir la reforma del Estatuto de Autonomía del País Vasco; otro antecedente aconteció tres años más tarde en 2006, cuando Mariano Rajoy pedía que el Tribunal Constitucional analizara la reforma del Estatuto Catalán antes de que éste se sometiera a referéndum. Estos hechos desembocaron con la presentación en ese mismo año de una propuesta de modificación para volver a implementar el recurso previo de inconstitucionalidad mediante la «Proposición de ley orgánica por la que se establece el control previo de inconstitucionalidad de los Estatutos de Autonomía» publicada en el Boletín Oficial de las Cortes Generales el 21 de abril de 2006[176].

---

175. «Resulta revelador al respecto el testimonio del entonces presidente del Tribunal Constitucional, Manuel García Pelayo que, a punto de cesar en su cargo, y entrevistado por un medio de comunicación, declaraba: "Cuando el Tribunal abordó el recurso contra la ley que suprimía el recurso previo, sólo podía tratar el tema en términos jurídicos. Lo que no está en la Constitución, sino en una ley orgánica, puede ser modificado por otra ley orgánica. Por consiguiente, el tribunal, por unanimidad, declaró dicha reforma como constitucional. Otra cosa es si hubiera sido prudente mantener el recurso previo. No le niego que yo así lo creía y lo creo, pero por la razón antedicha no puse, ni puedo poner, ninguna objeción a la constitucionalidad de su supresión"» en Alegre Martínez, M. Ángel, «El recurso previo de inconstitucionalidad según la Ley Orgánica 12/2015: un regreso esperado, una reforma insuficiente», *Revista de Derecho Político*, Madrid, España, 2016, Núm. 97, septiembre-diciembre 2016, pp. 89-140. https://doi.org/10.5944/rdp.97.2016.17620

176. Boletín Oficial de las Cortes Generales de 21 de abril de 2006, VIII Legislatura, Núm. 241-1, Serie B: Proposiciones de Ley, Proposición de Ley 122/000194 Orgánica por la que se establece el control previo de inconstitucionalidad de los Estatutos de Autonomía. Presentada por el grupo parlamentario popular en el Congreso.

Es con la presentación de dos proposiciones de ley provenientes del Grupo Parlamentario Socialista[177] y otra del Grupo Parlamentario Popular[178] con las cuales se inicia el procedimiento legislativo para la entrada en vigor del recurso previo de inconstitucionalidad tal y como se establece ahora en la Ley Orgánica del Tribunal Constitucional vigente. Dentro de las exposiciones de motivos se argumentó la necesidad de implementar nuevamente el recurso previo respecto de los Estatutos de Autonomía por su carácter cercano a la Constitución, porque en algunos casos el texto estatutario requiere un referéndum del electorado, de ahí que se pretenda evitar «el choque de legitimidades que implica que el texto aprobado, incluso ratificado por los ciudadanos (...) sea declarado inconstitucional años más tarde, con el perjuicio en términos sociales y políticos que ello pueda producir». Así mismo, ambas proposiciones pretendieron prevenir el obstruccionismo parlamentario de las minorías (una de las razones por las cuales se derogó ese capítulo en 1985) y a la par, seguir el modelo original de 1979.

Finalmente, el recurso previo de inconstitucionalidad se estableció como en el pasado, en el artículo 79 de la Ley Orgánica del Tribunal Constitucional; su procedencia tienen como objeto, el texto definitivo del proyecto de Estatuto de Autonomía o la propuesta de reforma de un Estatuto previamente aprobado por las Cortes Generales —ya no se contemplan las reformas a las leyes orgánicas—; en cuanto a los sujetos legitimados, son los mismos que aquellos autorizados para interponer el recurso de inconstitucionalidad en contra de Estatutos de Autonomía; por lo que hace al plazo para promoverlo éste será de tres días[179], teniendo el Tribunal Constitucional un plazo improrrogable de seis meses para resolverlo, contados a partir del día de su interposición. Los efectos del recurso pueden, a) declarar la inexistencia de inconstitucionalidad, en cuyo caso el trámite legislativo deberá continuar su curso incluido el procedimiento de convocatoria y celebración de referéndum que corresponda si fuera el caso o; b) declarar la inconstitucionalidad del texto impugnado, en este supuesto deberá expresarse con claridad el contenido tildado de inconstitucional, su alcance y los artículos constitucionales,

177. Boletín Oficial de las Cortes Generales de 31 de enero de 2014, X Legislatura, Núm. 162-1, Serie B: Proposiciones de Ley, Proposición de Ley 122/000140 Orgánica de reforma de la Ley Orgánica 2/1979, de 3 de octubre, del Tribunal Constitucional. Presentada por el grupo parlamentario socialista en el Congreso.

178. Boletín Oficial de las Cortes Generales de 31 de enero de 2014, X Legislatura, Núm. 163-1, Serie B: Proposiciones de Ley, Proposición de Ley 122/000141 Orgánica de modificación de la Ley Orgánica 2/1979, de 3 de octubre, del Tribunal Constitucional para la recuperación del Recurso Previo de Inconstitucionalidad para los Proyectos de Ley Orgánica, de Estatutos de Autonomía o de su modificación. Presentada por el grupo parlamentario socialista en el Congreso.

179. Preámbulo de la Ley Orgánica 12/2015, de 22 de septiembre, de modificación de la Ley Orgánica 2/1979, de 3 de octubre, del Tribunal Constitucional, para el establecimiento del recurso previo de inconstitucionalidad para los Proyectos de Ley Orgánica de Estatuto de Autonomía o de su modificación.

que de mantenerse la redacción como fue analizada por el TC, podrían vulnerar preceptos constitucionales. Cabe destacar que el trámite parlamentario no podrá continuar sin que el proyecto de estatuto o propuesta de reforma haya sido ajustado por las Cortes Generales a lo mandatado por el Tribunal Constitucional. En los casos en que el texto definitivo del Proyecto de Estatuto o de la propuesta de reforma requiera de referéndum éste no podrá convocarse hasta que haya resuelto el Tribunal el análisis de constitucionalidad respectivo.

2.3.3. El recurso de inconstitucionalidad

Por lo referente al control a *posteriori* o correctivo de normas, el constituyente español de 1978 estableció en el artículo 161, correspondiente al Título IX «Del Tribunal Constitucional», el recurso de inconstitucionalidad contra leyes y disposiciones normativas con fuerza de ley; cabe destacar que en la ley orgánica del Tribunal Constitucional se estableció este medio de control en el capítulo II, «Del Recurso de Inconstitucionalidad», del Título Segundo, «De los Procedimientos de Declaración de Inconstitucionalidad», en el cual se amplió la procedencia del mismo, de modo tal que no sólo procedía en contra de leyes y disposiciones normativas con fuerza de ley, sino también para controvertir, los actos con fuerza de ley. A su vez, los sujetos legitimados para incoar este proceso eran el Presidente del Gobierno, el Defensor del Pueblo, cincuenta diputados o cincuenta senadores —los mismos que hemos señalado para promover el recurso previo de inconstitucionalidad— y su finalidad, al igual que el control previo de la constitucionalidad era y continúa siendo la de garantizar el principio de supremacía constitucional. Este procedimiento se ha mantenido vigente desde la promulgación del texto constitucional hasta el presente, a diferencia, como ya se dijo en líneas anteriores, del control previo de las normas, en concreto el llamado recurso previo de inconstitucionalidad.

2.3.3.1. Actualidad

El recurso de inconstitucionalidad es un proceso llevado a cabo ante el Tribunal Constitucional cuya finalidad es generar la declaración de inconstitucionalidad de un acto con fuerza de ley, disposición normativa o ley[180]. Su fundamento constitucional se encuentra en los artículos 161 numeral 1, inciso a).

---

180. Ley Orgánica del Tribunal Constitucional. Artículo 29. Uno. La declaración de inconstitucionalidad podrá promoverse mediante: a) El recurso de inconstitucionalidad. En este mismo sentido, el artículo 31 especifica que este recurso podrá interponerse contra Leyes, disposiciones normativas o actos con fuerza de Ley.

Por su parte la Ley Orgánica 2/1979 de 03 de octubre, del Tribunal Constitucional estipula el trámite de este recurso en los artículos veintinueve, numeral uno, inciso a) y dos; treinta, así como el capítulo segundo «Del recurso de inconstitucionalidad». En este sentido, la regulación actual del recurso del recurso de inconstitucionalidad en la Constitución y en la Ley Orgánica del Tribunal está redactada del siguiente modo:

Constitución	Ley Orgánica 2/1979 de 03 de octubre, del Tribunal Constitucional
Artículo 161, numeral 1, inciso a). 1. El Tribunal Constitucional tiene jurisdicción en todo el territorio español y es competente para conocer: a) Del recurso de inconstitucionalidad contra leyes y disposiciones normativas con fuerza de ley. La declaración de inconstitucionalidad de una norma jurídica con rango de ley, interpretada por la jurisprudencia, afectará a ésta, si bien la sentencia o sentencias recaídas no perderán el valor de cosa juzgada. b) ... **Artículo 162, numeral 1, inciso a)** 1. Están legitimados: a) Para interponer el recurso de inconstitucionalidad, el Presidente del Gobierno, el Defensor del Pueblo, 50 Diputados, 50 Senadores, los órganos colegiados ejecutivos de las Comunidades Autónomas y, en su caso, las Asambleas de las mismas.	**Artículo veintinueve, numeral Uno, inciso a) y Dos.** **Uno.** La declaración de inconstitucionalidad podrá promoverse mediante: a) El recurso de inconstitucionalidad **Dos.** La desestimación, por razones de forma, de un recurso de inconstitucionalidad contra una Ley, disposición o acto con fuerza de Ley no será obstáculo para que la misma Ley, disposición o acto puedan ser objeto de una cuestión de inconstitucionalidad con ocasión de su aplicación en otro proceso. **Artículo treinta.** La admisión de un recurso o de una cuestión de inconstitucionalidad no suspenderá la vigencia ni la aplicación de la Ley, de la disposición normativa o del acto con fuerza de Ley, excepto en el caso en que el Gobierno se ampare en lo dispuesto por el artículo ciento sesenta y uno, dos, de la Constitución para impugnar, por medio de su Presidente, Leyes, disposiciones normativas o actos con fuerza de Ley de las Comunidades Autónomas. **CAPÍTULO II Del recurso de inconstitucionalidad (artículos 31,** **32, 33 y 34)** **Artículo treinta y uno.** El recurso de inconstitucionalidad contra las Leyes, disposiciones normativas o actos con fuerza de Ley podrá promoverse a partir de su publicación oficial.

Constitución	Ley Orgánica 2/1979 de 03 de octubre, del Tribunal Constitucional
	Artículo treinta y dos. Uno. Están legitimados para el ejercicio del recurso de inconstitucionalidad cuando se trate de Estatutos de Autonomía y demás Leyes del Estado, orgánicas o en cualesquiera de sus formas, y disposiciones normativas y actos del Estado o de las Comunidades Autónomas con fuerza de ley, Tratados Internacionales y Reglamentos de las Cámaras y de las Cortes Generales: a) El Presidente del Gobierno. b) El Defensor del Pueblo. c) Cincuenta Diputados. d) Cincuenta Senadores. Dos. Para el ejercicio del recurso de inconstitucionalidad contra las Leyes, disposiciones o actos con fuerza de Ley del Estado que puedan afectar a su propio ámbito de autonomía, están también legitimados los órganos colegiados ejecutivos y las Asambleas de las Comunidades Autónomas, previo acuerdo adoptado al efecto. **Artículo treinta y tres** 1. El recurso de inconstitucionalidad se formulará dentro del plazo de tres meses a partir de la publicación de la Ley, disposición o acto con fuerza de Ley impugnado mediante demanda presentada ante el Tribunal Constitucional, en la que deberán expresarse las circunstancias de identidad de las personas u órganos que ejercitan la acción y, en su caso, de sus comisionados, concretar la Ley, disposición o acto impugnado, en todo o en parte, y precisar el precepto constitucional que se entiende infringido.

Constitución	Ley Orgánica 2/1979 de 03 de octubre, del Tribunal Constitucional
	2. No obstante lo dispuesto en el apartado anterior, el Presidente del Gobierno y los órganos colegiados ejecutivos de las Comunidades Autónomas podrán interponer el recurso de inconstitucionalidad en el plazo de nueve meses contra leyes, disposiciones o actos con fuerza de Ley en relación con las cuales, y con la finalidad de evitar la interposición del recurso, se cumplan los siguientes requisitos: a) Que se reúna la Comisión Bilateral de Cooperación entre la Administración General del Estado y la respectiva Comunidad Autónoma, pudiendo solicitar su convocatoria cualquiera de las dos Administraciones. b) Que en el seno de la mencionada Comisión Bilateral se haya adoptado un acuerdo sobre iniciación de negociaciones para resolver las discrepancias, pudiendo instar, en su caso, la modificación del texto normativo. Este acuerdo podrá hacer referencia a la invocación o no de la suspensión de la norma en el caso de presentarse el recurso en el plazo previsto en este apartado. c) Que el acuerdo sea puesto en conocimiento del Tribunal Constitucional por los órganos anteriormente mencionados dentro de los tres meses siguientes a la publicación de la Ley, disposición o acto con fuerza de Ley, y se inserte en el «Boletín Oficial del Estado»' y en el «Diario Oficial» de la Comunidad Autónoma correspondiente. 3. Lo señalado en el apartado anterior se entiende sin perjuicio de la facultad de interposición del recurso de inconstitucionalidad por los demás órganos y personas a que hace referencia el artículo 32.

Constitución	Ley Orgánica 2/1979 de 03 de octubre, del Tribunal Constitucional
	Artículo treinta y cuatro **Uno.** Admitida a trámite la demanda, el Tribunal Constitucional dará traslado de la misma al Congreso de los Diputados y al Senado por conducto de sus Presidentes, al Gobierno por conducto del Ministerio de Justicia y, en caso de que el objeto del recurso fuera una Ley o disposición con fuerza de Ley dictada por una Comunidad Autónoma, a los órganos legislativo y ejecutivo de la misma a fin de que puedan personarse en el procedimiento y formular las alegaciones que estimaren oportunas. **Dos.** La personación y la formulación de alegaciones deberán hacerse en el plazo de quince días, transcurrido el cual el Tribunal dictará sentencia en el de diez, salvo que, mediante resolución motivada, el propio Tribunal estime necesario un plazo más amplio que, en ningún caso, podrá exceder de treinta días.

Como se aprecia en el cuadro comparativo, a diferencia de la Constitución Española, la Ley Orgánica del Tribunal Constitucional contempla un criterio de procedencia distinto, pues mientras la Constitución determina que el recurso de inconstitucionalidad podrá incoarse «contra leyes y disposiciones normativas con fuerza de ley», la Ley Orgánica del Tribunal Constitucional especifica que el recurso será procedente «contra leyes, disposiciones normativas o actos con fuerza de ley»; es decir, la disposición legal contempla un supuesto que la Constitución no reconoce, «los actos con fuerza de ley».

Con la finalidad de conocer a qué se refiere cada una de estas especies sobre la cual recae la procedencia del recurso de inconstitucionalidad, a continuación se señala el concepto y las características de cada una.

Normas con rango de Ley[181]	Disposiciones normativas[182]	Acto con fuerza de Ley
Concepto: Son las disposiciones emitidas por el gobierno. Si bien, en sentido material son leyes, pues poseen los atributos y jerarquía normativa de una ley; en sentido formal no están dotadas de esa naturaleza, pues la fuente generadora no es el órgano legislativo, sino el ejecutivo. La Constitución Española reconoce dos tipos de disposiciones con rango de ley. 1. **Los Decretos legislativos (artículo 85 de la Constitución Española):** – Emitidas por el gobierno a través de la delegación legislativa[183]. – La delegación legislativa deberá otorgarse mediante una ley de bases. – No podrá entenderse concedida de modo implícito o por tiempo indeterminado. – No podrá haber subdelegación a autoridades distintas del propio gobierno. – Su contenido atiende a materias reservadas, no desarrolladas por leyes orgánicas.	**Concepto:** Son las disposiciones emitidas por las Cortes y las Asambleas Legislativas, con características de generalidad, abstracción e impersonalidad. La tipología que reconoce la Constitución Española es la siguiente: – Ley Orgánica (Art. 81) – Ley Ordinaria (Art. 82.2) – Ley Base (Art. 82.2) – Leyes de Delegación (Art. 82.6) – Leyes de armonización (Art. 150.3) – Leyes no atribuidas expresamente al Estado y desarrolladas por las comunidades autónomas. (Art. 149.3)	**Concepto:** Este rubro ha sido objeto de diversos comentarios pues no hay un criterio unívoco doctrinal o formal que asegure lo que es un acto que posee «fuerza de ley». Tan sólo en el proceso legislativo se deja constancia que esta expresión no está reconocida en el texto constitucional, así lo manifiesta en su intervención el Diputado Roca Junyent durante el dictamen de la comisión constitucional sobre el Proyecto de la Ley Orgánica del Tribunal Constitucional, en el cual advirtió que el término «actos con fuerza de ley» no tenía claridad a la hora de implantarse en el texto legal, incluso consideró que dicha expresión se forjó en un clima de imprecisión legislativa[184] .

181. Artículo 82 de la Constitución Española.

182. Artículo 27 de la Ley Orgánica del Tribunal Constitucional.

183. Escobar Roca indica que el principal problema de la delegación legislativa es el posible abuso de las mayorías legislativas para obsequiar facultades normativas ilimitadas al gobierno, rompiendo de esta manera con la causa occidental de la división de poderes. De ahí que, para evitar los problemas aludidos, los artículos 82 a 85 de la Constitución estipulan elementos de forma y materias excluidas de la delegación, las cuales en realidad son restricciones impuestas a las Cortes Generales. *Cfr*. Escobar Roca, Guillermo, *El Derecho, entre el poder y la justicia. Una introducción crítica al sistema jurídico español*, Valencia, Tirant lo Blanch, 2017. pág. 172.

184. El Diputado Roca Junyent (grupo parlamentario de la minoría catalana) señaló en la sesión plenaria n.° 23, extraordinaria, celebrada el 23 de julio de 1979 durante el dictamen de la comisión Constitucional sobre el Proyecto de Ley Orgánica del Tribunal Constitucional (Diario de Sesiones del Congreso de los Diputados) «... en su apartado a) introduce el texto

del dictamen una expresión, que es la que es objeto concreto de la enmienda, relativa a ser susceptible de recurso de inconstitucionalidad, además de las leyes y disposiciones normativas con fuerza de ley, los actos con fuerza de ley. A esta incorporación y a esta adición se mantiene la presente enmienda, fundándose para ello en dos motivos: uno de carácter formal procedimental y otro de carácter sustantivo.

En el aspecto formal o procedimental, y que también tiene su importancia, especialmente cuando del procedimiento puede resultar una lesión al texto constitucional, es decir, una infracción al texto constitucional, hace referencia al hecho de que en el artículo 161 del texto constitucional, cuando se relacionan los supuestos en los que cabe el recurso de inconstitucionalidad, se menciona en estrictamente las leyes y las disposiciones normativas con fuerza de ley. No obstante lo cual, en el proyecto propuesto por el Gobierno y que constituye hasta este momento el texto del dictamen, se incorpora otra expresión distinta, otro concepto jurídico distinto, que es "los actos con fuerza de ley". Se ha justificado su incorporación al amparo de lo que señala el artículo 161, 1, en su apartado d) cuando dice que el Tribunal Constitucional conocerá, además, de las otras materias que le atribuyan la Constitución o las Leyes Orgánicas. La Constitución no le atribuye esta posibilidad de conocer de los actos con fuerza de ley. Los representantes del partido del Gobierno han explicado en Ponencia y en Comisión que al estimarse que esta ley del Tribunal Constitucional tiene el carácter, la naturaleza de la ley orgánica, puede, por tanto, incorporar otros supuestos que sean susceptibles de este recurso de inconstitucionalidad. Por el contrario, nuestro Grupo sostiene que esto no puede ser así, que esta ley es una ley orgánica específicamente señalada en el propio texto constitucional en su artículo 165, de una naturaleza claramente adjetiva, una naturaleza en la que se tiene que desarrollar en esta ley el Estatuto, los procedimientos, los supuestos en los que el Tribunal debe conocer de acuerdo con la Constitución. Pero si algo quiere incorporarse al conocimiento del Tribunal Constitucional debe ser una ley orgánica distinta, separada, una ley orgánica que constituya un cuerpo diferente del que ahora se está examinando.

Quiero señalar algo que posiblemente puede interesar a algún sector del partido del Gobierno : que de prosperar esta interpretación, podría suceder, por ejemplo, que allí donde la Constitución menciona que por ley orgánica posterior pueden otorgarse determinadas competencias a las Comunidades Autónomas, atendido que los estatutos son una ley orgánica, esto quiere 'decir que los estatutos, en su inicial redacción, pueden incorporar competencias de las que no figuran en el techo que se comprende en el artículo 140. Téngase presente, por tanto, que la votación de ahora supone un claro precedente. Quiere decir que como esto que estamos elaborando es una ley orgánica, si a través del apartado d) del número 1 del artículo 161 se incorporan nuevas materias al conocimiento del Tribunal Constitucional, no puede existir reparo constitucional de clase alguna para que luego, en un estatuto que quiera aprobarse, puedan incorporarse materias de la exclusiva competencia estatal, por cuanto en aquel momento también el estatuto tiene naturaleza de ley orgánica y no puede entenderse que sea un trámite posterior a aquel que sea necesario. Por tanto, la primera objeción formal, pero procedimental, es entender que la incorporación que se propone es una incorporación que evidentemente vulnera el texto constitucional, el procedimiento constitucional, y sería realmente paradójico que un Tribunal que se crea para juzgar sobre la interpretación de la Constitución, lo primero que haga en su propio acto constitutivo sea vulnerar la Constitución. En cuanto al segundo aspecto, del fondo conceptual, desde que hemos empezado la discusión en trámite de Ponencia y de Comisión respecto de lo que es acto con fuerza de ley, no hemos podido conocer por parte de los representantes del Partido del Gobierno ni un solo supuesto que haya sido absolutamente claro. Les hemos pedido humildemente, reconociendo nuestra ignorancia, que nos digan qué es un acto con fuerza de ley y nos han dicho exactamente aquello que no se puede decir: "Un acto con fuerza de ley es esto, un acto con fuerza de ley". Nos interesábamos por conocer algo más, porque lo que habíamos estudiado de jovencitos era que un acto con fuerza de ley, siguiendo la doctrina clásica francesa, es el que permite al coronel en plena guerra decir a sus soldados: "Adelante" y como pensábamos que en este caso esto no tiene por qué estar sometido al Tribunal Constitucional, creíamos que no era necesaria la incorporación de este concepto.

Normas con rango de Ley[181]	Disposiciones normativas[182]	Acto con fuerza de Ley
2. **Los Decretos-Ley (Artículo 86 de la Constitución Española)** – El gobierno podrá emitirlos en casos de Extraordinaria y de urgente necesidad. – Es una facultad de origen del Ejecutivo concedida por la Constitución. – Serán de carácter provisional. – No podrán afectar al ordenamiento de las instituciones básicas del Estado, a los derechos, deberes y libertades de los ciudadanos regulados en el Título I de la Constitución, al régimen de las comunidades autónomas ni al derecho electoral general.		No obstante la falta de claridad en el concepto y la ausencia del término en la Constitución, el Tribunal Constitucional ha adoptado ciertas posturas, mismas que pueden apreciarse en sus sentencias, en donde se advierte que los «actos con fuerza de ley» son actos de naturaleza parlamentaria que suponen un desarrollo directo de la Constitución; (Sentencia de recurso de Inconstitucionalidad 90/2019 de dos de julio)[185].

Pero no nos han dicho lo que era ese acto, no nos lo han explicado y, por tanto, pedimos que se nos juzgue con humildad, con generosidad y que se nos diga, por favor, si es que hay algún ejemplo que no conocemos, ya que ha habido una resistencia total a explicarnos qué quería decir acto con fuerza de ley y a darnos algún ejemplo que nos valiera».

185. En sus antecedentes a que el Parlamento de Cataluña, en cumplimiento de la resolución 818/XI, adoptada por el pleno de la Diputación Permanente, interpuso recurso de inconstitucionalidad contra el acuerdo del Pleno del Senado de 27 de octubre de 2017, por el que se aprueban las medidas requeridas por el Gobierno al amparo del art. 155 de la Constitución y contra todas las disposiciones dictadas en desarrollo o como complemento o adición de las medidas aprobadas por el referido acuerdo del Senado. En este sentido se argumentó, respecto de la naturaleza del acto con fuerza de ley:
«se afirma que, aunque formalmente es un acto desprovisto de rango de ley [art. 27 de la Ley Orgánica del Tribunal Constitucional (LOTC)], el cauce para su revisión jurisdiccional no puede ser otro que el del recurso de inconstitucionalidad, dado que se trata de un acto de naturaleza parlamentaria que supone un desarrollo directo de la Constitución. Es un acto de carácter singular, a través del cual se efectúa un control parlamentario sobre el Gobierno de la Generalitat y se confiere legitimidad democrática a la adopción de medidas de carácter extraordinario. Lo relevante es, a estos efectos, que el acuerdo de autorización del Senado no conlleva exclusivamente la habilitación al Gobierno para adoptar determinadas medidas, sino que le atribuye una función plenamente normativa o de regulación de dichas medidas, con capacidad de alterar sustancialmente las relaciones de carácter interinstitucional en el marco del Estado autonómico y, en especial, el ejercicio de competencias cuya titularidad establece el bloque de constitucionalidad, operando incluso modificaciones del ordenamiento jurídico. Por ello, pese a tratarse de medidas temporales o transitorias, dada su capacidad de alterar el ordenamiento vigente no puede sino equipararse a la fuerza de una ley. (...)» Sentencia 90/2019 de 02 de julio (BOE núm. 192, de 12 de agosto de 2019), Recurso de inconstitucionalidad 143-2018.

Normas con rango de Ley[181]	Disposiciones normativas[182]	Acto con fuerza de Ley
		Por otro lado, un sector de la doctrina ha expresado que «Entre los "actos" con fuerza de ley, el Tribunal ha incluido, por ejemplo, las autorizaciones y declaraciones efectuadas por el Congreso de los Diputados en el marco de los estados de alarma, excepción y sitio contemplados en el art. 116 de la Constitución Española» (ATC 7/2012)[186] o bien, otros autores mencionan que el establecimiento en la ley orgánica del Tribunal Constitucional de una nueva causal de procedencia (actos con fuerza de ley) en el recurso de inconstitucionalidad está fundamentada en el inciso d), numeral 1 del artículo 161 de la Constitución Española y que en este tenor, se puede reconocer al reglamento[187] como un acto con fuerza de Ley[188].

En relación con lo anterior, está la sentencia 89/2019 que en su fundamento jurídico 2b cita a las resoluciones STC 83/2016, FFJJ 9 y 10, y ATC7/2012, de 13 de enero, FJ3, todas las cuales dejan ver «... que si la Constitución y el ordenamiento habilitan a determinados actos, decisiones o resoluciones parlamentarias para modificar de tal modo la aplicación de las leyes, no es de dudar que tales actos, decisiones o resoluciones, ostenten ese genérico "rango" o "valor" de ley» Sentencia 89/2019, de 2 de julio, (BOE núm. 192, de 12 de agosto de 2019), Recurso de inconstitucionalidad 5884-2017.

186. Ferreres Comella, Víctor, «Artículo 161.1.a)» en Montesillos Padilla, Carmen (Coord.), *Comentario a la Constitución Española, 40 aniversario 1978-2018: Libro - homenaje a Luis López Guerra*, España, Tirant lo Blanch, 2018, Tomo II, p. 2178.

187. Guillermo Escobar Roca señala que el reglamento «es el texto que contiene normas jurídicas (mandatos generales), dictado por la administración. Esta definición plantea dos cuestiones problemáticas:
Si el concepto de Administración es material o formal. Suele admitirse que son también reglamentos las normas procedentes de órganos que no forman parte de la Administración pero que excepcionalmente actúan como si fueran órganos administrativos. De esta forma, la definición de reglamento podría formularse más precisamente de forma negativa: norma jurídica dictada por órganos del Estado cuando no ostentan la potestad legislativa ni la potestad jurisdiccional». Escobar Roca, *op. cit*, p. 178.

188. «Surgen así a la vida jurídica los actos del Estado con fuerza legal para la aplicación de una Ley, o en defecto de la misma, para dar reglas con las que ir resolviendo, conforme a los

Normas con rango de Ley[181]	Disposiciones normativas[182]	Acto con fuerza de Ley
		En este contexto, como se observa, los «actos con fuerza de ley» por exclusión, serán aquellos que no reúnan las características de una disposición normativa o de una norma con fuerza de ley, de ahí que atenderá al caso en concreto.

En esta tesitura, se observan diferencias fundamentales entre los recursos de inconstitucionalidad que, por una parte, resolvía el Tribunal de Garantías y, por otra parte, aquellos que soluciona el Tribunal Constitucional, entre los que destacan:

1. En la Ley Orgánica del Tribunal de garantías de 1933, las personas individuales o colectivas estaban legitimadas para promover el recurso de inconstitucionalidad previsto en la Constitución de 1931 previo agotamiento de la excepción de inconstitucionalidad; mientras que en la actualidad es facultad exclusiva de autoridades.
2. La excepción de inconstitucionalidad —símil de la cuestión de inconstitucionalidad— prevista en la Ley Orgánica del Tribunal de Garantías de 1933 (Capítulo Segundo «De los actos preliminares del Recurso» del Título Tercero «Sobre el Recurso de Inconstitucionalidad de las Leyes») era considerado un acto preliminar del recurso; en cambio, en la Ley Orgánica del Tribunal Constitucional de 1979, la cuestión de inconstitucionalidad está considerada como un medio de control distinto al recurso de inconstitucionalidad (Capítulo III «De la cuestión de inconstitucionalidad promovida por jueces o Tribunales» del Título Segundo «De los procedimientos de Declaración de Inconstitucionalidad» de la Ley Orgánica del Tribunal Constitucional).
3. Los efectos de la sentencia recaída en un recurso de inconstitucionalidad resuelto por el Tribunal de Garantías podían ser concretos si se trataba de una inconstitucionalidad material o bien, generales, tratándose de una inconstitucionalidad de carácter formal; siendo que, en el marco legal vigente, las sentencias del recurso de inconstitucionalidad en todos los casos tienen efectos *erga omnes*[189].

principios de las Leyes, los casos que se presenten a la consideración de las autoridades y que son conocidos con el nombre de "Reglamentos"» en RODRÍGUEZ MOLERO, Antonio, «El alcance de la inconstitucionalidad», *Revista de Política Social* Centro de Estudios Constitucionales, Madrid, España, 1980, N.º 126, abril-junio, p. 118.

189. En la doctrina se ha reconocido dentro de las competencias del Tribunal Constitucional, el ejercicio del control de la constitucionalidad de las leyes mediante mecanismos propios

4. En la regulación de la Ley Orgánica del Tribunal de Garantías así como en la Constitución Española de 1931 se reconocieron como objeto de control del recurso de inconstitucionalidad a las disposiciones normativas en cualquiera de sus manifestaciones (las leyes de la República y las aprobadas por las regiones autónomas)[190]; no obstante lo anterior, también se homologaron al rango de disposiciones normativas a los decretos emitidos por los gobiernos, tanto de las regiones autónomas[191], los emitidos por el Gobierno previa autorización del Congreso[192]; así como los decretos emitidos por el Gobierno en materia de urgente decisión o cuando lo demandara la defensa de la República[193]; mientras que en el presente, la Ley Orgánica del Tribunal Constitucional reconoce además de las Leyes y disposiciones con fuerza de ley (supuestos que también están en la Constitución de 1978) una tipología distinta, la de «actos con fuerza de ley» a los cuales nos hemos referido en este apartado.

En este orden de ideas, el marco constitucional del Recurso de Inconstitucionalidad vigente se establece en el Título IX «Del Tribunal Constitucional» en los artículos 161 y 162 mientras que el marco legal se encuentra estipulado en la Ley Orgánica del Tribunal Constitucional de 03 de octubre de 1979, en el artículo veintinueve, así como el Capítulo II «Del Recurso de Inconstitucionalidad» del Título II «De los Procedimientos de Declaración de Inconstitucionalidad».

2.3.3.2. Concepto

Fieles a la metodología impuesta en el capítulo anterior, para llegar a la definición que se busca, primero se procederá a destacar el género próximo y posteriormente la diferencia específica del recurso de inconstitucionalidad.

En este marco, las fuentes en donde se buscará el género y las respectivas diferencias específicas serán las leyes que lo regulan (Constitución española y la Ley Orgánica del Tribunal Constitucional), la jurisprudencia del Tribunal Constitucional y la doctrina constitucional.

---

del control de la constitucionalidad concentrado cuyos efectos son abstractos (recurso de inconstitucionalidad) y otros con características que si bien, sólo es competente el Tribunal Constitucional, por el efecto de sus sentencias (incidentales o concretos) pertenecen al control difuso (como la cuestión de inconstitucionalidad). *Cfr.* Arévalo Gutiérrez, Alfonso (Director), *et al*, *Introducción a la Constitución Española de 1978*, Madrid, España, Dykinson, 2019, p. 346.

190. Artículo 28, numeral 1 de la Ley Orgánica del Tribunal de Garantías de 1933.

191. Artículo 28, numeral 3 de la Ley Orgánica del Tribunal de Garantías de 1933.

192. Artículo 61 de la Constitución Española de 1931.

193. Artículo 80, párrafo primero de la Constitución Española de 1931.

En este sentido, tomando en consideración que el género es la familia conceptual más amplia a la que puede pertenecer una idea a definir, se aprecia que la figura en análisis tendría como género la palabra «recurso», así lo establece el artículo 161 de la Constitución española e igualmente el artículo 31 de la Ley Orgánica 2/1979 del Tribunal Constitucional.

No obstante lo descrito, esta terminología no es del todo acertada, ya que la palabra «recurso» está asociada a la impugnación de una relación procesal dictada por un juez, circunstancia que en el recurso de inconstitucionalidad no acontece, pues no hay una relación procesal previa, ni tampoco se utiliza como una instancia jurisdiccional superior que revisará una relación procesal preexistente, por lo cual se devela que para llegar a la definición de este medio de control de la constitucionalidad no se debe de acudir a su denominación legal, sino a la naturaleza jurídica de la institución.

En este orden de ideas, debe dejarse en claro que «ni la Constitución española, ni la Ley Orgánica del Tribunal Constitucional contemplan a esta institución jurídica como una vía de impugnación que pueda direccionarse indiscriminadamente en contra de un bloque de legalidad o contra una parte del sistema normativo o del ordenamiento jurídico, sino que se dirige al enjuiciamiento de textos legales y de fórmulas legislativas determinadas»[194] estudiadas abstractamente.

Así las cosas, en los recursos de inconstitucionalidad, el Tribunal Constitucional lleva a cabo un examen de la constitucionalidad de cualquier norma de rango legal[195], del Estado o de las Comunidades Autónomas; disposición normativa y actos con fuerza de ley, mediante el cual se contrasta de forma abstracta con respecto a las normas y principios constitucionales el parámetro de control constitucional[196].

---

194. Véase Sentencia 24/1982, de 13 de mayo, (BOE núm. 137, de 09 de junio de 1982), Recurso de inconstitucionalidad 68/1982.

195. Al respecto, debe dejarse constancia que el control es abstracto, habida cuenta que el Tribunal Constitucional expresó en la sentencia el recurso de inconstitucionalidad 143-2018, interpuesto por el Parlamento de Cataluña contra el Acuerdo del Pleno del Senado, de 27 de octubre de 2017, mediante el que se aprueban las medidas requeridas por el Gobierno al amparo del art. 155 de la Constitución, publicado mediante resolución de 27 de octubre de 2017 que sólo pueden ser objeto de control, a través de este recurso de inconstitucionalidad, las normas y no los actos aplicativos de la ley: «no existe la alegada "unidad normativa", pues los actos adoptados por el Gobierno de la Nación, bien para la ejecución de las medidas autorizadas por el art. 155 CE, bien en su condición de gobierno de la Generalitat de Cataluña de acuerdo con lo previsto en dichas medidas, no tienen fuerza de ley, sino la propia de los actos aplicativos de una ley, y no pueden, en consecuencia, impugnarse a través del recurso de inconstitucionalidad». Sentencia 90/2019 de 02 de julio (BOE núm. 192, de 12 de agosto de 2019), Recurso de inconstitucionalidad 143-2018.

196. Estas afirmaciones pueden verificarse también en la STC 49/2008 de 9 de abril dictada en el recurso de inconstitucionalidad promovido contra la Ley Orgánica 6/2007, de 24 de mayo por la que se modificaba la Ley Orgánica 2/1979, de 3 de octubre, del Tribunal Constitucional; igualmente se puede verificar en la sentencia publicada en el Boletín Oficial del

Por su parte, un tratadista ex magistrado del Tribunal Constitucional español, ha manifestado sobre el recurso de inconstitucionalidad, que éste «es un mecanismo de impugnación directa de normas con fuerza de ley, tanto del Estado como de las Comunidades Autónomas, que tiene por objeto exclusivo ejercitar el control [de la constitucionalidad] abstracto de dichas normas»[197].

Por otro lado, Juan José Ruiz Ruiz en la obra, *El sistema constitucional español* expresa que el recurso de inconstitucionalidad «no es más que una modalidad directa del control de constitucionalidad de las leyes junto a la modalidad indirecta de la cuestión de inconstitucionalidad, procesos en los que el T[ribunal] C[onstitucional] asume el carácter de legislador negativo como consecuencia de la fuerza *erga omnes* de sus sentencias»[198].

En el mismo sentido se ha posicionado Francisco José Sospedra Navas, quien sostuvo que este medio de control «es un recurso abstracto, orientado a la depuración objetiva del ordenamiento, por medio del cual se sostiene una pretensión impugnatoria ante el Tribunal Constitucional dirigida contra preceptos legales determinados fundada en la inconstitucionalidad de los mismos»[199].

Asimismo, las autoras María Garrote de Marcos y Beatriz Vila Ramos señalan que la «Constitución establece dos vías de acceso al control de constitucional[idad], la directa, el recurso de inconstitucionalidad (Art. 161,

---

Estado del 28 de julio de 2016, Pleno. Sentencia 118/2016, de 23 de junio (BOE núm. 181, de 28 de julio de 2016), Recursos de inconstitucionalidad 3443-2010, 4138-2010, 4223-2010 y 4224-2010. Interpuestos por el Consejo de Gobierno de la Comunidad Autónoma de La Rioja, el Parlamento de La Rioja, el Consejo de Gobierno de la Comunidad Autónoma de Castilla y León y las Cortes de Castilla y León, respectivamente, respecto de la Ley Orgánica 1/2010, de 19 de febrero, de modificación de las leyes orgánicas del Tribunal Constitucional y del Poder Judicial. Principios de igualdad, interdicción de la arbitrariedad, solidaridad, unidad de mercado y autonomía financiera; derecho a la tutela judicial efectiva, potestades jurisdiccionales del Tribunal Constitucional y del orden contencioso-administrativo: interpretación conforme de los preceptos legales que establecen un control de las normas forales fiscales compartido entre la jurisdicción constitucional y la ordinaria. Igualmente, en la sentencia 185/2016 de 3 de noviembre, (BOE núm. 299, de 12 de diciembre de 2016), en el recurso de inconstitucionalidad núm. 229-2016.

197. Pérez Tremps, Pablo, *Sistema de justicia constitucional*, segunda edición, Navarra España, Aranzadi, 2016, p. 66.

198. Gambino Silvio, *et al.*, *El sistema constitucional español,* Madrid España, Instituto Nacional de Administración Pública (INAP), 2019, p. 304.

199. Sospedra Navas, Francisco José, *Justicia Constitucional y Procesos constitucionales,* Navarra España, Aranzadi, 2011, colección práctica de los procesos constitucionales, versión electrónica obtenida por recursos-e de la Universidad de Alcalá disponible en: https://insignis.aranzadidigital.es/maf/app/document?srguid=i0ad6adc50000017f7baae61131ec92e1&marginal=BIB\2011\5551&docguid=I6616c9b0fb8011e0a911010000000000&ds=ARZ_LEGIS_CS&infotype=arz_biblos;&spos=72&epos=72&td=0&predefinedRelationshipsType=documentRetrieval&fromTemplate=&suggestScreen=&&th=&guid=&selectedNodeName=&selec_mod=false&displayName=# respecto a la definición del recurso de inconstitucionalidad.

a) Constitución Española) y la incidental, la cuestión de inconstitucionalidad (Art. 163 Constitución Española). Las dos tienen en común el objeto sobre el que recae el proceso, en ambos casos el objeto del recurso será una norma con rango de ley de la que se duda de su constitucionalidad, lo que implica necesariamente un juicio de contraste entre la Constitución y la Ley. (...) El objeto del recurso de inconstitucionalidad es la pretensión procesal presentada al Tribunal Constitucional por los sujetos legitimados para ello en la que se denuncia, con los fundamentos adecuados la posible inconstitucionalidad de una norma o disposición con fuerza de ley en vigor; la inconstitucionalidad puede ser tanto formal como material»[200].

Es así que, a modo de definición, el recurso de inconstitucionalidad es un medio de control de la constitucionalidad jurisdiccional, cuyo objeto es que, de manera abstracta, el juez constitucional, a petición de los sujetos legitimados, realice un examen de la constitucionalidad de cualquier disposición normativa, norma con rango de ley[201] o acto con fuerza de ley, del Estado o de las Comunidades Autónomas para determinar su viabilidad o no en el orden constitucional.

2.3.3.3. Derechos que protege

Debido a la naturaleza jurídica del recurso de inconstitucionalidad, esto es, un medio de control de la constitucionalidad abstracto, más que hablar de derechos protegidos, debe de garantizarse la coherencia y plenitud del orden jurídico, de ahí que lo que proteja el recurso de inconstitucionalidad no sea un derecho sino un principio del orden jurídico, el de supremacía constitucional.

Es así que, a través del ejercicio del control de constitucionalidad abstracto mediante el recurso de inconstitucionalidad, se garantice —por lo menos idealmente— la no existencia de disposición normativa, acto o regulación con fuerza de ley que sea contraria al orden constitucional.

En este orden de ideas, el Tribunal Constitucional como intérprete supremo de la Constitución y como el órgano máximo para ejercer control de la constitucionalidad debe verificar el cumplimiento de los límites formales y materiales que deriven de la Constitución; esto es controlar la adecuación del ejercicio del poder estatal[202].

---

200. Garrote de Marcos, María y Vila Ramos, Beatriz, *Jurisdicción constitucional y el procedimiento de defensa de los derechos,* Madrid España, Dykinson, 2015, pp. 32-33.

201. En concreto y conforme al artículo 31 de la Ley Orgánica del Tribunal Constitucional: Leyes, disposiciones normativas o actos con fuerza de Ley.

202. *Cfr.* Sentencia Recurso de Inconstitucionalidad 90/2019, de 2 de julio (BOE núm. 192, de 12 de agosto de 2019), Recurso de inconstitucionalidad 5884-2017, Fundamento jurídico número 2 y Sentencia 215/2016, de 15 de diciembre, (BOE núm. 17, de 20 de enero de 2017), Recurso de inconstitucionalidad núm. 7466-2015.

En este marco, si bien la finalidad primordial del recurso de inconstitucionalidad es asegurar la supremacía constitucional y por ende validar la Ley[203] (entiéndase la validación de la ley derivado de un cuestionamiento de la constitucionalidad de la misma) también garantiza de forma accesoria otros bienes jurídicos valiosos y deseables para la forma de Estado español, como el reparto de competencias entre la órbita central del Estado y las Comunidades Autónomas (correlación entre el artículo 153 y 161 de la Constitución Española)[204].

Lo anterior llama la atención si consideramos que el Sistema de medios de control de la constitucionalidad español se integra por otros mecanismos, tales como el Recurso de Amparo, el cual, a diferencia del Recurso de Inconstitucionalidad que de manera directa busca preservar el principio de supremacía constitucional y de manera indirecta principios que atienden a la existencia política del Estado; pretende garantizar «libertades públicas» frente a terceros, generalmente los poderes públicos; no así los reconocidos en Tratados Internacionales, aunque puedan fungir como un parámetro interpretativo, pero al carecer de rango constitucional no es posible su protección mediante este medio de control concreto[205].

2.3.3.4. Procedencia

Conforme al artículo 27 de la Ley Orgánica del Tribunal Constitucional son susceptibles de declaración de inconstitucionalidad: a) Los Estatutos de Autonomía y las demás Leyes orgánicas; b) Las demás Leyes, disposiciones normativas y actos del Estado con fuerza de Ley; c) Los Tratados Internacionales; d) Los Reglamentos de las Cámaras y de las Cortes Generales; e) Las Leyes, así como los actos y disposiciones normativas con fuerza de Ley de las Comunidades Autónomas y; f) Los Reglamentos de las Asambleas legislativas de las Comunidades Autónomas.

Sobre este tema, Manuel Aragón realiza una crítica respecto a la interpretación que ha realizado el Tribunal Constitucional en el sentido de que sea este órgano quien conozca de los conflictos en defensa de la autonomía foral para impugnar normas fiscales dictadas por los Territorios Históricos de Álava, Vizcaya y Guipúzcoa, pues si bien formalmente no se tratan de Recursos de Inconstitucionalidad procesalmente, se procesan de ese

203. Carrillo, Marc, «El Tribunal Constitucional un balance de cuarenta años», *Revista de Derecho Político,* Madrid España, 2018, N.° 101, enero- abril, p. 639.

204. Al respecto, Marc Carrillo señala «Buena parte de estos recursos han tenido contenido competencial lo que, sin duda, se explica por la notoria ambigüedad del Título VIII CE para delimitar con criterios objetivos el sistema de reparto territorial del poder político entre el Estado y las Comunidades Autónomas». *Idem.*

205. *Cfr.* Pérez Tremps, Pablo, *Sistema de Justicia Constitucional, op. cit.*, p. 122

modo; esta crítica atiende a la naturaleza de estas normas, en virtud de que su esencia es administrativa y deben ser combatidas por los tribunales ordinarios[206].

Asimismo, Pablo Pérez Tremps al analizar el apartado de las normas objeto de control de los mecanismos de control de normas con fuerza de ley ha expresado que el artículo 27 de la Ley Orgánica del Tribunal Constitucional ha causado varios conflictos al momento de su aplicación, describiendo ejemplos como los Decretos-Leyes en los que si bien no se tiene duda de ser objeto de control de la constitucionalidad, estos —de conformidad con el artículo 86.2 y 86.3 de la Constitución Española— deberán ser sometidos a debate y votación de la totalidad del Congreso de los Diputados dentro del plazo de 30 días en los que deberá de pronunciarse sobre su convalidación, derogación o tramitación como proyecto de ley, siendo que en estos dos últimos casos el Decreto-Ley desaparece con esa naturaleza, por lo cual, por cuestiones de temporalidad se dificulte la aplicación de control de la constitucionalidad. No obstante, el Tribunal Constitucional ha determinado la posibilidad de analizar la constitucionalidad de una norma de esta naturaleza incluso cuando ya no exista; igualmente, señala la presentación de complicaciones en el caso de los decretos legislativos, pues cuando éstos actualizan un exceso de delegación dejan de ser leyes para transformarse en reglamentos por lo que su nueva naturaleza obstaculiza que sean sometidos a control de la constitucionalidad y sólo puedan analizarse mediante el control de la legalidad. Asimismo, Pérez Tremps relata que «el Tribunal Constitucional, por una parte, ha confirmado la posibilidad de que los tribunales ordinarios controlen los excesos de delegación; pero, a la vez, y, por otra parte, cuando se ha cuestionado la regularidad de un decreto legislativo ante el Tribunal Constitucional, éste ha entrado a conocer del asunto. Por ello, en este terreno, existe una zona de concurrencia en la que tanto el Tribunal Constitucional como los tribunales ordinarios pueden actuar»; por lo que hace a los reglamentos parlamentarios también pueden ser objeto de control —Estatuto del personal de las Cortes Generales— mientras que «las normas equivalentes de los parlamentos autonómicos no tienen esa naturaleza salvo que estén expresamente previstos con ese carácter —reglamento parlamentario— en el Estatuto de Autonomía» correspondiente; de igual manera, las normas de declaración de estados excepcionales poseen fuerza de ley por lo cual son sujetas a control de la constitucionalidad mediante recurso o cuestión de constitucionalidad, por mencionar algunos[207].

---

206. *Cfr.,* Aragón Reyes, Manuel, «Cuarenta años de Tribunal Constitucional», *Anuario Iberoamericano de Justicia Constitucional*, Madrid, España, Vol. 25, Núm. 1, 2021, p. 43. Disponible en: https://recyt.fecyt.es/index.php/AIJC/article/view/90228

207. *Cfr.* Pérez Tremps, Pablo, *Sistema de justicia constitucional*, 2.ª ed., Navarra España, Aranzadi, 2016, pp. 56-58.

Al respecto, en el apartado «2.3.3.1 Actualidad» de este capítulo se mencionó y explicó la existencia de regulaciones diferentes sobre la procedencia de este recurso de inconstitucionalidad, pues mientras que la Constitución Española solamente reconoce las normas con rango de ley y disposiciones normativas como objeto de este recurso; la Ley Orgánica, basándose en el artículo 161.1 d) de la Constitución Española permite además combatir los actos con fuerza de ley.

2.3.3.5. Plazo

El plazo que establece la Ley Orgánica del Tribunal Constitucional para incoar el recurso de inconstitucionalidad atiende a dos supuestos, uno que se puede clasificar como regla general y otro como excepción a la misma.

La regla general determina que el lapso para promover el recurso es de tres meses, contabilizado a partir de la publicación de la ley, disposición o acto con fuerza de ley que se pretende impugnar.

En este contexto, al ser un medio de control abstracto no es necesario que en los hechos se verifique la aplicación de la norma a un caso específico; pues basta que la norma en cuestión sea publicada en el Boletín Oficial del Estado (BOE)[208], aun cuando no haya entrado en vigor para que pueda ser «enjuiciada». Es menester destacar que, «tratándose de normas autonómicas, el plazo empieza a correr desde la publicación en el diario oficial autonómico, sin que la posterior publicación en el BOE reabra el plazo para impugnar (ATC 579/1989)»[209].

Sobre los tres meses, algunos autores han manifestado[210], al igual que diversos criterios adoptados por resoluciones del Tribunal Constitucional Español, (en sus fundamentos jurídicos como el auto 547/1989[211] o las sentencias de los recursos de inconstitucionalidad, STC 11/1981[212] o STC 124/2017)[213] que este plazo atiende a la figura de la caducidad y no a la de prescripción.

---

208. El Código Civil español refiere en su artículo 2 que las leyes deben ser publicadas en el Boletín Oficial del Estado.

209. Ferreres Comella, Víctor, *op. cit.*, p. 2181.

210. González Álvarez-Bugallal, María Cristina, y Medina Rubio, Ricardo, *Apuntes de derecho procesal constitucional,* Alicante España, editorial club universitario, 2009, p. 59.

211. Auto 547/1989, de 15 de noviembre de 1989, Recurso de inconstitucionalidad 1.926/1989.

212. Sentencia 11/1981, de 8 de abril, (BOE núm. 99, de 25 de abril de 1981), En el recurso de inconstitucionalidad promovido por don Nicolás Redondo Urbieta y cincuenta y un diputados más, representados por el Comisionado don José Vida Soria contra diversos preceptos del Real Decreto-Ley 17/77.

213. Sentencia 124/2017, de 8 de noviembre, (BOE núm. 278, de 16 de noviembre de 2017), Recurso de inconstitucionalidad núm. 4386-2017.

Cabe señalar que, en México, el plazo para interponer el procedimiento análogo (acción de inconstitucionalidad) ante la institución que lo resuelve (Suprema Corte) es mucho menor, pues sólo es de treinta días, en este sentido el margen temporal que se brinda para impugnar la norma en España se considera muy amplio, lo cual propicia indeterminación para todos los sujetos a los que está dirigida la norma.

Respecto a la forma en cómo se computa el plazo de tres meses, es importante tener contemplado lo estipulado en el artículo 80 de la Ley Orgánica del Tribunal Constitucional, precepto que permite la supletoriedad de la Ley de Enjuiciamiento Civil, la cual especifica en su artículo 133 que cuando el cómputo de plazos sea por días, se excluirán los inhábiles; mientras que, cuando los plazos estén señalados por meses se computarán de fecha a fecha. En cualquiera de los conteos respectivos no se contará el día de la publicación de la ley, sino a partir del día siguiente a aquella.

Por otro lado, la excepción a la regla general para accionar el recurso de inconstitucionalidad es de nueve meses[214] y éste se actualiza cuando a pesar de haberse iniciado negociaciones entre ambos niveles de gobierno al seno de la Comisión Bilateral de Cooperación entre la Administración General del Estado y la Comunidad Autónoma en comento haya sido imposible llegar a un acuerdo. No obstante, para que el recurso pueda promoverse en el plazo de nueve meses, el Presidente del Gobierno o bien, el órgano colegiado ejecutivo de la Comunidad Autónoma deberá acreditar que se cumplió con los requisitos estipulados en el artículo treinta y tres, numeral 2, incisos a), b) y c) de la Ley Orgánica del Tribunal Constitucional, mismos que se enuncian a continuación:

1. Que la Comisión Bilateral de Cooperación entre la Administración General del Estado y la respectiva Comunidad Autónoma se haya reunido, pudiendo solicitar la convocatoria cualquiera de las dos Administraciones.
2. Que al seno de la respectiva Comisión, se haya adoptado un acuerdo sobre iniciación de negociaciones para resolver las diferencias, incluso la modificación del texto normativo. Así mismo el acuerdo podrá estipular la invocación o no de la suspensión de la norma en caso de presentarse el recurso (siempre y cuando lo solicite el Presidente del Gobierno) y;
3. El acuerdo respectivo sea dado a conocer al Tribunal Constitucional por los órganos mencionados en el numeral 1, dentro del plazo de tres meses siguientes a la publicación de la ley, disposición o acto con fuerza de ley y se inserte en el Boletín Oficial del Estado y en el Diario Oficial de la Comunidad Autónoma correspondiente.

---

214. Plazo que se estableció en virtud de la reforma del 07 de enero del año 2000 a la Ley Orgánica del Tribunal Constitucional, sobre el artículo 33, agregando ahora sus numerales 2 y 3.

En este orden de ideas, el plazo de nueve meses pretende resolver conflictos de constitucionalidad de leyes a partir de consideraciones políticas y no jurídicas; ya que sólo así se entiende rehuir en primera instancia a la jurisdicción constitucional del Tribunal, en este sentido y de alguna manera se actualiza incipientemente un control de la constitucionalidad por órgano político.

2.3.3.6. Sujetos legitimados

La legitimación es un requisito indispensable de análisis para el Tribunal Constitucional, ya que debe de pronunciarse sobre este rubro antes de entrar al fondo del asunto; en este sentido de no colmarse la legitimación no se entrará a conocer el tema en cuestión.

Atendiendo a los sujetos enunciados en la Constitución española, en su artículo 162, numeral 1, inciso a), podemos clasificar a los legitimados para iniciar el recurso de inconstitucionalidad en:

a) Sujetos cuya legitimación proviene de fuentes políticas y democráticas;

b) Sujetos legitimados por su nivel de competencia territorial;

c) Sujetos legitimados desarrolladores de funciones públicas ejecutivas de representación gubernamental;

d) Sujetos legitimados en virtud de ser minorías legislativas;

e) Sujeto legitimado por órgano autónomo.

Dicha clasificación puede ejemplificarse gráficamente en los siguientes dos cuadros:

CLASIFICACIÓN	Presidente del Gobierno	Defensor del Pueblo	50 Diputados	50 Senadores	Los órganos colegiados ejecutivos de las Comunidades Autónomas	Asambleas de las Comunidades Autónomas
Sujetos cuya legitimación proviene de fuentes políticas y democráticas	X		X	X	X	X
Sujetos cuya legitimación atiende al ámbito de competencia territorial	X		X	X	X	X
Sujetos legitimados desarrolladores de funciones públicas ejecutivas de representación gubernamental	X				X	
Sujetos legitimados en virtud de ser minorías legislativas			X	X		
Sujetos legitimados por ser órganos autónomos		X				

Instituciones legitimadas para incoar el Recurso de Inconstitucionalidad				
	De Origen Político y Democrático			Órganos Autónomos
		Función Ejecutiva	Función Legislativa[215]	
Por su competencia	Estatal	Presidente de Gobierno	50 Diputados 50 Senadores	Defensor del Pueblo
	Comunidad Autónoma	Ejecutivo de las Comunidades Autónomas[216]	Parlamentos Autonómicos	

Cabe mencionar que el marco competencial para los sujetos legitimados de las comunidades autónomas atiende a lo que establece el artículo 32.2 de la Ley Orgánica del Tribunal Constitucional.

Respecto a todos los sujetos legitimados para interponer el recurso de inconstitucionalidad caben las siguientes precisiones:

1. El Presidente del Gobierno cuenta con la legitimación activa para presentar el recurso de inconstitucionalidad destacando sobre éste que, conforme a la interpretación coordinada de los artículos 30 de la Ley Orgánica del Tribunal Constitucional y el 161.2 de la Constitución Española, es el único que tiene el monopolio para solicitar al Tribunal Constitucional la suspensión de la aplicación de la norma[217].

---

215. Estos actuarán mediante una representación única que puede ser concedida a uno de sus miembros o a un comisionado nombrado para ello.

216. Si quien interpone el recurso fuera un órgano colegiado (órganos colegiados ejecutivos y asambleas legislativas de las comunidades autónomas), la acción de inconstitucionalidad exige de un acuerdo de ese órgano, en caso contrario, se desestimará el recurso por falta de legitimación.

217. Sobre este rubro, Víctor Ferreres Comellas ha señalado que «habría que reflexionar sobre la conveniencia de reformar el artículo 30 de la LOTC [Ley Orgánica del Tribunal Constitucional] para incorporar a nuestro Sistema de Justicia Constitucional un régimen adecuado de tutela cautelar frente a las leyes (y normas o rango de ley) del Estado, similar al que existe en otros países que siguen el modelo concentrado de control de constitucionalidad. Hay que tener en cuenta, además, que el Derecho de la Unión Europea exige que los Estados miembros prevean en su ordenamiento la posibilidad de que los jueces suspendan cautelarmente las leyes nacionales que son objeto de impugnación por contravenir el Derecho de la Unión» en MONTESINOS PADILLA, Carmen (Coord.), *Comentario*

2. El Defensor del Pueblo[218] es un sujeto activo que puede intervenir iniciando el recurso sin un límite temático para ello, lo que quiere decir que puede denunciar por esta vía cualquier Ley ante el Tribunal Constitucional y no sólo sobre el sentido de la procuración de las personas. Sobre este punto, Sospedra Navas menciona que «su legitimación se le confiere al Defensor del Pueblo no en atención a su interés, sino a la alta cualificación política que se infiere de cometido constitucional»[219].

---

a la Constitución Española, 40 aniversario 1978-2018, Ferreres Comella, Víctor, *op. cit.*, p. 2183. Sobre la procedencia del Presidente del Gobierno, David Delgado Ramos, citando a Eduardo Espín Templado, Asunción García Martínez y Vicente Gimeno Sendra señala que «de hecho, desde la entrada en funcionamiento del Tribunal Constitucional, la interposición de recursos por parte del Presidente del Gobierno ha versado en exclusiva sobre la normativa de las Comunidades Autónomas, con "objeto de garantizar la integridad de las competencias del Estado frente a cualquier actuación legislativa de las Comunidades Autónomas". Por ello, resulta obvio sostener que la fundamentación de la potestad del Presidente del Gobierno de interponer un recurso de inconstitucionalidad es la de recurrir la normativa autonómica, y ese recurso, "no se planteará, lógicamente, tanto por criterios de inconstitucionalidad pura cuanto por la valoración de la oportunidad y valoración política de la normativa recurrida. Normativa que, en la práctica, suele encerrar conflictos constitucionales de competencia. Una de las (...) sentencias dictadas por el Tribunal Constitucional tras un recurso de inconstitucionalidad interpuesto por el Presidente del Gobierno es fiel reflejo de esta realidad". En efecto, la sentencia del Tribunal Constitucional 103/2008, de 11 de septiembre, declaró la nulidad de la Ley del Parlamento Vasco 9/2008, de 27 de junio, de "convocatoria y regulación de una consulta popular al objeto de recabar la opinión ciudadana en la Comunidad Autónoma del País Vasco sobre la apertura de un proceso de negociación para alcanzar la paz y la normalización política". Esta sentencia muestra la perfecta combinación que subyace a la interposición del recurso de inconstitucionalidad por parte del Presidente del Gobierno: una normativa que vulnera el interés general y un conflicto de gran calado político. Se combina la inconstitucionalidad jurídica y la oportunidad política». En Delgado Ramos, David, «La legitimación del Presidente del Gobierno en la interposición del recurso de inconstitucionalidad», *Revista Parlamentaria de la Asamblea de Madrid*, Madrid, España, núm. 24, 2011, p. 293.

218. Por lo que hace la legitimación del Defensor del Pueblo en el recurso de inconstitucionalidad, tratadistas han mencionado que éste posee una legitimación activa excesivamente amplia, no importando que el constituyente español haya optado por un modelo de justicia constitucional notablemente restringido en lo que al control abstracto de la constitucionalidad de las leyes se refiere, *Cfr.* Díaz Crego, María, «Defensor del Pueblo y justicia constitucional: entre la declaración de intenciones y el exceso competencial», *Teoría y Realidad Constitucional,* Madrid, 2010, N.° 26, p. 347.

219. Sospedra Navas, Francisco José, *Justicia Constitucional y Procesos constitucionales*, Navarra España, Aranzadi, 2011, colección práctica de los procesos constitucionales, versión electrónica obtenida por recursos-e de la Universidad de Alcalá disponible en: https://insignis.aranzadidigital.es/maf/app/document?srguid=i0ad6adc50000017f7baae61131ec92e1&marginal=BIB\2011\5551&docguid=I6616c9b0fb8011e0a911010000000000&ds=ARZ_LEGIS_CS&infotype=arz_biblos;&spos=72&epos=72&td=0&predefinedRelationshipsType=documentRetrieval&fromTemplate=&suggestScreen=&&th=&guid=&selectedNodeName=&selec_mod=false&displayName=# respecto a los requisitos subjetivos, en concreto, al Defensor del Pueblo.

Asimismo, en cuanto a la legitimación del Defensor del Pueblo, se observa que en la práctica esta institución no interpone Recurso de Inconstitucionalidad cuando su concurrencia no es esencial, es decir, que teniendo argumentos para promover este medio de control no lo hagan en virtud de que otros sujetos legitimados para tal efecto ya lo hayan hecho[220]. En esta misma línea se pronuncia Ignacio Torres Muro quien después de analizar algunas decisiones del Tribunal Constitucional en los que ha intervenido el Defensor del Pueblo expresa que un aspecto que llama la atención, es que a pesar de la legitimación tan amplia que ostenta, ésta ha sido utilizada relativamente poco, «a juzgar por los resultados obtenidos, [los cuales] se limitan a poco más de una docena de sentencias» mismas que representan un número reducido si lo comparamos con todas aquellas que han sido pronunciadas por el Tribunal Constitucional «En principio, parece diseñada para que puedan acceder al control de constitucionalidad de las leyes sectores excluidos por una regulación muy restrictiva, como la contenida en los arts. 162 CE y 32 LOTC, que no permite, desde luego, la acción popular. El Defensor se configura así como una alternativa para quienes no son ni el Presidente del Gobierno, ni cincuenta Diputados o cincuenta Senadores, ni órganos colegiados ejecutivos o Asambleas legislativas de las Comunidades Autónomas. Podría incluso representar el papel, previsto por Hans Kelsen en su modelo ideal de jurisdicción constitucional, de garante o defensor de la Constitución que 'a semejanza del ministerio público en el proceso penal, debería instar de oficio en el procedimiento de control de constitucionalidad para aquellos actos que estimara irregulares'. Ha de tenerse en cuenta, en todo caso, que, como sigue diciendo el autor austriaco, 'va de suyo que el titular de semejante función habría de estar revestido de todas las garantías imaginables de independencia tanto frente al Gobierno como frente al Parlamento' Pero no creemos que nuestro Defensor del Pueblo haya llegado a niveles tan trascendentes. Más bien ha intentado, con mayor o menor fortuna, suplir algunas de las carencias del sistema, convirtiéndose en algunos casos en la voz de los sin voz (extranjeros, sindicatos minoritarios, usuarios de sistemas informáticos, etc.)»[221].

---

220. *Cfr.* Informe Anual 2021. Anexos, Anexo D5 Solicitudes de Recursos ante el Tribunal Constitucional, p. 62. Disponible en la siguiente liga electrónica: https://www.defensordelpueblo.es/wp-content/uploads/2022/03/D.5-Solicitudes-de-recursos-ante-el-Tribunal-Constitucional.pdf

221. Torres Muro, Ignacio, «Los recursos del Defensor del Pueblo ante el Tribunal Constitucional. Una revisión» *Teoría y Realidad Constitucional*, España, núm. 26, p. 115.

3. Cincuenta Diputados y cincuenta Senadores es la cantidad numérica mínima para legitimar a una minoría de legisladores. Al ser un órgano colegiado, los recurrentes deben acreditar las circunstancias de identidad de la calidad de legislador.
4. Los órganos colegiados ejecutivos y las Asambleas de las Comunidades Autónomas pueden interponer el recurso contra las Leyes, disposiciones o actos con fuerza de Ley del Estado que afecten su propio ámbito de autonomía[222]. No obstante ello, la sentencia número 194/2004[223] de 04 de noviembre reconoce que «la legitimación de las Comunidades Autónomas para interponer el recurso de inconstitucionalidad no está al servicio de la reivindicación de una competencia violada, sino de la depuración del ordenamiento jurídico», lo cual implica que el recurso incoado por estos sujetos legitimados puede obedecer, por un lado, a la afectación directa sobre la Comunidad Autónoma; o bien, a la posibilidad de que el ejercicio o despliegue de sus funciones pueda verse afectado.

2.3.3.7. Órgano jurisdiccional competente

La competencia se encuentra establecida constitucionalmente en el artículo 161.1 a) y legalmente en el artículo segundo, uno a) así como el Capítulo II Del Recurso de Inconstitucionalidad del Título II De Los Procedimientos de Declaración de Inconstitucionalidad de la Ley Orgánica del Tribunal Constitucional.

Como se ha analizado en apartados anteriores de este capítulo, la naturaleza de este Tribunal es la de un órgano autónomo fuera de la estructura judicial y conformado de manera heterogénea, nombrados por el rey, a propuesta de los diferentes órganos constituidos[224].

---

222. Qué implica la afectación al ámbito de autonomía de la Comunidad Autónoma; al respecto, la solución parece estar reconocida en los fundamentos jurídicos de la sentencia STC 56/1990 en donde se dejó en claro que la legitimación de las Comunidades Autónomas para interponer el recurso de inconstitucionalidad no está objetivamente limitada a la defensa de sus competencias, sino también —y con los mismos efectos positivos sobre la legitimación— en los casos en que el órgano de la Comunidad aduzca una conculcación, por reglas estatales, de cualquiera de las garantías que, en la Constitución y en el Estatuto, han de ser vistas como el presupuesto y la base misma de la autonomía, o como su proyección en la organización integral del Estado. Numeral 3, de los fundamentos jurídicos de la sentencia. Sentencia 56/1990, de 29 de marzo, (BOE núm. 107, de 04 de mayo de 1990), Recursos de inconstitucionalidad acumulados núm. 859/1985.

223. Sentencia 194/2004, de 4 de noviembre, (BOE núm. 279, de 02 de diciembre de 2004), Recursos de inconstitucionalidad acumulados núms. 460/98, 469/98 y 483/98. Disponible en https://hj.tribunalconstitucional.es/HJ/es/Resolucion/Show/5199

224. *Cfr.* Vallarta Plata, José G., *Introducción al Estudio del Derecho constitucional comparado*, México, Porrúa, 1998, p. 125

El Tribunal Constitucional es el encargado del ejercicio del control de la constitucionalidad[225], el cual se realiza de manera concentrada, esto es, se posiciona como el único órgano legitimado y competente para interpretar la Constitución, analizar la constitucionalidad de las leyes o actos y declarar, en su caso, la inconstitucionalidad de las normas y actos sujetos a análisis.

Sobre esto último, Rafael de Mendizábal Allende sostiene que el origen de crear una jurisdicción constitucional exclusiva, encomendada a un órgano constitucional autónomo —con las características descritas por Manuel García Pelayo— tiene una explicación histórica, ya que los jueces en «todos los países» estaban identificados como delegados del Rey, por lo que sus decisiones no podían contradecir y menos fiscalizar ningún aspecto de la soberanía; derivado de esa desconfianza comienzan a surgir figuras como el juicio de constitucional, la *judicial rewiev* y, finalmente el control de la constitucionalidad concentrado ideado por Kelsen el cual fue adoptado más tarde por España[226].

2.3.3.8. Trámite

Si bien la Ley Orgánica del Tribunal Constitucional señala algunas particularidades del recurso, como lo es el plazo para promoverlo, los sujetos legitimados, o el objeto de este medio de control, también es cierto que no describe un trámite procesal exclusivo; no obstante, sí se contempla un apartado de disposiciones comunes sobre los procesos y procedimientos constitucionales, el Título VII denominado, «De las disposiciones comunes sobre procedimiento».

A continuación, se coloca el flujograma ilustrando el trámite respectivo:

---

225. Según García Morelos, «el modelo del Tribunal Constitucional seguido por España es indudablemente la Corte Constitucional Federal de Alemania, cuyo número de integrantes es par, diez y seis magistrados, estructura que no ha sido seguida por la mayoría de este tipo de órganos jurisdiccionales por la problemática que resulta para las decisiones, aun cuando se ha optado por dotar a los Presidentes del voto de calidad; lo cual resulta un riesgo su designación atendiendo a la posible politización en que pueda incurrirse» García Morelos, Gumesindo, *El proceso de Acción de Inconstitucionalidad,* México, UBIJUS, 2010, p. 87.

226. Mendizábal Allende, Rafael de, «Comentario al artículo 161 de la Constitución Española», en Rodríguez-Piñero y Bravo Ferrer, Miguel y Casas Baamonde, María Emilia (Directores), Pérez Manzano, Mercedes y Borrajo Iniesta, Ignacio (Coords.), *Comentarios a la Constitución Española XL Aniversario*, España, Fundación Wolters Kluwer-Boletín Oficial del Estado-Tribunal Constitucional y Ministerio de Justicia, 2018, pp. 1760-1761

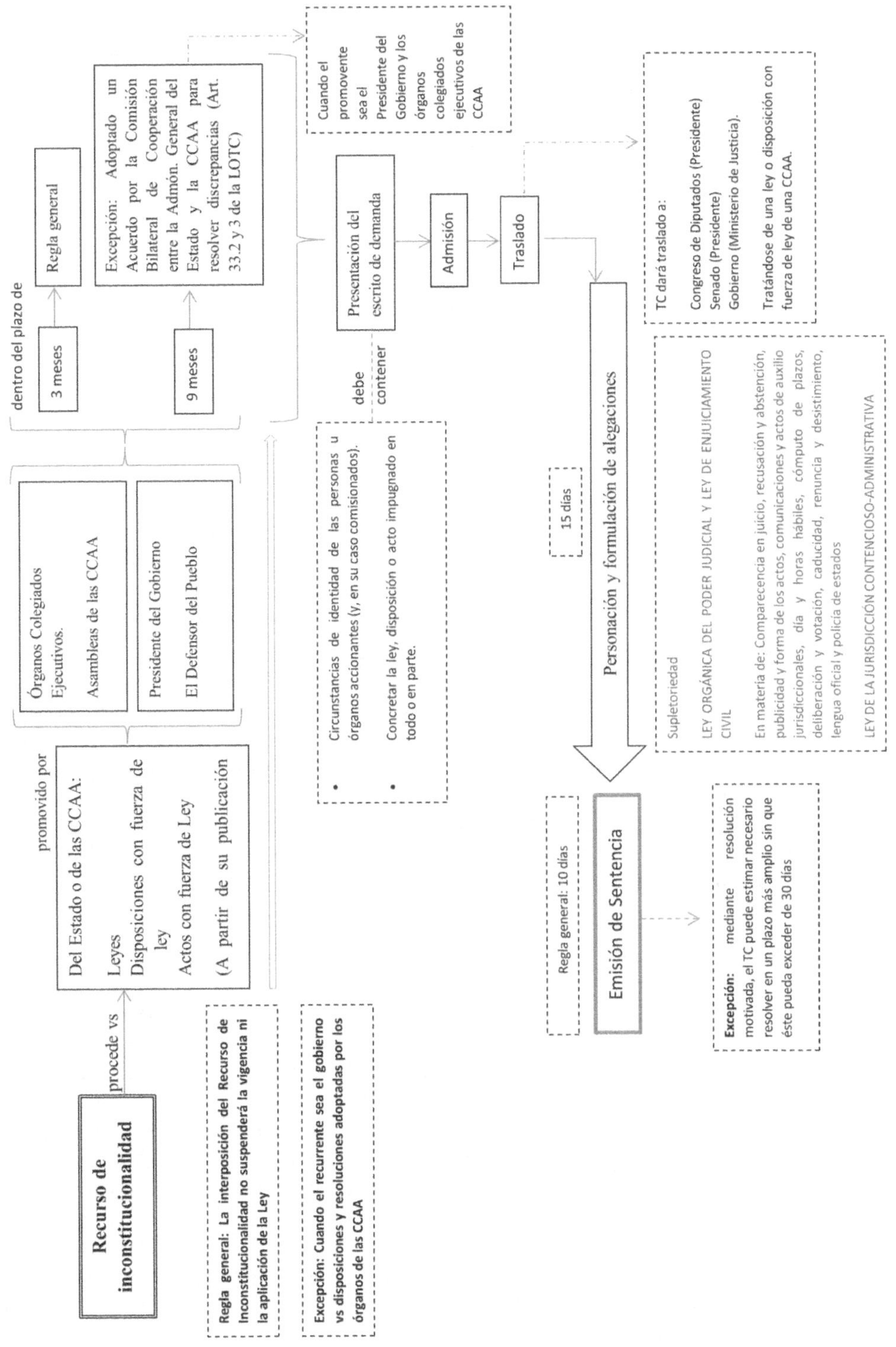
Recurso de inconstitucionalidad
procede vs
Del Estado o de las CCAA:
Leyes
Disposiciones con fuerza de ley
Actos con fuerza de Ley
(A partir de su publicación
promovido por
Órganos Colegiados Ejecutivos.
Asambleas de las CCAA
Presidente del Gobierno
El Defensor del Pueblo
dentro del plazo de
3 meses
Regla general
9 meses
Excepción: Adoptado un Acuerdo por la Comisión Bilateral de Cooperación entre la Admón. General del Estado y la CCAA para resolver discrepancias (Art. 33.2 y 3 de la LOTC)
Cuando el promovente sea el Presidente del Gobierno y los órganos colegiados ejecutivos de las CCAA
Presentación del escrito de demanda
debe contener
Circunstancias de identidad de las personas u órganos accionantes (y, en su caso comisionados).
Concretar la ley, disposición o acto impugnado en todo o en parte.
Admisión
Traslado
TC dará traslado a:
Congreso de Diputados (Presidente)
Senado (Presidente)
Gobierno (Ministerio de Justicia).
Tratándose de una ley o disposición con fuerza de ley de una CCAA.
Personación y formulación de alegaciones
15 días
Supletoriedad
LEY ORGÁNICA DEL PODER JUDICIAL Y LEY DE ENJUICIAMIENTO CIVIL
En materia de: Comparecencia en juicio, recusación y abstención, publicidad y forma de los actos, comunicaciones y actos de auxilio jurisdiccionales, día y horas hábiles, cómputo de plazos, deliberación y votación, caducidad, renuncia y desistimiento, lengua oficial y policía de estados
LEY DE LA JURISDICCIÓN CONTENCIOSO-ADMINISTRATIVA
Regla general: 10 días
Emisión de Sentencia
Excepción: mediante resolución motivada, el TC puede estimar necesario resolver en un plazo más amplio sin que éste pueda exceder de 30 días
Regla general: La interposición del Recurso de Inconstitucionalidad no suspenderá la vigencia ni la aplicación de la Ley
Excepción: Cuando el recurrente sea el gobierno vs disposiciones y resoluciones adoptadas por los órganos de las CCAA

El procedimiento iniciará con el escrito de demanda suscrito por parte de los sujetos legitimados o de su comisionado representante dirigido al Tribunal Constitucional. En el escrito deberá de emitirse la pretensión de que sea declarada inconstitucional una norma o parte de ella, disposición o acto con fuerza de ley; para ello debe establecerse requisitos esenciales que son los referidos en el artículo 33.1 de la Ley Orgánica del Tribunal Constitucional los cuales son:

a) Las circunstancias de identidad de las personas u órganos que ejercitan la acción;

b) Identificar plenamente la Ley, disposición o acto impugnado, en todo o en parte y;

c) Precisar el precepto constitucional infringido.

En este marco, se entiende que se exige lo anterior para representar de modo evidente la contraposición entre textos normativos (disposición diversa y la Constitución española); no obstante, es conveniente expresar que la regulación derivada de la Constitución y la Ley Orgánica del Tribunal Constitucional sobre los requisitos de la demanda, así como su admisión es muy laxa. Pese a lo descrito es conveniente señalar que el acuerdo ATC 459/2004 determinó que la admisibilidad del recurso de inconstitucionalidad[227] está sujeta a la satisfacción de requisitos formales, cuyo incumplimiento actualiza vicios en la legitimación, lo que producirá la inadmisibilidad del recurso. En aquel acuerdo se referenció a la sentencia STC 42/1985 en la cual se expresó que la decisión de impugnar una ley por parte de órganos colegiados requiere un «previo acuerdo», dando a entender que no puede interponerse la demanda en términos genéricos, sino que debe actualizarse un escrito en donde se deje constancia de la intencionalidad de iniciar el recurso de inconstitucionalidad, especificando detalladamente la contraposición de la disposición en cuestión con el texto constitucional.

Una vez admitida la demanda, el Tribunal correrá traslado de la misma a quien corresponda (autoridad que haya emitido la norma, disposición o acto con fuerza de ley), entendiendo que el principio bajo el cual se rige el trámite del recurso es de estricto derecho, lo cual implica que no pueden comparecer autoridades diversas a las que expresamente señala la Constitución y la Ley Orgánica del Tribunal Constitucional; lo anterior no es óbice para que puedan presentarse coadyuvantes, pero sólo en recursos cuyo contenido esté relacionado con las competencias autonómicas, así se determinó en el ATC 155/1998 en donde el Consejo Ejecutivo de la Generalidad de Cataluña solicitó se le tuviera como coadyuvante del

227. La admisibilidad o inadmisión correrá a cargo de las secciones del Tribunal y en la mayoría de las ocasiones, será el Pleno quien se encargue de su resolución. Garrote de Marcos, María y Vila Ramos Beatriz, *op. cit.*, p. 34.

Gobierno de la Nación y en consecuencia presentar alegaciones en pro de una ley[228].

La admisión del procedimiento del recurso de inconstitucionalidad no suspende la norma impugnada por lo menos, esa es la regla general, ya que debe tenerse contemplado la posibilidad de la que trata el artículo constitucional 161.2 en donde se determina que cuando el gobierno sea el actor del recurso podrá al momento de impugnar las disposiciones y resoluciones adoptadas por los órganos de las Comunidades Autónomas solicitar la suspensión de la disposición, en cuyo caso el Tribunal, deberá ratificarla o levantarla en un plazo no superior a cinco meses, todo esto puede verificarse en el ATC 229/2014[229].

Una vez notificadas todas las partes de la demanda deberán de rendir sus alegaciones en un lapso no mayor a 15 días, esto equivaldría a una especie de contestación, transcurrido ese tiempo, el Tribunal Constitucional debe dictar sentencia en el plazo de 10 días, salvo que, mediante resolución motivada, se amplíe el lapso por un tiempo máximo de 30 días.

2.3.3.9. Sentencia, sus efectos y cumplimiento

La sentencia que se dicta en este procedimiento de recurso de inconstitucionalidad es dada por un órgano que realiza funciones materialmente jurisdiccionales, el Tribunal Constitucional, quien tiene por objeto asegurar la consistencia formal del orden jurídico español.

---

228. Al respecto, se dejó en claro en el numeral 2 de los fundamentos jurídicos que la legitimación como coadyuvante «se les ha de reconocer a tales Comunidades Autónomas para personarse, como partes secundarias o subordinadas de las demandadas, en punto a coadyuvar en la defensa de la constitucionalidad de la norma cuando el recurso planteado contra ella tenga el carácter competencial a que antes aludíamos, esto es, siempre y cuando se trate de disposiciones que inequívocamente afecten a su propio ámbito de autonomía y sin que, en ningún caso, dicha intervención adhesiva pueda suponer la modificación del objeto procesal, el cual ha de quedar definitivamente delimitado por las alegaciones exclusivamente formuladas por las partes principales...» Auto 155/1998, de 30 de junio, Recurso de inconstitucionalidad núm. 469/98.

229. En el segundo párrafo del numeral 2 de los fundamentos jurídicos del ATC 229/2014 se aprecia «Por ello, afirmamos en el ATC 132/2011, de 18 de octubre, FJ 2, que, de conformidad con lo dispuesto en los arts. 161.2 CE y 30 LOTC, la admisión a trámite de un recurso de inconstitucionalidad sólo suspende la aplicación del precepto legal impugnado si se trata de un recurso interpuesto por el Presidente del Gobierno de la Nación contra una ley o norma con rango de ley de una Comunidad Autónoma, y cuando en su demanda el Gobierno de la Nación hubiere solicitado expresamente la suspensión, con invocación del art. 161.2 CE, en cuyo caso se producirá la suspensión automática de la vigencia y aplicación del precepto legal recurrido, sobre cuyo alzamiento o mantenimiento habrá de pronunciarse el Tribunal dentro del plazo máximo de cinco meses, sin perjuicio de que pueda acordar el levantamiento anticipado de la suspensión, a solicitud de la Comunidad Autónoma afectada». Pleno, Auto 229/2014, de 23 de septiembre, Recurso de inconstitucionalidad 1996-2014.

En este tenor y como se ha referido en páginas anteriores, al no ser un recurso en términos de derecho procesal, sino un procedimiento autónomo, la sentencia que se emita en el recurso de inconstitucionalidad escapará del control legal que puede llevar a cabo el poder judicial y tendrá el carácter firme en los términos de la misma, la cual deberá publicarse en el Boletín Oficial del Estado dentro de los treinta días siguientes a la fecha de su fallo.

Cabe precisar que el Tribunal Constitucional ha negado la posibilidad de realizar control de constitucionalidad respecto de normas de Derecho Europeo. Pérez Tremps señala sobre este apartado que el control sobre estas normas reside precisamente en las mismas normas que constituyen el Derecho de la Unión, por lo cual es la jurisdicción ordinaria así como el tribunal de Justicia de la Unión Europea —como última instancia— quienes estén a cargo de este tipo de control[230], «No obstante, tras la DTC 1/2004 (F4) ha quedado abierta aunque sea de manera muy excepcional, la posibilidad de control en aquellos supuestos en los que el Derecho de la Unión pudiera vulnerar de manera directa y flagrante principios constitucionales»[231].

En este contexto, las sentencias[232] emitidas en los recursos de inconstitucionalidad tendrán los siguientes elementos y características:

a) Generalidad, es decir sus alcances serán *erga omnes*[233].

---

230. Esta división entre el control de la convencionalidad y constitucional no se aprecia en México, lo que ha traído consigo que todos los jueces del país, incluyendo el Poder Judicial de la Federación así como las autoridades de carácter administrativo no sepan cómo realizar control de la convencionalidad ex oficio y control de la constitucionalidad difuso ni cómo diferenciarlo (Tema que fue abordado en el capítulo I y IV de esta investigación).

231. *Cfr.* Pérez Tremps, *Sistema de Justicia Constitucional, op cit.*, p. 59.

232. «...La doctrina del Tribunal ha ampliado la gama de tipos de sentencia posibles de procedimientos de declaración de inconstitucionalidad (...), como son, sin un propósito exhaustivo de la enunciación, las sentencias interpretativas (de constitucionalidad o de inconstitucionalidad); las sentencias declaratorias de inconstitucionalidad sin nulidad; las sentencias declaratorias de inconstitucionalidad con declaración de nulidad aplazada; las sentencias que incidan en el ámbito territorial de la disposición sin declaración genérica de inconstitucionalidad o en el carácter formal de la norma impugnada (orgánica o de bases); o las que modifican el ámbito material de la disposición, llamadas también reductoras, etcétera». Conde Martín de Hijas, Vicente, «Comentario al artículo 164» en Rodríguez-Piñero y Bravo Ferrer, Miguel y Casas Baamonde, María Emilia (Directores), Pérez Manzano, Mercedes y Borrajo Iniesta, Ignacio (Coords.), *Comentarios a la Constitución Española XL Aniversario*, España, Fundación Wolters Kluwer-Boletín Oficial del Estado-Tribunal Constitucional y Ministerio de Justicia, 2018. p. 1829.

233. No obstante, y a pesar de ser una excepción pueden existir sentencias que, a pesar de declarar la inconstitucionalidad de una norma, no se declare la nulidad de la norma sujeta a control, pues de declararlas pueden llegar a generar vacíos legales que en vez de favorecer a los administrados los perjudique creando lagunas jurídicas que los colocan en una indeterminación jurídica. Véase STC 138/2005, de 26 de mayo (BOE núm. 148, de 22 de junio de 2005), Cuestión de Inconstitucionalidad núm. 929/96 FJ. 6 y STC 45/1989, de 20 de febrero (BOE núm. 52, de 02 de marzo de 1989), Cuestión de Inconstitucionalidad núm. 1.837/1988.

b) La sentencia que declare la inconstitucionalidad de una ley, disposición o acto con fuerza de ley afectará a toda la jurisprudencia en términos del artículo 161.1 a) de la Constitución Española, lo cual es una condición necesaria y un principio lógico de la jurisprudencia, pues ésta se afecta en los mismos términos de la ley con la que está relacionada su surgimiento (lo accesorio debe seguir la suerte de lo principal).

c) La sentencia que declare la inconstitucionalidad no deberá afectar la cosa juzgada, salvo que ello implique en materia penal un beneficio para el reo.

CAPÍTULO III

EL CONTROL ABSTRACTO DE LA CONSTITUCIONALIDAD POR ÓRGANO JURISDICCIONAL EN MÉXICO

3. El control abstracto de normas en México

3.1. Introducción y explicación a la denominación de este capítulo

Hans Kelsen refiere que «el derecho, en el camino que recorre, desde la Constitución hasta los actos de ejecución material, no deja de caracterizarse. De manera que si la Constitución, la ley y el reglamento son normas jurídicas generales, la sentencia y el acto administrativo constituyen normas jurídicas individuales»[234]; en este contexto, el carácter de norma jurídica individual que se le otorga a la sentencia es porque lo prescrito en ella sólo afectará a las partes que intervinieron en la litis adquiriendo con esto el carácter de concreto[235].

Los efectos de una sentencia en los medios de control abstracto difieren de las características anteriormente descritas, pues de inicio, el adjetivo cali-

234. KELSEN, Hans, *La garantía jurisdiccional de la Constitución (La justicia constitucional)*, trad. de Rolando TAMAYO SALMORÁN, México, Instituto de Investigaciones Jurídicas-Universidad Nacional Autónoma de México-Defensoría de los Derechos Universitarios, 2001, p. 13.

235. «Lo que el juez adiciona está relacionado con el mayor o menor grado de indeterminación de la norma general. En efecto, antes de ser individualizada en el caso concreto, esta última [la norma general] puede ofrecer varias posibilidades interpretativas; cuando el juzgador, tomando en cuenta las circunstancias específicas del caso y después de un proceso de deliberación elige la que considera más adecuada, entonces podemos decir que ha nacido una nueva norma» LARA CHAGOYÁN, Roberto, *El constitucionalismo mexicano en transformación: Avances y retrocesos,* Querétaro México, Instituto de Estudios Constitucionales del Estado de Querétaro e Instituto Tecnológico y de Estudios Superiores de Monterrey, 2020, Colección Constitucionalismo contemporáneo, p. 121.

ficativo de «abstracto» alude a una indeterminación; esto es así porque para la procedencia de los medios de control de la constitucionalidad de este tipo no es necesario la aplicación de la norma, en virtud de que el objeto de protección no radica en reparar la afectación causada a la esfera jurídica de un individuo, sino en expulsar una norma jurídica que altera la coherencia del orden jurídico al que pertenece.

En este orden de ideas, cuando se hace referencia al control abstracto de la constitucionalidad se incluyen los medios de control de la constitucionalidad resueltos por los órganos jurisdiccionales, en los cuales, si bien existen sujetos legitimados para accionarlos, no implica necesariamente que a éstos se les haya afectado directamente su esfera de competencias, sino que un acto o ley genera una afectación a toda la sociedad y a su orden jurídico.

De este modo, se reconoce que la finalidad del control abstracto de la constitucionalidad no es defender los derechos fundamentales o la esfera competencial de los sujetos legitimados para promoverlo, sino la regularidad constitucional[236].

En este tenor, el objeto del control abstracto de constitucionalidad es analizar la regularidad de las normas generales subordinadas al orden jurídico[237] y con ello verificar los vicios de inconstitucionalidad de disposiciones generales[238].

El control abstracto es aquél que se realiza sobre normas cuyo punto medular o de partida es la Constitución. Para el caso de México, como ya se aludió en el capítulo primero, el control abstracto se legisló en sede constitu-

236. ACCIÓN DE INCONSTITUCIONALIDAD. SON INOPERANTES LOS CONCEPTOS DE INVALIDEZ ORIENTADOS A SALVAGUARDAR DERECHOS DE PARTICULARES. Tesis: P./J. 32/2010; Acción de Inconstitucionalidad 52/2009 y su acumulada 53/2009, aprobada el 17 de marzo de 2010, publicada en el Semanario Judicial de la Federación y su Gaceta; Tomo XXXI, marzo de 2010, p. 2501. Al respecto, a título personal se considera más propicio y preciso referirse a la inviolabilidad constitucional como finalidad del control de la constitucionalidad (sea concreto o abstracto) y no a la regularidad constitucional; puesto que ésta última será el resultado del método de contrastación de la norma general inferior con respecto a la norma suprema, mientras que la inviolabilidad constitucional es la finalidad de la regularidad constitucional.

237. ACCIÓN DE INCONSTITUCIONALIDAD. ES PROCEDENTE PARA IMPUGNAR CONSTITUCIONES LOCALES, AL SER ÉSTAS, NORMAS DE CARÁCTER GENERAL Y ESTAR SUBORDINADAS A LA CONSTITUCIÓN FEDERAL; Jurisprudencia P./J. 16/2001, Acción de Inconstitucionalidad 9/2001, aprobada el 08 de marzo de 2001, publicada en el Semanario Judicial de la Federación y su Gaceta; Tomo XIII, marzo de 2001; p. 447.

238. ACCIÓN DE INCONSTITUCIONALIDAD EN MATERIA ELECTORAL. DEBE PRIVILEGIARSE EL ANÁLISIS DE LOS CONCEPTOS DE INVALIDEZ REFERIDOS AL FONDO DEL ASUNTO Y SÓLO EN CASO DE QUE ÉSTOS RESULTARAN INFUNDADOS, SE PROCEDERÁ AL ANÁLISIS DE LAS VIOLACIONES PROCEDIMENTALES; Jurisprudencia P./J. 6/2003, Acción de Inconstitucionalidad 33/2002 y acumulada 34/2002, aprobada el 13 de marzo de 2003, publicada en el Semanario Judicial de la Federación y su Gaceta; Tomo XVII, marzo de 2003, p. 915

cional apenas en el año de 1994 con la figura de la Acción de Inconstitucionalidad; siendo ésta hasta el año de 2011 el único medio procesal en el país que tuvo esa labor, pues con la reforma constitucional de 06 de junio de 2011 (abordada en el capítulo I de esta tesis) y la expedición de una nueva Ley de Amparo en el año 2013, surgió la institución denominada Declaratoria General de Inconstitucionalidad, cuyos efectos son *erga omnes* y tiene como su fuente generadora, los recursos de revisión de juicios de amparo indirectos resueltos por la Suprema Corte o el establecimiento de jurisprudencia por reiteración emitida por la misma o por los Tribunales Colegiados de Circuito (en este caso, será el Pleno de Circuito correspondiente quien de aviso y solicite a la Suprema Corte de Justicia de la Nación la declaratoria).

Esta relación causal entre la declaratoria y el juicio de amparo indirecto hace necesario e inevitable abordar este último, mismo que si bien es un medio de control concreto de la constitucionalidad es la base para comprender la institución de la Declaratoria General de Inconstitucionalidad por ser aquel juicio el que dota de los insumos para que en el mundo fenomenológico se pueda decretar la propia declaratoria, cuyos efectos sí son los de un control abstracto de constitucionalidad.

En este orden de ideas, el contenido que será abordado en este capítulo serán los rubros de juicio de amparo indirecto, acción de inconstitucionalidad y la Declaratoria General de Inconstitucionalidad.

3.2. Juicio de amparo y acción de inconstitucionalidad. Sus particularidades

3.2.1. El juicio de amparo

3.2.1.1. Antecedentes

Con el nombre de «juicio de amparo», «recurso de amparo», «juicio de garantías» o simplemente «amparo», se identifica a la figura procesal que surgió por vez primera en un ordenamiento local mexicano, la Constitución yucateca de 16 de mayo de 1841, en concreto en sus artículos 8 y 62[239]; posteriormente, se redactaría a nivel federal en el Acta de Reformas de 1847 en el artículo 25[240], concibiéndolo como una garantía procesal a favor del gobernado ante cualquier ataque de los poderes legislativo y ejecutivo, ya sea de la federación o de alguna entidad federativa y cuyos efectos serían concretos.

---

239. *Cfr*. SUPREMA CORTE DE JUSTICIA DE LA NACIÓN, *Homenaje a Don Manuel Crescencio Rejón*, México, Suprema Corte de Justicia de la Nación, 1960, pp. 97, 111 y 112. Disponible en: http://www.internet2.scjn.gob.mx/red/marco/PDF/B.%201835-1846/d)%20CP%20Yucat%C3%A1n%20(31%20marzo%201841).pdf

240. Acta de Reformas de 1847, http://www.ordenjuridico.gob.mx/Constitucion/1847.pdf

Una década después, la institución del juicio de amparo se reguló en la Constitución de 1857 en los artículos 101 y 102, en los cuales se amplió la procedencia del amparo, al señalar la competencia de los tribunales para resolver controversias derivadas de leyes o actos de cualquier autoridad violatorios de garantías individuales (derechos fundamentales); leyes o actos de la autoridad federal que restringieran la soberanía de los Estados; o bien, por la invasión de la competencia federal a cargo de los poderes locales de una entidad federativa[241].

A partir de esta constitución se desarrollaron las leyes de amparo; las cuales son: Ley Orgánica Reglamentaria de los Artículos 101 y 102 de la Constitución de 1861, Ley Orgánica sobre el Recurso de Amparo de 1869 y Ley Orgánica de los artículos 101 y 102 constitucionales expedida en 1882. Posteriormente la institución se estatuyó en los códigos de procedimientos civiles federales de 1897 y 1908.

El amparo fue útil para evitar despropósitos derivados del poder político, pues gracias a éste se evitó llevar a cabo actos arbitrarios como fusilamientos, detenciones indebidas o prestar servicios armados contra la voluntad de las personas; a la postre fue procedente contra sentencias judiciales por la incorrecta aplicación de la ley secundaria.

Más tarde, con la Constitución de 5 de febrero de 1917 se recogió la citada figura en sus artículos 103 y 107 regulando así los lineamientos esenciales del juicio de amparo[242].

En este marco se estableció la ley de amparo, reglamentaria de los artículos 103 y 107 de la constitución, del 10 de enero del año de 1936; la que a su vez fue abrogada por la ley de amparo del 02 de abril del año 2013, la cual fue reconocida por uso coloquial como «Nueva Ley de Amparo».

La Nueva Ley de Amparo[243] surgió derivada de la reforma constitucional que se publicó en el Diario Oficial de la Federación el 6 de junio de 2011. Entre las principales modificaciones se encuentran:

a) A partir de entonces los gobernados pudieron solicitar el amparo de la justicia federal por los derechos consignados en los Tratados Internacionales en los cuales México fuera parte y no sólo por vulneraciones

241. Constitución de 1857, http://www.ordenjuridico.gob.mx/Constitucion/1857.pdf

242. Particularmente en el segundo de ellos, en donde se señala, en ocasiones con excesiva minuciosidad, las bases procedimentales de la institución, las que se han transformado 17 veces, siendo la última el 24 de febrero de 2017.

243. Las modificaciones descritas fueron plasmadas en cinco títulos. El Título Primero denominado «Reglas Generales», constituido por once capítulos; el Título Segundo llamado «De los Procedimientos de Amparo» integrado por dos capítulos; el Título Tercero nombrado «Cumplimiento y Ejecución» compuesto de siete capítulos; el Título Cuarto denominado «Jurisprudencia y Declaración General de Inconstitucionalidad» constituido por seis capítulos y, por último, el Título Quinto, llamado «Medidas Disciplinarias y de Apremio, Responsabilidades, Sanciones y Delitos» integrado por tres capítulos.

a los derechos humanos reconocidos en la Constitución Política de los Estados Unidos Mexicanos.

b) Se reconoció la facultad para interponer un juicio de amparo cuando se cuente con interés legítimo colectivo.

c) Se concibió el concepto de «interés legítimo», de esta manera en el presente las personas pueden incoar el juicio de amparo en contra de violaciones a derechos difusos, aunque la afectación sea indirecta. Ejemplo de ello son los derechos a la salud pública o a un medio ambiente sano.

d) En la Nueva Ley de Amparo se plasma un nuevo efecto derivado de las sentencias de juicios de amparo indirecto en revisión que resuelvan la inconstitucionalidad de una norma por segunda ocasión consecutiva o con la emisión de jurisprudencia por reiteración[244] de los órganos del Poder Judicial de la Federación, siempre y cuando no sean normas tributarias; el cual consiste en la posibilidad del Pleno de la Suprema Corte de Justicia de la Nación para iniciar el procedimiento contemplado en la ley y emitir una declaratoria general de inconstitucionalidad, de este modo, la norma en cuestión podrá ser expulsada del orden jurídico y por lo tanto dejará de ser aplicada.

e) Derivado de la reforma en materia de amparo, se contempla la posibilidad de promover amparo adhesivo, el cual consiste en que las personas vencedoras en el juicio original podrán promover un amparo al que se le denomina adhesivo, en virtud de tener interés jurídico en que el acto reclamado prevalezca, éste sólo procederá cuando el adherente pretenda fortalecer las consideraciones vertidas en el fallo de origen o bien, cuando existan violaciones al procedimiento que pudieran afectar al adherente al momento de emitir el fallo. En este sentido, el amparo adhesivo deberá tramitarse y resolverse en la misma sentencia en la cual se tramita y resuelve el juicio de amparo original.

f) Se crearon los Plenos de Circuito los cuales, conforme a la Ley Orgánica del Poder Judicial de la Federación, son órganos integrados por los magistrados adscritos a los Tribunales Colegiados de los circuito correspondientes; mismos que entre sus funciones se encargan de resolver los criterios contradictorios entre jurisprudencias que se hayan sostenido en sus propias jurisdicciones (circuitos) así como solicitar a la Corte la Declaratoria General de Inconstitucionalidad.

---

244. De conformidad con el artículo 222 de la Ley de Amparo, la jurisprudencia por reiteración del pleno de la Suprema Corte de Justicia de la Nación se establece cuando se sustente un mismo criterio en cinco sentencias no interrumpidas por otra en contrario, resueltas en diferentes sesiones, por una mayoría de cuando menos ocho votos.

g) La inactividad procesal que se registre en el juicio de amparo por el accionante (quejoso) no será motivo para que se decrete la caducidad del juicio de amparo.

h) El amparo no se archivará hasta en tanto no se haya comprobado que se llevó a cabo el cumplimiento de su sentencia.

i) Se concedió a los Poderes Ejecutivo y Legislativo la posibilidad de solicitar a los órganos resolutores, la emisión de la sentencia de manera prioritaria de acciones de inconstitucionalidad, controversias constitucionales y amparos.

3.2.1.2. Concepto

El juicio o proceso de amparo es un emblema jurídico para la doctrina mexicana, porque tradicionalmente la comunidad jurídica mexicana siempre ha estado muy orgullosa de esta institución, incluso algunos tratadistas han expresado que el amparo mexicano inspiró la redacción del artículo 8 de la Declaración Universal de los Derechos Humanos de 1948[245].

En este marco, es entendible que varios estudiosos a lo largo del tiempo hayan escrito sobre este rubro, siendo el más representativo de la escuela mexicana, Ignacio Burgoa Orihuela, quien proveyó lo siguiente: «el amparo es un medio jurídico de tutela directa de la Constitución y de tutela indirecta de la ley secundaria, preservando, bajo este último aspecto y de manera extraordinaria y definitiva, todo el derecho positivo»[246].

Por su parte, el Poder Judicial de la Federación en un precedente de jurisprudencia expresó que el juicio de amparo es un medio de control que sirve para que los órganos competentes verifiquen el respeto que las autoridades del Estado deben a las normas generales ordinarias que regulan su actuación (control de legalidad), a la Ley Fundamental (control de constitucionalidad) y a los tratados o convenciones internacionales (control de convencionalidad). Esto es, el juicio protector de los derechos fundamentales de los gobernados conocido como juicio de amparo tiene como parámetro de control estos tres tipos de normas jurídicas y su objeto (de control) son los actos de autoridad —*lato sensu*—[247].

---

245. *Cfr.*, TORTOLERO CERVANTES, Francisco y PÉREZ VÁZQUEZ, Carlos (coords), *El Juicio de Amparo en la Declaración Universal de los Derechos Humanos, el patrimonio documental de la SCJN: Una postulación a la UNESCO*, Ciudad de México, México, Suprema Corte de Justicia de la Nación, 2015. Así como, SUPREMA CORTE DE JUSTICIA DE LA NACIÓN, *La ley de amparo en lenguaje llano*, Ciudad de México, Suprema Corte de Justicia de la Nación, 2014, p. 6.

246. BURGOA ORIHUELA, Ignacio, *El juicio de amparo*, 41.ª ed., México, Porrúa, 2005, p. 169.

247 JUICIO DE AMPARO. ES UN MEDIO PARA EL CONTROL DE LA LEGALIDAD, CONSTITUCIONALIDAD Y CONVENCIONALIDAD DE LOS ACTOS DE AUTORIDAD, Jurisprudencia I.5o.C. J/1, aprobada el 14 de junio de 2012; publicado en el Semanario Judicial de la Federación. y su Gaceta, Libro XX, mayo de 2013, Tomo 2, p. 1305.

Para continuar con la línea metodológica que se ha utilizado a lo largo de este trabajo y partiendo del género próximo y la diferencia específica; para brindar una definición de esta institución jurídica, el amparo puede conceptualizarse desde la óptica de su ser, como institución procesal o bien, como garantía de la constitucionalidad.

En este marco, desde la perspectiva de institución procesal, el juicio de amparo es un proceso judicial para verificar la constitucionalidad, legalidad y convencionalidad de un acto o ley; mientras que, desde el punto de vista de garantía de la constitucionalidad, es un medio de control de la constitucionalidad a través del cual se pretende garantizar la regularidad del orden jurídico y la supremacía de la constitución ante la emisión de normas de carácter general, actos u omisiones de los órganos estatales o personales con carácter de autoridad.

3.2.1.3. Principios que lo rigen

La legislación, la jurisprudencia y la doctrina mexicana han establecido principios reguladores del Juicio de Amparo, los cuales se encuentran contemplados en el artículo 107 de la Constitución, doctrinalmente se dividen en tres categorías, los que rigen la acción; el procedimiento y la sentencia.

Principio de iniciativa o instancia de parte agraviada

La base de este principio está consagrada en la fracción I del artículo 107 constitucional y 6 de la Ley de Amparo.

En razón de este principio, el Juicio de Amparo sólo puede ser promovido por la parte agraviada a la cual se le han violado sus derechos fundamentales, ya sea por un acto o una omisión de autoridad o un particular en términos de la ley, que en su concepto sea anticonstitucional.

La calidad de agraviado la tendrán los sujetos aludidos en la fracción I del artículo 5 de la Ley de amparo, quien se identificará con el carácter de quejoso y aduzca ser titular de un derecho subjetivo o de un interés legítimo individual o colectivo, siempre que alegue que la norma, acto u omisión reclamados violan los derechos previstos en el artículo 1 de la Ley reglamentaria[248] y con ello se produzca una afectación real a su esfera jurídica, ya sea de forma directa o en virtud de su especial situación frente al orden jurídico.

---

248. Artículo 1.°. El juicio de amparo tiene por objeto resolver toda controversia que se suscite: «I. Por normas generales, actos u omisiones de autoridad que violen los derechos humanos reconocidos y las garantías otorgadas para su protección por la Constitución Política de los Estados Unidos Mexicanos, así como por los tratados internacionales de los que el Estado Mexicano sea parte;

II. Por normas generales, actos u omisiones de la autoridad federal que vulneren o restrinjan la soberanía de los Estados o la esfera de competencias del Distrito Federal, siempre y cuando se violen los derechos humanos reconocidos y las garantías otorgadas para su protección por la Constitución Política de los Estados Unidos Mexicanos; y

El juicio de amparo podrá promoverse conjuntamente por dos o más quejosos cuando resientan una afectación común en sus derechos o intereses, aun en el supuesto de que dicha afectación derive de actos distintos, si éstos les causan un perjuicio análogo y provienen de las mismas autoridades.

Es importante que no se confunda el interés legítimo con el simple, pues en el primer caso existe una afectación real y actual en la esfera del quejoso mientras que en el segundo caso sólo existe una afectación abstracta y futura que no llega a materializarse, por ende, no afectaría al particular. En este sentido, siendo el amparo un medio de control concreto, los únicos intereses aplicables para accionarlo son el jurídico y el legítimo.

Por último, cabe destacar que a diferencia de los demás este principio no tiene excepciones.

Principio de existencia de agravio personal y directo

Este principio tiene su fundamento en la fracción I del artículo 107 Constitucional, al exigir que el acto reclamado cause en la esfera jurídica del gobernado un agravio personal y directo.

En este tenor, el «agravio» es la generación de una ofensa o menoscabo real en la esfera del gobernado, lo que se traduce en la afectación de los intereses jurídicos y legítimos de las personas físicas o morales consagrados en las leyes.

No obstante lo anterior, conforme a lo estipulado por el segundo párrafo de la fracción I, del artículo 107 Constitucional, el agravio personal y directo sigue siendo la única legitimación para promover un juicio de amparo en contra de actos provenientes de tribunales judiciales, administrativos o del trabajo; mientras que, para actos relativos al primer párrafo de la fracción I del artículo 107 Constitucional, esto es, un interés legítimo, se debe acreditar la afectación a la esfera jurídica, la cual puede ser directa o en virtud de la especial situación del gobernado frente al orden jurídico (indirecta) y además, provenir de un interés individual o colectivo[249].

III. Por normas generales, actos u omisiones de las autoridades de los Estados o del Distrito Federal, que invadan la esfera de competencia de la autoridad federal, siempre y cuando se violen los derechos humanos reconocidos y las garantías otorgadas por la Constitución Política de los Estados Unidos Mexicanos. El amparo protege a las personas frente a normas generales, actos u omisiones por parte de los poderes públicos o de particulares en los casos señalados en la presente Ley».

249. INTERÉS JURÍDICO O INTERÉS LEGÍTIMO PARA EFECTOS DE LA PROCEDENCIA DEL JUICIO DE AMPARO. REQUISITOS PARA ACREDITARLO A PARTIR DE LA REFORMA AL ARTÍCULO 107, FRACCIÓN I, CONSTITUCIONAL DE 6 DE JUNIO DE 2011. Jurisprudencia XXVII. 1°. (VIII Región) J/4, Amparo en Revisión 500/2012, aprobada el 18 de febrero de 2013 y publicada en el Semanario Judicial de la Federación y su Gaceta, Libro XIX, Tomo III, abril de 2013, p. 1807.

Principio de definitividad

El principio de definitividad está reconocido en el tercer párrafo, inciso a), de la fracción III del artículo 107 de la Constitución Federal. Este principio exige que para efectuarse la procedencia del juicio de amparo deberá agotarse los juicios, recursos o medios de defensa previstos en las leyes reguladoras del acto. Es decir, el juicio de amparo sólo procede respecto de actos definitivos en relación con los cuales no exista recurso alguno cuya interposición pueda dar lugar a la modificación, revocación o anulación del acto reclamado.

Este principio admite excepciones contenidas en el texto de la misma Constitución, en la jurisprudencia y en la Ley de Amparo; algunos ejemplos de éstas son:

a) En los casos de afectación a personas extrañas al juicio, supuesto referido en el inciso c), fracción III, del artículo 107 constitucional;

b) Cuando el acto reclamado hubiera sido llevado a cabo sin que existiera fundamentación y motivación, supuesto establecido en la Ley de amparo en la fracción XX, del artículo 61;

c) Cuando se aleguen violaciones directas a la Constitución o bien;

d) Cuando el recurso o medio de defensa se encuentre previsto en un reglamento sin que la ley aplicable contemple su existencia, entre otras.

En cualquiera de estos casos el quejoso podrá acudir al Juicio de Amparo, sin que se le imponga la obligación de agotar previamente el recurso o medio de impugnación ordinario.

Principio de prosecución judicial

El proceso constitucional a través del cual se desarrolla el Juicio de Amparo se rige por este principio, el cual se fundamenta en el artículo 107 Constitucional, primer párrafo, que estipula: «Las controversias de que habla el artículo 103 de esta Constitución, con excepción de aquellas en materia electoral, se sujetarán a los procedimientos que determine la ley reglamentaria, de acuerdo con las bases siguientes».

En este orden de ideas, todos los procesos que desahoguen amparos deberán de tramitarse de conformidad con lo establecido en la Constitución y la ley reglamentaria. Asimismo, a falta de disposición expresa, se aplicará supletoriamente las prevenciones del Código Federal de Procedimientos Civiles de conformidad con el artículo 2 de la Ley de Amparo.

Principio de relatividad de las sentencias de amparo

Este principio rige sobre los efectos de las sentencias emitidas en los juicios de amparo, es conocido como «Fórmula Otero», tiene su fundamento en lo dispuesto por la fracción II del artículo 107 Constitucional; según el cual las sentencias de amparo afectan exclusivamente a quienes fueron parte en el juicio, sin hacer pronunciamiento de carácter general, de ahí lo concreto de este medio de control de la constitucionalidad. En este marco, quien no haya sido expresamente amparado no puede beneficiarse de la inconstitucionalidad del acto jurídico reclamado.

Las excepciones a este principio son el litisconsorcio pasivo y las autoridades ejecutoras que no fueron llamados al Juicio de Amparo.

Con la reforma del año 2011, se creó una nueva excepción a este principio, la Declaratoria General de Inconstitucionalidad, la cual será desarrollada de manera específica en el punto 3.3.3.

Principio de estricto derecho

Este principio impone al juzgador que la sentencia del Juicio de Amparo sea resuelta conforme a los argumentos vertidos a título de «conceptos de violación» propuestos en la demanda de amparo; así como en las resoluciones dictadas en los recursos hechos valer en contra de alguna resolución emitida por el juez o tribunal de amparo, donde el revisor deberá apreciar la resolución impugnada a la luz de los agravios expuestos. En ambos casos no hará referencia a cuestiones no planteadas, ya sea en la demanda o bien en los recursos.

Ignacio Burgoa señala que «Este principio consiste en que el órgano de control constitucional, al momento de dictar sentencia no puede ir más allá de las pretensiones que solicita el quejoso en su escrito de demanda y concretamente en los conceptos de violación, motivo por el cual el juzgador debe limitar su actuación estrictamente a lo solicitado por el promovente, sin hacer mayores aseveraciones respecto a hechos no contenidos en la demanda de garantías»[250].

Una de las excepciones al principio de estricto derecho es la suplencia de la deficiencia de la queja, la cual tiene su fundamento en el penúltimo párrafo de la fracción II, del artículo 107 de la Constitución y ésta sólo es aplicable en caso de que se actualicen los supuestos que para tal efecto se establecen en la ley, para ello el juzgador de amparo deberá realizar el análisis de la constitucionalidad del acto reclamado o de la resolución impugnada en forma oficiosa, aun ante la ausencia de conceptos de violación o de agravios.

La suplencia opera atendiendo en algunos casos a la naturaleza del acto reclamado y en otros a las circunstancias personales del quejoso y del recurrente. Los supuestos están previstos constitucional y legalmente y no pueden quedar a criterio del juzgador.

250. Burgoa Orihuela, Ignacio, *El Juicio de Amparo,* 27.ª ed., México, Porrúa, 1990, pág. 296.

3.2.1.4. Juicio de amparo indirecto y directo. Su distinción

Amparo indirecto

El Juicio de Amparo Indirecto es un proceso jurisdiccional autónomo bi-instancial. Este amparo pretende anular con efectos concretos los actos o leyes de las autoridades contrarios a la Constitución, o bien, obligar a las mismas a que realicen el acto (tratándose de una omisión que vulnere los derechos humanos del quejoso) siendo así, un medio auténtico de control de la constitucionalidad de los gobernados.

El carácter bi-instancial del amparo indirecto corresponde a los siguientes órganos. La primera instancia la conocerá un Juez de Distrito o un Tribunal Unitario de Circuito, así como las autoridades del orden común cuando éstas actúen de forma concurrente o en auxilio de los órganos jurisdiccionales federales para resolver el amparo; en esta misma línea, la segunda instancia será procesada a través del recurso de revisión, ya sea ante un Tribunal Colegiado de Circuito o bien, ante la Suprema Corte de Justicia de la Nación, según lo determinado en la Ley Orgánica del Poder Judicial de la Federación, en la Ley de Amparo, así como en los acuerdos de carácter general emitidos por el Pleno de la Suprema Corte de Justicia de la Nación, con fundamento en el artículo 94 Constitucional.

El acto reclamado en el amparo indirecto lo puede constituir una ley, acto, omisión, procedimiento administrativo seguido en forma de juicio o bien, un acto jurisdiccional que no sea definitivo, pero cuyos efectos sean de imposible reparación, entendiéndose por éstos los que afecten materialmente derechos sustantivos tutelados en la Constitución Política de los Estados Unidos Mexicanos y en los tratados internacionales signados por México.

El amparo indirecto, como se ha referido tiene dos instancias, la primera está constituida por la presentación de la demanda ante el Juzgado de Distrito o Tribunal Unitario de Circuito, el informe justificado, la etapa probatoria y la audiencia constitucional en donde se dicta la sentencia; en tanto que la segunda es una etapa de revisión de la sentencia dictada en primer grado.

Amparo directo

El Juicio de Amparo Directo tiene como materia de enjuiciamiento sentencias definitivas, laudos o resoluciones que pongan fin al juicio presumiblemente contrarias a los derechos fundamentales contenidos en el texto constitucional o bien, derechos humanos estipulados en las convenciones internacionales en materia de derechos humanos y de los que el Estado mexicano sea parte.

El amparo directo consta de una sola instancia en la que se analiza la legalidad (a la luz del texto constitucional) de la resolución que pone fin al juicio o de la sentencia emitida por un tribunal judicial, administrativo o del trabajo; sin embargo, en algunos casos, puede contar con una «segunda instancia», limitada a que el litigio verse sobre la constitucionalidad de una ley, establezca la interpretación directa de un artículo de la Constitución, o bien, exista una violación directa a los Derechos Humanos contenidos en la Carta Magna o Tratados Internacionales de los cuales el Estado Mexicano sea parte.

En este tenor, el ámbito de protección de este medio de control de la constitucionalidad son los derechos fundamentales y los derechos humanos. Doctrinariamente, se ha considerado que en el juicio de amparo directo se lleva a cabo un control de legalidad de los actos de las autoridades administrativas y de las sentencias judiciales; por lo cual, es considerado más un recurso de casación[251] que un auténtico medio de control de la constitucionalidad pues se limita a revisar la aplicación de la ley que el juez jerárquicamente inferior ha realizado.

A juicio personal, la concepción del juicio de amparo directo no se considera del todo atinada, en el entendido de que la Constitución es una ley distinta a las demás por ser la fundamental y tener el carácter de unidad, por lo tanto no se puede expresar que el amparo directo mexicano sólo funja como un medio de revisión extraordinario o de casación de las determinaciones de jueces inferiores, ya que a través de este medio procesal se procuran mediante la revisión extraordinaria los Derechos Humanos, los cuales están contenidos en el texto constitucional; además porque de manera extraordinaria la sentencia emitida en un juicio de amparo directo puede ser impugnada por recurso de revisión siempre y cuando se recurra la constitucionalidad de normas generales que establezcan la interpretación directa de un precepto de la Constitución Federal o de los derechos humanos establecidos en los tratados internacionales de los que el Estado Mexicano sea parte o bien, porque el tribunal colegiado que conoció del amparo, hubiera omitido decidir sobre tales cuestiones cuando hubieren sido planteadas.

Como se aprecia, la procedencia del recurso de revisión reafirma el argumento de que el juicio de amparo directo es un auténtico medio de control de la constitucionalidad.

Asimismo, y de manera extraordinaria, el Juicio de amparo directo podrá ser resuelto por la Suprema Corte de Justicia de la Nación por vía de atracción si ésta lo considera pertinente, en los casos en que el amparo represente relevancia por sus características especiales.

---

251. «El sector cuantitativamente más importante lo ocupa el amparo contra resoluciones judiciales por la indebida aplicación de disposiciones legislativas ordinarias, que se puede denominar amparo judicial o amparo casación....
Esta modalidad de amparo corresponde en realidad a un recurso de casación federal (de acuerdo con el modelo francés, es decir, con reenvío cuando se anula el fallo impugnado en cuanto al fondo); recurso de casación que se encontraba regulado en las legislaciones procesales y que desapareció debido a la procedencia del amparo» FIX-ZAMUDIO, Héctor y FERRER MAC-GREGOR, Eduardo, *Derecho de Amparo*, México, Porrúa e Instituto de Investigaciones Jurídicas de la UNAM, 2011, pp. 102-103.

3.2.2. La acción de inconstitucionalidad

3.2.2.1. Antecedentes

La acción de inconstitucionalidad no tiene un antecedente remoto en los textos constitucionales mexicanos, pues se estableció en la constitución de 1917 a través de una reforma del año de 1994. El procedimiento respectivo recibió la denominación de Acción de Inconstitucionalidad, misma que se encuentra determinada en la fracción II, del artículo 105 de la Constitución Política de los Estados Unidos Mexicanos.

Actualmente, la Corte en México no ha establecido ningún criterio específico que determine el significado de aquella institución, sin embargo sí reafirma la competencia y la finalidad de este procedimiento[252] al sostener que ella tiene la competencia exclusiva para conocer de las acciones de inconstitucionalidad cuyo objetivo sea resolver la posible contradicción entre normas de carácter general y la Constitución; igualmente, deja en claro dos cosas, la supremacía de la constitución sobre las «constituciones locales» de las entidades federativas y que la Suprema Corte resolverá a través de la acción de inconstitucionalidad cualquier conflicto normativo que pudiera gestarse entre una norma de carácter general y la Constitución Federal[253].

En este mismo sentido, la acción de inconstitucionalidad, hasta antes de 2011[254] se reafirmó como el único medio para nulificar las leyes, esta exclusividad a favor de la acción, implica que por este medio no se puede contro-

252. La Suprema Corte de Justicia de la Nación ha declarado el carácter de procedimiento en sus trabajos editoriales como en la obra denominada *¿Qué son las Acciones de Inconstitucionalidad?, op. cit.* p. 20, cuando trata el concepto de las mismas o en el libro *Elementos de derecho procesal constitucional, op. cit.,* p. 253 y la doctrina extranjera nos posiciona sobre su naturaleza procesal, al respecto señala «La acción de inconstitucionalidad tiene como una de sus principales características no ser un proceso contencioso que enfrente intereses contrapuestos o en el que existan partes en el sentido procesal tradicional, la Sala constitucional no debe ajustarse a lo manifestado por las partes que intervienen "de manera que la interposición de la acción puede tenerse como una denuncia ante la cual la Sala debe manifestarse, sea determinando la conformidad de las normas impugnadas con el orden constitucional, o su disconformidad con él, y en consecuencia declarando su anulación" (VVSC Nos. 4190-95, 251-2001, 10578-2007)» Jinesta Lobo, Ernesto, *Derecho procesal constitucional*, México, Porrúa-Instituto Mexicano de Derecho Procesal Constitucional, 2014, p. 364.

253. ACCIÓN DE INCONSTITUCIONALIDAD. ES PROCEDENTE PARA IMPUGNAR CONSTITUCIONES LOCALES, AL SER ÉSTAS, NORMAS DE CARÁCTER GENERAL Y ESTAR SUBORDINADAS A LA CONSTITUCIÓN FEDERAL., *idem*.

254. Puesto que a partir de la reforma del 06 de junio de 2011 se contempla la Declaratoria General de Inconstitucionalidad, cuyo objeto es el mismo que las Acciones de Inconstitucionalidad, esto es, un control abstracto de constitucionalidad de las leyes, pero a través de un método distinto.

vertir actos concretos[255], es decir, la finalidad de la acción exclusivamente es demostrar, en aras del principio de supremacía constitucional, la incompatibilidad de las leyes con la Constitución federal, más no los actos que se lleven a cabo fundándose en aquellas, pues mientras las leyes en cuestión estén vigentes los actos que emanen serán válidos.

La Acción de Inconstitucionalidad en el orden jurídico mexicano se logró establecer gracias a una reforma constitucional publicada en el Diario Oficial de la Federación el día 31 de diciembre de 1994, con efectos de vigencia a partir del día en el cual entrara en vigor la Ley reglamentaria.

En este sentido, el objeto de la Acción de Inconstitucionalidad es determinar si una disposición de carácter general, abstracta e impersonal es o no contradictoria con la Constitución. De este modo, si después de un exhaustivo análisis se determina la contradicción de la norma con el texto constitucional, la resolución correspondiente será la expulsión de la norma general del orden jurídico por considerarla incompatible con el texto supremo[256].

En este tenor, el Pleno de la Suprema Corte emitió un precedente de jurisprudencia con número P. IV/2008, mismo que describe el objeto y la finalidad de la Acción de Inconstitucionalidad, de esta manera, delinea a la Acción como un medio de control cuya finalidad es preservar la unidad del orden jurídico nacional a partir del parámetro constitucional; por lo tanto, la unidad del orden jurídico se alcanzará con la declaración y reconocimiento de invalidez de la disposición legal impugnada a partir de su interpretación conforme a la Ley Suprema, ya que aun cuando los resultados pueden ser diametralmente diferentes, en ambos casos prevalecen los contenidos de la Constitución. En consecuencia, el hecho de que tanto en el caso de declarar la invalidez de una norma legal, como en el de declararla constitucional la finalidad será salvaguardar la unidad del orden jurídico nacional a partir del respeto y observancia de las disposiciones de la Ley Suprema.

---

255. Ernesto Jinesta Lobo al hablar de una figura jurídica denominada Acción de Inconstitucionalidad *a priori* en Costa Rica, expresa el razonamiento que lleva a cabo una Sala constitucional en el expediente VSC N.° 1319-97 que como figura retórica representa adecuadamente nuestra idea «Es la pureza misma del ordenamiento jurídico la que se ventila en esta sede jurisdiccional con la comparación entre la norma fundamental y las leyes que la desarrollan» por lo que en este proceso «no se atiende la lesión individual que puede exhibir el actor» (VSC N.° 687-91). Jinesta Lobo, *op. cit.* p. 363.

256. Ernesto Jinesta Lobo al hablar de una figura jurídica denominada Acción de Inconstitucionalidad a priori en Costa Rica, expresa el razonamiento que lleva a cabo una Sala constitucional en el expediente VSC N.° 1319-97 que como figura retórica representa adecuadamente nuestra idea «Es la pureza misma del ordenamiento jurídico la que se ventila en esta sede jurisdiccional con la comparación entre la norma fundamental y las leyes que la desarrollan» por lo que en este proceso «no se atiende la lesión individual que puede exhibir el actor» (VSC N.° 687-91). Jinesta Lobo, *op. cit.*, p. 363.

Al respecto, la Corte se ha pronunciado en este sentido de manera implícita en el criterio jurisprudencial P./J. 84/2007[257] en el que se estipula que para resolver este medio de control abstracto de la constitucionalidad se debe respetar todo el sistema jurídico constitucional del cual derivan, ello implica que la Corte cuenta con un amplio margen de apreciación para equilibrar todos los principios, competencias e instituciones que pudieran verse afectados positiva o negativamente por causa de la expulsión de la norma declarada inconstitucional en el caso. De tal suerte que a través de los efectos de la sentencia debe salvaguardarse de manera eficaz la norma constitucional evitando al mismo tiempo generar una situación de mayor inconstitucionalidad o de mayor incertidumbre jurídica.

Por lo que hace al procedimiento de la Acción de Inconstitucionalidad ésta se lleva a cabo a través de una metodología de análisis judicial hecha por el único órgano autorizado, la Suprema Corte de Justicia de la Nación; en este contexto, la metodología para el desarrollo de este apartado consiste en determinar por un lado, la evolución de la figura de la Acción de Inconstitucionalidad establecida en el artículo 105 de la Constitución Política de los Estados Unidos Mexicanos y dejar en claro si ésta, o alguna otra institución del orden jurídico mexicano opera efectivamente como un medio de control abstracto de la constitucionalidad.

Evolución del artículo 105 constitucional:

La evolución del artículo 105 de la Constitución Política de los Estados Unidos Mexicanos debe analizarse a razón de la reforma constitucional de fecha 31 de diciembre de 1994[258] pues como ya se hizo mención, gracias a ésta se introdujo al orden jurídico mexicano por primera ocasión la institución procesal de la Acción de Inconstitucionalidad.

En concordancia con lo anterior, a continuación, se analizan las reformas sobre la acción de inconstitucionalidad, así como las causas políticas y jurídicas que las motivaron.

---

257. ACCIÓN DE INCONSTITUCIONALIDAD. LA SUPREMA CORTE DE JUSTICIA DE LA NACIÓN CUENTA CON AMPLIAS FACULTADES PARA DETERMINAR LOS EFECTOS DE LAS SENTENCIAS ESTIMATORIAS. Jurisprudencia P./J. 84/2007, Acción de Inconstitucionalidad 47/2006 y sus acumuladas 49/2006, 50/2006 y 51/2006, aprobada el 15 de octubre de 2007, publicada en el Semanario Judicial de la Federación y su Gaceta, Tomo XXVI, diciembre de 2007, p. 777

258. Cabe señalar que antes de la reforma en comento este artículo ya había sido modificado en dos ocasiones, la primera, publicada en el Diario Oficial de la Federación el día miércoles 25 de octubre de 1967; la segunda, el lunes 25 de octubre de 1993; ambas reformas atienden a cambios mínimos, pero sustanciales en cuanto la materia de las controversias constitucionales, medio de control de la constitucionalidad el cual queda fuera del presente estudio por no llevar a cabo control abstracto de las normas, sino análisis sobre la verificación de posible invasión de competencias entre órganos públicos o niveles de descentralización política.

Reforma del 31 de diciembre de 1994[259]:

Texto Previo	Texto Reformado
Corresponde sólo a la Suprema Corte de Justicia de la Nación conocer de las controversias que se susciten entre dos o más Estados, entre uno o más Estados y el Distrito Federal; entre los poderes de un mismo Estado y entre órganos de gobierno del Distrito Federal, sobre la constitucionalidad de sus actos y de los conflictos entre la Federación y uno o más Estados, así como de aquellas en que la Federación sea parte en los casos que establezca la ley.	**La Suprema Corte de Justicia de la Nación conocerá, en los términos que señale la ley reglamentaria, de los asuntos siguientes:** **I. De las controversias constitucionales que, con excepción a las que se refieran a la materia electoral, se susciten entre:** a) La Federación y un Estado o el Distrito Federal; b) La Federación y un municipio; c) El Poder Ejecutivo y el Congreso de la Unión; aquél y cualquiera de las Cámaras de éste o, en su caso, la Comisión Permanente sean como órganos federales o del Distrito Federal; d) Un Estado y otro; e) Un Estado y el Distrito Federal; f) El Distrito Federal y un municipio; g) Dos municipios de diversos Estados; h) Dos Poderes de un mismo Estado sobre la constitucionalidad de sus actos o disposiciones generales; i) Un Estado y uno de sus municipios, sobre la constitucionalidad de sus actos o disposiciones generales; j) Un Estado y un municipio de otro Estado, sobre la constitucionalidad de sus actos o disposiciones generales; k) Dos órganos de gobierno del Distrito Federal, sobre la constitucionalidad de sus actos o disposiciones generales.

259. Es menester destacar como nota al margen, en este cambio constitucional, la transformación sufrida de la Suprema Corte de Justicia de la Nación; al respecto, citamos a BRAGE CAMAZANO, Joaquín, *La acción abstracta de inconstitucionalidad*, Ciudad de México, Universidad Nacional Autónoma de México-Instituto de Investigaciones Jurídicas de la UNAM, 2005, p. 10, quien refiere lo siguiente: «El Poder Judicial de la Federación. Se dota a la Suprema Corte de Justicia de una nueva estructura y composición en congruencia con las nuevas competencias que se le asignan, de forma tal que pasa a quedar integrada por once ministros, frente a los veintiséis que la conformaban con anterioridad, lo que supone una vuelta al número que preveía originalmente la Constitución de 1917».

Texto Previo	Texto Reformado
	Siempre que las controversias versen sobre disposiciones generales de los Estados o de los municipios impugnadas por la Federación, de los municipios impugnadas por los Estados, o de los casos a los que se refieren el inciso c), h) y k) anteriores, y la resolución de la Suprema Corte de Justicia las declare inválidas, dicha resolución tendrá efectos generales cuando hubiere sido aprobada por la mayoría de por lo menos ocho votos. En los demás casos, las resoluciones de la Suprema Corte de Justicia tendrán efectos únicamente respecto de las partes en la controversia. II. De las acciones de inconstitucionalidad que tengan por objeto plantear la posible contradicción entre una norma de carácter general y ésta Constitución, con excepción de las que se refieran a la materia electoral. Las acciones de inconstitucionalidad podrán ejercitarse, dentro de los treinta días naturales siguientes a la fecha de publicación de la norma, por: a) El equivalente al treinta y tres por ciento de los integrantes de la Cámara de Diputados del Congreso de la Unión, en contra de leyes federales o del Distrito Federal expedidas por el Congreso de la Unión; b) El equivalente al treinta y tres por ciento de los integrantes del Senado en contra de leyes federales o del Distrito Federal expedidas por el Congreso de la Unión o de tratados internacionales celebrados por el Estado Mexicano; c) c)El Procurador General de la República, en contra de leyes de carácter federal, estatal y del Distrito federal, así como de los tratados internacionales celebrados por el Estado Mexicano; d) El equivalente al treinta y tres por ciento de los integrantes de alguno de los órganos legislativos estatales, en contra de leyes expedidas por el propio órgano, y e) El equivalente al treinta y tres por ciento de los integrantes de la Asamblea de Representantes del Distrito Federal, en contra de leyes expedidas por la propia asamblea.

Texto Previo	Texto Reformado
	Las resoluciones de la Suprema Corte de Justicia sólo podrán declarar la invalidez de las normas impugnadas, siempre que fueren aprobadas por una mayoría de cuando menos ocho votos III. De oficio o a petición fundada del correspondiente Tribunal Unitario de Circuito o del Procurador General de la República, podrá conocer de los recursos de apelación en contra de sentencias de Jueces de Distrito dictadas en aquellos procesos en que la Federación sea parte y que por su interés y trascendencia así lo ameriten. La declaración de invalidez de las resoluciones a que se refieren las fracciones I y II de este artículo no tendrá efectos retroactivos, salvo en materia penal, en la que regirán los principios generales y disposiciones legales aplicables de esta materia. En caso de incumplimiento de las resoluciones a que se refieren las fracciones I y II de este artículo se aplicarán, en lo conducente, los procedimientos establecidos en los dos primeros párrafos de la fracción XVI del artículo 107 de esta Constitución.

Consideraciones políticas de la Reforma:

Esta reforma constitucional se originó por una iniciativa de modificación constitucional que remitió el Presidente en turno, Ernesto Zedillo Ponce de León a la Cámara de Senadores el 05 de diciembre de 1994. Todo el proceso legislativo de esta reforma fue expedito ya que se publicó el último día del mismo mes y año. Estos hechos acontecieron recién iniciado el gobierno del Presidente Zedillo[260]. Se destacó por tres consideraciones específicas:

1. Cambió la estructura orgánica del Poder Judicial Federal pues la Suprema Corte de Justicia de la Nación antes de la reforma se constituía por cinco salas, siendo que después de la modificación constitucional pasó a tener sólo dos; asimismo se redujo el número de sus integrantes, de veintiún ministros numerarios[261] a sólo once.

260. Iniciativa del presidente de la república dirigida a la Cámara de Senadores el 05 de diciembre de 1994. Texto que puede ser consultado http://legislacion.scjn.gob.mx/Buscador/Paginas/wfProcesoLegislativoCompleto.aspx?q=b/EcoMjefuFeB6DOaNOimNPZPsNLFqe0s7fey1FqrieYeyKVT/HxmmfVi/cb3HWaRN/k/w+3sjK0/ILptB9DZw==

261. Hasta antes de la reforma, la Suprema Corte de Justicia de la Nación se compuso de veintiún ministros numerarios, pudiéndose nombrar hasta cinco ministros supernumerarios. Véase Decreto del 10 de agosto de 1987. Diario Oficial de la Federación, por el cual se modifica el artículo 94 de la Constitución Política de los Estados Unidos Mexicanos.

Este cambio a la luz de algunos doctrinarios pudiera asimilarse a un «golpe de Estado»[262] porque fue emitido por un poder constituido hacia otro. Esto es así en virtud de que en ese instante los artículos transitorios de aquella reforma[263] establecieron retirar forzosamente de su encargo a todos los integrantes de la Suprema Corte de Justicia de la Nación y que el propio Ejecutivo Federal propusiera a todos los candidatos a ministros para que fueran electos por el Senado de la República, órgano que a su vez estaba integrado por personas provenientes de la misma fuerza política del Presidente (el Partido Revolucionario Institucional).

2. Se crearon dos competencias más a favor de la Corte, por un lado, las acciones de inconstitucionalidad, objeto de estudio de este trabajo y por el otro, la posibilidad de que el Procurador General de la República y/o los tribunales unitarios de circuito pudieran apelar las resoluciones de Jueces de Distrito en los que la Federación sea parte o por la relevancia del asunto.
3. La reforma se dio en un contexto en el cual el partido político del Presidente de la República contó con 300 diputados de 500 y 95 senadores de 128, ello hizo que la reforma fuera muy sencilla de proceder dando muestra así del poder del sistema presidencialista instaurado en México. Esto numéricamente representó:
   a) que la función ejecutiva contara en la Cámara de Diputados de acuerdo con el artículo 52 constitucional vigente en aquel entonces, con el número equivalente a todos los diputados electos por mayoría relativa que la Constitución permitía en la integración del referido órgano. La votación a favor del dictamen en lo general fue de 315 votos[264].

---

262. *Cfr*. COVIÁN ANDRADE, Miguel, *Teoría Constitucional*, 2.ª ed., México, Centro de Estudios de Ingeniería Política y Constitucional A.C., 2000, p. 545.

263. «SEGUNDO.- Los actuales Ministros de la Suprema Corte de Justicia de la Nación concluirán sus funciones a la entrada en vigor del presente Decreto. Recibirán una pensión igual a la que para casos de retiro forzoso prevé el "Decreto que establece las Causas de Retiro Forzoso o Voluntario de los Ministros de la Suprema Corte de Justicia de la Nación".
(...)
TERCERO.- Para la nominación y aprobación de los primeros Ministros que integrarán la Suprema Corte de Justicia de la Nación , conforme a las reformas previstas en el presente Decreto, el titular del Ejecutivo Federal propondrá ante la Cámara de Senadores, a 18 personas, de entre las cuales dicha Cámara aprobará, en su caso, los nombramientos de 11 Ministros, con el voto de las dos terceras partes de sus miembros» Decreto mediante el cual se declaran reformados los artículos 21, 55, 73, 76, 79, 89, 93, 94, 95, 96, 97, 98, 99, 100, 101, 102, 103, 104, 105, 106, 107, 108, 110, 111, 116, 122 y 123 de la Constitución Política de los Estados Unidos Mexicanos, Diario Oficial de la Federación, publicado el sábado 31 de diciembre de 1994, Primera Sección p. 9.

264. Votación dada el 21 de diciembre de 1994, en la Cámara de Diputados.

b) que la función ejecutiva contara en la Cámara de senadores con diez legisladores más de lo necesario para conformar las dos terceras partes de dicho órgano colegiado. La votación a favor de la reforma fue unánime[265].

Consideraciones Jurídicas de la Reforma

Como se aprecia, esta reforma instauró tres fracciones, la primera desarrolló detalladamente la institución de la Controversia Constitucional la cual es un medio de control de la constitucionalidad recurrido por las instancias públicas descritas en el mismo artículo y que se promueve cuando otro órgano de poder público o algún ente de descentralización política (federación, entidad federativa, estado o municipio) invade una esfera de competencias distinta a la suya.

Por su parte, la segunda fracción estableció lo relativo al medio de control abstracto de la constitucionalidad, la Acción de Inconstitucionalidad.

Por último, la tercera fracción reguló la competencia del correspondiente Tribunal Unitario de Circuito o del Procurador General de la República, ahora Fiscal General de la República[266], para que de oficio o a petición de éstos la Suprema Corte de Justicia de la Nación conociera de los recursos de apelación en contra de sentencias de Jueces de Distrito dictadas en aquellos procesos en que la Federación sea parte y que por su interés y trascendencia así lo ameriten.

Respecto del tema que nos ocupa, la Acción de Inconstitucionalidad se distingue en el orden jurídico mexicano por las siguientes notas:

1. Con la Acción de Inconstitucionalidad la protección de la Constitución se extendió pues a partir de la reforma la norma presuntamente inconstitucional podía ser denunciada por cualquiera de las autoridades señaladas en el listado de la fracción II del artículo 105.
2. La materia electoral quedó excluida de la protección a través de la Acción de Inconstitucionalidad;
3. Se estableció como tiempo genérico para la interposición de la Acción de Inconstitucionalidad un lapso de 30 días naturales;
4. Se les autorizó a las minorías legislativas (de las Cámaras de Senadores y Diputados; de alguna de las legislaturas locales o; de la Asamblea Legislativa del Distrito Federal) la competencia de interponer Acción de Inconstitucionalidad, siempre y cuando sumaran cuando menos un 33 % de sus integrantes;

265. Votación dada el 17 de diciembre de 1994, en la Cámara de Senadores

266. De acuerdo a la reforma de diez de febrero de dos mil catorce, se constituyó una nueva institución en el texto de la Constitución Mexicana, la Fiscalía General de la República, la cual desarrolla las funciones encomendadas hasta antes de la reforma, a la Procuraduría General de la República, artículo 102, apartado A.

5. Se le autorizó al Procurador General de la República la facultad de ejercitar la Acción de Inconstitucionalidad en contra de leyes de carácter federal, estatal y del Distrito Federal, así como de los tratados internacionales celebrados por México.
6. Asimismo, se previó que si el resultado de la Acción de Inconstitucionalidad fuese la declaración de invalidez ésta no tendría efectos retroactivos, salvo en materia penal en la cual regirán los principios generales de aquella materia. Esta descripción la reconoce en la actualidad el párrafo segundo del artículo 45 de la Ley Reglamentaria de las Fracciones I y II del artículo 105 Constitucional[267].
7. Por último, en caso de no atenderse las resoluciones emitidas por la Suprema Corte de Justicia de la Nación en una Acción de Inconstitucionalidad se aplicará en lo conducente la destitución del funcionario encargado de cumplir con lo ordenado por la Suprema Corte de Justicia de la Nación y se solicitará el cumplimiento sustituto de la sentencia.

Reforma del 22 de agosto de 1996

Texto Previo	Texto Reformado
c. ... II De las acciones de inconstitucionalidad que tengan por objeto plantear la posible contradicción entre una norma de carácter general y esta Constitución, con excepción de las que se refieran a la materia electoral. Las acciones de inconstitucionalidad podrán ejercitarse, dentro de los treinta días naturales siguientes a la fecha de publicación de la norma, por: a) El equivalente al treinta y tres por ciento de los integrantes de la Cámara de Diputados del Congreso de la Unión, en contra de leyes federales o del Distrito Federal expedidas por el Congreso de la Unión; b) El equivalente al treinta y tres por ciento de los integrantes del Senado en contra de leyes federales o del Distrito Federal expedidas por el Congreso de la Unión o de tratados internacionales celebrados por el Estado Mexicano;	I. ... **II. De las acciones de inconstitucionalidad que tengan por objeto plantear la posible contradicción entre una norma de carácter general y esta Constitución.** ... a) al d) ..., e) ..., y **f) Los partidos políticos con registro ante el Instituto Federal Electoral, por conducto de sus dirigencias nacionales, en contra de leyes electorales federales o locales; y los partidos políticos con registro estatal, a través de sus dirigencias, exclusivamente en contra de las leyes electorales expedidas por el órgano legislativo del Estado que les otorgó el registro.**

267. Artículo 45. Las sentencias producirán sus efectos a partir de la fecha que determine la Suprema Corte de Justicia de la Nación.

Texto Previo	Texto Reformado
c) El Procurador General de la República, en contra de leyes de carácter federal, estatal y del Distrito Federal, así como de los tratados internacionales celebrados por el Estado Mexicano; d) El equivalente al treinta y tres por ciento de los integrantes de alguno de los órganos legislativos estatales, en contra de leyes expedidas por el propio órgano, y e) El equivalente al treinta y tres por ciento de los integrantes de la Asamblea de Representantes del Distrito Federal, en contra de leyes expedidas por la propia Asamblea. Las resoluciones de la Suprema Corte de Justicia sólo podrán declarar la invalidez de las normas impugnadas, siempre que fueren aprobadas por una mayoría de cuando menos ocho votos.	g) Los partidos políticos con registro ante el Instituto Federal Electoral, por conducto de sus dirigencias nacionales, en contra de leyes electorales federales o locales; y los partidos políticos con registro estatal, a través de sus dirigencias, exclusivamente en contra de las leyes electorales expedidas por el órgano legislativo del Estado que les otorgó el registro. La única vía para plantear la no conformidad de las leyes electorales a la Constitución es la prevista en este artículo. Las leyes electorales federales y locales deberán promulgarse y publicarse por lo menos noventa días antes de que inicie el proceso electoral en que vayan a aplicarse y durante el mismo no podrá haber modificaciones legales fundamentales. ... III. ... ...

Consideraciones políticas de la Reforma

Este cambio constitucional resultó aprobado por el acuerdo interpartidista de cuatro fuerzas políticas; Partido Revolucionario Institucional, Partido Acción Nacional, Partido de la Revolución Democrática y Partido del Trabajo.

Cabe señalar que el dictamen que aprobó la reforma se integró por dos iniciativas; una presentada ante la Cámara de Diputados suscrita por los coordinadores parlamentarios de las fuerzas políticas aludidas en la Cámara mencionada y la otra, por el Presidente Ernesto Zedillo. Derivado del año en el cual aconteció —el partido del presidente tenía la mayoría en ambas cámaras legislativas— dicho documento se aprobó sin dificultad parlamentaria[268].

268. Información proveída por el Sistema de consulta de ordenamientos de la Suprema Corte de Justicia de la Nación, http://legislacion.scjn.gob.mx/Buscador/Paginas/wfOrdenamien-

La razón primordial para realizar esta modificación atendió a la presión de los partidos políticos por querer constituirse como sujetos legitimados para interponer el medio abstracto de control de la constitucionalidad, puesto que antes de la reforma los partidos no tenían legitimación para pronunciarse respecto de alguna disposición de esta naturaleza que por su sola entrada en vigor perjudicara sus intereses políticos.

Auténticamente esta modificación constitucional beneficia a los partidos políticos de oposición, porque en términos reales a la mayoría difícilmente le interesaría impugnar la producción legislativa que ellos mismos aprobaron[269].

Consideraciones jurídicas de la Reforma

Esta reforma les permitió a los partidos políticos[270] actuar en calidad de sujeto activo en el procedimiento de la acción de inconstitucionalidad, cuestión sumamente delicada porque el órgano reformador de la Constitución le concedió a una institución no derivada del poder público ni directamente emanada del Estado la posibilidad de incoar un medio de control de la constitucionalidad jurisdiccional. Lo anterior es así porque la naturaleza jurídica de los partidos políticos en México no es la de un ente del Estado federal ni de gobierno local alguno[271], sino que son entidades de interés

---

toDetalle.aspx?q=b/EcoMjefuFeB6DOaNOimE2VCMjflsnCECSIArvq0I5HCFIXkN9QRim-N4pk8I165

269. «Ciertamente, la reforma en su literalidad facultó a todos los partidos políticos a acudir ante la SCJN y no específicamente a los 'partidos políticos de oposición' o a los 'partidos políticos minoritarios', pero de *facto* lo que hizo fue legitimar a los partidos políticos que no están en el poder (a los de oposición o minoritarios) para acudir ante la SCJN en vía de AI (al igual que sucedió con la legitimación del 33 %). Basta tener presente que el partido en el poder en el Congreso o el partido que logra sacar adelante un proyecto de Ley no es el que necesita impugnar la producción legislativa». SUPREMA CORTE DE JUSTICIA DE LA NACIÓN, *Art. 105. Dilemas de control constitucional,* México, Suprema Corte de Justicia de la Nación, 2016, p. 43.

270. Serán considerados Partidos Políticos quienes tengan un registro de tal carácter ante las autoridades federales electorales (Instituto Nacional Electoral) así lo determinó la Jurisprudencia de la novena época, la cual lleva por rubro: PARTIDOS POLÍTICOS NACIONALES Y AGRUPACIONES POLÍTICAS LOCALES. SU NATURALEZA Y FINES (CÓDIGO ELECTORAL DEL DISTRITO FEDERAL). Jurisprudencia P./J. 62/99, Acción de Inconstitucionalidad 5/1999, aprobada el 12 de julio de 1999, publicada en el Semanario Judicial de la Federación y su Gaceta, Tomo X, agosto de 1999, p. 565.

271. El artículo 3.1 de la Ley General de Partidos Políticos también estipula lo señalado por la Constitución. Asimismo, el Pleno de la Sala Superior del Tribunal Electoral del Poder Judicial de la Federación señaló en un criterio orientador que «Dado el papel que tienen los partidos políticos dentro de la estructura del Estado, como cuerpos intermedios de la sociedad que coadyuvan a integrar la representación nacional y a la formación del poder público». Tesis XXXVI/99, Juicio para la protección de los derechos político-electorales del ciudadano SUP-JDC-021/99, aprobada el 11 de noviembre de 1999 y publicada en la Revista del Tribunal Electoral del Poder Judicial de la Federación, Suplemento 3, Año 2000, pp. 59 y 60.

público[272], así lo mandata la fracción I, del artículo 41 de la Constitución Política de los Estados Unidos Mexicanos.

Es conveniente destacar de aquella reforma, respecto del control abstracto de la constitucionalidad, señala lo siguiente:

1. Los Partidos Políticos son personas morales, su naturaleza jurídica es diferente a la del Estado. Sin embargo, en virtud de ser sujetos involucrados en la integración del poder público adquirieron la calidad de sujetos legitimados para interponer ante la Suprema Corte de Justicia de la Nación el único medio de control abstracto de la constitucionalidad en México, la Acción de Inconstitucionalidad.

   Cabe destacar que esta reforma no sólo implicó la ampliación de sujetos legitimados para accionar el control abstracto de la constitucionalidad, sino también se otorgaron facultades a otros órganos pertenecientes al Poder Judicial de la Federación, como al Tribunal Electoral para realizar control concreto de la constitucionalidad en materia electoral a través del Juicio para la protección de los derechos político-electorales del ciudadano.

2. La reforma determinó que el autorizado para legitimarse en la acción era la respectiva dirigencia nacional del partido político.

3. El cambio constitucional les permitió a los nuevos autorizados accionar control abstracto de la constitucionalidad en contra de leyes federales y locales, lo cual sirvió para determinar quién era el órgano legislativo violentador del régimen constitucional, de forma tal que bien podría ser el Congreso de la Unión (nivel federal) o una legislatura (nivel local).

4. Se legitimó en los mismos términos del número 2 a las dirigencias de los partidos políticos con registro en las entidades federativas, pero solamente para denunciar ante la Suprema Corte de Justicia de la Nación leyes electorales que les afectaran localmente; en este sentido estarían impedidas para interponer Acción de Inconstitucionalidad las dirigencias locales de los partidos políticos en contra de leyes emanadas del Congreso de la Unión (nivel federal).

---

272. Respecto a su naturaleza en el contexto jurídico mexicano, Jacqueline Peschard Mariscal y Fidel Astorga Ortiz han señalado que ésta atiende a «que tal definición intenta precisamente identificar (...) dos esferas: no son entidades públicas, razón por la cual poseen significativos niveles de autonomía de decisión; pero tampoco son organizaciones civiles sin más, porque están sujetas a ciertas regulaciones adicionales a las que debe cubrir cualquier otra asociación ciudadana, precisamente porque tienen encomendado conformar los poderes públicos, ni más ni menos». PESCHARD MARISCAL, Jacqueline y ASTORGA ORTÍZ, Fidel, *Los partidos políticos frente al escrutinio. De la fiscalización a la transparencia*, México, Tribunal Electoral del Poder Judicial de la Federación, 2012, Serie Temas selectos de derecho electoral N.° 31, p. 16.

5. La reforma constitucional reconoció a la Acción de Inconstitucionalidad como el único medio de control abstracto de la constitucionalidad en materia electoral.

Por último, con el cambio constitucional se impuso que toda ley electoral debería promulgarse y publicarse por lo menos noventa días antes de iniciar el proceso electoral en el cual se aplicaría, de igual manera, durante el mismo proceso no habría modificaciones legales.

Reforma del 14 de septiembre de 2006

Texto Previo	Texto Reformado
II De las acciones de inconstitucionalidad que tengan por objeto plantear la posible contradicción entre una norma de carácter general y esta Constitución. ... a) al f) ...,	II... *a)* al f) ... g) La Comisión Nacional de los Derechos Humanos, en contra de leyes de carácter federal, estatal y del Distrito Federal. Así como de tratados internacionales celebrados por el Ejecutivo Federal y aprobados por el Senado de la República, que vulneren los derechos humanos consagrados en esta Constitución. Asimismo, los organismos de protección de los derechos humanos equivalentes en los estados de la República en contra de leyes expedidas por las legislaturas locales y la Comisión de Derechos Humanos del Distrito Federal, en contra de leyes emitidas por la Asamblea Legislativa del Distrito Federal.

Consideraciones Políticas

Durante el año 2003 el Partido Acción Nacional y posteriormente, el Partido del Trabajo en el 2005, presentaron iniciativas a través de sus diputados, tendientes a colocar en el texto constitucional la legitimación de la Comisión Nacional de Derechos Humanos para incoar Acciones de Inconstitucionalidad. Entre los argumentos que se vertían se expresaba que la Comisión Nacional de Derechos Humanos ya ejercía control de la constitucionalidad —por órgano administrativo[273]—, por lo que, debido a la naturaleza jurídica de la Comisión, así como por la relevancia de su función era necesario dotarla de legitima-

273. Jorge Fernández Ruíz, al definir al control de la constitucionalidad por órgano administrativo refiere que, si bien este control es encomendado principalmente a órganos jurisdiccionales, también existen otros órganos que la ejercen a través de procedimientos con menor solemnidad y más flexibles. *Cfr.* Fernández Ruíz, Jorge, «Control constitucional por órganos administrativos» en Ferrer Mac-Gregor, Eduardo, Martínez Ramírez, Fabiola y Figueroa Mejía, Giovanni A. (coords.), *Diccionario de Derecho Procesal Constitucional y Convencional*, México, Poder Judicial de la Federación, Consejo de la Judicatura Federal, UNAM, Instituto de Investigaciones Jurídicas, 2014, t. I pp. 216-219.

ción para accionar el control abstracto de la constitucionalidad respecto de las leyes y tratados internacionales en materia de derechos humanos.

Esta reforma aconteció en el gobierno del Presidente Vicente Fox quien provenía del Partido Acción Nacional. Si bien esta fuerza política no contaba con mayoría en ninguna de las dos cámaras, la modificación constitucional fue aprobada por las demás fuerzas políticas y dotada de amplia legitimidad y aceptación; prueba de ello fueron las manifestaciones a favor que en la discusión ante la Cámara de origen realizaron los oradores de partidos políticos diversos[274] como el del Partido del Trabajo (Pedro Vázquez González), de la Revolución Democrática (Arturo Nahle García) y del Revolucionario Institucional (Rogelio Rueda Sánchez), quienes representando diverso electorado apoyaron el dictamen transformándolo en la minuta que a la postre se discutió en la cámara de Senadores. La votación de los diversos grupos parlamentarios fue unánime ya que se obtuvieron 76 votos a favor y cero en contra[275].

Consideraciones jurídicas

Como apreciamos, a partir de la fecha de la reforma la Comisión Nacional de los Derechos Humanos[276] se legitimó como una institución más dentro del orden jurídico mexicano para poder acudir ante la Suprema Corte de Justicia de la Nación y accionar el control abstracto de la constitucionalidad, pero exclusivamente en contra de las normas de carácter general que vulneraran los Derechos Humanos reconocidos en la Constitución Política de los Estados Unidos Mexicanos[277], independientemente de que las normas sean de derecho interno, como son las leyes o las disposiciones del *ius cogens,* tratados internacionales. Ello es así porque no todos los suje-

---

274. Procesos legislativos, discusión en la Cámara de origen, Diputados, México, D.F., a 20 de abril de 2006.

275. Procesos legislativos, discusión en la Cámara de Senadores, México, D.F., a 27 de abril de 2006.

276. La Comisión Nacional de Derechos Humanos se clasifica, en el orden jurídico constitucional mexicano, como un organismo autónomo constitucional; es decir, su autonomía emana directamente de la Constitución en su artículo 102, apartado B, contará con autonomía de gestión y presupuestaria, personalidad jurídica y patrimonio propios. La finalidad de la institución es resolver las quejas que ante ella se interpongan en contra de actos u omisiones de naturaleza administrativa provenientes de cualquier autoridad o servidor público, con excepción de los del Poder Judicial de la Federación, que violen estos Derechos.
Tradicionalmente estos tipos de organismos autónomos constitucionales tienen su origen en la desconfianza pública, pues la sociedad civil consideraba muy valiosas ciertas actividades, las cuales no podía dejar en el Estado pues éste era el principal sospechoso de beneficiarse de la actividad en concreto, de esta manera surgió en la década de los años noventa del siglo anterior tanto el Instituto Federal Electoral y la Comisión Nacional de los Derechos Humanos.

277. Creemos inadecuada la referencia que en esta parte hace la Constitución con la expresión, «que vulneren los derechos humanos consagrados en esta Constitución y en los tratados internacionales», pues la redacción, «los derechos humanos consagrados en esta Constitución» hace que los Derechos Humanos no tengan auténticamente este carácter y en cambio sí, el de Derechos Fundamentales, los cuales se refieren a la positivización de los Derechos Humanos en un orden jurídico.

tos legitimados para promover una Acción de Inconstitucionalidad pueden plantearla en contra de cualquier ley, sino que su legitimación varía en función del ámbito de la norma en relación con la competencia del órgano legitimado para promoverla[278].

En este contexto, a partir de la reforma la Comisión Nacional de los Derechos Humanos pudo procurar a la Constitución de forma abstracta contra dispositivos legales opuestos a aquella y que presuntamente vulneraran derechos humanos, ya sean normas federales o locales, así como tratados internacionales.

La reforma en comento no sólo facultó a la Comisión Nacional de Derechos Humanos como sujeto legitimado para promover Acciones de Inconstitucionalidad, sino también le asignó competencias a las Comisiones Locales de Derechos Humanos de las entidades federativas para que con plena legitimidad procesal pudieran promover Acciones de Inconstitucionalidad, pero exclusivamente en contra de las leyes que en materia de Derechos Humanos hayan expedido las Legislaturas locales.

Lo anterior atiende a que las Comisiones locales de Derechos Humanos no cuentan con representación Nacional, por tal motivo no podían —y no pueden— ejercitar un medio de control abstracto en contra de un tratado internacional ni ley federal. Al respecto, si bien se reconoce la legitimación procesal activa de la Comisión Nacional de Derechos Humanos para promover acciones de inconstitucionalidad en contra de tratados internacionales, es importante advertir que dentro de la competencia que la constitución y en consecuencia la ley reglamentaria le otorgó a las comisiones estatales de derechos humanos, no se prevé la posibilidad de que en modo inductivo los organismos de protección de derechos humanos locales denuncien un probable vicio de inconstitucionalidad de un tratado internacional ante la propia Comisión Nacional de Derechos Humanos, para que ésta última como sujeto legitimado para accionar el medio de control abstracto de constitucionalidad en contra de leyes federales y tratados internacionales pueda promoverla. Esta ausencia normativa pudiera generar conflictos políticos y jurídicos; el primero de aquellos atiende a que no obstante los organismos protectores de los derechos humanos son autónomos por mandato constitucional, la coyuntura de la nominación para el nombramiento del o de la titular del organismo garante de derechos humanos a nivel nacional pudiera condicionar el desempeño de la Comisión como apoyo al gobierno en turno (caso del presidencialismo poderoso mexicano, en donde el presidente propone la terna y el senado elige por mayoría cali-

278. ACCIÓN DE INCONSTITUCIONALIDAD. QUIÉNES SE ENCUENTRAN LEGITIMADOS PARA PROMOVERLA ATENDIENDO AL ÁMBITO DE LA NORMA IMPUGNADA, Jurisprudencia P./J. 7/2007, Recurso de reclamación 340/2006-PL derivado de una Acción de Inconstitucionalidad 44/2006, aprobada el 17 de abril de 2007, publicada en el Semanario Judicial de la Federación y su Gaceta, Tomo XXV, mayo de 2007, p. 1513.

ficada)[279]; el segundo atiende al sistema de competencias que establece el texto supremo, ya que aunque la comisión de derechos humanos local detectara una posible inconstitucionalidad de un tratado internacional, ésta al carecer de competencia para promoverla —pues dicha facultad está reservada a la Comisión Nacional de Derechos Humanos— por el sistema competencial establecido, estaría imposibilitada para ejercer su principal función: la procuración de los derechos humanos y con ello la violación reiterada al texto supremo y a los derechos fundamentales.

Reforma del 10 de junio de 2011

Texto Previo	Texto Reformado
II De las acciones de inconstitucionalidad que tengan por objeto plantear la posible contradicción entre una norma de carácter general y esta Constitución. ... a) al f) ... g) La Comisión Nacional de los Derechos Humanos, en contra de leyes de carácter federal, estatal y del Distrito Federal. Así como de tratados internacionales celebrados por el Ejecutivo Federal y aprobados por el Senado de la República, que vulneren los derechos humanos consagrados en esta Constitución. Asimismo, los organismos de protección de los derechos humanos equivalentes en los estados de la República en contra de leyes expedidas por las legislaturas locales y la Comisión de Derechos Humanos del Distrito Federal, en contra de leyes emitidas por la Asamblea Legislativa del Distrito Federal.	II. De las acciones de inconstitucionalidad que tengan por objeto plantear la posible contradicción entre una norma de carácter general y esta Constitución. ... a) al f) ... g) La Comisión Nacional de los Derechos Humanos, en contra de leyes de carácter federal, estatal y del Distrito Federal, así como de tratados internacionales celebrados por el Ejecutivo Federal y aprobados por el Senado de la República, que vulneren los derechos humanos consagrados en esta Constitución **y en los tratados internacionales de los que México sea parte.** Asimismo, los organismos de protección de los derechos humanos equivalentes en los estados de la República, en contra de leyes expedidas por las legislaturas locales y la Comisión de Derechos Humanos del Distrito Federal, en contra de leyes emitidas por la Asamblea Legislativa del Distrito Federal. ...

279. En México el 12 de noviembre de 2020 la Cámara de Senadores del Congreso de la Unión, nombró en una tercera ronda a la actual Presidenta de la Comisión Nacional de Derechos Humanos, Rosario Piedra Ibarra con 76 votos a favor de 114 senadores presentes. Uno de los motivos para elegir hasta la tercera votación (situación anormal) fue la evidente vinculación de la hoy Presidenta de la Comisión Nacional de Derechos Humanos con el Partido Político del actual Presidente de la República de la que incluso fue candidata a Diputada Federal por ese Partido y funcionaria partidista del mismo instituto político. Dicha vinculación generó la presunción en el Senado de que la actual Presidenta de la Comisión no sería un auténtico contrapeso político y, por lo tanto, implicaría una nula o mínima protección de derechos humanos ante las violaciones a los referidos derechos que pudieran causar las autoridades de la Administración Pública.

Consideraciones políticas

La modificación se generó en el contexto de lo que se llamó cambió de paradigma judicial, pues el decreto que contenía esta reforma fue el motor generador para que la Suprema Corte de Justicia de la Nación, como máximo órgano judicial de México fundara la décima época, consistente en un nuevo parámetro de juzgamiento, los derechos humanos; así como la posibilidad de ejercer control de la constitucionalidad difuso y de convencionalidad *ex officio*[280].

En este contexto, la reforma subrayó la competencia de la Comisión para llevar a cabo tanto control de la Constitucionalidad como de la convencionalidad al incluir que las acciones de inconstitucionalidad promovidas por la Comisión Nacional de Derechos Humanos procuraran que la ley o tratado objeto de control no sea contraria ni a la Constitución ni a los Tratados Internacionales de los que el Estado Mexicano sea parte.

Consideraciones jurídicas

Esta reforma consistió en la modificación al inciso g), de la fracción segunda, del artículo 105 extrayendo las siguientes conclusiones:

1. A partir de la fecha precisada se reconoció la procedencia de la Acción de Inconstitucionalidad en los casos en que alguna ley o tratado internacional vulnerara derechos humanos reconocidos en los tratados internacionales pues éstos últimos pasaron a formar parte del parámetro de regularidad constitucional.
2. En este sentido la Acción de Inconstitucionalidad procederá no sólo para ejercer un control de la constitucionalidad sobre normas generales, federales, locales o tratados internacionales, sino también para salvaguardar los Derechos Humanos consagrados en los tratados internacionales en materia de derechos humanos, pues éstos forman un conjunto superior de normas (parámetro de regularidad constitucional)[281] a las demás leyes emitidas por las legislaturas federales y las locales tal como se advierte de la interpretación sistemática a los artículos 1 y 133 constitucionales.

---

280. Esta reforma se detalla en el capítulo I de este estudio.

281. DERECHOS HUMANOS CONTENIDOS EN LA CONSTITUCIÓN Y EN LOS TRATADOS INTERNACIONALES. CONSTITUYEN EL PARÁMETRO DE CONTROL DE REGULARIDAD CONSTITUCIONAL, PERO CUANDO EN LA CONSTITUCIÓN HAYA UNA RESTRICCIÓN EXPRESA AL EJERCICIO DE AQUÉLLOS, SE DEBE ESTAR A LO QUE ESTABLECE EL TEXTO CONSTITUCIONAL. Jurisprudencia P./J. 20/2014 Contradicción de Tesis 293/2011, aprobada el 18 de marzo de 2014, publicada en el Semanario Judicial de la Federación y su Gaceta, Libro 5, Tomo I, abril de 2014, p. 202

Cabe destacar que la interpretación descrita en el anterior punto 2 no se desprende de la lectura de esta reforma, sino de la interpretación sistemática de los artículos 1 y 133 constitucionales aunado a los criterios jurisprudenciales emitidos por la Suprema Corte. En virtud de las siguientes razones:

1. La modificación al inciso g) determina la competencia de la Comisión Nacional de Derechos Humanos para promover la Acción de Inconstitucionalidad «en contra de leyes de carácter federal, estatal y del Distrito Federal, así como de tratados internacionales celebrados por el Ejecutivo Federal y aprobados por el Senado de la República, que vulneren los derechos humanos consagrados en esta Constitución y en los tratados internacionales de los que México sea parte...». Al respecto, si bien la jurisprudencia del Poder Judicial de la Federación ha señalado que las normas en materia de derechos humanos —contenidas en tratados internacionales en materia de derechos humanos— no se relacionan en términos jerárquicos con la Constitución sino que éstas amplían el catálogo de derechos humanos contenidos en la norma suprema y por lo tanto constituyen un parámetro de regularidad constitucional[282] (bloque de constitucionalidad); también es importante advertir que la redacción del inciso g) de la fracción II del Artículo 105 no es clara en señalar cuáles instrumentos internacionales serán considerados parámetro de regularidad constitucional, ni tampoco qué tipo de convención internacional será objeto de control; puesto que de la interpretación literal del referido inciso se desprende que el citado órgano autónomo puede promover una Acción de Inconstitucionalidad en contra de un tratado internacional —de la materia que sea— por la vulneración de un derecho humano contenido en la Constitución y en tratados internacionales —de cualquier materia— de los que el Estado mexicano sea parte, de ahí que no pueda considerarse una determinada norma de derecho externo objeto de control de la constitucionalidad y parámetro de regularidad constitucional a la vez.
2. Asimismo, debe tenerse en cuenta que la falta de claridad descrita en la redacción puede causar un conflicto de interpretación y de aplicación pues la expresión «que vulneren los derechos humanos consagrados en esta Constitución y en los tratados internacionales de los que México sea parte (..)» está dotada de una mayor vaguedad que sostener que la Acción puede ser promovida en contra de una ley la cual «vulnere los derechos humanos consagrados en esta Constitución y en los tratados internacionales en **materia de derechos humanos** de los que México sea parte»[283], esto es así porque

282. *Idem.*

283. Redacción que se propone.

de aplicarse dicho inciso como está redactado implicaría la posibilidad de la Comisión Nacional de Derechos Humanos para promover una Acción de Inconstitucionalidad en contra de una ley que vulnere un tratado internacional, aunque éste no sea propiamente en materia de derechos humanos, pues bastaría que la ley presuntamente inconstitucional o inconvencional vulnerara un derecho humano contenido en un tratado internacional de materia distinta a los Derechos Humanos y del que México sea parte para que la Suprema Corte de Justicia de la Nación admitiera el medio de control y la resolviera de fondo sin posibilidad a desechar porque ésta sea improcedente[284] ya que como fue señalado, de la interpretación literal al inciso g) de la fracción II, del artículo 105 la misma Constitución lo permite. Sin embargo, dicha circunstancia **no es así,** en virtud de los criterios jurisprudenciales los cuales están dotados de obligatoriedad para los jueces mexicanos, en los que han señalado **que el parámetro de regularidad constitucional incluye a la Constitución y a los tratados internacionales en materia de derechos humanos de los que México es parte,** no a los tratados internacionales de materias distintas a derechos humanos de los que México es parte y que pudieran contener derechos humanos. Por lo anterior es necesaria una reforma constitucional que clarifique el inciso y lo ponga en sintonía con los artículos 1, 133 y los criterios procesales que ha brindado el poder judicial.

284. Considerando que la causal de improcedencia fuera que un tratado internacional de materia distinta a derechos humanos no constituye un parámetro de regularidad constitucional y, en virtud de no considerarse parámetro de regularidad constitucional no podría ser procedente la Acción.

Reforma del 07 de febrero de 2014[285]

Texto Previo	Texto Reformado
Artículo 105. ... I. ... a) a k). ... l) Dos órganos constitucionales autónomos, y entre uno de éstos y el Poder Ejecutivo de la Unión o el Congreso de la Unión sobre la constitucionalidad de sus actos o disposiciones generales. ... ... II. ... ... a) a g). ...	Artículo 105. ... I. ... a) a k). ... l) Dos órganos constitucionales autónomos, y entre uno de éstos y el Poder Ejecutivo de la Unión o el Congreso de la Unión sobre la constitucionalidad de sus actos o disposiciones generales. **Lo dispuesto en el presente inciso será aplicable al organismo garante que establece el artículo 6o. de esta Constitución.** ... ... II. ... ... a) a g). ... **h) El organismo garante que establece el artículo 6o. de esta Constitución en contra de leyes de carácter federal, estatal y del Distrito Federal, así como de tratados internacionales celebrados por el Ejecutivo Federal y aprobados por el Senado de la República, que vulneren el derecho al acceso a la información pública y la protección de datos personales. Asimismo, los organismos garantes equivalentes en los estados de la República, en contra de leyes expedidas por las legislaturas locales y el órgano garante del Distrito Federal, en contra de leyes emitidas por la Asamblea Legislativa del Distrito Federal.**

285. Previa a esta reforma hubo dos anteriores las cuales recayeron a la figura de controversias constitucionales, materia que escapa al objeto de estudio de esta investigación.

Consideraciones políticas

Esta reforma se aprobó en el marco de la sexagésima segunda legislatura; gozó del apoyo de las fracciones parlamentarias más relevantes por número en la Cámara de Diputados, esto es, el Partido Revolucionario Institucional junto con el Verde Ecologista de México y Acción Nacional así como otros diputados. Por lo que hace a la votación, se obtuvieron 424 votos a favor, 16 sufragios en contra y 4 abstenciones, siendo la Cámara de Diputados la revisora, quien con el 85 % de votos en pro logró la plena legitimación del organismo autónomo al que alude el artículo 6 de la Constitución Política de los Estados Unidos Mexicanos[286] encargado de procurar el derecho de acceso a la información pública y la protección de datos personales. De este modo, con la reforma en comento se otorgó la competencia del referido órgano autónomo para promover acciones de inconstitucionalidad y controversias constitucionales contra leyes o actos de autoridades presuntamente inconstitucionales y que estuvieran vinculados con la materia a la que alude el artículo 6 constitucional. Haber votado en contra de la reforma se hubiera calificado como sumamente impopular.

Consideraciones jurídicas

- Por el lado de las Controversias Constitucionales se sumó a la lista de sujetos legitimados el Instituto Nacional de Transparencia, Acceso a la Información y Protección de Datos Personales sólo para la materia que le es competente —Artículo 6 constitucional—.
- Respecto de las Acciones de Inconstitucionalidad se legitimó como accionante al mismo órgano autónomo constitucional[287]; de igual modo se reconoce como sujetos legitimados para promover Acción de Inconstitucionalidad a los organismos equivalentes del citado órgano en las entidades federativas, pero sólo respecto de leyes locales que en esa materia emitan las legislaturas locales.

286. Actualmente se denomina, Instituto Nacional de Transparencia, Acceso a la Información y Protección de Datos Personales.

287. El artículo 21 de la Ley de Transparencia y Acceso a la Información Pública, en su fracción VI reconoce tal competencia, previa aprobación del Pleno del Instituto.

Reforma del 10 de febrero de 2014

Texto previo	Texto reformado
Artículo 105. ...	Artículo 105. ...
I. ...	I. ...
II. ...	II. ...
...	...
a) y b) ...	a) y b) ...
c) El Procurador General de la República, en contra de leyes de carácter federal, estatal y del Distrito Federal, así como de los tratados internacionales celebrados por el Estado Mexicano;	**c) El Ejecutivo Federal, por conducto del Consejero Jurídico del Gobierno, en contra de normas generales de carácter federal y de las entidades federativas;**
d) y e) ...	d) y e) ...
f) Los partidos políticos con registro ante el Instituto Federal Electoral, por conducto de sus dirigencias nacionales, en contra de leyes electorales federales o locales; y los partidos políticos con registro estatal, a través de sus dirigencias, exclusivamente en contra de las leyes electorales expedidas por el órgano legislativo del Estado que les otorgó el registro.	**f) Los partidos políticos con registro ante el Instituto Nacional Electoral, por conducto de sus dirigencias nacionales, en contra de leyes electorales federales o locales; y los partidos políticos con registro estatal, a través de sus dirigencias, exclusivamente en contra de leyes electorales expedidas por el órgano legislativo del Estado que les otorgó el registro;**
La única vía para plantear la no conformidad de las leyes electorales a la Constitución es la prevista en este artículo.	
Las leyes electorales federales y locales deberían promulgarse y publicarse por lo menos noventa días antes de que inicie el proceso electoral en que vayan a aplicarse y durante el mismo no podrá haber modificaciones legales fundamentales.	
g) y h) ...	g) y h) ...
	i) El Fiscal General de la República respecto de leyes federales y de las entidades federativas, en materia penal y procesal penal, así como las relacionadas con el ámbito de sus funciones;
	...
	...
	...
III. De oficio o a petición fundada del correspondiente Tribunal Unitario de Circuito o del Procurador General de la República, podrá conocer de los recursos de apelación en contra de sentencias de Jueces de Distrito dictadas en aquellos procesos en que la Federación sea parte y que por su interés y trascendencia así lo ameriten.	III. De oficio o a petición fundada del correspondiente Tribunal Unitario de Circuito **o del Ejecutivo Federal, por conducto del Consejero Jurídico del Gobierno, así como del Fiscal General de la República en los asuntos en que intervenga el Ministerio Público,** podrá conocer de los recursos de apelación en contra de sentencias de Jueces de Distrito dictadas en aquellos procesos en que la Federación sea parte y que por su interés y trascendencia así lo ameriten.
...	

Consideraciones políticas

Esta reforma se gestó derivado de una serie de cambios que se suscitaban en el ambiente legislativo del país. Los ejes centrales de la discusión política fueron —según el dictamen que expidió el Senado de la República— gobierno de coalición; ratificación de los nombramientos hechos por el Presidente de la República; naturaleza jurídica del Consejo Nacional de Evaluación de la Política del Desarrollo Social; nombramiento del Procurador General de la República; naturaleza jurídica y atribuciones del Ministerio Público de la Federación; aprobación del Congreso de la Unión del Plan Nacional de Desarrollo; la ratificación por parte del senado de la estrategia nacional de seguridad pública; la reelección de ayuntamientos y el cambio de fecha para adelantar la toma de posesión del Titular del Ejecutivo Federal.

En la aprobación de la reforma constitucional intervino un amplio número de comisiones legislativas queriendo asegurar así la visión horizontal e inclusiva de todas las materias para constatar un análisis profundo del cambio, así como un tipo de legitimidad parlamentaria. Las comisiones unidas que participaron para la emisión de estas transformaciones fueron la de puntos constitucionales, de gobierno, de reforma del Estado, de estudios legislativo «primera» y de estudios legislativos «segunda». El dictamen se conoció como «por el cual se reforman diversas disposiciones de la Constitución Política de los Estados Unidos Mexicanos, en materia política electoral».

En concreto, el cambio que importa para este trabajo radica en la novación de la naturaleza jurídica de la hasta entonces Procuraduría General de la República, pues a partir de aquel instante sería una nueva institución con naturaleza autónoma, encargada del Ministerio Público Federal, misma que se denominaría Fiscalía General de la República; cuyo titular a partir de aquel instante sería un sujeto legitimado para interponer control abstracto de la constitucionalidad sobre leyes federales y de las entidades federativas en materia penal y procesal penal, así como las relacionadas con el ámbito de sus funciones.

Cabe señalar que, si bien a dicho órgano se le dotó de una nueva denominación y naturaleza jurídica, en materia de control abstracto de la constitucionalidad le fue reducida su competencia, ya que se le retiró la legitimidad al ahora Fiscal General para interponer Acción de Inconstitucionalidad en contra de leyes generales de cualquier materia, transfiriendo dichas competencias al Consejero Jurídico del Ejecutivo Federal.

Consideraciones jurídicas

Jurídicamente conllevó que por primera ocasión en la historia constitucional mexicana del control abstracto de la constitucionalidad se legitimara específicamente al Poder Ejecutivo para promover Acción de Inconstitucionalidad a través de su Consejero Jurídico en contra de cualquier ley (competencia que anteriormente estaba conferida, como ya se dijo, a la Procuraduría General de la República, hoy Fiscalía General de la República).

Reforma del 29 de enero de 2016

Texto previo	Texto reformado
Artículo 105. ... I ... II. a) El equivalente al treinta y tres por ciento de los integrantes de la Cámara de Diputados del Congreso de la Unión, en contra de leyes federales o del Distrito Federal expedidas por el Congreso de la Unión; b) El equivalente al treinta y tres por ciento de los integrantes del Senado, en contra de leyes federales o del Distrito Federal expedidas por el Congreso de la Unión o de tratados internacionales celebrados por el Estado Mexicano; c) d) El equivalente al treinta y tres por ciento de los integrantes de alguno de los órganos legislativos estatales, en contra de leyes expedidas por el propio órgano, e) El equivalente al treinta y tres por ciento de los integrantes de la Asamblea de Representantes del Distrito Federal, en contra de leyes expedidas por la propia Asamblea, y f) Los partidos políticos con registro ante el Instituto Nacional Electoral, por conducto de sus dirigencias nacionales, en contra de leyes electorales federales o locales; y los partidos políticos con registro estatal, a través de sus dirigencias, exclusivamente en contra de leyes electorales expedidas por el órgano legislativo del Estado que les otorgó el registro;	Artículo 105. ... I. ... II. ... ... a) El equivalente al treinta y tres por ciento de los integrantes de la Cámara de Diputados del Congreso de la Unión, en contra de leyes federales; b) El equivalente al treinta y tres por ciento de los integrantes del Senado, en contra de las leyes federales o de tratados internacionales celebrados por el Estado Mexicano; c) ... d) El equivalente al treinta y tres por ciento de los integrantes de alguna de las Legislaturas de las entidades federativas en contra de las leyes expedidas por el propio órgano; e) Se deroga. f) Los partidos políticos con registro ante el Instituto Nacional Electoral, por conducto de sus dirigencias nacionales, en contra de leyes electorales federales o locales; y los partidos políticos con registro en una entidad federativa, a través de sus dirigencias, exclusivamente en contra de leyes electorales expedidas por la Legislatura de la entidad federativa que les otorgó el registro;

Texto previo	Texto reformado
g) La Comisión Nacional de los Derechos Humanos, en contra de leyes de carácter federal, estatal y del Distrito Federal, así como de tratados internacionales celebrados por el Ejecutivo Federal y aprobados por el Senado de la República, que vulneren los derechos humanos consagrados en esta Constitución y en los tratados internacionales de los que México sea parte. Asimismo, los organismos de protección de los derechos humanos equivalentes en los estados de la República, en contra de leyes expedidas por las legislaturas locales y la Comisión de Derechos Humanos del Distrito Federal, en contra de leyes emitidas por la Asamblea Legislativa del Distrito Federal. h) El organismo garante que establece el artículo 6o. de esta Constitución en contra de leyes de carácter federal, estatal y del Distrito Federal, así como de tratados internacionales celebrados por el Ejecutivo Federal y aprobados por el Senado de la República, que vulneren el derecho al acceso a la información pública y la protección de datos personales. Asimismo, los organismos garantes equivalentes en los estados de la República, en contra de leyes expedidas por las legislaturas locales y el órgano garante del Distrito Federal, en contra de leyes emitidas por la Asamblea Legislativa del Distrito Federal. i) ...	g) La Comisión Nacional de los Derechos Humanos, en contra de leyes de carácter federal o de las entidades federativas, así como de tratados internacionales celebrados por el Ejecutivo Federal y aprobados por el Senado de la República, que vulneren los derechos humanos consagrados en esta Constitución y en los tratados internacionales de los que México sea parte. Asimismo, los organismos de protección de los derechos humanos equivalentes en las entidades federativas, en contra de leyes expedidas por las Legislaturas; h) El organismo garante que establece el artículo 6° de esta Constitución en contra de leyes de carácter federal y local, así como de tratados internacionales celebrados por el Ejecutivo Federal y aprobados por el Senado de la República, que vulneren el derecho al acceso a la información pública y la protección de datos personales. Asimismo, los organismos garantes equivalentes en las entidades federativas, en contra de leyes expedidas por las Legislaturas locales; e i)...

Consideraciones políticas

La transformación legislativa tuvo su origen en la Cámara de Senadores, sede legislativa en donde se presentaron nueve iniciativas sobre el tema, siendo la primera en el año 2010. De modo tal que desde entonces hasta la aprobación en definitiva de la modificación constitucional transcurrieron dos legislaturas (6 años), la LXI y la LXII.

La transformación sustancial del texto no tuvo como finalidad primaria impactar al artículo 105 sino transformar la naturaleza jurídica del hasta entonces Distrito Federal por el de una entidad federativa.

En este orden de ideas, el dictamen que se ofreció al Pleno para ser votado en la Cámara de origen por parte de la comisión respectiva refirió que el artículo 105 debía de contener la palabra entidad federativa, ya que al Distrito Federal no se le daría más un trato distinto al de cualquier otro estado.

En virtud de haberse incluido al otrora Distrito Federal como entidad federativa se modificó la redacción del artículo eliminando la expresión «Distrito Federal».

En definitiva, la cámara de Diputados quien fungió como revisora aprobó por mayoría calificada el dictamen presentado con 329 votos a favor, 53 en contra y 1 abstención.

Consideraciones jurídicas

Como se dejó ver en el apartado anterior el cambio no tuvo un impacto jurídico significativo, habida cuenta de que en los hechos se cambió la denominación a la actual Ciudad de México, otrora Distrito Federal, reconociéndole formalmente el carácter de entidad federativa.

3.2.2.2. Actualidad

Todos los cambios descritos han delineado un medio de control abstracto de la constitucionalidad denominado Acción de Inconstitucionalidad, la cual está regulada en la Constitución Política de los Estados Unidos Mexicanos en los siguientes términos:

> «Artículo 105. La Suprema Corte de Justicia de la Nación conocerá, en los términos que señale la ley reglamentaria, de los asuntos siguientes:
>
> I. ...
>
> II. De las acciones de inconstitucionalidad que tengan por objeto plantear la posible contradicción entre una norma de carácter general y esta Constitución.
>
> Las acciones de inconstitucionalidad podrán ejercitarse, dentro de los treinta días naturales siguientes a la fecha de publicación de la norma, por:
>
> a) El equivalente al treinta y tres por ciento de los integrantes de la Cámara de Diputados del Congreso de la Unión, en contra de leyes federales;

b) El equivalente al treinta y tres por ciento de los integrantes del Senado, en contra de las leyes federales o de tratados internacionales celebrados por el Estado Mexicano;

c) El Ejecutivo Federal, por conducto del Consejero Jurídico del Gobierno, en contra de normas generales de carácter federal y de las entidades federativas;

d) El equivalente al treinta y tres por ciento de los integrantes de alguna de las Legislaturas de las entidades federativas en contra de las leyes expedidas por el propio órgano;

e) Se deroga.

f) Los partidos políticos con registro ante el Instituto Nacional Electoral, por conducto de sus dirigencias nacionales, en contra de leyes electorales federales o locales; y los partidos políticos con registro en una entidad federativa, a través de sus dirigencias, exclusivamente en contra de leyes electorales expedidas por la Legislatura de la entidad federativa que les otorgó el registro;

g) La Comisión Nacional de los Derechos Humanos, en contra de leyes de carácter federal o de las entidades federativas, así como de tratados internacionales celebrados por el Ejecutivo Federal y aprobados por el Senado de la República, que vulneren los derechos humanos consagrados en esta Constitución y en los tratados internacionales de los que México sea parte. Asimismo, los organismos de protección de los derechos humanos equivalentes en las entidades federativas, en contra de leyes expedidas por las Legislaturas;

h) El organismo garante que establece el artículo 6° de esta Constitución en contra de leyes de carácter federal y local, así como de tratados internacionales celebrados por el Ejecutivo Federal y aprobados por el Senado de la República, que vulneren el derecho al acceso a la información pública y la protección de datos personales. Asimismo, los organismos garantes equivalentes en las entidades federativas, en contra de leyes expedidas por las Legislaturas locales; e

i) El Fiscal General de la República respecto de leyes federales y de las entidades federativas, en materia penal y procesal penal, así como las relacionadas con el ámbito de sus funciones;

La única vía para plantear la no conformidad de las leyes electorales a la Constitución es la prevista en este artículo.

Las leyes electorales federal y locales deberán promulgarse y publicarse por lo menos noventa días antes de que inicie el proceso electoral en que vayan a aplicarse, y durante el mismo no podrá haber modificaciones legales fundamentales.

Las resoluciones de la Suprema Corte de Justicia sólo podrán declarar la invalidez de las normas impugnadas, siempre que fueren aprobadas por una mayoría de cuando menos ocho votos.

III. ...»

Como se aprecia en la fracción II del artículo 105 constitucional y sus incisos se establecen los supuestos ante los cuales procederá el control abstracto de la constitucionalidad así como los sujetos legitimados para promoverla respectivamente.

Sin embargo, en la parte final del artículo 105, fuera de la fracción II se establecieron otras reglas que también son aplicables a la Acción de Inconstitucionalidad; la razón para excluirlas de aquella fracción es que son disposiciones comunes, tanto para la Acción de Inconstitucionalidad (control abstracto), como para la controversia constitucional (control concreto, fracción I del artículo 105).

Estas «reglas adicionales» tienen que ver con la retroactividad de las leyes penales y con la inejecución de las resoluciones dictadas dentro del medio de control abstracto, mismas que se encuentran previstas en la Constitución mexicana de la siguiente manera:

1. La declaración de invalidez de las resoluciones no tendrá efectos retroactivos, salvo en materia penal, en donde regirán los principios generales y disposiciones legales aplicables de esta materia. En este contexto, el criterio imperante atiende a que cuando en una acción de inconstitucionalidad se impugne una norma penal que posteriormente se modifique, reforme, abrogue o derogue, la Suprema Corte de Justicia de la Nación deberá analizarla bajo los conceptos de invalidez que se hicieron valer, ya que una potencial declaratoria de inconstitucionalidad puede llegar a tener impacto en los procesos en los que dicha norma haya sido aplicada durante su vigencia.

   Esto significa que al declararse inválida una norma también tendrán esa calidad todas las demás que hubieran derivado de aquella, este último aspecto sólo alcanzará a los efectos producidos con posterioridad al dictado de la sentencia.

   No obstante lo anterior y con base en una interpretación *a contrario* existe la posibilidad de aplicar la ley retroactivamente pero solamente si con dicha medida se favorece al infractor de una norma punitiva, tal como podemos deducir al relacionar el artículo que nos ocupa con otro del mismo cuerpo constitucional, el 14[288].

   De ahí deriva que la aplicación de este principio consista en establecer condiciones más favorables para el procesado o sentenciado. De este modo, su situación se regirá por la nueva disposición a pesar de que el ilícito hubiera ocurrido cuando una disposición más estricta estuviera vigente. Por ello, la ley nueva afectará situaciones ocurridas antes del inicio de su vigencia y tendrá aplicación retroactiva.

   En conclusión, si la aplicación normativa es benéfica para las personas podrá proceder la retroactividad.

288. Artículo 14. A ninguna ley se dará efecto retroactivo en perjuicio de persona alguna...

2. Si no se cumple la resolución dictada dentro del procedimiento de control abstracto de la constitucionalidad; es decir, se desacata lo instruido por la Suprema Corte de Justicia de la Nación, podrá aplicarse los procedimientos establecidos en los dos primeros párrafos de la fracción XVI del artículo 107 de la Constitución Política de los Estados Unidos Mexicanos referente al cumplimiento justificado o injustificado de la sentencia, así como sus efectos[289].

Cabe señalar que por lo que hace al segundo párrafo de la fracción XVI del artículo 107 de la Constitución Política de los Estados Unidos Mexicanos la repetición del acto reclamado no tiene aplicación en este medio de control, por lo menos idealmente; puesto que al ser la Acción de Inconstitucionalidad un medio de control abstracto de la constitucionalidad, a partir del momento en que la norma sujeta a control de la constitucionalidad se declara inválida, ésta no puede ser aplicada a ninguna otra persona porque los efectos son generales; por lo tanto, ninguna autoridad podrá tener competencia para «repetir los actos que generaron la inconstitucionalidad». Circunstancia que sí sucede en el Juicio de Amparo, el cual, siendo un medio de control concreto, sus efectos sólo benefician a las partes. En este sentido, si la sentencia no se llega a cumplir por parte de la autoridad responsable el quejoso puede ser violentado por la misma autoridad y por el mismo acto reclamado.

---

289. Artículo 107, fr. XVI de la Constitución Política de los Estados Unidos Mexicanos.
«Si la autoridad incumple la sentencia que concedió el amparo, pero dicho incumplimiento es justificado, la Suprema Corte de Justicia de la Nación, de acuerdo con el procedimiento previsto por la ley reglamentaria, otorgará un plazo razonable para que proceda a su cumplimiento, plazo que podrá ampliarse a solicitud de la autoridad. Cuando sea injustificado o hubiera transcurrido el plazo sin que se hubiese cumplido, procederá a separar de su cargo al titular de la autoridad responsable y a consignarlo ante el Juez de Distrito. Las mismas providencias se tomarán respecto del superior jerárquico de la autoridad responsable si hubiese incurrido en responsabilidad, así como de los titulares que, habiendo ocupado con anterioridad el cargo de la autoridad responsable, hubieran incumplido la ejecutoria.
Si concedido el amparo, se repitiera el acto reclamado, la Suprema Corte de Justicia de la Nación, de acuerdo con el procedimiento establecido por la ley reglamentaria, procederá a separar de su cargo al titular de la autoridad responsable, y dará vista al Ministerio Público Federal, salvo que no hubiera actuado dolosamente y deje sin efectos el acto repetido antes de que sea emitida la resolución de la Suprema Corte de Justicia de la Nación.
(...)».

3.2.2.3. Concepto[290]

Como se mencionó anteriormente ni en la Ley ni en la jurisprudencia de la Corte se ha brindado una definición de lo que es la acción de inconstitucionalidad; por ello, atendiendo al género próximo y a la(s) diferencia(s) específica(s), ésta es:

Un medio del control abstracto de la constitucionalidad cuyo objeto es determinar si una disposición general es o no contraria a la Constitución[291].

Sobre este particular el poder judicial se ha pronunciado reconociendo su carácter abstracto en el criterio jurisprudencial cuyo rubro es «Acción de Inconstitucionalidad. El carácter potestativo de las normas no es motivo suficiente para determinar su constitucionalidad o inconstitucionalidad cuando se refieren al goce o ejercicio de derechos humanos»[292], en donde se deja en claro que este medio de control de la constitucionalidad siempre debe estudiarse de manera abstracta, esto es al margen de la posibilidad fáctica de su aplicación concreta, voluntaria o no, en todos aquellos casos en los que se pretenda regular el goce o ejercicio de derechos, pues su carácter potestativo no es motivo suficiente para determinar su constitucionalidad o inconstitucionalidad cuando se refieren al goce o ejercicio de esos derechos.

A la enunciación anterior se le puede asignar también como finalidad una sanción, la cual será la expulsión del orden jurídico de la norma objeto del análisis procesal.

---

290. «La acción mexicana de inconstitucionalidad es aquel instrumento procesal-constitucional a través del cual el Fiscal General, cualquier minoría parlamentaria consistente en al menos el 33 % de los parlamentarios del respectivo órgano legislativo (federal o estatal, o cualquier partido político) puede impugnar, en un plazo de treinta días, determinadas normas generales ante la Suprema Corte de Justicia de la Nación a fin de que ésta declare la inconstitucionalidad de las normas impugnadas con la consiguiente pérdida de vigencia (o eficacia en México, en el caso de los tratados internacionales) con efectos inmediatos para el futuro o diferidos hasta tres meses (eficacia *ex nunc* o *pro futuro)* o, por el contrario, convalide la constitucionalidad de dicha norma sin que se admita posibilidad alguna de suspensión cautelar o provisional de la vigencia de la norma impugnada mientras se tramita la Acción de Inconstitucionalidad». *Cfr*. BRAGE CAMAZANO, Joaquín, *La acción de inconstitucionalidad*, México, Universidad Nacional Autónoma de México -IIJ, 2005, p. 6.

291. **Género Próximo**: Un medio del control abstracto de la constitucionalidad; **Diferencia Específica:** Determinar de modo abstracto si una disposición general es o no contraria a la Constitución.

292. ACCIÓN DE INCONSTITUCIONALIDAD. EL CARÁCTER POTESTATIVO DE LAS NORMAS NO ES MOTIVO SUFICIENTE PARA DETERMINAR SU CONSTITUCIONALIDAD O INCONSTITUCIONALIDAD CUANDO SE REFIEREN AL GOCE O EJERCICIO DE DERECHOS HUMANOS. Tesis P./J. 10/2012, Acción de Inconstitucionalidad 36/2011, aprobada el 07 de junio de 2012, publicada en el Semanario Judicial de la Federación y su Gaceta, Libro X, Tomo I, julio de 2012, p. 7.

En este sentido y de acuerdo a una postura descriptiva de la norma constitucional la Acción de Inconstitucionalidad se define como la legitimación que ostenta una representación legislativa (sea federal, o de alguna entidad federativa); o el Fiscal General (sobre leyes penales); o la Comisión Nacional de Derechos Humanos (sobre tratados internacionales o leyes locales o nacionales en materia de Derechos Humanos); o los partidos políticos (en temas electorales, sean locales o federales, según su ámbito de competencia); o el Ejecutivo Federal a través de su Consejero Jurídico; o el Instituto Nacional de Transparencia, Acceso a la Información y Protección de Datos Personales (sobre leyes que vulneren leyes competencia del propio Instituto) para accionar un procedimiento ante la Suprema Corte de Justicia de la Nación y determinar si las normas aprobadas por los órganos legislativos son o no acordes al texto Constitucional.

En otras palabras, es un procedimiento abstracto de control por virtud del cual los sujetos aludidos en el párrafo anterior demandan resolver ante la Suprema Corte de Justicia de la Nación la posible contradicción entre una norma general, local, federal o bien, un tratado internacional y la Constitución Política de los Estados Unidos Mexicanos[293].

Héctor Fix Zamudio conceptualiza esta institución atendiendo a los efectos de sus sentencias, así como a su finalidad; en este sentido, considera a la Acción de Inconstitucionalidad como «una acción de carácter 'abstracto', es decir, que tiene por objeto esencial garantizar la aplicación de la Constitución y la certeza del orden jurídico fundamental»[294] de forma general.

Igualmente, el mismo autor expresa que esta institución «fue introducida por vez primera en el ordenamiento constitucional mexicano con las reformas publicadas el 31 de diciembre de 1994 y no tiene precedente en el modelo estadounidense», sino que «surgió en el derecho constitucional europeo con el objeto de otorgar a las minorías parlamentarias la posibilidad de impugnar ante los organismos de justicia constitucional [...] las disposiciones legislativas aprobadas por la mayoría»[295].

---

293. Aunque en el preámbulo de la fracción II del artículo 105 constitucional se establezca que el parámetro de constitucionalidad sólo será la propia Constitución, el mismo artículo se contradice al señalar en otras partes de su texto que el parámetro de regularidad será la Constitución Federal y los Tratados Internacionales, circunstancia que fue aludida en el subapartado de este capítulo, denominado «Reforma de 10 de junio de 2011», al otorgarle competencia a la Comisión Nacional de Derechos Humanos para promover Acción de Inconstitucionalidad en contra de leyes federales, locales, así como tratados internacionales que vulneren derechos humanos consagrados en la Constitución y en los tratados internacionales de los que México sea parte.

294. Fix Zamudio, Héctor y Valencia Carmona, Salvador, *Derecho Constitucional Mexicano y Comparado,* 3.ª ed., Ciudad de México, Porrúa, 2003, p. 844.

295. González Madrid, Miguel, «Justicia Constitucional y Configuración de un Tribunal Idóneo para la Eficacia del Estado», *Revista de Ciencias Sociales y Humanidades,* Distrito Federal, México, año 32, núm. 71, julio-diciembre de 2011, pp. 119-147.

Por otro lado, Héctor Fix-Fierro señala que las Acciones de Inconstitucionalidad «forman parte de las garantías constitucionales como instrumentos de naturaleza procesal que tienen por objeto la reparación del orden constitucional cuando ha sido violado o desconocido, así como la evolución y adaptación de sus normas a la realidad»[296].

Finalmente, algunos ministros de la Suprema Corte de Justicia de la Nación proporcionan conceptos de la Acción de Inconstitucionalidad con elementos descriptivos y atendiendo a la naturaleza de la misma.

En este contexto, para el ministro en retiro José Ramón Cossío Díaz, las Acciones de Inconstitucionalidad «son procesos en los cuales determinados órganos o fragmentos de órganos, o los órganos directivos de determinadas personas morales (partidos políticos) reconocidos constitucionalmente de interés para la sociedad, plantean ante el Pleno de la Suprema Corte de Justicia el control abstracto de la regularidad constitucional de determinadas normas generales»[297].

Por otra parte la ministra en retiro, Olga Sánchez Cordero de García Villegas señala que la Acción de Inconstitucionalidad es «el instituto procesal previsto en la Constitución como medio abstracto de control de la regularidad constitucional de la ley, seguido ante la Suprema Corte de Justicia de la Nación, ya sea por órganos legislativos minoritarios, siempre y cuando éstos representen un porcentaje mínimo del 33 % de sus integrantes, por los partidos políticos con registro, o por el [Fiscal] General de la República, en los cuales se denuncia la posible contradicción entre una norma de carácter general o un tratado internacional y la Constitución, erigiéndose en el juicio la invalidación de la norma o el tratado impugnados»[298].

Por último la Suprema Corte de Justicia de la Nación manifestó que en la Acción de Inconstitucionalidad se alega una contradicción entre la norma impugnada y una de la propia Ley Fundamental; de igual modo se establece que los sujetos legitimados para incoar son acotados, siendo que éstos promueven sin alegar un agravio específico –como sí se lleva a cabo en otros medios de control de constitucionalidad como el amparo o la controversia–,

---

296. Fix-Fierro, Héctor en, Beltrán Gaos, Mónica, «Semblanza de la Acción de Inconstitucionalidad y su relación con el Derecho Procesal Constitucional en México y España», en Ferrer Mac-Gregor, Eduardo y Zaldívar Lelo de Larrea, Arturo, (coords.), *La ciencia del Derecho Procesal Constitucional. Estudios en Homenaje a Héctor Fix-Zamudio en sus cincuenta años como investigador del Derecho,* México, IIJ-UNAM, Porrúa, 2009, Tomo VIII, p. 35.

297. Suprema Corte de Justicia de la Nación, *Las Controversias Constitucionales y las Acciones de Inconstitucionalidad: Análisis de las fracciones I y II del artículo 105 constitucional, a partir de los criterios de la Suprema Corte de Justicia de la Nación,* México, Suprema Corte de Justicia de la Nación, 2009, p. 74.

298. Sánchez-Cordero de García Villegas, Olga, *Magistratura constitucional en México. Elementos de juicio,* México, Instituto de Investigaciones Jurídicas-Universidad Nacional Autónoma de México, 2005, p. 125.

pues en la Acción de Inconstitucionalidad se eleva una solicitud para que la Suprema Corte de Justicia de la Nación realice un análisis abstracto de la constitucionalidad de la norma; además, la tramitación de la acción se lleva a cabo como un procedimiento y no como un proceso y sus efectos serán generales siempre y cuando ésta fuere aprobada por lo menos por ocho ministros[299].

De lo anterior podemos destacar respecto de la Acción de Inconstitucionalidad las siguientes connotaciones esenciales[300]:

1. Se alega una contradicción entre la norma impugnada y un dispositivo de la propia Ley Fundamental;
2. Tiene una legitimación activa restringida, puesto que sólo los sujetos que limitativamente establece la Constitución Federal pueden ejercitar la Acción de Inconstitucionalidad.
3. Implica un análisis abstracto de la constitucionalidad de la norma;
4. En la Acción de Inconstitucionalidad se lleva a cabo un procedimiento;
5. La Acción de Inconstitucionalidad procede contra normas generales en sentido material y formal, es decir, leyes o tratados internacionales de los que el Estado Mexicano es parte[301].

---

299. CONTROVERSIAS CONSTITUCIONALES Y ACCIONES DE INCONSTITUCIONALIDAD. DIFERENCIAS ENTRE AMBOS MEDIOS DE CONTROL CONSTITUCIONAL., Jurisprudencia P/J. 71/2000, Controversia Constitucional 15/98, aprobada el 11 de julio de 2000, publicada en el Semanario Judicial de la Federación y su Gaceta Tomo XII, agosto de 2000, p. 965.

300. Al momento de expedirse el criterio judicial la Ley no reconocía al Ejecutivo como sujeto activo de la Acción de Inconstitucionalidad.

301. Al respecto el Pleno de la Corte dictó la jurisprudencia cuyo rubro es ACCIÓN DE INCONSTITUCIONALIDAD. NO PROCEDE CONTRA UN DECRETO QUE ABROGA UN PROYECTO DE LEY QUE, AUNQUE FUE APROBADO POR EL CONGRESO LOCAL, NO SE PUBLICÓ EN EL PERIÓDICO OFICIAL (LEGISLACIÓN DEL ESTADO DE JALISCO)., Jurisprudencia P./J. 103/2006, Acción de inconstitucionalidad 13/2006, aprobada el 15 de agosto de 2006, publicada en el Semanario Judicial de la Federación y su Gaceta, Tomo XXIV, agosto de 2006, p. 1563, la cual señala:
«De la interpretación relacionada de los artículos 32, 33, 34 y 50 de la Constitución Política del Estado de Jalisco y 145, 146, 148 y 156 de la Ley Orgánica del Poder Legislativo de dicha entidad se advierte que el procedimiento legislativo ordinario puede regular la creación y abrogación de leyes y decretos; que la iniciativa de ley versa sobre la creación o abrogación de normas generales, impersonales y abstractas; que, por tanto, sólo las iniciativas que después de seguir todo el proceso deliberativo, que son aprobadas por el cuerpo legislativo y promulgadas o publicadas por el Gobernador del Estado pueden considerarse leyes en sentido formal y material, [...] En congruencia con lo anterior, se concluye que si un proyecto de ley no adquirió tal calidad, por no haberse publicado en el Periódico Oficial, a pesar de que el Congreso Local lo aprobó, su abrogación por medio de decreto tampoco constituye una ley desde el punto de vista material y formal y, por tanto, no es impugnable a través de la acción de inconstitucionalidad a que se refiere el artículo 105, fracción II, de la Constitución Política de los Estados Unidos Mexicanos, ya que no reviste las características de generalidad, abstracción e impersonalidad, sino las

6. La Acción de Inconstitucionalidad sólo procede respecto a normas de reciente aprobación, pues el plazo para su promoción se cuenta a partir de la publicación de éstas en el correspondiente diario o periódico oficial.
7. La Acción de Inconstitucionalidad es un medio de control de la constitucionalidad correctivo esto es, que la norma tuvo que haber sido promulgada y publicada para que pueda cuestionarse su constitucionalidad.
8. La Acción de Inconstitucionalidad sólo procede contra normas generales.
9. En la Acción de Inconstitucionalidad la sentencia tendrá efectos generales siempre y cuando ésta fuere aprobada por lo menos por ocho ministros y;
10. El control de la regularidad constitucional que se lleva a través de ella por parte de la Suprema Corte de Justicia de la Nación autoriza el examen de violaciones a todo el contenido de la Constitución Política de los Estados Unidos Mexicanos, a diferencia de otros medios de control, como las quejas que se presentan ante las Comisiones de Derechos Humanos o el juicio de amparo, en los cuales se garantiza los derechos fundamentales de manera concreta.

Por otro lado, la naturaleza de la Acción de Inconstitucionalidad a la luz de la Teoría General del Proceso es un procedimiento, porque al no requerir una controversia entre partes no se surten los efectos procesales típicos[302].

De este modo la Acción de Inconstitucionalidad es el análisis de constitucionalidad abstracto solicitado al máximo tribunal mexicano, ya sea por minorías parlamentarias, los órganos constitucionales autónomos señalados en la fracción segunda del artículos 105 de la Constitución Federal; partidos

de un acto parlamentario individual que no se incorporó al orden jurídico estatal, [...]". En este mismo sentido, Castellanos Madrazo expresa "Ahora bien, en razón de que la Constitución refiere como objeto de control de la acción de inconstitucionalidad a las normas de carácter general, en términos laxos, la propia Suprema Corte de Justicia acudiendo a la interpretación de la fracción II del artículo 105 y sus diversos incisos ha clarificado qué normas pueden ser objeto de revisión de constitucionalidad a través de este medio de control, fijando como catálogo para tales efectos: las leyes ordinarias, federales o locales en sentido formal y material, esto es, las expedidas por los órganos legislativos así como los tratados internacionales.
En sentido inverso de lo que sucede con el amparo, en la acción de inconstitucionalidad están expresamente incluidas como objeto de revisión las leyes de naturaleza electoral de conformidad con lo dispuesto en el artículo 105 fracción segunda inciso [f] de la Constitución Federal...» CASTELLANOS MADRAZO, José Francisco, *El control de constitucionalidad de la ley en México*, México, Porrúa, 2014, p. 25 del capítulo III en su versión electrónica.

302. *Cfr.* SUPREMA CORTE DE JUSTICIA DE LA NACIÓN, *Qué son las acciones de inconstitucionalidad,* 2.ª Ed., México, Suprema Corte de Justicia de la Nación, 2004, p. 20.

políticos; el Fiscal General de la República; y/o el Presidente de la República a través de su consejero jurídico, sobre la base de una posible contradicción entre una norma de carácter general o un tratado internacional y la Constitución Política Federal.

Así lo ha precisado el Pleno de la Suprema Corte de Justicia de la Nación en las tesis jurisprudenciales P./J. 129/99[303] y 32/2010[304].

3.3. Medios de control abstracto de la constitucionalidad en México

3.3.1. Acción de Inconstitucionalidad. Trámite

3.3.1.1. Derechos que protege

La Acción de Inconstitucionalidad es el procedimiento por el cual se pretende hacer válida la oposición de una norma general o tratado internacional con la Constitución. Luego entonces, no pretende proteger específicamente derechos como elementos subjetivos asignados favorablemente a las personas o reconocidos por el orden jurídico internacional[305].

Por el contrario, la Acción de Inconstitucionalidad pretende asegurar a la Constitución como el «centro de gravedad» de todo el orden jurídico; es decir, a través de este medio se podrá denunciar leyes y tratados internacionales excepcionando a los reglamentos, decretos generales, normas oficiales mexicanas o cualquier otra disposición no legislativa o tratado internacional.

---

303. ACCIÓN DE INCONSTITUCIONALIDAD. SON INOPERANTES LOS CONCEPTOS DE INVALIDEZ ORIENTADOS A SALVAGUARDAR DERECHOS DE PARTICULARES., Jurisprudencia P/J. 32/2010, Acción de Inconstitucionalidad 52/2009 y su acumulada 53/2009, aprobada el 17 de marzo de 2010 y publicada en el Semanario Judicial de la Federación y su Gaceta Tomo XXXI, marzo de 2010, p. 2501.

304. ACCIÓN DE INCONSTITUCIONALIDAD. LAS PARTES LEGITIMADAS PARA PROMOVERLA SÓLO ESTÁN FACULTADAS PARA DENUNCIAR LA POSIBLE CONTRADICCIÓN ENTRE UNA NORMA GENERAL Y LA PROPIA CONSTITUCIÓN., Jurisprudencia P/J. 129/99, Acción de Inconstitucionalidad 2/99 y su acumulada 3/99, aprobada el 26 de octubre de 1999 y publicada en el Semanario Judicial de la Federación y su Gaceta Tomo X, noviembre de 1999, p. 791.

305. En el primero de los casos, el relativo a los derechos reconocidos por el orden positivo, hablamos a la luz de una percepción positivista; en cambio, si hablamos de reconocerlos, como está siendo la línea que ahora reconocen los tribunales mexicanos a partir de la reforma constitucional de junio de 2011, la teoría gravitante es la iusnaturalista, pues habla de Derechos Humanos el texto constitucional y no de Derechos Fundamentales; así mismo, en la exposición de motivos de la reforma referida se explica que se adopta la denominación Derechos Humanos para estar acorde con la nomenclatura de los tratados Internacionales.

Bajo la luz de la teoría jurídica contemporánea este tipo de procedimientos judiciales procuran no solo a la Constitución sino a todo el orden jurídico que de ella emana.

3.3.1.2. Procedencia

Como se ha señalado, este medio de control abstracto procederá en contra de una norma de carácter general o un tratado internacional que se consideren contrarios a la Constitución. En este sentido es importante destacar la naturaleza de la norma, pues no toda disposición de corte general abstracta e impersonal podrá ser objeto de controversia por esta vía.

Existen normas con la característica de generalidad en el sistema federal mexicano como los reglamentos[306], las normas oficiales mexicanas[307] y los bandos de policía y buen gobierno[308]; sin embargo, las tres disposiciones anteriores tienen otro común denominador y es que su órgano diseñador no es un órgano legislativo sino comités técnicos, poderes ejecutivos estatales o federales y los ayuntamientos de los municipios.

---

306. Los reglamentos en México gozan de la calidad de generalidad, pero en cuestión de grado son inferiores a la Ley. Los desarrolla a nivel federal el Presidente de la República y a nivel local las gubernaturas de los estados o la jefatura de gobierno de la Ciudad de México. La función del reglamento es desarrollar la norma legal, por lo tanto, en México no existe la figura de los llamados reglamentos autónomos y, por lo mismo, todo reglamento debe atender a la reserva de Ley.

307. De acuerdo a la Ley Federal Sobre Metrología y Normalización, en su artículo 3, fracción XI se desarrolla la definición de lo que deberá entenderse por Norma Oficial Mexicana, la cual es la regulación técnica de observancia obligatoria expedida por las dependencias competentes, conforme a las finalidades establecidas en el artículo 40, que establece reglas, especificaciones, atributos, directrices, características o prescripciones aplicables a un producto, proceso, instalación, sistema, actividad, servicio o método de producción u operación, así como aquellas relativas a terminología, simbología, embalaje, marcado o etiquetado y las que se refieran a su cumplimiento o aplicación.

308. Son disposiciones ordinarias o extraordinarias emitidas por los ayuntamientos. Su constitucionalidad se regula en la fracción II del artículo 115 de la Constitución Política de los Estados Unidos Mexicanos. «... Los ayuntamientos tendrán facultades para aprobar, de acuerdo con las leyes en materia municipal que deberán expedir las legislaturas de los Estados, los bandos de policía y gobierno, los reglamentos, circulares y disposiciones administrativas de observancia general dentro de sus respectivas jurisdicciones que organicen la administración pública municipal, regulen las materias, procedimientos, funciones y servicios públicos de su competencia y aseguren la participación ciudadana y vecinal.
El objeto de las leyes a que se refiere el párrafo anterior será establecer:
a) Las bases generales de la administración pública municipal y del procedimiento administrativo, incluyendo los medios de impugnación y los órganos para dirimir las controversias entre dicha administración y los particulares, con sujeción a los principios de igualdad, publicidad, audiencia y legalidad;
(...)».

En este contexto, apreciamos en la fracción II del artículo 105 constitucional que la Acción de Inconstitucionalidad procede contra disposiciones emanadas de cuerpos legislativos con carácter de Ley. Esta misma aseveración se reafirma en el articulado de la Ley Reglamentaria de las fracciones I y II del artículo 105 constitucional, específicamente en su artículo 61, en donde se indican las exigencias *sine qua non* para la procedencia aludida, el cual se transcribe a continuación:

> «Artículo 61. La demanda por la que se ejercita la Acción de Inconstitucionalidad deberá contener:
>
> I. Los nombres y firmas de los promoventes;
>
> II. **Los órganos legislativos y ejecutivos que hubieran emitido y promulgado las normas generales impugnadas**;
>
> III. ...»

Cabe destacar que, por lo que hace a la procedencia de los Tratados Internacionales, éstos no cumplen estrictamente con los requisitos establecidos en la fracción II del artículo 61 citado con antelación ya que los Tratados Internacionales no siguen un proceso legislativo, pues su inclusión al orden jurídico mexicano obedece por un lado, al artículo 14 de la Convención de Viena sobre el Derecho de los Tratados celebrados entre Estados y Organizaciones Internacionales o entre Organizaciones Internacionales y; por otro, al párrafo segundo de la fracción I del artículo 76 de la Constitución Política de los Estados Unidos Mexicanos el cual determina que la Convención en cuestión debe ser suscrita por el Presidente de la República y posterior a ese paso debe ser aprobada por el Senado.

De lo anterior concluimos que el derecho internacional así como el derecho interno exigen dos características para que una norma convencional se integre como parte nodal del orden jurídico mexicano:

1. La existencia del tratado firmado por el Estado Mexicano;
2. Su inclusión plena al orden jurídico mexicano, en el que debe intervenir siempre la Cámara Legislativa de Senadores aprobándolo.

Ambos elementos son los que le brindan el carácter de disposición general e integrante del orden jurídico mexicano al Tratado y, por ende, sujeta al medio de control de la constitucionalidad que nos ocupa.

Lo expresado se refuerza aún más al acudir al artículo 133 *ab initio* de la Constitución mexicana en el cual se determina semánticamente que los tratados internacionales forman parte del bloque de constitucionalidad.

> «Artículo 133. Esta Constitución, las leyes del Congreso de la Unión que emanen de ella y todos los Tratados que estén de acuerdo con la misma, celebrados y que se celebren por el Presidente de la República, con aprobación del Senado, serán la Ley Suprema de toda la Unión. Los jueces de cada Estado se arreglarán a dicha Constitución, leyes y tratados, a pesar de las disposiciones en contrario que pueda haber en las Constituciones o leyes de los Estados».

En todo este marco el universo de disposiciones ante los cuales procederá una acción abstracta de inconstitucionalidad se resume en:

1. Leyes expedidas por el Congreso de la Unión.
2. Leyes expedidas por los órganos legislativos de las entidades federativas.
3. Tratados Internacionales suscritos por el Presidente de la República y ratificados por el Senado.

3.3.1.3. Plazo

El lapso para ejercitar la Acción de Inconstitucionalidad está indicado en la Ley Reglamentaria de las fracciones I y II del artículo 105 de la Constitución Política de los Estados Unidos Mexicanos en el Título III «De las Acciones de Inconstitucionalidad», Capítulo I de «Disposiciones Generales», en específico en el artículo 60, en el cual se estipula que el plazo para promover este medio de control abstracto será de 30 días naturales a partir del día siguiente de la fecha en que la ley o tratado internacional que se pretenda impugnar sean publicados en el medio oficial correspondiente.

De este modo, para que el Máximo Tribunal pueda conocer y resolver una Acción de Inconstitucionalidad es indispensable que se satisfagan ciertos requisitos dentro de los que se encuentran:

1. Que sea promovida por un sujeto legitimado, es decir aquellos a los que se refiere la fracción II del Artículo 105 Constitucional.
2. Que la demanda sea interpuesta dentro del lapso que para tal efecto se establece tanto en la Constitución como en la ley reglamentaria, el cual es de 30 días naturales.
3. Que el objeto de la impugnación verse sobre una norma general —ley o tratado internacional— estimada contraria a la Constitución.

Al respecto, la Suprema Corte de Justicia de la Nación señaló que para determinar la procedencia de la Acción de Inconstitucionalidad es menester analizar la naturaleza jurídica del acto impugnado, pues la intención del órgano reformador de la Constitución mexicana al establecer la procedencia de las Acciones de Inconstitucionalidad fue instituir un procedimiento para confrontar una norma de carácter general con la Constitución[309].

309. ACCIÓN DE INCONSTITUCIONALIDAD. SÓLO PROCEDE CONTRA NORMAS GENERALES QUE TENGAN EL CARÁCTER DE LEYES O DE TRATADOS INTERNACIONALES. Jurisprudencia P/J. 22/99, Acción de Inconstitucionalidad 4/98, aprobada el 25 de marzo de 1999 y publicada en el Semanario Judicial de la Federación y su Gaceta, Tomo IX, abril de 1999, p. 257.

En este orden de ideas conviene denunciar la necesidad de un cambio a la actual redacción de la Ley Reglamentaria para que esté en consonancia con la Constitución Federal así como para efecto de aclarar que tratándose de los Tratados Internacionales éstos no atenderán lo dispuesto en la fracción II del artículo 61 de la referida Ley en virtud de que el procedimiento a través del cual se les dota del carácter de norma general no es el mismo al de las normas del derecho interno, pues atiende a otras exigencias —debe ser suscrito por el Jefe del Estado mexicano y posteriormente aprobado por el Senado—. De no hacer la modificación se privilegia la existencia de zonas de penumbra en la ley y por ende de indeterminación. Lo anterior es así, porque como se advierte, para el juez constitucional los tratados internacionales son objeto de control de la constitucionalidad abstracto porque así se desprende de una interpretación extensiva[310] y sistemática, independientemente de que la Convención correspondiente no satisfaga los supuestos señalados en el artículo 61 de la Ley reglamentaria y los cuales, bajo una interpretación literal, no entrarían los Tratados Internacionales[311].

3.3.1.4. Sujetos legitimados

Los sujetos legitimados se encuentran establecidos en la fracción II, del artículo 105 de la Constitución Política de los Estados Unidos Mexicanos y éstos son:

1. El equivalente al 33 % de los integrantes de la Cámara de Diputados del Congreso de la Unión en contra de leyes federales;
2. El equivalente al 33 % de los integrantes del Senado, en contra de leyes federales o de tratados internacionales celebrados por el Estado Mexicano;
3. El Ejecutivo Federal, por conducto del Consejero Jurídico del Gobierno, en contra de normas generales de carácter federal y de las entidades federativas;
4. El equivalente al 33 % de los integrantes de alguno de los órganos legislativos de las entidades federativas, en contra de leyes expedidas por el propio órgano;

---

310. «La interpretación extensiva se presenta ... cuando se considera que la fórmula del precepto legislativo no expresa plenamente la idea que la informa *(minus dixit quam voluit)* se alude a la interpretación extensiva'. Es una forma de integración ya que se extiende la regla jurídica a casos no contemplados por el texto normativo y se obtienen principios que se pueden extender a un nuevo caso». HALLIVIS PELAYO, Manuel, *Teoría general de la interpretación*, 3.ª ed., México, Porrúa, 2009, p. 400.

311. «Se llama extensiva a aquella interpretación que extiende el significado prima facie de una disposición, incluyendo en su campo de aplicación supuestos de hecho que, según la interpretación literal, no entraría en él». GUASTINI, Riccardo, *Estudios sobre la interpretación jurídica*, 9.ª ed., trad. de Marina GASCÓN y Miguel CARBONELL, México, Porrúa-UNAM, 2016, p. 34.

5. Los partidos políticos con registro ante el Instituto Nacional Electoral, por conducto de sus dirigencias nacionales, en contra de leyes electorales federales o locales; y los partidos políticos con registro en una entidad federativa, a través de sus dirigencias, exclusivamente en contra de leyes electorales expedidas por el órgano legislativo del estado que les otorgó el registro.
6. La Comisión Nacional de los Derechos Humanos, en contra de leyes de carácter federal o de las entidades federativas, así como de tratados internacionales celebrados por el Ejecutivo Federal y aprobados por el Senado de la República que vulneren los derechos humanos consagrados en la Constitución y Tratados Internacionales en los que México sea parte. Asimismo, los organismos de protección de los derechos humanos equivalentes en las entidades federativas en contra de leyes expedidas por las legislaturas locales;
7. El Instituto Nacional de Transparencia, Acceso a la información y Protección de Datos Personales, en contra de leyes de carácter federal y local, así como de tratados internacionales celebrados por el Ejecutivo Federal y aprobados por el Senado de la República que vulneren el derecho al acceso a la información pública y la protección de datos personales. Igualmente, los organismos garantes equivalentes en las entidades federativas, en contra de leyes expedidas por las Legislaturas locales y;
8. El Fiscal General de la República, respecto de leyes federales y de las entidades federativas en materia penal y proceso penal y las vinculadas con sus funciones.

3.3.1.5. Órgano jurisdiccional competente

El artículo 105 Constitucional en sus fracciones I y II prevé expresamente que el único órgano jurisdiccional competente para conocer de la Acción de Inconstitucionalidad es la Suprema Corte de Justicia de la Nación.

En este sentido, sobre el funcionamiento de la Suprema Corte de Justicia de la Nación ésta labora en Pleno y en Salas, por ello debe de precisarse a cuál de estas instancias corresponde conocer sobre esta acción. En este tenor, los acuerdos generales de la Suprema Corte de Justicia de la Nación han regulado que el Pleno será el competente para atender los medios de control abstracto de la constitucionalidad, de conformidad con lo establecido en el acuerdo 5/2013[312] emitido por el Pleno de la Suprema Corte de Justicia de la Nación.

312. Acuerdo General número 5/2013, de trece de mayo de dos mil trece, del Tribunal Pleno de la Suprema Corte de Justicia de la Nación, relativo a la determinación de los asuntos que

En este orden de ideas y conforme al referido acuerdo general, se concluye que es de competencia del Pleno de la Suprema Corte la resolución de las Acciones de Inconstitucionalidad, salvo los asuntos que se deban sobreseer[313].

3.3.1.6. Procedimiento

Los acuerdos Generales de la Suprema Corte de Justicia de la Nación, 4/1996[314]; 3/2000[315]; 1/2001[316]; 3/2004[317]; 6/2005[318]; 2/2008[319]; 7/2008[320];

---

el pleno conservará para su resolución, y el envío de los de su competencia originaria a las salas y a los tribunales colegiados de circuito. (Acuerdo Segundo).

313. El artículo 65 de la Ley Reglamentaria de las fracciones I y II del artículo 105 de la Constitución Política de los Estados Unidos Mexicanos señala que «En las acciones de inconstitucionalidad, el ministro instructor de acuerdo al artículo 25, podrá aplicar las causales de improcedencia establecidas en el artículo 19 de esta ley, con excepción de su fracción II respecto de leyes electorales, así como las causales de sobreseimiento a que se refieren las fracciones II y III del artículo 20». De ahí que el Pleno de la Suprema Corte de Justicia de la Nación no conozca de las Acción de Inconstitucionalidad en los que se dicte su sobreseimiento pues dicha circunstancia la emite el ministro instructor, pudiendo controvertirse mediante recurso de reclamación, el cual tampoco será del conocimiento del Pleno de la Corte, sino de un ministro distinto al que conoció originalmente.

314. Acuerdo 4/1996 relativo a los efectos de los considerandos de las resoluciones (aprobadas por cuando menos ocho votos) de los recursos de reclamación y de queja interpuestos en las controversias constitucionales y en las acciones de inconstitucionalidad.

315. Acuerdo 3/2000 relativo a la suplencia en caso de ausencia de algún ministro instructor para la sustanciación de los procedimientos de controversias constitucionales y de acciones de inconstitucionalidad, publicado en el diario oficial de la federación del 25 de febrero de 2000.

316. Acuerdo 1/2001 que establece reglas para acelerar el trámite y la resolución de las controversias constitucionales y las acciones de inconstitucionalidad.

317. Acuerdo 3/2004 relativo a la forma y los plazos para la firma de los engroses de las resoluciones dictadas en las controversias constitucionales y en las acciones de inconstitucionalidad.

318. Acuerdo 6/2005 relativo a la publicación de las sentencias dictadas en las controversias constitucionales y acciones de inconstitucionalidad.

319. Acuerdo General número 2/2008, de diez de marzo de dos mil ocho, del Pleno de la Suprema Corte de Justicia de la Nación en el que se establecen los lineamientos para la celebración de audiencias relacionadas con asuntos cuyo tema se estime relevante, de interés jurídico o de importancia nacional.

320. Acuerdo General número 7/2008, de veinte de mayo de dos mil ocho, del Pleno de la Suprema Corte de Justicia de la Nación, en el que se regula el aplazamiento de la resolución de controversias constitucionales o acciones de inconstitucionalidad con motivo de la ausencia de alguno o algunos de sus integrantes.

15/2008[321]; 16/2013[322]; 19/2013[323]; 8/2020[324] junto con la Ley Reglamentaria de las Fracciones I y II del Artículo 105 de la Constitución Política de los Estados Unidos Mexicanos son los instrumentos legales que regulan el trámite de las Acciones de Inconstitucionalidad.

Por su parte, la Ley Reglamentaria de las fracciones I y II del Artículo 105 de la Constitución Política de los Estados Unidos Mexicanos aborda el procedimiento a través del cual se llevará a cabo este medio de control, en el Título III «De las Acciones de Inconstitucionalidad», mismo que a su vez se compone de los Capítulos, Uno, «Disposiciones Generales»; Dos, «Del Procedimiento» y; Tres, «De las Sentencias».

De este modo y de conformidad con lo dispuesto en la ley, el procedimiento de la Acción de Inconstitucionalidad se inicia con la demanda, la cual deberá presentarse a más tardar treinta días naturales posteriores al día siguiente a la fecha en la cual, la ley o tratado internacional impugnado sean publicados en el correspondiente medio oficial. No obstante, la ley permite conforme a la última parte del primer párrafo del artículo 60 que, si el último día del plazo fuese inhábil, la demanda podrá presentarse el primer día hábil siguiente; lo anterior constituye la regla general para poder presentar el acto procedimental. Sin embargo, en materia electoral la referida regla no aplica, pues para esta rama todos los días son hábiles; tema que fue objeto de interpretación en criterios jurisprudenciales[325].

---

321. Acuerdo General número 15/2008 del Tribunal Pleno, del ocho de diciembre de dos mil ocho, del Pleno de la Suprema Corte de Justicia de la Nación, por el que se determina la designación y el pago de los peritos o especialistas que intervengan en las controversias constitucionales o acciones de inconstitucionalidad.

322. Acuerdo General número 16/2013, de ocho de octubre de dos mil trece, del Pleno de la Suprema Corte de Justicia de la Nación, relativo a la atención prioritaria de juicios de amparo, de controversias constitucionales y de acciones de inconstitucionalidad, incluidos los recursos o procedimientos derivados de esos juicios constitucionales, a solicitud del Ejecutivo Federal o bien, de las cámaras del Congreso de la Unión.

323. Acuerdo General número 19/2013, de veinticinco de noviembre de dos mil trece, del Pleno de la Suprema Corte de Justicia de la Nación, por el que se regula la difusión del semanario judicial de la federación vía electrónica, a través de la página de internet de este alto tribunal.

324. Acuerdo General número 8/2020, de veintiuno de mayo de dos mil veinte, del Pleno de la Suprema Corte de Justicia de la Nación, por el que se regula la integración de los expedientes impreso y electrónico en controversias constitucionales y en acciones de inconstitucionalidad, así como el uso del sistema electrónico de este Alto Tribunal para la promoción, trámite, consulta, resolución y notificaciones por vía electrónica en los expedientes respectivos.

325. ACCIÓN DE INCONSTITUCIONALIDAD EN MATERIA ELECTORAL. EL PLAZO PARA PROMOVER LA DEMANDA RESPECTIVA FENECE A LOS TREINTA DÍAS NATURALES CONTADOS A PARTIR DEL SIGUIENTE A LA FECHA EN QUE LA NORMA GENERAL CONTROVERTIDA SEA PUBLICADA, AUN CUANDO EL ÚLTIMO DÍA DE ESE PERIODO SEA INHÁBIL., Jurisprudencia P./J. 81/2001, Acción de Inconstitucionalidad 15/2001 y sus acumulados 16/2001 y 17/2001, aprobada el 21 de mayo de 2001, publicada en Semanario Judicial de la Federación y su Gaceta Tomo XIII, junio de 2001, p, 353.

Siguiendo con el orden del estudio de la demanda, ésta debe de ser presentada por quien cuente con legitimación para ello, éstos son los mencionados en la fracción II del artículo 105, de la Constitución Política de los Estados Unidos Mexicanos[326].

Respecto a las minorías parlamentarias, las cuales son sujetos legitimados para presentar la Acción de Inconstitucionalidad se debe dilucidar si dentro del universo de demandantes puede hallarse legisladores que hayan votado a favor de la reforma que se está controvirtiendo. Al respecto, pudiera pensarse que de actualizarse este supuesto se estaría incurriendo en el contrasentido de que quien demanda es al mismo tiempo quien «gestó el daño con conocimiento de causa»; no obstante ello, debe dársele trámite al procedimiento de control de la constitucionalidad porque lo que se pretende resolver no es una *litis* formada entre dos partes identificables, por el contrario, es la supremacía y la inviolabilidad del texto que da coherencia al orden jurídico del país[327].

Continuando con este apartado, una vez que se presenta la demanda ante la Suprema Corte de Justicia de la Nación, su Presidente designará por turno a un Ministro, quien será el instructor y llevará el trámite del asunto, siendo su primera labor[328] estudiar el escrito de demanda y corroborar que cumpla con los requisitos que señala la ley.

Si el escrito en que se ejercita la acción fuere obscuro o irregular, el ministro instructor prevendrá al demandante o a sus representantes comunes para que hagan las aclaraciones que correspondan dentro del plazo de cinco días. Una vez transcurrido este plazo, dicho ministro dará vista a los órganos legislativos que hubieren emitido la norma y el órgano ejecutivo que la hubiere promulgado para que dentro del plazo de quince días rindan un informe que contenga las razones y fundamentos tendientes a sostener la validez de la norma general impugnada o la improcedencia de la acción de inconstitucionalidad. Tratándose del Congreso de la Unión, cada una de las Cámaras rendirá por separado su informe.

En los procedimientos por acciones en contra de leyes electorales los plazos se reducen y serán respectivamente de tres días para hacer aclaraciones

326. Éstos ya fueron abordados en el apartado «sujetos legitimados» del numeral 3.3.1. de este capítulo.

327. ACCIÓN DE INCONSTITUCIONALIDAD. LOS DIPUTADOS QUE CONFORMEN EL TREINTA Y TRES POR CIENTO DE LA INTEGRACIÓN DE UNA LEGISLATURA ESTATAL TIENEN LEGITIMACIÓN PARA PROMOVERLA, AUN CUANDO NO HUBIERAN VOTADO EN CONTRA DE LA NORMA GENERAL IMPUGNADA. Jurisprudencia P/J. 20/2001, Acción de Inconstitucionalidad 9/2001, aprobada el 08 de marzo 2001, publicada en el Semanario Judicial de la Federación y su Gaceta Tomo XIII, marzo de 2001 p. 448.

328. Artículo 69 de la Ley Reglamentaria de las Fracciones I y II del Artículo 105 de la Constitución Política de los Estados Unidos Mexicanos. El Presidente de la Suprema Corte de Justicia de la Nación, de oficio o a petición de parte, podrá decretar la acumulación de dos o más acciones de inconstitucionalidad siempre que en ellas se impugne la misma norma.

y de seis días para rendir el informe que contenga las razones y fundamentos tendientes a sostener la constitucionalidad de la ley impugnada[329].

En caso de no cumplirse con los requisitos que exija el ministro instructor el asunto se desechará[330]; por el contrario, si las exigencias se reunieron o bien, se subsanaron las irregularidades señaladas en la prevención se admitirá y comenzará el trámite para su resolución.

Después de presentados los informes que contengan las razones y fundamentos tendientes a sostener la constitucionalidad de la ley impugnada o habiendo transcurrido el plazo para ello, el ministro instructor pondrá los autos a la vista de las partes a fin de que dentro del plazo de cinco días formulen alegatos. Cuando la acción intentada se refiera a leyes electorales, el plazo señalado será de dos días.

Hasta antes de dictarse sentencia, el ministro instructor podrá solicitar a las partes o a quien juzgue conveniente todos aquellos elementos que a su juicio resulten necesarios para la mejor solución del asunto.

En este sentido, cuando la acción de inconstitucionalidad se interponga en contra de una ley electoral, el ministro instructor podrá solicitar opinión a la Sala Superior del Tribunal Electoral del Poder Judicial de la Federación. Al respecto, no debe asignársele más calidad a la opinión del tribunal electoral que la de una postura eminentemente técnica, ya que el referido tribunal electoral por mandato legal y jurisprudencial es incompetente para pronunciarse sobre la constitucionalidad de normas, de hecho, lo más que puede hacer el tribunal de conformidad con lo dispuesto en el artículo 99 constitucional, es resolver sobre la inaplicación de leyes electorales en el marco de un caso concreto y en tal supuesto, el propio órgano jurisdiccional electoral notificará esto a la Suprema Corte de Justicia[331]. En este orden de ideas, si se

329. Artículo 66 de la Ley reglamentaria de las fracciones I y II del artículo 105 de la Constitución Política de los Estados Unidos Mexicanos. Salvo en los casos en que el Procurador General de la República hubiere ejercitado la acción, el ministro instructor le dará vista con el escrito y con los informes a que se refiere el artículo anterior, a efecto de que, hasta antes de la citación para sentencia, formule el pedimento que corresponda.

330. Artículo 70 de la Ley reglamentaria de las fracciones I y II del artículo 105 de la Constitución Política de los Estados Unidos Mexicanos. El recurso de reclamación previsto en el artículo 51 únicamente procederá en contra de los autos del ministro instructor que decreten la improcedencia o el sobreseimiento de la acción. En materia electoral el plazo para interponer el recurso de reclamación será de tres días y el Pleno de la Suprema Corte lo resolverá de plano, dentro de los tres días siguientes a su interposición.

331. Artículo 99 Constitucional «(...)
Sin perjuicio de lo dispuesto por el artículo 105 de esta Constitución, las salas del Tribunal Electoral podrán resolver la no aplicación de leyes sobre la materia electoral contrarias a la presente Constitución. Las resoluciones que se dicten en el ejercicio de esta facultad se limitarán al caso concreto sobre el que verse el juicio. En tales casos la Sala Superior informará a la Suprema Corte de Justicia de la Nación.
(...)».

posicionara sobre la constitucionalidad de una norma general, estaría transgrediendo lo que indica el artículo 105 de la Constitución Federal.

Concluidos los pasos anteriores, el ministro instructor propondrá al Pleno de la Suprema Corte de Justicia de la Nación el proyecto de sentencia para la resolución definitiva del asunto planteado. Si el asunto en cuestión tiene por objeto regular la constitucionalidad de una norma electoral entonces el proyecto de sentencia deberá ser sometido al Pleno dentro de los cinco días siguientes a aquel en que se haya agotado el procedimiento, debiéndose dictar el fallo por el Pleno a más tardar en un plazo de cinco días, los cuales se contabilizarán a partir de que el ministro instructor haya presentado su proyecto.

Durante la sesión del Pleno se discutirá públicamente el proyecto de sentencia que presentó el ministro instructor, el cual puede ser aprobado, rechazado, o bien, sufrir modificaciones de acuerdo con las observaciones de los demás ministros. Al final de la discusión se realizará la votación entre los ministros sobre el sentido de la sentencia. Se necesitarán al menos ocho votos para que una norma se declare inconstitucional y por lo tanto inválida.

Las Acciones de Inconstitucionalidad pueden ser substanciadas y resueltas de modo preferencial cuando alguna de las Cámaras del Congreso a través de su presidente, o bien, el Ejecutivo Federal, por conducto del Consejero Jurídico del Gobierno, justifique la urgencia atendiendo al interés social o al orden público, esto de acuerdo al párrafo décimo, del artículo 94 de la Constitución Política de los Estados Unidos Mexicanos.

Al respecto, en el caso de que la solicitud de atención prioritaria se refiera a una Controversia Constitucional o a una Acción de Inconstitucionalidad, se requerirá al Consejo de la Judicatura Federal un informe actualizado sobre los asuntos que se encuentren radicados en los Tribunales de Circuito o en los Juzgados de Distrito relacionados con los actos impugnados; en este sentido, el Ministro Presidente listará para sesión privada, la cual se celebrará a más tardar dentro de los diez días naturales siguientes a su recepción, la solicitud de atención prioritaria correspondiente, acompañando la documentación que se haya recabado[332].

3.3.1.7. La sentencia, sus efectos y cumplimiento

De acuerdo al artículo 71 de la Ley Reglamentaria de las fracciones I y II del artículo 105 de la Constitución Política de los Estados Unidos Mexicanos al dictar sentencia en una acción de inconstitucionalidad, la Suprema

332. ACUERDO GENERAL NÚMERO 16/2013, de ocho de octubre de dos mil trece, del Pleno de la Suprema Corte de Justicia de la Nación, relativo a la atención prioritaria de juicios de amparo, de controversias constitucionales y de acciones de inconstitucionalidad, incluidos los recursos o procedimientos derivados de esos juicios constitucionales, a solicitud del Ejecutivo Federal o bien, de las cámaras del Congreso de la Unión.

Corte de Justicia de la Nación debe suplir los conceptos de invalidez planteados en la demanda y fundar su declaración de inconstitucionalidad en la violación de cualquier precepto constitucional, sea invocado o no en el escrito inicial.

En este orden de ideas, si del análisis del marco constitucional que rige la materia en la que incide el acto legislativo impugnado se advirtiera un vicio de inconstitucionalidad que implicara la nulidad de toda una Ley, la Suprema Corte deberá emitir la declaración de invalidez que proceda fundándose en el precepto constitucional correspondiente, incluso ante la ausencia de un concepto de invalidez específico[333]. Igualmente, la Corte podrá fundar su declaración de invalidez en la violación de los derechos humanos consagrados en cualquier tratado internacional del que México sea parte haya sido o no invocado en el escrito inicial. No obstante lo anterior, la materia electoral no atiende a esta regla, pues la suplencia de los conceptos de invalidez sólo abarcará respecto a la violación de los preceptos expresamente señalados en el escrito inicial[334].

---

333. ACCIÓN DE INCONSTITUCIONALIDAD. RESULTA INNECESARIO PRONUNCIARSE SOBRE LOS CONCEPTOS DE INVALIDEZ PLANTEADOS EN LA DEMANDA CUANDO SE ADVIERTE UN VICIO DE INCONSTITUCIONALIDAD QUE PROVOCA LA NULIDAD TOTAL DEL ACTO LEGISLATIVO IMPUGNADO., Jurisprudencia, P./J. 42/2013, Acción de Inconstitucionalidad 26/2012, aprobada el 03 de diciembre de 2013, publicada en la Gaceta del Semanario Judicial de la Federación; Libro 2, Tomo I, enero de 2014, p 356.

334. Anteriormente, la acción de inconstitucionalidad en materia electoral era considerada de estricto derecho, sin embargo, el criterio que a continuación se señala ACCIÓN DE INCONSTITUCIONALIDAD. CUANDO SE IMPUGNAN NORMAS GENERALES EN MATERIA ELECTORAL LA SUPREMA CORTE DE JUSTICIA DE LA NACIÓN DEBE SUPLIR LOS CONCEPTOS DE INVALIDEZ, PERO NO PUEDE FUNDAR LA DECLARATORIA DE INCONSTITUCIONALIDAD EN LA VIOLACIÓN A CUALQUIER PRECEPTO DE LA CONSTITUCIÓN POLÍTICA DE LOS ESTADOS UNIDOS MEXICANOS (INTERPRETACIÓN DEL ARTÍCULO 71 DE LA LEY REGLAMENTARIA DE LAS FRACCIONES I Y II DEL ARTÍCULO 105 CONSTITUCIONAL., Jurisprudencia P./J. 97/2009, Acción de Inconstitucionalidad 34/2006, aprobada el 01 de julio de 2009, publicada en Semanario Judicial de la Federación y su Gaceta, Tomo XXX, julio de 2009, p. 1053. determinó que la suplencia de los conceptos de invalidez deficientes sí opera tratándose de acciones de inconstitucionalidad en materia electoral y, por lo tanto, en ellas no rige el principio de estricto derecho. Esta nueva apreciación descansa en el sistema integral de suplencia procurado en el artículo 71 de la Ley Reglamentaria de las Fracciones I y II del Artículo 105 de la Constitución Política de los Estados Unidos Mexicanos, pues lo único que establece en su segundo párrafo es que las sentencias que se dicten sobre la no conformidad de leyes electorales a la Constitución sólo podrán referirse a la violación de los preceptos expresamente señalados en el escrito inicial, lo que significa que el órgano jurisdiccional no podrá examinar otra disposición constitucional diversa a la que en la línea argumentativa de los conceptos de invalidez se aduzca como violada, sin que esta limitante, en modo alguno, conduzca a proscribir la suplencia de la queja deficiente en materia electoral, y mucho menos a verificar el examen de la constitucionalidad de ese tipo de leyes bajo el principio de estricto derecho, dado que esta taxativa no aparece expresamente en la citada Ley Reglamentaria.

El artículo 72 de la Ley reglamentaria aludiendo a las sentencias de la Acción de Inconstitucionalidad manifiesta que las resoluciones de la Suprema Corte de Justicia sólo podrán declarar la invalidez de las normas impugnadas si fueren aprobadas por cuando menos ocho votos. Si no se aprobaran por la mayoría indicada el Tribunal Pleno desestimará la acción ejercitada y ordenará el archivo del asunto.

En este sentido, en caso de que con posterioridad a la entrada en vigor de la declaratoria de inconstitucionalidad fuese aplicada la norma general declarada inválida, el afectado podrá denunciar dicho acto a través del procedimiento previsto para tal efecto en la Ley de Amparo, Reglamentaria de los artículos 103 y 107 de la Constitución Política de los Estados Unidos Mexicanos.

La redacción del artículo 72 ha demostrado a lo largo de los años la cabida de múltiples interpretaciones y análisis, por una parte, a) respecto a sus alcances en todas las materias; b) sobre la porción normativa que invalida y; c) la controvertida regla de votación 8/11:

a) Respecto al alcance en todas las materias: tienen especial atención las materias penal y fiscal, ya que el desdoblamiento de estas asignaturas jurídicas en los sistemas de tradición romana ha hecho que aquellas sean de estricta aplicación, no obstante, la Suprema Corte de Justicia de la Nación ha matizado los alcances en materia fiscal a través de la tesis jurisprudencial con rubro, «Acción de inconstitucionalidad. Efectos de la declaratoria de invalidez de una porción normativa en la regulación de derechos por servicios registrales»[335], donde se deja en claro que tratándose de disposiciones recaudatorias declaradas inválidas y las cuales hayan fijado derechos a partir de un porcentaje sobre el valor de la operación comercial que les dio origen y al mismo tiempo prevean una cantidad fija mínima a pagar; los contribuyentes si bien es cierto no tendrían la obligación de pagar la tarifa porcentual invalidada, no implica relevarlos de enterar la cuota fija mínima, ya que esta suma es igual para todos los contribuyentes sin considerar el tipo de operación contenida en el documento a registrar, pues dichas medidas aseguran los principios tributarios de proporcionalidad y equidad contenidos en el artículo 31, fracción IV de la Constitución Federal.

Por su parte, la materia penal tiene un matiz distinto a las demás pues las declaraciones de invalidez de una norma operan de forma retroactiva si ésta causa un beneficio a las personas a las que le fue aplicada con anterioridad la norma considerada inconstitucional.

335. ACCIÓN DE INCONSTITUCIONALIDAD. EFECTOS DE LA DECLARATORIA DE INVALIDEZ DE UNA PORCIÓN NORMATIVA EN LA REGULACIÓN DE DERECHOS POR SERVICIOS REGISTRALES., Jurisprudencia P./J. 14/2014, Acción de Inconstitucionalidad 6/2013, aprobada el 27 de febrero de 2014, publicada en Semanario Judicial de la Federación y su Gaceta, Libro 4, Tomo I, marzo de 2014, p. 88.

Así se reconoció en la tesis jurisprudencial cuyo rubro es «Acción de inconstitucionalidad. La Suprema Corte de Justicia de la Nación está facultada para dar efectos retroactivos a la sentencia que declare la invalidez de normas legales en materia penal»[336] que, para el caso de las sentencias en las acciones de inconstitucionalidad el máximo tribunal mexicano está en condiciones de dar efectos retroactivos a las sentencias de invalidez que se dicten en relación con normas legales de carácter penal, siempre y cuando la expulsión de la norma declarada inválida tienda a beneficiar (y nunca a perjudicar) a todos y cada uno de los individuos directamente implicados en los procesos penales respectivos.

b) Respecto al tema de la porción normativa que invalida: ésta fue abordada por la tesis jurisprudencial con rubro «Acción de inconstitucionalidad. Supuesto en el que se justifica la declaratoria de invalidez y consecuente expulsión de todo el sistema normativo impugnado, y no sólo de las porciones normativas directamente afectadas de inconstitucionalidad»[337] en la cual especifica que, si bien es cierto la regla general en la determinación de los efectos de las sentencias estimatorias consiste en expulsar únicamente las porciones normativas que la Corte determine inconstitucionales a fin de afectar lo menos posible el cuerpo normativo cuestionado existen ocasiones en que se justifica la emisión de una declaratoria de inconstitucionalidad de mayor amplitud. Este supuesto acontece cuando las normas impugnadas conforman un sistema normativo integral, en el que cada parte encuentra una unión lógica indisoluble con el conjunto; de modo tal que la expulsión de una sola de las porciones relevantes del sistema terminará por desconfigurar el sistema normativo de manera terminante, por lo cual procedería que la autoridad judicial creara uno nuevo.

c) La controvertida regla de votación 8/11: la ley reglamentaria reguladora de la Acción de Inconstitucionalidad determina que las sentencias derivadas de este medio de control abstracto que ostenten el carácter de «estimatorias» deberán ser aprobadas por cuando menos

336. ACCIÓN DE INCONSTITUCIONALIDAD. LA SUPREMA CORTE DE JUSTICIA DE LA NACIÓN ESTÁ FACULTADA PARA DAR EFECTOS RETROACTIVOS A LA SENTENCIA QUE DECLARE LA INVALIDEZ DE NORMAS LEGALES EN MATERIA PENAL., Jurisprudencia P./J. 104/2008, Acción de Inconstitucionalidad 31/2006, aprobada el 18 de agosto de 2008 y publicada en el Semanario Judicial de la Federación y su Gaceta; Tomo XXVIII, septiembre de 2008 p. 587.

337. ACCIÓN DE INCONSTITUCIONALIDAD. SUPUESTO EN EL QUE SE JUSTIFICA LA DECLARATORIA DE INVALIDEZ Y CONSECUENTE EXPULSIÓN DE TODO EL SISTEMA NORMATIVO IMPUGNADO, Y NO SÓLO DE LAS PORCIONES NORMATIVAS DIRECTAMENTE AFECTADAS DE INCONSTITUCIONALIDAD., Jurisprudencia P./J. 85/2007, Acción de Inconstitucionalidad 47/2006 y sus acumuladas 49/2006, 50/2006 y 51/2006, aprobada el 15 de octubre de 2007, publicada en el Semanario Judicial de la Federación y su Gaceta; Tomo XXVI, diciembre de 2007, p. 849.

ocho votos de los ministros que integran el Pleno para que surtan sus efectos (declarar la invalidez de la norma impugnada) En este sentido y toda vez que el Pleno de la Suprema Corte de Justicia de la Nación se integra de once ministros se aprecia que para los supuestos en que las votaciones sean 8/11; 8/10; 8/9; 8/8, esto es, un mínimo de ocho votos a favor de la declaración de invalidez de la norma, la sentencia tendrá dichos efectos; por el contrario, de no alcanzar los ocho votos a favor, la acción de inconstitucionalidad se considerará desestimatoria y se ordenará el archivo del asunto[338].

La mayoría exigida de ocho ministros para declarar la invalidez de una norma ha sido criticada[339] porque contraviene el principio de mayoría simple que prevalece para la apertura de una sesión de Pleno. En este marco la crítica radica sobre dos aspectos 1) que se exija una mayoría superior a la cantidad requerida para aperturar una sesión de pleno de la Corte (siete ministros) y 2) que las mayorías calificadas son asumidas tradicionalmente para imponer un criterio en órganos de naturaleza política y no en aquellos de naturaleza jurisdiccional donde las resoluciones debe atender a argumentos y razones jurídicas.

Por otro lado, en aquellas sentencias desestimatorias —aquellas en las cuales no se haya alcanzado la mayoría calificada—. Si bien no existirá pronunciamiento sobre el tema de inconstitucionalidad, los ministros (ya sea aquellos que votaron a favor o bien los que votaron en contra) podrán emitir votos particulares en los que den los argumentos que respaldaron su opinión[340].

---

338. Artículo 72, primer párrafo de la Ley Reglamentaria de las fracciones I y II del artículo 105 de la Constitución Política de los Estados Unidos Mexicanos.

339. Brage Camazano Joaquín, *La acción de inconstitucionalidad*, Universidad Nacional Autónoma de México, IIJ México 2005, p. 340 respecto al tema ha señalado lo siguiente «Acaso uno de los aspectos más criticables de la regulación constitucional de la Acción de Inconstitucionalidad en México es el referido a la mayoría que se exige para los magistrados del Pleno de la Suprema Corte puedan declarar inconstitucional una ley.
(...) Dicho de otro modo no basta con una mayoría simple; no es suficiente con que la mayoría de los magistrados que integran el Pleno emitan un juicio favorable a la declaración de inconstitucionalidad, sino que es necesario que exista en el Pleno una mayoría reforzada de un 72 por ciento (es decir, casi las tres cuartas partes de los Ministros)... lo que no es en modo alguno necesario, pues la ley reglamentaria admite que el Pleno quede constituido, a los efectos de dictar una sentencia en un proceso de inconstitucionalidad, simplemente por la presencia de ocho de los ministros (artículo 4 de la Ley Orgánica del Poder Judicial de la Federación), hipótesis esta última en la que no bastará siquiera, para que prospere una declaración de inconstitucionalidad de la ley, con la mayoría reforzada del 72 por ciento de los ministros (presentes), sino que se regirá por la unanimidad de los mismos».

340. ACCIÓN DE INCONSTITUCIONALIDAD. EN EL CASO DE UNA RESOLUCIÓN MAYORITARIA EN EL SENTIDO DE LA INCONSTITUCIONALIDAD DE LA NORMA IMPUGNADA, QUE

La sentencia debe contener los alcances y efectos fijando con precisión las autoridades obligadas a cumplirla; las normas generales o actos respecto de los cuales opere y todos aquellos elementos necesarios para su plena eficacia; Así mismo, se entiende que los efectos que deriven de una declaración de invalidez se extienden a toda disposición vinculada con la norma inválida.

Al respecto, a través de criterios diversos se ha dejado en claro que el Pleno de la Corte debe emitir sus resoluciones de Acción de Inconstitucionalidad procurando en todo momento el «equilibrio» del sistema jurídico, de tal suerte que a través de los efectos que imprima a su sentencia debe salvaguardarse la norma constitucional violada evitando generar una situación de mayor inconstitucionalidad o de mayor incertidumbre jurídica que la ocasionada por las normas impugnadas o invadir injustificadamente el ámbito decisorio establecido constitucionalmente a favor de otros poderes públicos (federales, estatales y/o municipales)[341].

Lo anterior puede apreciarse en la materia electoral, esto es en caso de que se tuviera que decretar la inconstitucionalidad de la norma en medio de un proceso electoral y se produjera con ello un vacío normativo que impidiera la realización del mismo, puede operar el restablecimiento de la vigencia de la norma que estuvo con anterioridad a la norma declarada inválida[342].

NO SEA APROBADA POR LA MAYORÍA CALIFICADA DE CUANDO MENOS OCHO VOTOS EXIGIDA POR EL ARTÍCULO 105, FRACCIÓN II, ÚLTIMO PÁRRAFO, DE LA CONSTITUCIÓN FEDERAL, LA DECLARATORIA DE QUE SE DESESTIMA LA ACCIÓN Y SE ORDENA EL ARCHIVO DEL ASUNTO DEBE HACERSE EN UN PUNTO RESOLUTIVO., Jurisprudencia P./J. 15/2002, Acción de Inconstitucionalidad 10/2000, aprobada el 14 de febrero de 2002, publicada en el Semanario Judicial de la Federación y su Gaceta, Tomo XV, febrero de 2002, p. 419.

341. ACCIÓN DE INCONSTITUCIONALIDAD. LA SUPREMA CORTE DE JUSTICIA DE LA NACIÓN CUENTA CON AMPLIAS FACULTADES PARA DETERMINAR LOS EFECTOS DE LAS SENTENCIAS ESTIMATORIAS., Jurisprudencia P./J. 84/2007, Acción de Inconstitucionalidad 47/2006, aprobada el 15 de octubre de 2007, publicada en Semanario Judicial de la Federación y su Gaceta, Tomo XXVI, diciembre de 2007. p. 777.

342. ACCIÓN DE INCONSTITUCIONALIDAD. LAS FACULTADES DE LA SUPREMA CORTE DE JUSTICIA DE LA NACIÓN PARA DETERMINAR LOS EFECTOS DE LAS SENTENCIAS ESTIMATORIAS FRENTE A UN SISTEMA NORMATIVO QUE HA REFORMADO A OTRO, INCLUYEN LA POSIBILIDAD DE ESTABLECER LA REVIVISCENCIA DE LAS NORMAS VIGENTES CON ANTERIORIDAD A AQUELLAS DECLARADAS INVÁLIDAS, ESPECIALMENTE EN MATERIA ELECTORAL, Jurisprudencia P./J. 86/2007, Acción de Inconstitucionalidad 47/2006 y sus acumuladas 49/2006, 50/2006 y 51/2006, aprobada el 15 de octubre de 2007, publicada en el Semanario Judicial de la Federación y su Gaceta; Tomo XXVI, diciembre de 2007, p. 778.

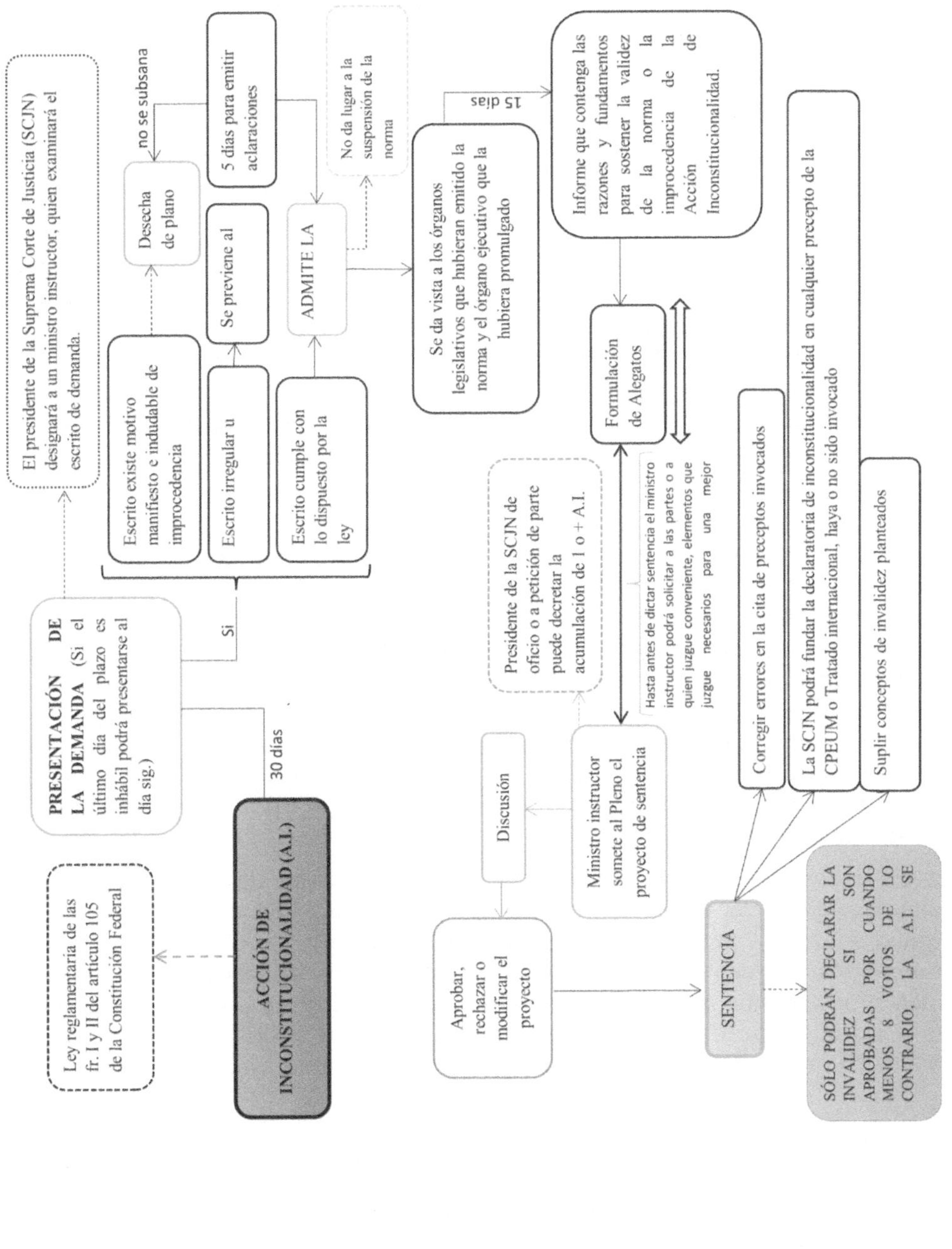
ACCIÓN DE INCONSTITUCIONALIDAD (A.I.)
Ley reglamentaria de las fr. I y II del artículo 105 de la Constitución Federal
30 días
PRESENTACIÓN DE LA DEMANDA (Si el último día del plazo es inhábil podrá presentarse al día sig.)
El presidente de la Suprema Corte de Justicia (SCJN) designará a un ministro instructor, quien examinará el escrito de demanda.
Si
Escrito existe motivo manifiesto e indudable de improcedencia
Desecha de plano
Escrito irregular u
Se previene al
5 días para emitir aclaraciones
no se subsana
Escrito cumple con lo dispuesto por la ley
ADMITE LA
No da lugar a la suspensión de la norma
Se da vista a los órganos legislativos que hubieran emitido la norma y el órgano ejecutivo que la hubiera promulgado
15 días
Informe que contenga las razones y fundamentos para sostener la validez de la norma o la improcedencia de la Acción de Inconstitucionalidad.
Formulación de Alegatos
Presidente de la SCJN de oficio o a petición de parte puede decretar la acumulación de 1 o + A.I.
Hasta antes de dictar sentencia el ministro instructor podrá solicitar a las partes o a quien juzgue conveniente, elementos que juzgue necesarios para una mejor
Ministro instructor somete al Pleno el proyecto de sentencia
Discusión
Aprobar, rechazar o modificar el proyecto
SENTENCIA
SÓLO PODRÁN DECLARAR LA INVALIDEZ SI SON APROBADAS POR CUANDO MENOS 8 VOTOS DE LO CONTRARIO, LA A.I. SE
Corregir errores en la cita de preceptos invocados
La SCJN podrá fundar la declaratoria de inconstitucionalidad en cualquier precepto de la CPEUM o Tratado internacional, haya o no sido invocado
Suplir conceptos de invalidez planteados

3.3.2. El juicio de amparo indirecto contra leyes. Proceso

La procedencia del amparo indirecto contra leyes está regulado en el artículo 103 constitucional, el cual ordena a los Tribunales de la Federación resolver toda controversia que se suscite por normas generales, actos u omisiones de la autoridad que violen los derechos humanos reconocidos y las garantías otorgadas para su protección en la Constitución, así como en los tratados internacionales de los que el Estado Mexicano sea parte; por normas generales o actos de la autoridad federal que vulneren o restrinjan la soberanía de los Estados o la autonomía de la Ciudad de México y por normas generales o actos de las autoridades de las entidades federativas que invadan la esfera de competencias de la autoridad federal.

Como se aprecia el juicio de amparo indirecto en México puede interponerse contra actos de autoridad o bien contra disposiciones de carácter general, sin embargo, en este apartado sólo se abordará el estudio del segundo supuesto, es decir, la procedencia del amparo indirecto contra leyes o amparo contra leyes, ya que éste es esencial para comprender la figura de la declaratoria general de inconstitucionalidad que es objeto del análisis central de esta tesis.

Al respecto, ya en la Ley reglamentaria del juicio de amparo, en su artículo 107 se especifica que el amparo contra leyes procederá por vía indirecta en contra de normas que por su sola entrada en vigor o con motivo del primer acto de su aplicación causen perjuicio al quejoso, teniendo el carácter de normas generales, de acuerdo a esa misma disposición los tratados internacionales aprobados en los términos previstos en el artículo 133 de la Constitución Política de los Estados Unidos Mexicanos; salvo aquellas disposiciones en que tales tratados reconozcan derechos humanos; las leyes federales; las constituciones de las entidades federativas; las leyes de las entidades federativas; los reglamentos federales; los reglamentos locales, los decretos y acuerdos, así como todo tipo de resoluciones de observancia general.

En resumen, en el amparo contra leyes se busca desaplicar la ley para el caso concreto, es decir, su inaplicación sólo causa efectos para el quejoso quien solicitó la protección de la justicia federal por la inconstitucionalidad de la norma. En este sentido, las determinaciones plasmadas en las sentencias pronunciadas en los juicios de amparo exclusivamente se abocarán a la protección de los particulares o de las personas morales (privadas u oficiales)[343] que lo hubieran solicitado y sus efectos sólo afectarán a las partes

343. Eduardo Ferrer Mac-Gregor y Rubén Sánchez han señalado, respecto a la posibilidad de que las autoridades puedan promover el Juicio de Amparo lo siguiente: «el artículo 7°. de la Nueva Ley de Amparo agrega una idea a la regla precedente, para señalar que las personas morales públicas estarán legitimadas para pedir amparo cuando los actos reclamados afecten su patrimonio respecto de relaciones jurídicas en las que se encuentren en

que intervinieron; quejoso, tercero interesado y/o autoridad responsable (con independencia de su naturaleza formal o bien un particular actuando como autoridad).

3.3.2.1. Derechos que protege

La expresión «derechos que protege» debe entenderse como valores y principios para un orden o sistema jurídico, como la igualdad, supremacía constitucional, justicia, democracia, entre otros.

Como medio de control constitucional se puede analizar el amparo contra leyes desde dos ópticas, una directa y otra indirecta.

La directa está enfocada específicamente a asegurar la coherencia de la norma inferior con respecto de la superior. Por su parte, la óptica indirecta tiene en el sistema mexicano una suerte de medida de aseguramiento sobre los derechos fundamentales y humanos que se consideren vulnerados por los quejosos.

Por los efectos de la sentencia en el juicio de amparo contra leyes este medio de control de la constitucionalidad es relativo y concreto, porque la norma impugnada no se declara inválida, sino que sólo se inaplica para el quejoso. En este contexto, la sanción es parcial porque las determinaciones vertidas en la misma sólo se aplicarán al caso sobre el cual se solicitó el amparo, en otras palabras, los efectos de la sentencia son *inter partes*[344]; y a lo más que se extiende la protección es a los actos futuros que pudieran ser aplicados al peticionario que solicitó el juicio de amparo[345].

En este sentido y atendiendo a lo previsto en el artículo 107 fracción II de la Constitución Federal la sentencia sólo debe de ocuparse de individuos particulares limitándose a ampararlos y protegerlos en el caso especial sobre el cual versó la demanda, sin hacer una declaración general respecto de la ley o el acto que la haya motivado.

---

un plano de igualdad con los particulares. Esta adición es otro guiño a la jurisprudencia» Ferrer Mac-Gregor, Eduardo y Sánchez Gil Rubén, *El nuevo Juicio de Amparo, guía de la reforma constitucional y la nueva Ley de Amparo*, 8.ª ed., México, Porrúa—UNAM— Instituto Mexicano de Derecho Procesal Constitucional, 2016, p. 105.

344. Las sentencias emanadas de amparo indirecto o bien, de los recursos de revisión en el amparo indirecto, proveen resoluciones concretas, es decir, no generales; no obstante de éstas derivan las declaratorias generales de inconstitucionalidad, figura que sí posee las características de generalidad, las cuales serán abordadas en el apartado siguiente.

345. AMPARO CONTRA LEYES. SUS EFECTOS SON LOS DE PROTEGER AL QUEJOSO CONTRA SU APLICACIÓN PRESENTE Y FUTURA., Jurisprudencia P./J. 112/99, Amparo en revisión 3912/86, 4823/87, 1897/95, 1404/95, 6/97, aprobada el 26 de octubre de 1999, publicada en el Semanario Judicial de la Federación y su Gaceta; Tomo X, noviembre de 1999, p. 19.

3.3.2.2. Procedencia

El amparo contra leyes se promueve para combatir disposiciones jurídicas abstractas, generales e impersonales presumiblemente contrarias a la Constitución. Al momento de incoar el juicio de amparo el promovente debe señalar como autoridades responsables al órgano legislativo que expidió la ley, así como a quien lo promulgó y a la autoridad que la aplicó o la aplicará.

3.3.2.3. Sujetos legitimados

La Ley de la materia especifica que el amparo contra leyes lo puede interponer la persona física o moral a quien afecte la norma general. En este sentido, el quejoso podrá hacerlo por sí, por su representante legal o por su apoderado.

Respecto al amparo contra leyes, de la interpretación de los artículos 1 y 5 de la Ley de amparo se reconoce que podrá ser quejoso quien aduce ser titular de un derecho subjetivo o de un interés legítimo individual o colectivo siempre que, a) alegue que la norma viola los derechos humanos reconocidos en la Constitución Política de los Estados Unidos Mexicanos, así como por los tratados internacionales de los que el Estado Mexicano sea parte; b) por normas generales, que vulneren o restrinjan el ámbito de competencia de la entidad federativa, siempre y cuando se violen los derechos humanos reconocidos y las garantías otorgadas por la propia Constitución y; por último c) para controvertir normas generales que invadan la esfera de competencia de la autoridad federal, siempre y cuando se violen los derechos humanos reconocidos y las garantías otorgadas por la misma Constitución Federal.

3.3.2.4. Órgano jurisdiccional competente

Conforme a la fracción I del artículo 107 de la Ley reglamentaria, el amparo indirecto es la vía para controvertir las disposiciones generales que se crean contrarias al orden jurídico y hayan sido aplicadas en atención a una afectación particular que lesione el interés jurídico o legítimo del gobernado.

En este orden de ideas, los órganos jurisdiccionales competentes que conocen del amparo contra leyes por regla general son los Juzgados de Distrito. No obstante, también pueden conocer otros tribunales, como los Tribunales Unitarios de Circuito o los Tribunales de primera instancia (quienes originalmente sólo pueden resolver cuestiones de legalidad), para efecto de ilustrar los casos y la competencia de los tribunales que conocen del Juicio de Amparo Indirecto se presenta el siguiente cuadro.

Juicio de amparo indirecto	
Fundamento Constitucional	Artículo 107, fr. VII
Fundamento Legal	Capítulo I *El Amparo Indirecto*, del Título Segundo *De los procedimientos de Amparo* de la Ley de Amparo, reglamentaria de los artículos 103 y 107 de la Constitución Política de los Estados Unidos Mexicanos
Órgano que lo conoce	Juez de Distrito: Artículos 35, 37, 39 de la Ley de Amparo
	Tribunales Unitarios de Circuito: Art. 35 de la Ley de Amparo
	Autoridades de orden común: Artículo 107, fr. XI de la Constitución Política de los Estados Unidos Mexicanos así como 35 y 159 de la Ley de Amparo
Supuestos en los cuales conocen:	**Juez de Distrito:** Por regla general, el juicio de amparo lo conoce el Juez de Distrito, de conformidad con la fracción VII del artículo 107 de la Constitución Federal. – («Art. 107, fr. VII. El amparo contra actos u omisiones en juicio, fuera de juicio o después de concluido, o que afecten a personas extrañas al juicio, contra normas generales o contra actos u omisiones de autoridad administrativa, se interpondrá ante el Juez de Distrito bajo cuya jurisdicción se encuentre el lugar en que el acto reclamado se ejecute o trate de ejecutarse...»)

Juicio de amparo indirecto	
	Tribunal Unitario de Circuito: – Artículo 36 de la Ley de Amparo.- De los juicios de amparo promovidos contra actos de otros tribunales unitarios de circuito, que no constituyan sentencias definitivas, en términos de lo previsto por la Ley de Amparo. Es competente el tribunal unitario más próximo a la residencia de aquél que haya emitido el acto impugnado; – De los juicios de amparo en que se reclame de los jueces de Distrito, bajo su jurisdicción, la violación de las garantías de los artículos 16, en materia penal, 19 y 20[346].
Supuestos en los cuales conocen:	**Autoridades del orden común:** – Artículo 159 de la Ley de Amparo.- En los lugares donde no resida juez de distrito y especialmente cuando se trate de actos que importen peligro de privación de la vida, ataques a la libertad personal fuera de procedimiento, incomunicación, deportación o expulsión, proscripción o destierro, extradición, desaparición forzada de personas o alguno de los prohibidos por el artículo 22 de la Constitución Política de los Estados Unidos Mexicanos, así como la incorporación forzosa al Ejército, Armada o Fuerza Aérea nacionales, el juez de primera instancia dentro de cuya jurisdicción radique la autoridad que ejecute o trate de ejecutar el acto reclamado, deberá recibir la demanda de amparo y acordar de plano sobre la suspensión de oficio.

346. JURISDICCIÓN CONCURRENTE. LOS TRIBUNALES UNITARIOS DE CIRCUITO TIENEN COMPETENCIA PARA CONOCER DEL JUICIO DE AMPARO INDIRECTO PROMOVIDO CONTRA ACTOS DE JUECES DE DISTRITO CUANDO SE ALEGUE VIOLACIÓN DE LAS GARANTÍAS CONTENIDAS EN LOS ARTÍCULOS 16, 19 Y 20 DE LA CONSTITUCIÓN FEDERAL, EN MATERIA PENAL., Jurisprudencia 1.ª/J. 30/2006, Contradicción de Tesis 179/2005-PS, aprobada el 19 de abril de 2006 y publicada en el Semanario Judicial de la Federación y su Gaceta, Tomo XXIV, agosto de 2006, p. 113.

3.3.2.5. Proceso

El proceso que se describe enseguida es el del amparo indirecto, por ser el medio jurisdiccional federal que se utiliza para combatir una ley inconstitucional ante un caso concreto.

Una vez presentada la demanda de amparo indirecto el juez de distrito debe a más tardar en un plazo de 24 horas, resolver si ésta se desecha, previene o admite (artículo 112 de la ley reglamentaria). En este sentido, en caso de admitirse se citará para audiencia constitucional fijando hora y día dentro de los 30 días posteriores. Para la celebración de la misma se requerirá a las autoridades responsables un informe con justificación y se tramitará un incidente de suspensión del acto (artículo 115). Entre la notificación del informe justificado al quejoso y la fecha de la audiencia debe haber un plazo mínimo de 8 días o la audiencia se diferirá a solicitud del quejoso o del tercero interesado.

La demanda de amparo contra leyes debe de presentarse 30 días contados a partir de la entrada en vigor de la Ley —autoaplicativo[347]— o bien, en caso de que se ataque el primer acto de aplicación de la ley considerada inconstitucional el plazo será de 15 días —heteroaplicativo— (artículo 17).

Será declarado improcedente el amparo contra leyes cuando previamente el Pleno de la Suprema Corte de Justicia de la Nación haya emitido declaratoria general de inconstitucionalidad (artículo 61, fracción VIII); que la norma sea objeto de otro juicio de amparo, salvo que la norma aquí se refiera a actos de aplicación distintos (artículo 61, fracción X); sea cosa juzgada (artículo 61, fracción XI); cuando el acto de aplicación sea irreparable (artículo 61, fracción XVI) o bien, cuando se promueva en contra de normas generales o actos consentidos tácitamente[348].

3.3.2.6. La sentencia, sus efectos y cumplimiento

De acuerdo al párrafo segundo del artículo 73 de la Ley de Amparo el Pleno y las Salas de la Suprema Corte de Justicia de la Nación así como los Tribunales Colegiados de Circuito tratándose de resoluciones sobre la constitucionalidad o convencionalidad de una norma general y amparos colectivos

347. Artículo 17, fracción I de la Ley de Amparo señala que el Juicio de Amparo indirecto puede ser promovido en contra de una ley, aunque no exista acto concreto de aplicación, pues la misma afecta la esfera jurídica del quejoso con su sola entrada en vigor.

348. Conforme a la fracción XXIII del mismo artículo 61 la cual señala «En los demás casos en que la improcedencia resulte de alguna disposición de la Constitución Política de los Estados Unidos Mexicanos o de esta Ley» se entiende que existe la posibilidad de que en la Constitución Política de los Estados Unidos Mexicanos (así como en criterios jurisprudenciales) se establezcan más supuestos de improcedencia del juicio de amparo, ya sea indirecto o directo; por lo tanto, este artículo no es limitativo, sino sólo enunciativo...

deberán hacer públicos los proyectos de sentencias que serán discutidos en las sesiones correspondientes, cuando menos con tres días de anticipación a la publicación de las listas de los asuntos que se resolverán.

En esta misma temática el artículo 78 especifica que cuando el acto reclamado sea motivado por una norma general la sentencia deberá determinar si es constitucional o no. Si se declara la inconstitucionalidad de la norma general impugnada los efectos se extenderán a todas aquellas normas y actos cuya validez dependa de la propia norma invalidada. Dichos efectos se traducirán en la inaplicación únicamente respecto del quejoso.

El órgano jurisdiccional de amparo podrá especificar qué medidas adicionales a la inaplicación deberán adoptarse para restablecer al quejoso en el pleno goce del derecho violado.

3.3.3. La declaratoria general de inconstitucionalidad y su relación con el juicio de amparo en la nueva Ley de Amparo de 2013

3.3.3.1. Concepto

Para comprender esta institución jurídica debemos realizar ejercicios gnoseológicos y hermenéuticos, habida cuenta que la palabra «declaratoria» implica «declarar», esto es, materializar un acto concreto en la sede judicial; sin embargo, este acto concreto no tendrá las características propias de uno, sino que sus efectos serán generales y abstractos[349].

En este contexto, los efectos de la Declaratoria General de Inconstitucionalidad son idénticos a los de un acto legislativo pues es general, abstracto e impersonal; pero a diferencia de la ley, que implica la vigencia y pertenencia de la norma al orden jurídico, la Declaratoria General de Inconstitucionalidad no deriva de un proceso legislativo, sino de la declaración de invalidez de una norma que ya fue estudiada en medios de control de la constitucionalidad previos (recursos de revisión en amparo indirecto) y que a diferencia de éstos, los efectos de la Declaratoria General de Inconstitucionalidad serán *erga omnes*.

En este orden de ideas, en la academia y en la doctrina existen diversas posturas respecto a la Declaratoria General de Inconstitucionalidad, por ejemplo, se ha mencionado que la Declaratoria General de Inconstitucionalidad «...es un medio de control abstracto y además autónomo. Abstracto, porque encuentra su origen inmediato no en las sentencias de amparo, sino

349. Sostenemos esto porque antes de que se surtan los efectos de la declaratoria que son generales abstractos e impersonales, el poder judicial debe «declarar» (acto concreto y declarativo que recae específicamente sobre una disposición legislativa) que el dispositivo en cuestión no es conforme a la constitución, es decir, se actualiza el principio lógico de contradicción con la Constitución y, por lo tanto, incoherente con ésta.

en la jurisprudencia conformada a partir de éstas, para después —si se dan los presupuestos— llegar a su discusión en el Pleno de la Corte, prácticamente como si fuera una Acción de Inconstitucionalidad (en abstracto, por mayoría calificada de ocho votos y con efectos *ex nunc*) y; autónomo, porque no depende únicamente de la conformación de la jurisprudencia para llegar a su declaración general...»[350].

El criterio que se sostiene en este trabajo dista del anterior, porque 1) la declaratoria no surge de un análisis en abstracto, sino que ésta deriva del estudio de constitucionalidad de leyes en concreto, como lo son los amparos indirectos en revisión. En este punto los efectos abstractos de esta institución no implican que el estudio se haya realizado en abstracto, como sucede en las Acciones de Inconstitucionalidad; por el contrario, en la Declaratoria no hay un estudio de constitucionalidad para determinar si la norma es constitucional o no, sino lo que se estudia es la pertinencia de declarar en abstracto la inconstitucionalidad de la norma que ya fue declarada inválida en concreto; 2) porque como se ha señalado, las declaratorias generales de inconstitucionalidad no podrían existir si no fuera por las sentencias recaídas en los recursos de revisión de juicios de amparo indirecto, por lo cual no puede expresarse que éstas tengan un carácter autónomo cuando su existencia depende de otros medios de control y; 3) porque esta institución, a diferencia de otros medios de control como el Juicio de Amparo, la Acción de inconstitucionalidad o la Controversia Constitucional no tiene una ley especializada que la regule. En este marco, su dependencia al Juicio de Amparo es esencial, a tal grado que se ubica *sedes materiae* en el Título Cuarto de la Ley de Amparo denominado «Jurisprudencia y Declaratoria General de Inconstitucionalidad», en particular en el Capítulo VI titulado «Declaratoria General de Inconstitucionalidad» sin omitir que ésta se regula en el mismo fundamento constitucional del juicio de amparo.

Por todo lo anterior, se concluye que la Declaratoria General de Inconstitucionalidad es la forma a través de la cual la función legislativa (al momento de reformar la Constitución) suple las deficiencias que dejaba el principio de la relatividad de las sentencias (fórmula Otero) que rige al juicio de amparo, actualizándose así la posibilidad de que la Suprema Corte aplique la figura de la Declaratoria General de Inconstitucionalidad para que las sentencias derivadas de juicios de amparo tengan efectos generales[351].

---

350. Hernández Macías, Juan Luis, «La declaratoria general de inconstitucionalidad: análisis del nuevo principio de relatividad», *Revista del Instituto de la Judicatura Federal*, México 2014. N. 38, pp. 289-320.

351. «Por lo que estas Comisiones consideran que los efectos relativos de las sentencias de amparo generan ciertas consecuencias que son inadmisibles en un estado Democrático y de derecho. En un primer término, la relatividad de las sentencias de amparo vulnera el principio de supremacía constitucional. Por otro lado, se afecta la regularidad del orden jurídico mexicano, toda vez que tenemos casos de normas generales irregulares así determinadas por el órgano de control que, no obstante, siguen formando parte del sistema jurídico.

3.3.3.2. Derechos que protege

Como se expresó en el punto anterior en donde se citó la exposición de motivos de la reforma que creó legislativamente la institución abordada, la Declaratoria General de Inconstitucionalidad tiene por objeto proteger a todos los gobernados para que no sufran de forma latente la aplicación de una disposición inconstitucional; asimismo su finalidad es —al igual que el medio de control de la constitucionalidad que le da origen— contribuir a la supremacía de la Constitución.

3.3.3.3. Procedencia

La procedencia de la Declaratoria General de Inconstitucionalidad se encuentra estipulada en la Ley de Amparo, en específico en los artículos 231, 232 y 233, en los cuales se establece que esta institución podrá llevarse a cabo en los siguientes casos:

1. Cuando la Suprema Corte de Justicia actuando en pleno o en salas resuelvan la inconstitucionalidad de una norma general en los juicios de amparo indirecto en revisión, quien presida la Sala respectiva o el Pleno deberá informarlo a la autoridad emisora de la norma en un plazo de quince días.
2. Cuando la Suprema Corte de Justicia de la Nación actuando en pleno o en salas establezca jurisprudencia por precedentes al resolver juicios de amparo indirecto en revisión, en la cual se determine la inconstitucionalidad de una norma general.
3. Cuando un tribunal colegiado de circuito integre jurisprudencia por reiteración derivada de amparos indirectos en revisión lo hará del conocimiento del Pleno Regional de Circuito correspondiente, quien, a su vez, por mayoría de votos de los integrantes del Pleno podrá solicitar a la Suprema Corte de Justicia de la Nación el inicio de procedimiento de Declaratoria General de Inconstitucionalidad.

A mayor abundamiento debe decirse que vulnera el principio de igualdad ante la ley, pues la norma declarada inconstitucional se sigue aplicando a todos aquellos que no promovieron el juicio de garantías, además del principio de economía procesal, pues se llega al absurdo de tener que seguir promoviendo juicios de amparo contra leyes que han sido declaradas inconstitucionales un sinnúmero de veces. Esto supone una carga inédita para el Poder Judicial Federal que va en detrimento de una pronta y expedita administración de justicia» en Cámara de Senadores, *Dictamen de las Comisiones Unidas de Puntos Constitucionales y de Estudios Legislativos con Proyecto de Decreto por el que se reforman, adicionan, y derogan diversas disposiciones de los artículos 94, 100, 103, 104 y 107 de la Constitución Política de los Estados Unidos Mexicanos,* p. 10. *http://legislacion.scjn.gob.mx/Buscador/Paginas/wfProcesoLegislativoCompleto.aspx?q=b/EcoMjefuFeB6DOaNOimNPZPsNLFqe0s7fey1FqrifEWfUQOH36fIC7PmLluV5BON9eB-9ylHvgLg5DViuepFQ==*

En los tres casos descritos la Suprema Corte de Justicia de la Nación a través de su Presidente notificará a la autoridad emisora de la norma para que subsane la inconstitucionalidad. En este marco, si al transcurrir el plazo de 90 días naturales sin que se supere el problema de inconstitucionalidad la Suprema Corte de Justicia de la Nación podrá emitir la Declaratoria General de Inconstitucionalidad, siempre que fuere aprobada por una mayoría de cuando menos ocho votos. En la declaratoria respectiva se fijarán sus alcances y condiciones en los términos de la ley reglamentaria, así como la fecha a partir de la cual surtirá sus efectos.

Cabe mencionar que la Declaratoria General de Inconstitucionalidad no es procedente tratándose de normas en materia tributaria, así lo dispone la Constitución Federal en el artículo 107, fr. II, cuarto párrafo.

Debe destacarse respecto a la regulación de la Declaratoria General de Inconstitucionalidad que ésta es confusa puesto que los ordenamientos que regulan su funcionamiento son incongruentes entre sí, por las razones señaladas en el siguiente cuadro:

Norma	Contenido	Diferencia
Constitución Política de los Estados Unidos Mexicanos	Art. 107, fr. II. ... Cuando en los juicios de amparo indirecto en revisión se resuelva la inconstitucionalidad de una norma general, la Suprema Corte de Justicia de la Nación lo informará a la autoridad emisora correspondiente. Cuando los Tribunales Colegiados de Circuito establezcan jurisprudencia por reiteración, o la Suprema Corte de Justicia de la Nación por precedentes, en la cual se determine la inconstitucionalidad de una norma general, su Presidente lo notificará a la autoridad emisora. Transcurrido el plazo de 90 días naturales sin que se supere el problema de inconstitucionalidad, la Suprema Corte de Justicia de la Nación emitirá, siempre que fuere aprobada por una mayoría de cuando menos ocho votos, la declaratoria general de inconstitucionalidad, en la cual se fijarán sus alcances y condiciones en los términos de la ley reglamentaria.	En la Constitución se establecen 2 supuestos para emitir la Declaratoria General de Inconstitucionalidad; 1) la resolución de inconstitucionalidad por parte de la Corte y; 2) cuando se establezca jurisprudencia por reiteración derivada de amparos en revisión, por los demás órganos del Poder Judicial de la Federación. En estos supuestos basta que los órganos del Poder Judicial informen o notifiquen al máximo tribunal mexicano de las resoluciones o de la creación de jurisprudencia por reiteración para que la Suprema Corte inicie el trámite de Declaratoria.

Norma	Contenido	Diferencia
Ley de Amparo	**Artículo 231**. Cuando las salas o el pleno de la Suprema Corte de Justicia de la Nación, en los juicios de amparo indirecto en revisión, resuelvan la inconstitucionalidad de una norma general, el presidente o la presidenta de la sala respectiva o de la Suprema Corte de Justicia de la Nación deberá informarlo a la autoridad emisora de la norma en un plazo de quince días. Lo dispuesto en el presente Capítulo no será aplicable a normas en materia tributaria. **Artículo 232.** Cuando el pleno o las salas de la Suprema Corte de Justicia de la Nación, en los juicios de amparo indirecto en revisión, establezcan jurisprudencia en la que determinen la inconstitucionalidad de una norma general, se procederá a la notificación a que se refiere el tercer párrafo de la fracción II del artículo 107 de la Constitución Política de los Estados Unidos Mexicanos. Una vez que se hubiere notificado al órgano emisor de la norma y transcurrido el plazo de 90 días naturales sin que se modifique o derogue la norma declarada inconstitucional, el pleno de la Suprema Corte de Justicia de la Nación emitirá la declaratoria general de inconstitucionalidad correspondiente siempre que hubiera sido aprobada por mayoría de cuando menos ocho votos. Cuando el órgano emisor de la norma sea el órgano legislativo federal o local, el plazo referido en el párrafo anterior se computará dentro de los días útiles de los periodos ordinarios de sesiones determinados en la Constitución Federal, en el Estatuto de Gobierno del Distrito Federal, o en la Constitución Local, según corresponda. **Artículo 233**. Los plenos regionales, conforme a los acuerdos generales que emita la Suprema Corte de Justicia de la Nación, podrán solicitar a ésta, por mayoría de sus integrantes, que inicie el procedimiento de declaratoria general de inconstitucionalidad cuando dentro de su región se haya emitido jurisprudencia derivada de amparos indirectos en revisión. .	En la Ley de amparo se establece qué otros órganos del Poder Judicial de la Federación además de la Corte (a los que alude el tercer párrafo de la fr. II del Art. 107 constitucional) intervienen en la Declaratoria General de Inconstitucionalidad. Éstos son de acuerdo al artículo 233, los Plenos Regionales quienes por mayoría de votos de sus integrantes podrán solicitar a la Suprema Corte de Justicia la declaratoria general de inconstitucionalidad.

Norma	Contenido	Diferencia
Ley Orgánica del Poder Judicial de la Federación	**Artículo 42.** Con las salvedades a que se refieren los artículos 10 y 21 de esta Ley, son competentes los plenos regionales para: ... ... III. Solicitar a la Suprema Corte de Justicia de la Nación, conforme a los acuerdos generales que emita el Consejo de la Judicatura Federal, que inicie el procedimiento de declaratoria general de inconstitucionalidad cuando dentro de su región se haya emitido una jurisprudencia derivada de amparos indirectos en revisión en la que se declare la inconstitucionalidad de una norma general; ...	Al igual que lo establece la Ley de Amparo, en la Ley Orgánica del Poder Judicial se les concede a los Plenos Regionales **la potestad de solicitar a la Corte el inicio de la Declaratoria General de Inconstitucionalidad.** En este tenor es conveniente destacar que tanto en la ley reglamentaria como en la Ley orgánica se establece como potestad y no como obligación la solicitud de Declaratoria por parte de los Plenos de Circuito. Por otro lado, a diferencia de la Ley de Amparo, en la Ley Orgánica del Poder Judicial de la Federación se señala que la solicitud de la declaratoria general se realizará conforme a los acuerdos generales emitidos por el Consejo de la Judicatura Federal y no conforme a los que emita la Suprema Corte de Justicia de la Nación (Art. 233 de la Ley de Amparo).

Además de la falta de uniformidad en los diferentes ordenamientos que regulan la Declaratoria General de Inconstitucionalidad es prudente llevar a cabo un extrañamiento sobre la exigencia de la votación calificada de los ministros de la Suprema Corte de Justicia para que la Declaratoria General proceda[352], pues de no obtenerse dicha votación[353] se desestimará el asunto y se ordenará su archivo.

Al respecto, es difícil de explicar jurídicamente la exigencia de una mayoría calificada y no de una mayoría simple pues tal y como se ha sostenido en el apartado de Acciones de Inconstitucionalidad, la exigencia de por lo menos ocho votos es un error porque para la determinación de la inconstitucionalidad deben de expresarse razonamientos eminentemente jurídicos, mismos que ya habrían sido manifestados por los órganos jurisdiccionales que resolvieron los recursos de revisión, así como por todos los Ministros del Pleno de la Suprema Corte de Justicia que hayan sustentado la inconstitucionalidad del tema en la sesión respectiva. De seguir exigiendo una mayoría calificada se deja espacio a la zozobra y a sostener que el resultado no atendió a aspectos sustantivamente constitucionales y del orden jurídico sino a visiones sesgadas o intereses distintos al orden público.

3.3.3.4. Sujetos legitimados (sujetos competentes)

De conformidad con lo establecido en las Leyes que se han señalado en los apartados anteriores (Constitución Federal, Ley de Amparo y Ley Orgánica) los sujetos legitimados para solicitar el inicio del trámite de la Declaratoria General de Inconstitucionalidad son:

1. La Suprema Corte de Justicia de la Nación, a través de su Pleno o Salas y;
2. Los Plenos Regionales de Circuito.

3.3.3.5. Órgano jurisdiccional competente

Si bien quienes participan en la Declaratoria General de Inconstitucionalidad son órganos pertenecientes al Poder Judicial de la Federación jerárquicamente inferiores a la Suprema Corte de Justicia de la Nación, éstos sólo intervienen, en el caso de los Plenos de Regionales, para solicitar al Pleno de la Corte la tramitación de la Declaratoria, no así para la procedencia y resolución de la misma, por ello se expresa que los referidos órganos llevan a cabo una especie de procedimiento interno relativo a competencias interorgánicas del poder judicial federal.

---

352. Punto séptimo del Acuerdo General Plenario 15/2013.

353. De conformidad con el artículo 107 fracción II tercer párrafo de la Constitución Federal la mayoría calificada será de cuando menos ocho votos.

En este orden de ideas, en la Declaratoria General de Inconstitucionalidad los órganos judiciales que participan son las Salas de la Suprema Corte de Justicia, el Pleno de la misma y los plenos regionales; sin embargo, el único órgano competente para resolver y decretar la Declaratoria General de Inconstitucionalidad será el Pleno de la Suprema Corte de Justicia de la Nación.

3.3.3.6. Procedimiento

El procedimiento que se sigue para llevar a cabo la Declaratoria General de Inconstitucionalidad atiende a la Constitución Política de los Estados Unidos Mexicanos en su artículo 107, fracción II ya la Ley de Amparo en sus artículos 231, 232 y 233

En este contexto y para efectos de representación del procedimiento y no caer en repeticiones con respecto al apartado de procedencia se presenta el siguiente flujograma.

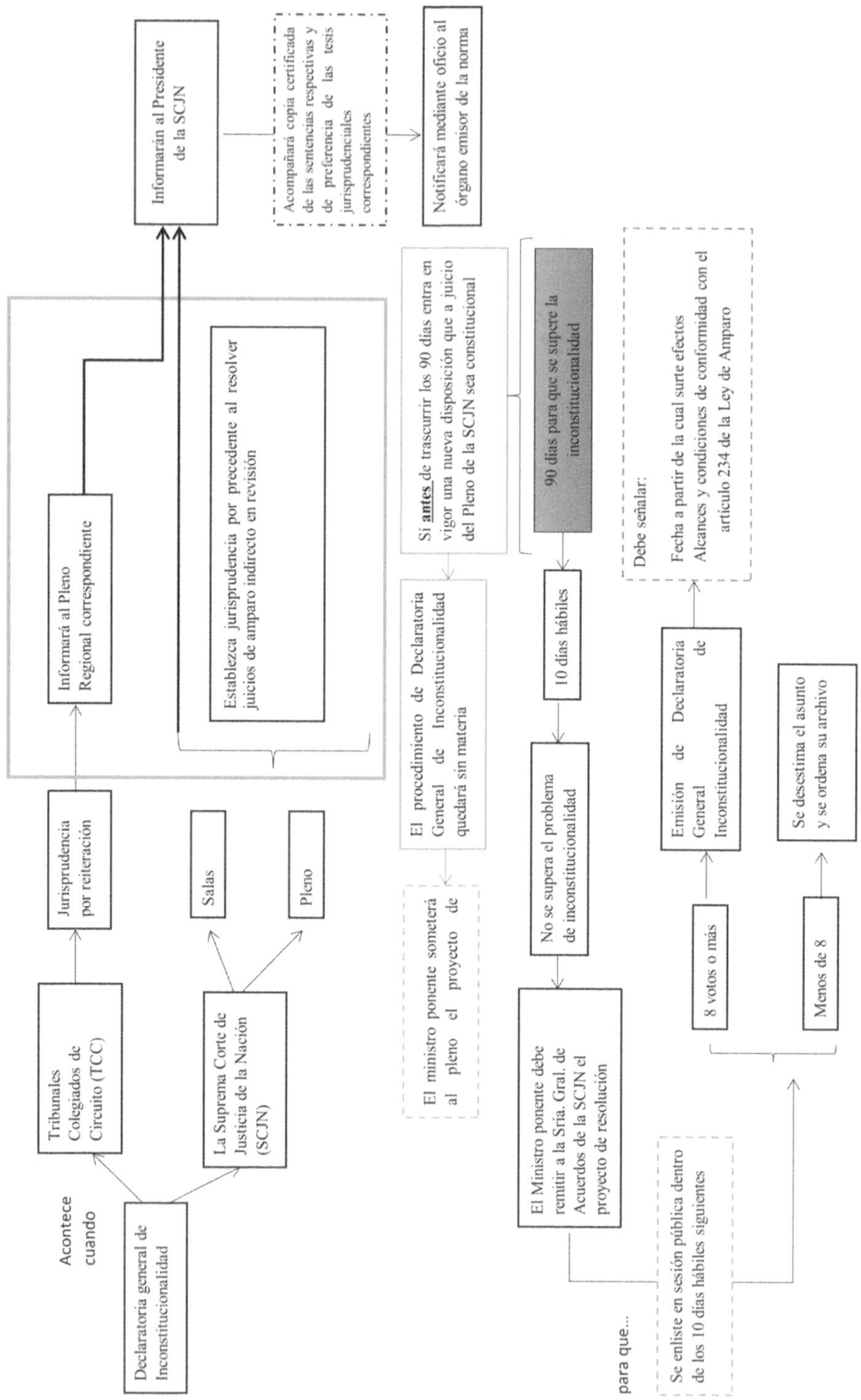
Declaratoria general de Inconstitucionalidad
Acontece cuando
Tribunales Colegiados de Circuito (TCC)
La Suprema Corte de Justicia de la Nación (SCJN)
Jurisprudencia por reiteración
Salas
Pleno
Informará al Pleno Regional correspondiente
Establezca jurisprudencia por precedente al resolver juicios de amparo indirecto en revisión
Informarán al Presidente de la SCJN
Acompañará copia certificada de las sentencias respectivas y de preferencia de las tesis jurisprudenciales correspondientes
Notificará mediante oficio al órgano emisor de la norma
Si **antes** de trascurrir los 90 días entra en vigor una nueva disposición que a juicio del Pleno de la SCJN sea constitucional
El procedimiento de Declaratoria General de Inconstitucionalidad quedará sin materia
El ministro ponente someterá al pleno el proyecto de
90 días para que se supere la inconstitucionalidad
10 días hábiles
No se supera el problema de inconstitucionalidad
El Ministro ponente debe remitir a la Sría. Gral. de Acuerdos de la SCJN el proyecto de resolución
para que...
Se enliste en sesión pública dentro de los 10 días hábiles siguientes
8 votos o más
Menos de 8
Emisión de Declaratoria General de Inconstitucionalidad
Se desestima el asunto y se ordena su archivo
Debe señalar:
Fecha a partir de la cual surte efectos
Alcances y condiciones de conformidad con el artículo 234 de la Ley de Amparo

3.3.3.7. La sentencia, sus efectos y cumplimiento

La Declaratoria en caso de ser aprobada por mayoría calificada de los ministros que integran el Pleno de la Suprema Corte de Justicia será obligatoria, tendrá efectos generales y establecerá la fecha a partir de la cual surtirá sus efectos; así como los alcances y las condiciones de la misma. En caso de no alcanzarse dicha votación el procedimiento de declaratoria se desestimará y se archivará.

Respecto a este último supuesto se critica dicha postura puesto que se deja que subsista la inconstitucionalidad de la norma de forma abstracta por una cuestión formal (que no se alcancen ocho votos) más no sustantiva (pues ésta ya quedó demostrada en las sentencias de los recursos de revisión y en la jurisprudencia por precedentes y reiteración). De modo tal que dejar que subsista la inconstitucionalidad por una cuestión formal después de haber llevado a cabo todo el procedimiento de Declaratoria General de Inconstitucionalidad es absurdo, ya que esta decisión refleja la debilidad y las deficiencias en las que se encuentra planteado este procedimiento en el orden jurídico mexicano al haber accionado el trámite cuyo resultado será el mismo que si no se hubiera efectuado.

De aprobarse la declaratoria los efectos de éstas no serán retroactivos salvo en materia penal, en términos del párrafo primero del artículo 14 de la Constitución Política de los Estados Unidos Mexicanos[354].

Finalmente, el artículo 235 de la Ley de amparo da a conocer que la Declaratoria General de Inconstitucionalidad se remitirá al Diario Oficial de la Federación y al órgano oficial en el que se hubiera publicado la norma declarada inconstitucional para su publicación dentro del plazo de siete días hábiles.

3.3.3.8. Breve reflexión sobre la declaratoria general de inconstitucionalidad

En este marco como crítica a la institución de la Declaratoria General de Inconstitucionalidad es importante señalar como ya se aludió en líneas previas, que surge para subsanar los efectos relativos de las sentencias del juicio de amparo ya que éstas sólo protegen a las partes que lo solicitan.

Sin embargo, si bien es cierto que la Declaratoria General surge como una medida jurídica para impedir que subsista una inconstitucionalidad resuelta en medios de control concreto de constitucionalidad (relatividad de las sentencias en los juicios de amparo) de manera reiterada también lo es que su aplicabilidad y eficacia aún son limitados, puesto que su regulación sigue siendo (después de nueve años de su creación) escasa y contradictoria, aunada a consideraciones irracionales (como la exigencia de votación 8/11) como ya fue expresado.

354. Artículo 14. A ninguna ley se dará efecto retroactivo en perjuicio de persona alguna.

Estas deficiencias traen consigo problemas de incertidumbre y/o lagunas jurídicas, así como discrecionalidad del juez constitucional. Por lo anterior, es conveniente la unificación entre la ley reglamentaria y el Acuerdo General de la Suprema Corte de Justicia de la Nación; pero también el perfeccionamiento del marco jurídico con el que ya se cuenta para subsanar los problemas referidos.

CAPÍTULO IV

EL CONTROL ABSTRACTO DE LA CONSTITUCIONALIDAD EN MÉXICO Y ESPAÑA. CRÍTICA Y POSTURAS

4. El control abstracto de la constitucionalidad en México y España

Introducción

En los tres capítulos anteriores se ha abordado el concepto del control de la constitucionalidad, su objeto y la finalidad a la que atiende. También se ha descrito las distintas clasificaciones doctrinarias en las que el control de la constitucionalidad se ejerce, entre ellas, aquella que atiende al órgano que la realiza, destacando el control de la constitucionalidad ejercido por órganos jurisdiccionales.

Esta subclasificación del control de la constitucionalidad a su vez puede tener muchas más clases; sin embargo, por la importancia que tienen en esta investigación, nos hemos centrado en dos vertientes o modelos de control de la constitucionalidad por órgano jurisdiccional; el sistema de control difuso, surgido con la *judicial review* de Estados Unidos de América, en concreto con el fallo de la Corte Suprema de Estados Unidos en el caso Marbury vs Madison de 1803 y; el sistema de control concentrado, creado a partir del proyecto de Constitución Austriaca de 1920, ideado por Hans Kelsen, en donde se contempla un Tribunal Constitucional el cual es el único facultado para asegurar la «justicia constitucional»[355].

En virtud de que la presente investigación se centra en el estudio comparado del control abstracto de normas entre México y España, en los capítulos anteriores se realizó un panorama histórico de la evolución del control de la

355. *Cfr.* KELSEN, Hans, *Escritos sobre Justicia Constitucional*, traducción de Juan Luis REQUEJO PAGÉS, España, Tecnos, 2021, p. 56

constitucionalidad en ambos países, así como los rasgos característicos del ejercicio del control de la constitucionalidad actual en cada uno de éstos.

No obstante, y debido a que el control de la constitucionalidad es un tema muy amplio la presente tesis delimitó aún más su objeto de estudio, para dar paso a analizar el control de la constitucionalidad abstracto de normas en ambos países. Sobre este rubro, es preciso señalar que el capítulo II está dedicado a comprender, analizar y describir el control abstracto de normas en España, en específico el recurso de inconstitucionalidad; mientras que el Capítulo III aborda el control abstracto de normas en México, siendo que éste se configura con la Acción de Inconstitucionalidad, aunque, como lo vimos en dicho capítulo, existen instituciones provenientes de figuras identificadas con el control concreto —Juicio de Amparo Indirecto y Declaratoria General de Inconstitucionalidad— que poseen rasgos característicos del control abstracto, de ahí la necesidad de su análisis.

Ahora bien, el presente capítulo tiene como objetivo contrastar los medios de control de carácter abstracto en México y España para conocer su eficiencia, así como las razones de su implantación e identificar las fórmulas o propuestas que pudieran implementarse para corregir sus deficiencias y mejorar la eficacia de estos medios.

4.1. Órganos que resuelven el control abstracto de la constitucionalidad de las normas

Este apartado hace referencia a los órganos encargados del ejercicio del control abstracto de la constitucionalidad de las normas; es decir, el Tribunal Constitucional en España y el Poder Judicial de la Federación, en específico, la Suprema Corte de Justicia de la Nación en México.

Como se ha advertido, durante el capítulo I se expresó que el Tribunal Constitucional Español está catalogado como un órgano constitucional autónomo por la legislación orgánica de la materia; así lo recoge el artículo 1.1 de la Ley Orgánica del Tribunal Constitucional Español, el cual estipula que dicho tribunal es autónomo a los demás órganos constitucionales y que sólo estará sometido a lo prescrito por la Constitución y la Ley Orgánica de la materia; pero también lo cataloga con este grado la doctrina. Veamos, de acuerdo con Manuel García Pelayo, el Tribunal Constitucional, como objeto de estudio puede analizarse conforme a una dualidad de nociones, por un lado, como órgano autónomo constitucional y por otro como órgano jurisdiccional[356].

356. Idéntica postura comparten otros tratadistas tales como Francisco Javier Díaz Revorio, o Caamaño Domínguez Francisco. *Cfr.* Díaz Revorio, Francisco Javier, «Tribunal Constitucional y procesos constitucionales en España: algunas reflexiones tras la reforma de la Ley Orgánica del Tribunal Constitucional de 2007», *Revista de Estudios Constitucionales*, Santiago, Chile, Año 7, Núm. 2, 2009, p. 90.

Como órgano autónomo, porque la configuración del tribunal, la selección de sus integrantes, su naturaleza; así como sus competencias fundamentales se conciben a partir del texto constitucional y no de una ley ordinaria. Esta esencialidad constitucional deviene «de la importancia decisiva que la Constitución concede a ciertos órganos, de un lado, porque en ellos se condensan los poderes últimos de decisión del Estado, siendo, así, el *'vertice dell'organizzazione statale'* y, de otro, porque son la expresión orgánica no sólo de la división de las tareas en distintas unidades del sistema estatal, sino también y ante todo de la idea del Estado proyectada por la Constitución»[357]; asimismo, porque la actividad que desarrolla el Tribunal Constitucional es una función pública, la cual implica la existencia misma del Estado, esto es, vigilar que el actuar de los órganos del Estado esté acorde a la regularidad constitucional y a la distribución de competencias para garantizar el Estado de Derecho, sin embargo y de acuerdo al mismo autor, esta naturaleza de órgano constitucional autónomo también le da la oportunidad al Tribunal Constitucional de participar en la dirección política del Estado, pues su «función es interpretar y aplicar con carácter supremo el Derecho constitucional»[358].

Por su parte, la condición de órgano jurisdiccional del Tribunal Constitucional se concretiza en desarrollar una actividad jurisdiccional, es decir, aquella que sólo puede llevarse a cabo a través del juzgamiento, lo que se traduce en ubicar un asunto de conflicto (*litis* —conflictos competenciales— o norma con fuerza de ley sujeta a validez y/o pertenencia) para que a través de operaciones lógico-jurídicas se demuestre su conformidad o no con el texto constitucional. En este marco, es importante advertir que el Tribunal Constitucional desarrolla una función jurisdiccional aunque no pertenezca a lo judicial; en cambio, los tribunales de legalidad, al mismo tiempo que desarrollan la función jurisdiccional, también pertenecen al órgano judicial, porque así lo dispone la propia Constitución Española en su Título IV. De este modo, es dable señalar la división necesaria que subsiste con el Tribunal Supremo, pues su jurisdicción atiende en esencia a reconocer o negar derechos en el sentido amplio de la expresión[359] y cuyo parámetro será el imperio de la ley[360]; por

357. *Cfr.* García Pelayo, Manuel, «El status del Tribunal Constitucional», *Revista Española de Derecho Constitucional*, núm. 100, enero-abril, 2014, p. 18.

358. *Ibidem*, p. 28

359. Artículo 117 de la Constitución Española:
«1. La justicia emana del pueblo y se administra en nombre del Rey por Jueces y Magistrados integrantes del poder judicial, independientes, inamovibles, responsables y sometidos únicamente al imperio de la ley.
2. (...)
4. Los Juzgados y Tribunales no ejercerán más funciones que las señaladas en el apartado anterior **y las que expresamente les sean atribuidas por ley en garantía de cualquier derecho**.
5. (...)».

360. De hecho, el artículo 123 de la Constitución Española reconoce que el Tribunal Supremo

el contrario, la «jurisdicción constitucional» en términos kelsenianos sólo se concreta en que el órgano competente, en este caso, el Tribunal Constitucional someta a análisis jurisdiccional la validez de las normas o de los actos, tomando en consideración parámetros constitucionales y no legales[361], como lo hace la función jurisdiccional realizada por órganos judiciales[362].

Por lo que respecta a la integración del Tribunal Constitucional, García Pelayo sostiene que este es el único órgano constitucional en el que participan los demás órganos constituidos para su integración[363], y esto se comprueba cuando se consulta el artículo 159.1 de la Constitución Española el cual prescribe que este órgano estará compuesto por doce miembros nombrados por el Rey, de esta totalidad, cuatro serán a propuesta del Congreso, cuatro a propuesta del Senado, dos a propuesta del Consejo General del Poder Judicial y dos más, a propuesta del Gobierno; todos ellos deberán contar con más de quince años de ejercicio profesional y ser juristas de reconocida competencia.

En esta misma línea argumental, es preciso señalar la forma en que se emiten las sentencias del Tribunal Constitucional[364], para ello, es necesario

es el órgano de jurisdicción superior en toda España, salvo lo dispuesto en materia de garantías constitucionales, pues se entiende que esa labor de «jurisdicción constitucional» es exclusiva del Tribunal Constitucional, no sólo por deducción, sino por mandato constitucional establecido en el artículo 161.

361. Según Fix Zamudio existen tres elementos que distinguen a las normas constitucionales de las legales, estos son, su fuente (emanadas por el órgano u asamblea constituyente en comparación con las normas surgidas de un órgano constituido como es el legislativo); su estructura lógica jurídica (la cual atiende al orden lógico jurídico, es decir que los productos normativos deben estar respaldados en una norma superior con excepción de la propia constitución) y; el contenido de las normas constitucionales (referente a que éstas crean los órganos del Estado y le asignan competencias). *Cfr.* Suprema Corte de Justicia de la Nación, *Los tribunales constitucionales y la Suprema Corte de Justicia de la Nación,* Suprema Corte de Justicia de la Nación, 3.ª edición, México, 2014, pp. 75-76.

362. Al respecto, no perdemos de vista que los Tribunales y jueces de legalidad pueden llevar a cabo interpretación constitucional en el asunto que resuelvan siempre y cuando el Tribunal Constitucional haya fijado ya una interpretación respecto a esa disposición, la cual será vinculante para todos los poderes públicos, incluidos jueces y tribunales ordinarios una vez que se publique la sentencia de constitucionalidad en el Boletín Oficial del Estado; en este orden es conveniente tener presente los artículos 38.1 y 40.2 de la Ley Orgánica del Tribunal Constitucional. *Cfr*, Díaz Revorio, F. Javier, *Las sentencias interpretativas del Tribunal Constitucional*, México, Porrúa, 2011, p. 252.

363. García Pelayo, Manuel, *op. cit.,* p. 32.

364. Las sentencias pueden ser: a) simples (el Tribunal Constitucional actúa como legislador negativo); b) las que resuelvan la anticonstitucionalidad incorporando a la ley algún precepto o interpretación (en este sentido el Tribunal dice cómo debe de interpretarse la norma, pues va contra la literalidad que presenta, o retira palabras del texto que transforma su significado original, o sólo suprime una parte de la redacción, o aquella que modifica a toda la ley); c) las que no solucionan de inmediato la invalidez de la ley y piden la cooperación del órgano legislativo —bilaterales o estimatorias exhortativas— (el

acudir a lo dispuesto en el artículo ochenta de la Ley Orgánica del Tribunal Constitucional, la cual establece que en materia de comparecencia en juicio, recusación y abstención, publicidad y forma de los actos, comunicaciones y actos de auxilio jurisdiccional, días y horas hábiles, cómputo de plazos, deliberación y votación, caducidad, renuncia y desistimiento, lengua oficial y policía de estrados se aplicará con carácter supletorio de la Ley Orgánica del Tribunal Constitucional, la ley Orgánica del Poder Judicial y la Ley de Enjuiciamiento Civil.

En esta tesitura, un aspecto que llama la atención en el rubro de las sentencias emitidas por el Tribunal Constitucional es el procedimiento para la votación y deliberación de sus fallos, el cual no se conoce a detalle[365]. En este marco, si consultamos el Capítulo V, del Título III del Libro Tercero de la Ley Orgánica del Poder Judicial español en relación con el artículo ochenta de la Ley Orgánica del Tribunal Constitucional se aprecia que la votación de los asuntos competencia del Tribunal Constitucional deberá realizarse en primer lugar por el Magistrado ponente; posteriormente, le corresponderá el turno a los demás magistrados, atendiendo al orden inverso de antigüedad que posean (de quien haya ostentado por menor tiempo la Magistratura al que más tiempo haya estado al frente de su encargo); siendo la última persona en votar, la Magistratura que presida el órgano[366], teniendo en caso de empate, voto de calidad la presidencia del Tribunal[367]. Sobre esto último es importante

tribunal al declarar la anticonstitucionalidad ordena al legislativo la corrección); d) aditivas dictadas en los casos de inconstitucionalidad por omisión (se declara una inconstitucionalidad no por lo que en sí está reconocido en el texto de la ley, sino por lo que no contempla, lo cual lesiona especialmente a la igualdad —discriminación— y la irretroactividad —incluir dentro de la protección a quienes teniendo prerrogativas con una ley anterior hayan perdido esos beneficios con una posterior—); e) estimatorias sustitutivas (introduce una nueva ley en el orden jurídico o pone una en vigencia que ya estaba derogada —revivicencia—); f) desestimatorias simples (declara que un texto no es anticonstitucional); g) desestimatorias interpretativas (determina que un texto no es anticonstitucional, pero a su vez indica cómo tiene que interpretarse la respectiva norma). *Cfr.* Suprema Corte de Justicia de la Nación, *Los tribunales constitucionales y la Suprema Corte de Justicia de la Nación, op. cit.*, pp. 97-103.

365. María Angeles Ahumada Ruiz señala que «el examen de la técnica decisoria de nuestro Tribunal Constitucional, al menos en lo que se refiere al proceso interno de adopción de decisiones y al modo en que se organiza la deliberación y votación de los asuntos, presenta alguna dificultad, pues básicamente se trata de un proceso cuyas reglas son internas y carecen de publicidad: no hay prácticamente indicación alguna al respecto en la Ley Orgánica del Tribunal Constitucional y, a pesar de los prevenido en el artículo 80 LOTC, no parece que la regulación establecida en la Ley Orgánica del Poder Judicial haya sido asumida por defecto, en todos sus extremos, por el Tribunal» en Ahumada Ruiz, María Ángeles, «La regla de la mayoría y la formulación de doctrina Constitucional. *Rationes decidendi* en la STC 136/1999», *Revista Española de Derecho Constitucional, Madrid, España,* Año 20, Núm. 20, enero-abril 2000, p. 170.

366. Artículo 254.2 de la Ley Orgánica 6/1985, de 1 de julio, del Poder Judicial.

367. Artículo 157.3 de la Ley Orgánica 6/1985, de 1 de julio, del Poder Judicial.

destacar que el voto de calidad no atiende, como lo han señalado algunos autores, a que éste valga por dos, y por lo tanto, atente contra principios democráticos[368]; pues recordemos que la función jurisdiccional, materializada en sentencias obedece a la razón jurídica, entendida ésta como la aplicación de argumentos jurídicos basados en las propias leyes que regulan los hechos del caso específico; aunado a ello, la propia Ley Orgánica establece que el voto de calidad sólo procederá en los casos de empate; —es decir, casos en los que nos encontramos ante un tribunal dividido proporcionalmente y no se vislumbra una decisión por ninguna de las posturas, ya sea por cuestiones argumentativas (discordancia en las *rationes decidendi)* o en el fallo—, razón por la cual, el voto ponderado permitirá que ante un empate, el Tribunal Constitucional pueda emitir la decisión definitiva para no entorpecer e inmovilizar la resolución de una controversia[369].

En cuanto a los votos necesarios para estimar o desestimar algún asunto sometido al Tribunal Constitucional, la Ley Orgánica del Poder Judicial no alude a una mayoría calificada o relativa, sino a una mayoría absoluta, siendo ésta la obtención de votos de la mitad más uno de los integrantes que conforman el Tribunal Constitucional[370] salvo que expresamente la ley señale una mayor proporción.

Cabe resaltar que las deliberaciones y votaciones recaídas en las sentencias por los Tribunales españoles —en este caso por el Tribunal Constitucional— por legislación son secretas[371]; lo anterior no es óbice para que, en caso de que uno de los magistrados disienta de la mayoría, éste tenga la posibilidad de anunciar un voto particular, mismo que podrá ser discrepante siempre y cuando sus argumentos hayan sido expuestos en la deliberación, tanto en la fundamentación como en la motivación[372] o concurrente para agregar o ahondar en las razones en las cuales se basó la resolución. Dicho voto podrá incorporarse al libro de sentencias y publicarse junto a la misma[373].

La secrecía en sus deliberaciones y una postura única del tribunal en sus sentencias —y no la de cada uno de los magistrados como se realiza en otras latitudes— hace llegar a la conclusión que el modelo de adopción de sentencias a las que arriba el Tribunal Constitucional es el denominado *per curiam* el cual es «predominante en la tradición del derecho continental

---

368. *Cfr.* Santaolalla López, Fernando, «El voto de calidad del presidente del Tribunal Constitucional», *Revista Española de Derecho Constitucional,* Madrid, España, núm. 85, enero - abril 2009, p. 208.

369. *Cfr.* Ahumada Ruiz, María Ángeles, *op. cit.*, pp. 176 y 186

370. *Cfr.* Gabarda Polo, Laura, *et. al.*, *Principios de Gestión Administrativa Pública*, Madrid, España, Ministerio de Educación y Cultura, 1998, p. 64.

371. Artículo 233 de la Ley Orgánica 6/1985, de 1 de julio, del Poder Judicial.

372. Artículo 90.2 de la Ley Orgánica del Tribunal Constitucional.

373. Artículo 260 de la Ley Orgánica 6/1985, de 1 de julio, del Poder Judicial.

europeo [y el cual se caracteriza porque] el razonamiento de derecho que precede y sirve de fundamento al fallo se presenta como razonamiento del tribunal, sin que se hagan públicas ni la autoría de la redacción, ni las posiciones mantenidas por los jueces en el trámite de la votación final, [con ello se pretende brindar la imagen] de que el Tribunal tiene voz propia [la cual puede no identificarse] con la de los miembros que la componen»[374] además, la secrecía de la votación abona a reforzar la imagen de unanimidad de la decisión y la solidez del Tribunal ante los demás órganos políticos, sin embargo también es criticable que este modelo *per curiam* no contribuya a la rendición de cuentas y transparencia pues no puede identificarse la determinación que haya votado cada magistrado del Tribunal Constitucional en lo individual.

Por lo que hace al caso de México, como también fue referido en el capítulo I, el órgano encargado del ejercicio del control de la constitucionalidad es en última instancia y para algunos casos —de forma exclusiva[375]— la Suprema Corte de Justicia de la Nación, sin embargo a diferencia de España, en México el órgano facultado para conocer del control de la constitucionalidad en último instancia, o de forma exclusiva, no es independiente del Poder Judicial; sino forma parte de él, así se encuentra regulado en el primer párrafo del artículo 94 de la Constitución Política de los Estados Unidos Mexicanos[376], precepto que enlista los tribunales y órganos de administración que pertenecen a ese poder, por dicha circunstancia no se puede aseverar que la Suprema Corte de Justicia sea un Tribunal Constitucional en sentido formal[377].

Por lo que hace al sentido material, en numerosos criterios jurisprudenciales, la Suprema Corte de Justicia se ha ostentado como un «Tribunal Consti-

374. Ahumada Ruiz, María Ángeles, *op. cit.*, p. 156.

375. Acciones de Inconstitucionalidad y controversias constitucionales.

376. El artículo 94, primer párrafo de la Constitución Política de los Estados Unidos Mexicanos determina lo siguiente: «Se deposita el ejercicio del Poder Judicial de la Federación en una Suprema Corte de Justicia, en un Tribunal Electoral, en Plenos Regionales, en Tribunales Colegiados de Circuito, en Tribunales Colegiados de Apelación y en Juzgados de Distrito».

377. Al respecto José Julio Fernández Rodríguez textualmente expresa «Sin embargo, incluso en estos casos (Brasil y México son los más llamativos, pero también Panamá y Uruguay) entendemos disfuncional la compaginación de funciones pues lo constitucional como ya insistimos, exige una especialización y unas técnicas interpretativas que aconsejan órganos ad hoc formados por magistrados especializados en dicho ámbito material.
(...)
Es importante, por lo tanto, denunciar estos excesos para ganar rigor en la configuración de la jurisdicción constitucional, sobre todo cuando estamos en presencia de una Corte constitucional o de una Sala de este tipo, lo que sucede nada más y nada menos que en quince de los diecinueve países analizados. Y en los cuatro casos restantes (Brasil, México y Panamá y Uruguay) aconsejar que se avance en una clara delimitación de lo constitucional y lo legal» FERNÁNDEZ RODRÍGUEZ, José Julio, *La jurisdicción constitucional iberoamericana. El reto competencial*, México, Porrúa, 2014, pp. 173-174.

tucional»[378] esto, debido a que como en su oportunidad se abordó en el capítulo III, la reforma de 31 de diciembre de 1994 facultó a la Corte para conocer de dos medios de control de la constitucionalidad de manera exclusiva, nos referimos pues a la Controversia Constitucional y a la Acción de Inconstitucionalidad. Sin embargo, a pesar de que a partir de 1994 se establecieron esos dos medios de control en el orden jurídico mexicano ello no es suficiente para afirmar que la Corte ostenta la naturaleza material de un Tribunal Constitucional, siendo que éstos últimos generalmente existen en sistemas de control concentrado[379], situación que no acontece en México, pues como se ha descrito, los medios de control de la constitucionalidad establecidos en dicho país los pueden conocer varios órganos, todos forman parte del Poder Judicial Federal e incluso en algunos casos pueden llegar a conocer los órganos jurisdiccionales de las entidades federativas, pero lo que sí es claro, es que no es un solo órgano quien conoce de forma exclusiva todos los medios de control de la constitucionalidad.

Veamos brevemente; México tiene entre los medios de control de la constitucionalidad jurisdiccionales los siguientes:

---

378. En opiniones públicas, conferencias y diversos criterios jurisprudenciales, la Suprema Corte de Justicia se autodenomina Tribunal Constitucional y esto se refleja en la doctrina producida por este mismo órgano, véase algunos ejemplos como: REVISIÓN EN AMPARO DIRECTO. EL PRESIDENTE DE LA SUPREMA CORTE DE JUSTICIA DE LA NACIÓN TIENE FACULTADES PARA DESECHAR ESE RECURSO, POR NO REUNIR LOS REQUISITOS DE IMPORTANCIA Y TRASCENDENCIA, SIN ENCONTRARSE OBLIGADO A RAZONAR DE MANERA DETALLADA LOS MOTIVOS PARA ELLO, Jurisprudencia 2.ª/J. 132/2019 (10.ª), Recurso de reclamación 1342/2019, aprobada el 11 de septiembre de 2019, publicada en la Gaceta del Semanario Judicial de la Federación. Libro 70, septiembre de 2019, Tomo I, p. 276., ESTADO MEXICANO. ÓRDENES JURÍDICOS QUE LO INTEGRAN, Jurisprudencia P./J. 136/2005, Controversia constitucional 14/2001, aprobada el 11 de octubre de 2005, publicada en el Semanario Judicial de la Federación y su Gaceta. Tomo XXII, octubre de 2005, p. 2062., y CONTROVERSIAS CONSTITUCIONALES. REGLAS A LAS QUE DEBE ATENDER LA SUPREMA CORTE DE JUSTICIA DE LA NACIÓN PARA LA FIJACIÓN DE LA NORMA GENERAL O ACTO CUYA INVALIDEZ SE DEMANDA EN EL DICTADO DE LA SENTENCIA, Jurisprudencia P./J. 98/2009, Controversia constitucional 97/2004, aprobada el 01 de julio de 2009, publicada en el Semanario Judicial de la Federación y su Gaceta. Tomo XXX, Julio de 2009, p. 1536, por mencionar algunos.

379. Sobre este tema hemos hecho referencia en el capítulo I, que a pesar de la postura adoptada por el Poder Judicial de la Federación, en el sentido de expresar que México ha tenido un control concentrado de la constitucionalidad antes de la reforma constitucional de 06 y 10 de junio de 2011, esta postura es errónea, pues antes de la citada reforma, e incluso ahora, se sigue teniendo un sistema de control difuso, en el que varios órganos pertenecientes al Poder Judicial de la Federación e incluso en algunos casos, la jurisdicción de las entidades federativas, conocen de diversos medios, ya sea como competencia compartida, o bien de forma excluyente en el caso de la Suprema Corte de Justicia de la Nación y la Sala Superior del Tribunal Electoral del Poder Judicial de la Federación (competencia excluyente por materia especializada). Véase el apartado «1.5.4.5. Crítica al control de la constitucionalidad ejercido en México» del capítulo I de esta investigación.

1. Juicio de amparo (directo o indirecto)[380].
2. Controversias constitucionales.
3. Acciones de inconstitucionalidad.
4. Medios de control de la constitucionalidad en materia electoral (Juicio para la protección de los derechos político-electorales de la ciudadanía, Juicio de Revisión Constitucional y Recurso de Reconsideración).

Por lo que hace al Juicio de Amparo, el orden jurídico mexicano faculta a la Suprema Corte de Justicia de la Nación, a los Tribunales Colegiados de Circuito, a los Tribunales Colegiados de Apelación, a los Juzgados de Distrito y a los órganos jurisdiccionales de los poderes judiciales de los Estados y de la Ciudad de México, en los casos previstos por la ley de la materia para conocer de éste[381]. Por lo que respecta a las Acciones de Inconstitucionalidad y Controversias Constitucionales el único órgano con competencia para conocerlos es la Suprema Corte de Justicia de la Nación; mientras que, en materia electoral, los órganos competentes para conocer de estos medios

380. El amparo es una institución procesal existente tanto en España (artículo 41.1 de la Ley Orgánica del Tribunal Constitucional) como en México. Si bien son parecidos en algunos rubros, como en el caso de que ambos constituyen una garantía para la protección de derechos fundamentales vulnerados por los poderes públicos, guardan diferencias sustantivas en cuanto a su naturaleza, pues mientras en España es un proceso para asegurar derechos y libertades fundamentales; en México sí posee el carácter de un medio de control de la constitucionalidad y «convencionalidad», por lo menos, en una de sus subclasificaciones (amparo indirecto contra normas generales). En este orden de ideas, apreciamos que en México el juicio de amparo sí puede combatir la inconstitucionalidad de un acto, norma general en sentido amplio u omisión que vulnere el «parámetro de regularidad constitucional» —entendido éste, por construcción jurisprudencial, como el conjunto de derechos humanos establecidos en la Constitución y Tratados Internacionales de los que el Estado Mexicano sea parte— es decir, su procedencia no sólo se circunscribe a garantizar derechos fundamentales, sino también derechos humanos, así como impugnar leyes presuntamente inconstitucionales —a través de un análisis abstracto (amparo indirecto contra normas generales con efectos *inter partes* pudiendo llegar a tener efectos *erga omnes* con la declaratoria general de inconstitucionalidad) y concreto (amparo directo con efectos *inter partes*)—, contra actos (fuera y dentro de un juicio) y omisiones de autoridades o de particulares; sin dejar de mencionar aquellos amparos cuyo objeto sea atacar la presunta afectación a la «soberanía» [autonomía] de las entidades federativas o actos de autoridades locales que restrinjan la esfera de competencia de la Federación (Artículo 103 de la Constitución Política de los Estados Unidos Mexicanos). Véase apartados 6.1. y 6.1.1, en González Calvet, Jaume, *Otros. Practicum Proceso Laboral 2016*, Lex nova, 2015, recurso Aranzadi, mediante los recursos electrónicos provisto por la UAH y Pérez Dayán, Alberto, «El juicio de amparo contra leyes» Ferrer Mac-Gregor, Eduardo y Herrera, Alonso (coords.), *El juicio de amparo en el centenario de la Constitución Mexicana de 1917. Pasado, presente y futuro*, México, Instituto de Investigaciones Jurídicas UNAM, 2017, Tomo I, pp. 564-565.

381. Artículo 33 de la Ley de Amparo, reglamentaria de los artículos 103 y 107 de la Constitución Política de los Estados Unidos Mexicanos. Asimismo, el artículo 35 de la misma ley determina que los órganos jurisdiccionales de orden común podrán conocer del Juicio de Amparo cuando actúen en auxilio de los órganos jurisdiccionales de amparo.

son la Sala Superior del Tribunal Electoral del Poder Judicial de la Federación, tratándose de los Recursos de Reconsideración en forma exclusiva y, compartiendo competencia con las Salas Regionales del Tribunal Electoral del Poder Judicial de la Federación, respecto de los juicios de Revisión constitucional y Juicios para la protección de los derechos político electorales de la ciudadanía[382].

En este tenor, para que la afirmación del Poder Judicial de la Federación sea cierta, en el sentido de que la Suprema Corte de Justicia de la Nación es un Tribunal Constitucional materialmente, necesariamente este órgano debe ser el único que realice control de la constitucionalidad, lo cual no acontece, pues como ya se expresó existen varios órganos que lo pueden llevar a cabo. Además, se observa que la afirmación de la Corte o de sus ministros[383] en el sentido de señalar que a partir de la reforma de 1994, incluso después de las reformas de 2011 y 2021 la Corte continúa transformándose en un Tribunal Constitucional, sigue siendo errónea, puesto que si la principal razón por la cual señalan que la Corte es un Tribunal Constitucional es por la facultad exclusiva de ésta para conocer de las Controversias y Acciones, para la emisión de Declaratoria General de Inconstitucionalidad o bien, para ampliar la procedencia de las Controversias Constitucionales, habría que preguntarse, qué acontece con la Sala Superior del Tribunal Electoral del Poder Judicial de la Federación; pues ella también conoce de forma exclusiva del Recurso de Reconsideración[384], el cual está catalogado como un medio de control de la constitucionalidad que sólo puede

382. Artículos 3, 64, 83 y 87 de la Ley General del Sistema de Medios de Impugnación en Materia Electoral.

383. El actual ministro presidente de la Corte, Arturo Zaldívar Lelo de Larrea ha sostenido que la Suprema Corte de Justicia de la Nación «es el órgano de cierre de la jurisdicción constitucional[.] (...) A lo largo de su historia, la Suprema Corte de Justicia de la Nación se ha consolidado como un tribunal constitucional; ello principalmente a partir de las reformas constitucionales de 1994 y 2011, las cuales la han configurado como un órgano encargado de la defensa del orden constitucional, tanto en el plano de los conflictos entre poderes como en el de la protección de los derechos fundamentales». Voz: SUPREMA CORTE DE JUSTICIA DE LA NACIÓN, ZALDÍVAR LELO DE LARREA, Arturo en FERRER MAC-GREGOR, Eduardo, MARTÍNEZ RAMÍREZ, Fabiola y FIGUEROA MEJÍA. Giovanni (coords.), ACKERMAN ROSE, John Mill *et al.*, *Diccionario de Derecho Procesal Constitucional y Convencional*; Ciudad de México, México, Poder Judicial de la Federación Consejo de la Judicatura Federal, Universidad Nacional Autónoma de México e Instituto de Investigaciones Jurídicas; 2014, Serie Doctrina Jurídica, Núm. 693, Tomo II, p. 1195.

384. «El sólo hecho de que este recurso sea la vía para combatir la no aplicación de una ley electoral que previamente haya sido considerada contraria a la CPEUM es suficiente elemento para considerarlo un mecanismo de control de los mandatos previstos en la Ley Fundamental del país. En tales casos, las Salas Regionales del TEPJF se constituyen también en garantías orgánicas de la CPEUM, y lo mismo sucede con la Sala Superior, al ser la segunda instancia para revisar la sentencia dictada por la Sala Regional, en la que se decidió si una ley era o no contraria a la Constitución...» IZAGUIRRE TREVIÑO, Edy, *Medios de impugnación en materia electoral*, Ciudad de México, 2012, novum, p. 207-208.

ser conocido por la referida Sala, por lo que ésta se erige como la máxima instancia de interpretación constitucional de control concreto en materia electoral[385]. Luego entonces, asumiendo la postura de la Corte o de sus ministros, tendría que manifestarse que la Suprema Corte de Justicia de la Nación y la Sala Superior del Tribunal Electoral del Poder Judicial de la Federación son Tribunales Constitucionales materialmente, uno con jurisdicción constitucional y otro con jurisdicción constitucional especializada; lo cual es incongruente con la propia definición y naturaleza de un Tribunal Constitucional, pues, como ya se dijo la naturaleza de éstos es de ser órganos únicos de control de la constitucionalidad.

Esta misma observación la han realizado doctrinarios mexicanos, como Miguel Covián Andrade[386] quien sostiene que la competencia de la Suprema Corte de Justicia de la Nación al igual que la del Tribunal Electoral del Poder Judicial de la Federación es excluyente, no exclusiva. Es excluyente, porque en el caso de la Corte, sólo ella puede conocer de las Acciones y Controversias Constitucionales, mientras que la Sala Superior del Tribunal Electoral del Poder Judicial de la Federación es el único órgano que conoce del Recurso de Reconsideración, por lo que su competencia en este proceso también es excluyente. En este tenor, esta exclusión atiende a que sólo los referidos órganos en el ámbito de sus competencias conocen de los aludidos medios de control; pero eso no implica que sean órganos exclusivos del ejercicio del control de la constitucionalidad, pues otros órganos conocen también de diversos medios de control, como el juicio de amparo, el juicio de ciudadanía y el de revisión constitucional a los cuales ya hicimos referencia.

Bajo esas circunstancias se advierte que el Sistema de control de la constitucionalidad en México ha sido difuso y no concentrado como lo ha soste-

---

385. En este sentido se posiciona las propias publicaciones de la Suprema Corte, quienes textualmente expresa, respecto al juicio de revisión constitucional electoral, «Es un medio de control constitucional en materia electoral, que permite verificar la constitucionalidad y la legalidad de los actos y resoluciones definitivos de las autoridades competentes en las entidades federativas para organizar y calificar los comicios». SUPREMA CORTE DE JUSTICIA DE LA NACIÓN, *Elementos de derecho procesal constitucional,* 3.ª ed., México, Suprema Corte de Justicia de la Nación, 2018, p. 267; no obstante lo manifestado en el cuerpo del trabajo y en las líneas previas de este pie de página, otro ejemplo de que la corte no posee el monopolio de la interpretación o del control de la constitucionalidad es el denominado «juicio para la protección de los derechos políticos-electorales del ciudadano» la misma obra que se citó, menciona en su página 273 que «El juicio para la protección de los derechos políticos-electorales del ciudadano es un medio de control de constitucionalidad, convencionalidad y legalidad en materia electoral, del que conoce el Tribunal Electoral del Poder Judicial de la Federación para proteger los derechos políticos-electorales del ciudadano, así como los derechos fundamentales estrechamente vinculados con éstos».

386. *Cfr*. COVIÁN ANDRADE, Miguel, *Diez estudios antidogmáticos sobre el sistema constitucional mexicano,* Distrito Federal, México, Centro de Estudios de Ingeniería Política y Constitucional A.C., 2009, pp. 223-232.

nido la propia Corte, esto es así porque la competencia para realizar control de la constitucionalidad está encomendada a diversos órganos pertenecientes al Poder Judicial Federal y, a partir de 1994, 1996[387] y 2007[388] al ingresar al orden jurídico medios de control de la constitucionalidad «excluyentes» (Acción de inconstitucionalidad, controversia y medios de impugnación en materia electoral), el sistema mexicano de control de la constitucionalidad se tornó mixto (jueces federales realizando control de la constitucionalidad así como competencia excluyente de la Suprema Corte para realizar control de la constitucionalidad abstracto de normas generales con efectos *erga omnes* y control de la constitucionalidad concreto a través de la resolución de conflictos de competencia con efectos *inter partes*).

Posteriormente, y derivado de la reforma constitucional en materia de derechos humanos de 06 y 10 de junio de 2011 en conjunto con las resoluciones de los expedientes Varios 912/2010 y Contradicción de Tesis 293/2011, se adicionó al tipo de control que ya existía en México, uno nuevo, —el control de convencionalidad— mismo que en la práctica y en criterios jurisprudenciales se ha homologado, pues ambos tienen como parámetro la Constitución y las normas de derechos humanos contenidas en tratados internacionales de los que el Estado Mexicano sea parte. En este se advierte que todos los jueces nacionales a partir de ese instante en mayor o menor medida conocen de control de legalidad, convencionalidad y constitucionalidad, lo que deriva, al momento de ejercerlos en dificultades para conocer cuándo se aplica alguno de ellos[389].

Cabe señalar que los criterios del Poder Judicial han sostenido el ejercicio del control de la convencionalidad, dentro del control de la constitucionalidad difuso, el cual ya no se limita sólo a los jueces federales, sino a todos los jueces del país.

---

387. Creación del Tribunal Electoral del Poder Judicial de la Federación. Véase apartado «1.5.3.6. Constitución Política de los Estados Unidos Mexicanos 1917» del capítulo I de esta investigación.

388. Reforma constitucional de 13 de noviembre de 2007, publicada en el Diario Oficial de la Federación el 13 de noviembre de 2007, en ella se aprecia que en el artículo 99 de la Constitución Federal en dicha reforma se otorgó la facultad al Tribunal Electoral para inaplicar leyes electorales contrarias a la Constitución. Disponible en: https://www.diputados.gob.mx/LeyesBiblio/ref/dof/CPEUM_ref_178_13nov07_ima.pdf

389. «Como vemos, en el concepto que estamos usando de jurisdicción constitucional partimos de un deslinde entre lo constitucional y lo meramente legal. Sin embargo, en ocasiones esta jurisdicción se ve abocada, en el ejercicio de las competencias que le son propias, a entrar en el predio de lo legal por mor de la propia dificultad de delimitación entre los dos ámbitos, dificultad reconocida por la doctrina.(...) no es adecuado para un sistema difuso de justicia constitucional, en el que radican en los mismo órganos las competencias constitucionales y ordinarias, aunque el órgano judicial que encabeza el sistema presenta especial importancia en los procesos constitucionales. Como apunta Sagües, en los sistemas difusos cualquier proceso en verdad, es instrumento de control constitucional...» Fernández Rodríguez, *op cit.*, pp. 9-10

Esta postura ha sido disfrazada por la Suprema Corte de Justicia de la Nación determinando en sus criterios jurisprudenciales que la Corte es un Tribunal Constitucional materialmente porque sólo realiza control de la constitucionalidad y de convencionalidad concreto y abstracto —aunque también pueden llegar a ejercer el control de legalidad—; los demás Tribunales de la Federación realizan un control de constitucionalidad y convencionalidad concretos así como de legalidad, mientras que los demás jueces ordinarios realizan un control de legalidad de manera primordial y excepcionalmente un control de la convencionalidad *ex officio* en su vertiente difusa, lo que implica que sólo pueden inaplicar la norma más no declarar su invalidez, como sí pudiera hacerlo en su momento los tribunales federales aunque sólo con efectos concretos.

Todo lo relatado atiende a la sentencia recaída en la Contradicción de Tesis 293/2011, la cual trajo consigo —como es posible percatarse— dificultades al momento de aplicar el control de la constitucionalidad y lo que se denominó control difuso de la convencionalidad *ex officio*, el cual erróneamente se ha sostenido que se encuentra dentro de un control difuso de la constitucionalidad o peor, que son lo mismo; así como del denominado «parámetro de regularidad constitucional», ya que la misma Corte ha sido reiterativa en expresar que «las fuentes normativas que dan lugar a los dos parámetros de control son las normas de derechos humanos previstas en la Constitución y en los tratados internacionales de los cuales el Estado mexicano es parte. Consecuentemente, ambos parámetros de control forman parte del mismo conjunto normativo y, por tanto, integran el aludido parámetro de control de regularidad, de modo que hablar de constitucionalidad o convencionalidad [en México] implica hacer referencia al mismo parámetro de regularidad o validez, aunque para efectos meramente didácticos pueda diferenciarse entre el origen de la norma empleada para desarrollar el estudio de validez respectivo»[390]. Lo descrito ha generado que en México, el control de convencionalidad se homologue al control de constitucionalidad, porque ambos atienden a la misma finalidad, preservar el parámetro de regularidad constitucional (el cual puede ser protegido, a dichos de la Suprema Corte, por cualquier juez del país); no obstante, cuando se acude a la procedencia de cada uno de los medios de control de la constitucionalidad —Controversia constitucional, Acción de Inconstitucionalidad, Juicio de Amparo o recurso de reconsideración por citar algunos— se aprecia que no sólo se precisa la protección del parámetro de regularidad constitucional sino del principio de supremacía constitucional, el cual en muchos aspectos no incluye a los derechos humanos, sino a todo el contenido constitucional.

De esta manera es posible advertir una razón más para no considerar a la Suprema Corte de Justicia como un Tribunal Constitucional, ya que no ejerce de forma exclusiva el control de convencionalidad ni tampoco el de consti-

390. Contradicción de tesis 293/2011, pp. 53 y 54

tucionalidad; si acaso, lo único que ejerce de forma excluyente es el control abstracto de la constitucionalidad de las normas generales con efectos *erga omnes* (Acción de Inconstitucionalidad y recursos de revisión en la que exista una Declaratoria general de inconstitucionalidad).

En cuanto a su integración, la Suprema Corte de Justicia, al igual que los demás tribunales del país está conformada por un número impar, en este caso será de once ministros; en su nombramiento, sólo participa el Presidente de la República, quien propone una terna y el Senado, el cual será quien designe al nuevo integrante, previa comparecencia y votación de las dos terceras partes de los miembros presentes[391]. De esta manera, vemos que, a diferencia de España, para la conformación de la Suprema Corte en México no intervienen los demás órganos constituidos, sino sólo el ejecutivo y uno de los órganos legislativos, lo cual puede atender a que la Corte no es un órgano autónomo ajeno a los demás poderes, sino que continúa siendo parte del Poder Judicial.

A pesar de que la integración de la Corte es impar, y que los once ministros integran el Pleno de la misma, puede sesionar válidamente con la presencia de siete, con excepción de los casos en los que se someta a su consideración Acciones de Inconstitucionalidad, Controversias Constitucionales o Declaratoria General de Inconstitucionalidad en cuyos casos será necesario la presencia de por lo menos ocho ministros[392]; lo anterior, atiende a que para estos casos, la votación requerida para considerar estimatorias sus sentencias será de por lo menos ocho votos. Cabe destacar que aun cuando la conformación es de once ministros, la Ley Orgánica del Poder Judicial de la Federación prevé las circunstancias en las cuales, por alguna razón, en una deliberación del Pleno de la Suprema Corte, nos encontremos ante una situación de empate, en ese supuesto, al igual que el Tribunal Constitucional Español se otorga voto de calidad al Presidente del órgano[393].

Respecto a las sentencias, a diferencia del Tribunal Constitucional Español, en México, las resoluciones de la Corte no se toman por mayoría absoluta, mucho menos en aquellos casos en donde se tratan medios de control de la constitucionalidad de competencia única de dicho órgano, pues en éstos, se exige una mayoría calificada de ocho votos, lo que representa en términos de porcentaje el 72 % del total de integrantes de la Suprema Corte. De igual modo, sus sentencias deberán ser públicas y desde luego, su deliberación también, salvo en casos en que atendiendo a la moral o el interés público deba sesionar en privado[394], en este tenor y de conformidad

391. Artículo 96 de la Constitución Política de los Estados Unidos Mexicanos.

392. Artículo 4 de la Ley Orgánica del Poder Judicial de la Federación.

393. Artículo 7 de la Ley Orgánica del Poder Judicial de la Federación.

394. Artículo 6 de la Ley Orgánica del Poder Judicial de la Federación.

con lo mandatado por la ley, se aprecia que desde el año 2005[395], las sesiones del Pleno de la Corte se transmiten en vivo por televisión así como por las distintas plataformas digitales del mencionado órgano, lo que permite a cualquier persona seguir la sesión y conocer cuáles son los argumentos sustentados por los ministros en los casos que se someten a consideración; así como el sentido de su voto. De ahí que pueda concluirse que el modelo de adopción de decisiones por la Suprema Corte de Justicia de la Nación al igual que otros tribunales, como las Salas regionales y Superior del Tribunal Electoral del Poder Judicial de la Federación es *seriatim*[396], lo que implica que al momento de la deliberación cada uno de los ministros emiten su voto antecedido por la exposición de razones jurídicas en las cuales se basan para decantarse por una u otra solución; dichos argumentos pueden coincidir con las razones expuestas por sus pares o no, para llegar al mismo sentido de la votación *(ratio decidendi)*.

Sobre este modelo, María Ángeles Ahumada Ruiz sostiene que «la adopción de decisiones *seriatim*, históricamente característica de los tribunales colegiados en el ámbito del *common law* (...) es la que resulta del agregado de las decisiones individuales de los miembros que lo integran. De hecho, materialmente, no hay una opinión del tribunal, sino de cada uno de los jueces —sucesivamente, de ahí, *seriatim*— expresa su voto precedido de un '*speech*', su argumento. Una mayoría clara en cuanto a la forma de disponer el caso o, incluso, la total coincidencia en cuanto al sentido de la decisión, no implican necesariamente el acuerdo en cuanto al principio de derecho que gobierna el caso»[397].

395. ÁVILA ORNELAS, Roberto, «Comentario al Artículo 94 de la Constitución Política de los Estados Unidos Mexicanos», en Márquez Rábago, Sergio (coord.), *Constitución Política de los Estados Unidos Mexicanos comentada y con jurisprudencia,* ALDANA UGARTE, Gabriela, *et al.*, México, Porrúa Print, 2017, p. 360.

396. Consideramos al modelo *seriatim* como una eficiente manera de rendición de cuentas de los órganos jurisdiccionales, pues como se sostiene en el cuerpo del trabajo en este capítulo IV, con éste se aprecia con total transparencia la postura que cada juez constitucional defiende sobre el sentido de su voto y expresa las razones o no de la concordancia constitucional; no obstante eso, somos conscientes de la existencia de voces con autoridad como la de Manuel Aragón Reyes, quien de manera tajante ha expresado que a él le parece que instituciones como el Tribunal Constitucional Español debe de seguir con un modelo *per curiam* como hasta ahora, además sostiene que «la persecución de la transparencia tiene sus límites, y en ciertas instituciones públicas una excesiva transparencia puede llegar incluso a ser perjudicial, o más todavía, en el caso de la deliberación de los tribunales puede llegar a impedir el ejercicio eficaz de su función. Prefiero, pues, para España el sistema actual de deliberación reservada, que considero muy eficaz siempre que la designación de magistrados recaiga sin excepciones en juristas de "reconocida competencia", como la Constitución exige». *Cfr.* ARAGÓN REYES, Manuel, «La deliberación en los Tribunales Constitucionales», en *Revista Española de Derecho Constitucional*, Centro de Estudios Políticos Constitucionales, N.° 112, enero-abril (2018), pp. 377-385.

397. AHUMADA RUIZ, *op. cit*, p. 157

Al respecto, se advierte que, si bien en este tipo de modelo abona a la transparencia del ejercicio jurisdiccional constitucional, también debilita a la institución[398].

4.1.1. Conclusiones sobre este apartado

Sobre la naturaleza de los órganos

Como se ha expresado el control de la constitucionalidad en México y España se ejerce por órganos de naturaleza distinta, mientras en España se ejerce por un Tribunal Constitucional en sentido formal y material, en México no acontece de ese modo, sino es a través de un órgano de naturaleza formal y materialmente judicial con competencia para conocer de control de la constitucionalidad, de la legalidad y de la convencionalidad.

Si bien, actualmente en muchas latitudes no se cuentan con sistemas de control de la constitucionalidad difusos o concentrados puros; en España continúa teniéndose en su mayoría medios de control de la constitucionalidad que son competencia exclusiva del Tribunal Constitucional, por lo cual pudiera expresarse que el Sistema de control de la constitucionalidad en España es concentrado al menos por lo que hace al control de normas con rango de ley, que es el objeto de estudio de esta investigación, pues en su mayoría reúne dichas características. Aunque para algunos procesos o procedimientos se difumina[399] esa claridad —recurso de casación[400] o cuestión

398. *Cfr.* Ahumada Ruiz, *op. cit*, p. 160

399. «El Tribunal Constitucional es el intérprete supremo de la Constitución, pero no el único, y nuestros Jueces y Tribunales están obligados a interpretarla, no sólo para declarar derogadas las normas anteriores que se le opongan, o inconstitucionales las posteriores de rango infralegal que la infrinjan, sino también para solicitar un pronunciamiento del Tribunal Constitucional respecto de las Leyes posteriores, cuya constitucionalidad les parezca cuestionable o para resolver negativamente, optando por la aplicación de la Ley impugnada, las alegaciones de inconstitucionalidad que puedan hacer las partes. En uno y otro caso, el juez ordinario actúa como juez de la constitucionalidad, con entera libertad de criterio y sin verse forzado, como en otros sistemas, a plantear ante el Tribunal Constitucional la cuestión suscitada por las partes en cuanto que no la considere "manifiestamente infundada"». Sentencia 4/1981, de 2 de febrero, (BOE núm. 47, de 24 de febrero de 1981), Recurso de inconstitucionalidad promovido por cincuenta y seis Senadores representados por el Comisionado don José María Mohedano Fuertes, contra diversos preceptos del Texto Articulado y Refundido de las Leyes de Bases de Régimen Local de 17 de julio de 1945 y 3 de diciembre de 1953.

400. La Ley Orgánica 6/1985, de 1 de julio del Poder Judicial determina, en el apartado IV de su exposición de motivos que «El valor de la Constitución como norma suprema del ordenamiento se manifiesta, también, en otros preceptos complementarios. Así, se configura, la infracción de precepto constitucional con motivo suficiente del recurso de casación y se menciona expresamente la directa aplicabilidad de los derechos fundamentales, haciéndose explícita protección del contenido esencial que salvaguarda la Constitución». Cabe destacar que a pesar de que los órganos judiciales pueden aplicar y preceptos constitucio-

de inconstitucionalidad—, no genera esa confusión desastrosa que acontece en México.

Por el contrario, en México debido a innumerables reformas constitucionales confusas en términos conceptuales, así como a sentencias que sostienen la homologación de control de la constitucionalidad y convencionalidad al tener un mismo parámetro de regularidad constitucional han originado que en la práctica, los jueces desconozcan si están aplicando control de constitucionalidad o de convencionalidad porque ambos obedecen al mismo parámetro de control —de acuerdo a la Corte[401]—.

En este orden de ideas, en México el control de convencionalidad, tal y como se explicó en el capítulo primero, se encuentra dentro del control difuso de la constitucionalidad realizado por las autoridades jurisdiccionales ordinarias —es decir todos los jueces del país sin restricción alguna pueden ejercerlo—; en esta temática, el control de la convencionalidad puede ser aplicado por cualquier juez de orden común o federal, perteneciente al poder judicial o no. Dentro de sus características se encuentra que su ejercicio se lleva a cabo en vía incidental, ya que los procesos en los cuales pudiera llegar a presentarse no tienen como objeto principal estudiar la convencionalidad o no de la norma aplicable al caso en concreto; así mismo, su ejercicio sólo trae como consecuencia una inaplicación de la norma calificada de «inconvencional» y, por ende «inconstitucional» por dicha razón, la norma no se invalida, se inaplica; de este modo, a diferencia de los jueces federales, los demás jueces del país tienen la facultad de ejercer el control de convencionalidad de manera potestativa, pues aún en los casos en que una de las partes solicite al juzgador que ejerza el control de convencionalidad al caso que se encuentre resolviendo y éste sea omiso o bien, no se pronuncie en su resolución a la petición por no apreciar la inconvencionalidad denunciada; a dicha actuación no le recaerá ningún tipo de incumplimiento o afectación al principio de legalidad. Esto es así, porque los criterios del Poder Judicial han sostenido que el control de convencionalidad, al ejercerse de manera difusa, puede ser subsanado [revisado] mediante los medios de control de la constitucionalidad resueltos por los órganos judiciales de carácter federal (Juzgados de Distrito, Tribunales Colegiados de Circuito, Tribunales Colegiados de Apelación y Suprema Corte de

---

nales, éstos tienen como obligación realizar esta competencia a partir de la interpretación que sobre esos principios y preceptos lleve a cabo el Tribunal Constitucional, lo anterior de conformidad con el artículo 9.1 de la Ley Orgánica del Poder Judicial en relación con el tercer párrafo del apartado IV de su exposición de motivos.

401. La Suprema Corte de Justicia de la Nación en la Contradicción de Tesis 293/2011 expresó en la resolución que «ambos parámetros de control forman parte del mismo conjunto normativo y, por tanto, integran el aludido parámetro de control de regularidad, de modo que hablar de constitucionalidad o convencionalidad implica hacer referencia al mismo parámetro de regularidad o validez, aunque para efectos meramente didácticos pueda diferenciarse entre el origen de la norma empleada para desarrollar el estudio de validez respectivo».

Justicia de la Nación), ya que dichos órganos al tener competencias para ejercer medios de control de la constitucionalidad de carácter «concentrado»[402] sí pueden realizar control de convencionalidad (mayoría de razón) y de constitucionalidad (Arts. 103, 105 y 107 de la Constitución Federal), por lo que, en caso de que los órganos jurisdiccionales de orden común hubieran sido omisos en realizarlo, los jueces federales están obligados a hacerlo, pues a ellos sí les corresponde de manera primigenia realizar el control de constitucionalidad. Así, este control de constitucionalidad-convencionalidad se aplica de manera incidental, concreta y sin distinción de jurisdicción.

Por lo que respecta al mal denominado «control de la constitucionalidad concentrado en México», éste se lleva a cabo por los órganos pertenecientes al Poder Judicial de la Federación, mediante los medios de control contemplados en los artículos 103 y 107, así como el 105 de la Constitución Federal. Sobre el primero de ellos, el juicio de amparo, ya hemos expresado que este proceso lo pueden conocer diversos tribunales, originariamente los jueces federales y excepcionalmente tribunales de orden común y la Suprema Corte de Justicia de la Nación. Este proceso procura los tres tipos de control; concentrado, convencional y de legalidad[403], mientras que el control ejercido por la Suprema Corte de Justicia sólo se limita a los casos de Controversias y Acciones de Inconstitucionalidad; así como la resolución del recurso de revisión constitucional en donde subsista un problema de constitucionalidad y amparos que sean atraídos por la propia Corte debido a su importancia y trascendencia[404]. Cabe señalar que el control de la constitucionalidad ejercido por la Corte tratándose de normas generales, usualmente es abstracto y con efectos generales (Acción de inconstitucionalidad, recurso de revisión de amparo indirecto contra normas generales en las que recaiga una declaratoria general de inconstitucionalidad)[405] y excepcionalmente es concreto

---

402. Sobre esto, ya hemos manifestado que se está en desacuerdo con esta aseveración que realizan los criterios jurisprudenciales, pues realmente se trata de medios de control de la constitucionalidad difusos y, en el caso de las Controversias y Acciones de competencia excluyentes. Sin embargo, el Poder Judicial, al continuar sosteniendo que éste debe ser tomado en cuenta como un solo órgano al que en supuesto y de manera primigenia les corresponde el control de la constitucionalidad, por mayoría de razón, pueden aplicar ambos controles (convencional y constitucional).

403. JUICIO DE AMPARO. ES UN MEDIO PARA EL CONTROL DE LA LEGALIDAD, CONSTITUCIONALIDAD Y CONVENCIONALIDAD DE LOS ACTOS DE AUTORIDAD., Tesis I.5.° C. J/1 (10.ª), Amparo directo 559/2012, Semanario Judicial de la Federación y su Gaceta. Libro XX, mayo de 2013, Tomo 2, p. 1305.

404. El artículo 107, fr. V, último párrafo constitucional señala «La Suprema Corte de Justicia, de oficio o a petición fundada del correspondiente Tribunal Colegiado de Circuito, del Fiscal General de la República, en los asuntos en que el Ministerio Público de la Federación sea parte, o del Ejecutivo Federal, por conducto del Consejero Jurídico del Gobierno, podrá conocer de los amparos directos que por su interés y trascendencia así lo ameriten».

405. En ambos casos, la votación requerida será de ocho ministros a favor de declarar la invalidez de la norma para que los efectos sean generales.

con efectos *interpartes* (Controversia Constitucional, juicio de amparo directo atraído por la Suprema Corte, recurso de revisión en amparo directo siempre que exista un interés excepcional en materia constitucional o de derechos humanos).

De ahí que la única forma de distinguir si estamos en presencia de un análisis de convencionalidad o ante un análisis de constitucionalidad, será dependiendo del tipo de norma que se utiliza como parámetro de control, es decir cuando el parámetro sea la Constitución estaremos frente a un control de la constitucionalidad; mientras que cuando el parámetro de control sea una norma de derechos humanos contenida en un tratado internacional, estaremos frente a un control de la convencionalidad; pero en ambos casos se busca garantizar el parámetro de regularidad constitucional —y el contenido constitucional en el caso del control de la constitucionalidad— por lo tanto, debido a la complementariedad con la cual se conformó el parámetro de control de la regularidad, se puede apreciar también que en un mismo caso podrá existir control de la constitucionalidad y convencionalidad de manera simultánea y ante una contradicción se privilegiará el derecho doméstico. Lo anterior, parecería obvio de advertir, sin embargo cuando un parámetro contiene normas de derecho constitucional y convencional y se afirma que el control de convencionalidad y constitucionalidad al tener el mismo parámetro atiende a lo mismo, implica desnaturalizar alguno de ambos controles, pues sería inútil dividir ambos controles si los dos tienen como finalidad preservar lo mismo, es decir el «parámetro de control de la regularidad constitucional» y es aún más estéril expresar que en México coexisten ambos controles —convencional y constitucional— cuando el que prevalece es el control de la constitucionalidad.

Una vez descrito la forma en la cual se realizan los tres tipos de control en México —convencional, constitucional y legal— es de concluirse que dicho país tenga en realidad un control mixto de la constitucionalidad carente de un Tribunal Constitucional cuya facultad única y exclusiva sea llevar a cabo el control de la constitucionalidad. En este orden de ideas, lo que sí acontece, es la coexistencia de diversos medios de control de la constitucionalidad resueltos por diferentes órganos que analizan actos, normas, u omisiones atendiendo a un parámetro de regularidad constitucional en el cual se contemplan normas de derechos humanos contenidas en tratados internacionales y en la Constitución, además de facultar a jueces de todo tipo de jurisdicción a garantizar dicho parámetro; teniendo como órgano máximo de control de constitucionalidad, convencionalidad y legalidad —no único— la Suprema Corte de Justicia de la Nación.

En los capítulos I y III de este trabajo de investigación se hizo alusión a las jurisprudencias P./J.73/99 «CONTROL JUDICIAL DE LA CONSTITUCIÓN. ES ATRIBUCIÓN EXCLUSIVA DEL PODER JUDICIAL DE LA FEDERACIÓN» y P./J. 74/99 «CONTROL DIFUSO DE LA CONSTITUCIONALIDAD DE NORMAS GENERALES. NO LO AUTORIZA EL ARTÍCULO 133 DE LA CONSTITUCIÓN», en las cuales el Pleno de la Suprema Corte de Justicia reconocía que el examen de la constitucionalidad de los actos de todas las autoridades era competencia exclusiva del Poder Judicial de la Federación, por lo cual el control de normas y actos estaba prohibido por los demás órganos jurisdiccionales que no pertenecieran al Poder Judicial de la Federación, a lo cual se le denominaba Control concentrado de la constitucionalidad. No obstante, a raíz de la solicitud de modificación de jurisprudencia 22/2011 de 25 de octubre de 2011 el Pleno de la Suprema Corte determinó declarar sin efectos los criterios jurisprudenciales mencionados en virtud de las reformas constitucionales de 6 y 10 de junio de 2011, así como la sentencia recaída en el expediente Varios 912/2010. En este último, se reconoció que, ante la laguna legislativa y constitucional de no precisarse una autoridad competente para efectuar el control de la constitucionalidad, éste se ha tratado de clarificar a través de interpretación jurisprudencial, por lo que la adopción de un sistema concentrado, difuso o mixto «no ha dependido directamente de una disposición constitucional clara, sino que, durante el tiempo ha resultado de distintas construcciones jurisprudenciales»[406]. De ahí que a partir del año 2011 el sistema de control de la constitucionalidad reconocido erróneamente por el Poder Judicial de la Federación como concentrado se tornó todavía más peculiar, pues los criterios jurisprudenciales fueron nuevamente modificados para dar paso, como se describió en el capítulo primero a un control de la convencionalidad *ex officio,* cuya existencia está dentro del control difuso de la constitucionalidad, mismos que se encuentran subsumidos en el control concentrado de la constitucionalidad. Todo lo expresado, son apreciaciones e intentos fallidos del propio Poder Judicial[407] para tratar de explicar el Sistema de control de la constitucionalidad adoptado en México, que con ánimo de seguir ostentándose como el único «poder» autorizado para seguir interpretando la Constitución en última instancia generó una indeterminación en cuánto a qué autoridades, quiénes y en cuáles casos pueden inaplicar un precepto legal que consideren contrario a la Constitución, incluso genera aún más dificultad la interpretación conforme. De modo tal, que actualmente se reconoce la existencia de un control difuso, de un control de convencionalidad *ex officio* dentro del control difuso y un control supuestamente concentrado ejercido por órganos judiciales federales, todo esto con la incongruencia de señalar que se tiene un intérprete único de la Constitución, en este caso, la Suprema Corte de Justicia de la Nación «actuando como Tribunal Constitucional». En este sentido se evidencia que es imposible hablar de un Tribunal Constitucional materialmente teniendo un control de la convencionalidad aplicado por todos los jueces y autoridades, con un control difuso de la constitucionalidad

406. Expediente Varios 912/2011, p. 30. Disponible en: https://www.scjn.gob.mx/sites/default/files/estrado_electronico_notificaciones/documento/2018-08/SENTENCIA-EXP-VARIOS-912-2010-PLENO.pdf

407. Véase apartado «1.5.4.5. Crítica al control de la constitucionalidad ejercido en México» del capítulo I de este trabajo de investigación

aplicado en vía incidental por todos los jueces de jurisdicción ordinaria y en vía principal aplicado por jueces pertenecientes al Poder Judicial de la Federación, incluida la Suprema Corte de Justicia de la Nación.

A lo anterior debe de considerarse la creación de jurisprudencia en México, pues en el presente, quienes la integran son la Suprema Corte de Justicia de la Nación, los Tribunales Colegiados de Circuito y los Plenos Regionales[408] (cabe destacar que si bien el sistema de precedentes sólo aplica para la Corte, la creación de jurisprudencia tiene rasgos características de la doctrina del precedente en el *common law)*[409] lo que origina que órganos diversos interpreten el contenido de la norma suprema gestándose así el riesgo de generar criterios contradictorios, los cuales si bien pueden ser resueltos a partir de procedimientos de solución de conflictos de interpretación —contradicción de tesis— evidencia lo que hemos sostenido en párrafos anteriores, la Suprema Corte de Justicia no es un Tribunal Constitucional en sentido formal y mucho menos en un contexto material. Llama la atención además el sistema de precedentes adicionado al orden jurídico en fechas recientes (reforma constitucional de 11 de marzo de 2021 y reforma legal de 07 de junio de 2021), el cual acerca a la Suprema Corte de Justicia a la doctrina del precedente en el *common law* de los Estados Unidos de América[410] más que a una institución de control concentrado como pudiera ser un Tribunal Constitucional.

A modo de conclusión se expresa que el Tribunal Constitucional español no lidia con la indeterminación de múltiples intérpretes y diversos sistemas de control[411], habida cuenta que de manera formal la Constitución espa-

408. Artículos 215 y 216 de la Ley de Amparo reglamentaria de los artículos 103 y 107 de la Constitución Política de los Estados Unidos Mexicanos.

409. En la «discusión del informe del Sr. Kelsen sobre "la garantía jurisdiccional de la Constitución (la justicia constitucional)"» se esgrimió si la garantía de la Constitución debía plantearse a una jurisdicción única y especial o, por el contrario, a todos los tribunales? Al respecto, el Sr. Berthélemy se manifestó en el sentido de que el control de la constitucionalidad de las leyes debe realizarse por los tribunales ordinarios, sobre esta postura el Sr. Gascón y Marín se posicionó en contra, pues consideró que dicho sistema abre la puerta a las contradicciones entre sentencias por lo cual una jurisdicción constitucional única permite evitar este grave inconveniente. KELSEN Hans, *Escritos sobre justicia constitucional, op. cit.*, p 233.

410. LONDOÑO S., Néstor Raúl, «La obligatoriedad de los principios del derecho en el *common law* de los Estados Unidos», *Revista Facultad de Derecho y Ciencias Políticas*, Medellín, Colombia, Vol. 37, núm. 106, enero-junio, 2007, pp. 59 y 61.

411. A diferencia de México, en donde el control de convencionalidad y constitucionalidad tienen el mismo parámetro de control y es aplicado por las mismas jurisdicciones; en España el control de convencionalidad lo desarrolla directamente la jurisdicción ordinaria, no la constitucional habida cuenta del mandato de la Constitución Española en su artículo 96.1 el cual determina «1. Los tratados internacionales válidamente celebrados, una vez publicados oficialmente en España, formarán parte del ordenamiento interno. Sus disposiciones sólo podrán ser derogadas, modificadas o suspendidas en la forma

ñola le reconoce a éste, la jurisdicción en todo el territorio nacional para conocer del recurso de inconstitucionalidad contra leyes y disposiciones normativas con fuerza de ley, además de ser el último órgano intérprete de la Constitución (Artículo 1 LOTC), sin que hasta este momento se hayan presentado modificaciones constitucionales que trastoquen o dejen en indeterminación esa competencia, como sí sucede con la Corte Suprema en México, quien en ninguna norma se le reconoce el carácter de intérprete último de la Constitución, pues solamente dicho órgano se autodenomina de ese modo[412].

Por lo cual, ante la «enfermedad» que padece México respecto a la indeterminación de quién puede aplicar, inaplicar, declarar la invalidez de una norma, interpretar normas o resolver en definitiva sobre su anticonstitucionalidad, lo conveniente como «remedio» sería clarificar constitucionalmente el tipo de sistema de control de la constitucionalidad en México y con base en ello definir las competencias de los órganos jurisdiccionales en materia de control de la constitucionalidad —o que la Suprema Corte de Justicia deje de aferrarse a considerarse un Tribunal Constitucional, puesto que como se ha advertido, prevalece un sistema de control mixto—.

Un claro error que ha cometido el legislador y la Corte en sus criterios jurisprudenciales ha sido la adopción de procedimientos y medios de control de la constitucionalidad difusos y concentrados sin haber definido la naturaleza del órgano que lo resuelve, lo que ha generado una mezcla de procesos y procedimientos de carácter concentrado que son resueltos por diversos órganos de carácter difuso (ejemplo de ello es el juicio de amparo conocido por todos los órganos del Poder Judicial Federal y tribunales de

prevista en los propios tratados o de acuerdo con las normas generales del Derecho internacional»; en esta misma línea argumental se aprecia la sentencia STC 140/2018, de 20 de diciembre de 2018 al decir que «el análisis de convencionalidad que tiene cabida en nuestro ordenamiento constitucional no es un juicio de validez de la norma interna o de constitucionalidad mediata de la misma, sino un mero juicio de aplicabilidad de disposiciones normativas; de selección de derecho aplicable, que queda, en principio, extramuros de las competencias del Tribunal Constitucional que podrá, no obstante, y en todo caso por la vía procesal que se pone a su alcance a través del recurso de amparo constitucional, revisar la selección del derecho formulada por los jueces ordinarios en determinadas circunstancias bajo el parámetro del artículo 24.1 CE». De este modo, se aprecia que los órganos facultades para ejercer el control de convencionalidad será la jurisdicción ordinaria, mediante vía incidental sin ninguna posibilidad de invalidar la norma, sino sólo se limita a la inaplicación de la norma que fue considerada no idónea para el caso en concreto, dicha inaplicación podrá ser revisada mediante el Recurso de amparo.

412. CONTROVERSIA CONSTITUCIONAL. LAS SALAS DE LA SUPREMA CORTE SON COMPETENTES PARA RESOLVERLA, CUANDO NO PROCEDA EL EXAMEN DE LAS CUESTIONES DE CONSTITUCIONALIDAD PROPUESTAS, Tesis Aislada 2.ª CXXIII/98, Controversia constitucional 11/97, publicada en el Semanario Judicial de la Federación y su Gaceta. Tomo VIII, septiembre de 1998, p. 1009.

orden común) o viceversa. Si bien, puede siempre caber la adopción de un sistema mixto de control de la constitucionalidad, lo cierto es que debe definirse con claridad la competencia de cada órgano para que las propias autoridades y los administrados conozcan el límite de sus competencias o la autoridad a la cual deben acudir ante una posible violación de derechos, invasión de competencias o inconstitucionalidad de normas y actos.

Otra de las preguntas que cabe realizarse es, si en México en realidad existe un control de convencionalidad, tal como la propia Corte lo sostiene, veamos, la postura actual del Poder Judicial de la Federación respecto a la aplicación de tratados internacionales está relacionada con la propia reforma de 10 de junio de 2011, el expediente Varios 912/2010 y la Contradicción de tesis 293/2011 en las cuales se explicó que los tratados internacionales en materia de derechos humanos no se relacionan con la Constitución Federal en términos jerárquicos, sino que en realidad constituyen un parámetro de regularidad constitucional, sin embargo ante una contradicción entre la Constitución y los Tratados, se atenderá a lo establecido por la propia Constitución. Luego entonces, en México, aunque exista un tratado internacional que garantice un derecho humano que la Constitución restringe, o incluso expresamente contradiga al texto constitucional y a pesar de que dicho país haya ratificado el tratado sin expresar reserva alguna respecto a esa contradicción, se estará a lo dispuesto por la Constitución. En consecuencia, el parámetro de regularidad constitucional materialmente no incluye siempre a los tratados en materia de derechos humanos; puesto que sólo conformará el mismo siempre y cuando no contradiga a la ley suprema. Por lo anterior, se considera adecuado implementar medios que garanticen la verificación previa de la constitucionalidad del Tratado Internacional antes de incorporarse al texto constitucional, puesto que en los hechos; actualmente lo que se advierte es una simulación de incorporación de derecho convencional al parámetro de regularidad constitucional haciendo ineficaz la interpretación conforme y el control de convencionalidad. De este modo, al incluirse un medio de control previo de constitucionalidad sobre tratados, se garantiza no sólo la constitucionalidad de dicho instrumento, sino además la eficacia de que éste se encuentre en la posibilidad de aplicarse porque es acorde con el texto constitucional.

En este sentido, una alternativa más que se propone para clarificar la competencia y objeto de cada uno de estos controles es:

1. Establecer constitucionalmente la naturaleza de la Suprema Corte de Justicia de la Nación y otorgarle el rango de intérprete último de legalidad, de constitucionalidad y convencionalidad.
2. Reforma el artículo primero de la Constitución Política de los Estados Unidos Mexicanos, para efecto de que el citado artículo reconozca el carácter de derechos fundamentales a lo que denominó derechos humanos.

3. Que los derechos humanos contenidos en Tratados Internacionales ratificados por el Estado Mexicano constituyan un parámetro de convencionalidad que se interpretará de forma complementaria al parámetro de constitucionalidad y que a su vez será superior al parámetro de legalidad. Este parámetro de convencionalidad al tener su origen en el conjunto de instrumentos internacionales que forman parte del orden jurídico nacional atendiendo a disposiciones constitucionales deberá ser garantizado en primera instancia por todos los jueces nacionales que no formen parte del poder judicial.
4. Ante la subsistencia de una violación a un derecho humano que también se encuentre reconocido en la Constitución como derecho fundamental los órganos federales, podrán conocer mediante el Juicio de Amparo dichas violaciones, procurando en todo momento que sus resoluciones atiendan a ambos parámetros —convencional completando al constitucional—.
5. Modificar la Constitución, en su artículo 105, fr. I, para efecto de que el único medio de control de la constitucionalidad que pueda proteger ambos controles —convencional y constitucional— sea el Juicio de Amparo y no así la Controversia Constitucional.

Sobre la integración de los órganos

Como se describió, la integración de los órganos que llevan a cabo el control de la constitucionalidad en México y España difieren en el número de personas que integran sus respectivos Plenos, pues por el lado de España apreciamos una integración en número par (12 Magistrados), mientras que en México es impar (11 Ministros); en ambos órganos materialmente jurisdiccionales sus respectivos Presidentes gozan del voto de calidad para el caso de desempatar cualquier deliberación sujeta a votación y que implique la postura en definitivo del Tribunal para dirimir un conflicto.

En este marco de ideas es lógico concluir que el caso español cuenta con un riesgo mayor de empate que la institución mexicana, lo cual transfiere al Presidente del Tribunal Constitucional una responsabilidad sublime que a ojos de observadores externos podría parecer polémica e incluso innecesaria, máxime porque el modelo de determinación de decisiones de Tribunal Constitucional es el conocido como *per curiam,* lo cual conlleva necesariamente a dejar en claro que quien expresó la determinación fue el Tribunal como órgano único y no sus partes integrantes o votantes.

Conforme a los párrafos previos y a la línea argumental descrita en el capítulo II de este trabajo de investigación se considera oportuno concebir como posibilidad el establecimiento de un número impar de Magistrados para la integración del Tribunal Constitucional, con ello no sólo se ganaría despresurizar el voto de calidad que en el presente posee el Presidente, sino además reducir drásticamente la viabilidad de empates en las votaciones, además de reducir el poder de discrecionalidad que por la naturaleza de un voto ponderado tiene y, desde luego, reducir al máximo las suspicacias porque el Tribunal Constitucional es la institución que asegura la supremacía constitucional a través de argumentos jurídicos y no políticos.

En resumen, se aprecian beneficios mayores en órganos jurisdiccionales que ejercen el control de la constitucionalidad integrados con número impar, por lo cual se cree adecuado la posibilidad de transformar el texto del artículo 159.1 de la Constitución española con miras a reducir o aumentar uno de sus integrantes.

Sobre la integración de la deliberación

Los argumentos que se expresan a través de la deliberación son la carga racional de toda institución y órgano colegiado; no obstante no todo órgano plural está obligado en la misma proporción a argumentar, por ejemplo, la sede legislativa opera bajo la premisa de la conformación democrática, consistente en atender a los intereses de los grupos que representan; en cambio, en una sede materialmente jurisdiccional las razones deben ser mucho más exigentes porque operan conforme a la lógica y a reglas, principios y valores dictados a la luz de las leyes y la Constitución.

En este sentido, el modelo deliberativo optado por los órganos encargados de asegurar la constitucionalidad dentro de un orden jurídico juega un papel decisivo para dar a conocer sus resoluciones, ya que esa opción no sólo es un medio para tal objetivo, sino una rendición de cuentas hacia la comunidad general y la especializada.

Bajo este hilo argumental y tal como se ha venido sosteniendo en otros apartados, el Tribunal Constitucional español resuelve bajo el modelo *per curiam,* esto implica que la expresión única que se dicta es voluntad del órgano colegiado y no de sus integrantes y sólo habrá ocasión de disentir y dar a conocer esa oposición si se expresa un voto particular por el Magistrado en cuestión; al respecto podría ser una ventana de oportunidad explorar por parte del orden constitucional español optar por un modelo *seriatim* cuya fórmula de operación atienda a que cada integrante pueda expresar su argumentación y el sentido de su voto, tal como está regulado en México y contrario a lo que sucede en el presente en el Tribunal Constitucional español; o bien, una modificación paulatina debiera atender a fomentar la publicidad de aquellas resoluciones en las que existiendo empate —por el tema polémico a tratar— se pudiera llegar a conocer los argumentos jurídicos sostenidos por cada uno de los magistrados y el sentido de su votación de manera obligatoria, pues ello abonará, como ya se mencionó a la rendición de cuentas, así como para que la población conozca la forma en que resuelve su Tribunal Constitucional y al mismo tiempo para que la comunidad especializada pueda juzgar si el Tribunal Constitucional se está ajustando auténticamente a las reglas y principios constitucionales y no a ideologías e intereses personales.

4.2. Procedencia

Hans Kelsen diferenció el Sistema de la Corte constitucional especial con el Sistema de la excepción de inconstitucionalidad, expresando que el primero de ellos se caracteriza por centralizar y dar un alcance general al control de constitucionalidad; es decir, la posible invalidez de la norma sujeta a control de la constitucionalidad tendrá efectos generales; mientras que, en el sistema de excepción de inconstitucionalidad existe una inaplicación de la ley sujeta a análisis constitucional, pero su alcance es limitado, esto es, al caso concreto[413].

En este orden de ideas, probablemente el medio de control que en su mayoría reúne las características de procedimientos propios de «jurisdicción constitucional» concentrada es el Recurso de Inconstitucionalidad en España y la Acción de Inconstitucionalidad en México.

En España, algunos autores han sostenido que las «leyes y normas con fuerza de ley gozan de un privilegio jurisdiccional: sólo el Tribunal Constitucional puede decretar su invalidez por contravenir la Constitución»[414].

Como se advirtió en capítulos anteriores una de las características que revisten el recurso de inconstitucionalidad —y la Acción de Inconstitucionalidad en México— es que no se requiere de un acto de aplicación de la norma para que ésta puede ser sometida a análisis constitucional, sobre este estudio de constitucionalidad abstracto que realiza el Tribunal Constitucional. Víctor Ferreres Comella ha sostenido que el control abstracto de la constitucionalidad de las normas presenta varias ventajas, la principal es que éste «contribuye a evitar que determinadas normas escapen del control de la constitucionalidad por las dificultades prácticas que en ocasiones se producen a la hora de entablar las correspondientes contiendas ante los tribunales ordinarios. El control abstracto llega ahí donde no llega el control concreto»[415]. En segundo lugar, porque el estudio de constitucionalidad, al analizarse en abstracto coadyuva al estudio objetivo de la norma, sin que el juez constitucional se distraiga en cómo su decisión pudiera llegar a afectar a las partes dentro un litigio —como pudiera llegar a acontecer en la vía incidental o en el control concreto— teniendo como consecuencia el distorsionamiento del juicio emitido por el Magistrado constitucional[416].

---

413. *Cfr.* KELSEN, Hans, *Escritos sobre Justicia Constitucional*, *op. cit.*, p. 235

414. FERRERES COMELLA, Víctor, «Comentario al artículo 161.1.a) de la Constitución Española» en PÉREZ TREMPS, Pablo y SAIZ ARNAIZ, Alejandro (directores), **Montesinos Padilla**, Carmen, **Aguiar de Luque**, Luis, *et al.*, *Comentario a la Constitución Española 40 Aniversario 1978-2018, Libro Homenaje a Luis López Guerra*, Valencia, Tirant lo Blanch, Tomo I, p. 2176

415. *ibidem*, p. 2177.

416. *Cfr. idem*.

Si bien, se está de acuerdo con la primera de las aseveraciones del autor, no se está conforme con la segunda, puesto que en el control concreto aunque pudiera llegar a existir una desviación del argumento jurídico que debe prevalecer en sede jurisdiccional constitucional por las circunstancias que envuelven el control de la constitucionalidad en vía incidental, en muchas ocasiones el control abstracto de normas no garantiza la objetividad del estudio de constitucionalidad de las mismas, ya que a pesar de que no existen situaciones jurídicas concretas, los sujetos legitimados que promueven el recurso de inconstitucionalidad son actores políticos, quienes pueden hacer uso de suspicacias políticas para presionar al juzgador, lo que también pudiera llegar a contaminar el procedimiento constitucional, en el cual, como se ha sostenido debe prevalecer los argumentos lógico jurídicos, por encima de cualquier interés personal o político que pudieran llegar a tener quienes intervienen en este tipo de medios de control; en esta tesitura lo que sí pudiera matizarse es que en este tipo de control —el abstracto— puede realizarse un análisis más imparcial que en el concreto aunque no exento de las influencias ya referidas.

Incluso, esta situación se observa en la discrecionalidad[417] de los sujetos legitimados para promover el recurso de inconstitucionalidad, pues existiendo opiniones de expertos sin facultades para promover un recurso de inconstitucionalidad (doctrinarios, por ejemplo) en el sentido de que una determinada ley pudiera llegar a ser contraria al texto constitucional, los sujetos legitimados tienen la potestad de promoverla o no, sin ningún precepto legal que pudiera obligarlos a hacerlo. Esta discrecionalidad a la cual hacemos referencia comprueba que las decisiones e influencias políticas están presentes antes de la presentación e incluso durante la tramitación en sede jurisdiccional constitucional del recurso[418]. Si bien, esta falta de obligatoriedad de los sujetos legitimados para promover el Recurso de Inconstitucionalidad sería posible solventarlo a través de la promoción de una cuestión de inconstitucionalidad, lo cierto es que ésta también tiene límites, pues aunque pueden solicitarla las partes, el único facultado para presentarla ante el Tribunal Constitucional es el juzgador; aunado a ello, tanto la cuestión de inconstitucionalidad como el recurso de inconstitucionalidad tienen un gran problema, el tiempo en el cual se resuelven, ya que el Tribunal Constitucional ha tardado en ocasiones años para llegar a una solución (véase STC 138/2005, derivada de una cuestión de inconstitucionalidad la cual fue presentada en marzo de 1996 y fue resuelta hasta mayo de 2005).

Por lo que hace a la procedencia del recurso de inconstitucionalidad, apreciamos una complementación de supuestos, ya que por un lado la Constitución determina textualmente en el artículo 161.1.a), como objeto del Recurso, a las leyes y disposiciones normativas con fuerza de ley, mientras que la Ley

417. *Cfr. idem.*

418. *Cfr. Idem.*

Orgánica del Tribunal Constitucional añade a la procedencia estipulada en la Constitución, los actos con fuerza ley (Artículo 31). Lo anterior propicia un listado[419] diverso de disposiciones y actos sobre los cuales puede caber el control de la constitucionalidad a través del recurso de inconstitucionalidad, en el entendido de que todo debe estar bajo el control de la norma suprema, incluso a pesar de que las mismas pasen por el tamiz o aprobación de la población de un referéndum, habida cuenta que las leyes, normas y actos con fuerza de ley, sólo deberían —por lo menos idealmente— estar sujetas a examen democrático si son concordantes o no con la Constitución, pues es en ésta donde el soberano plasmó las decisiones políticas fundamentales y desde luego esgrimió una forma de Estado que no puede ser alterada en disposiciones diversas como Estatutos de Autonomía. Sobre éstos últimos, cabe aclarar que se han implementado otros medios de control de la constitucionalidad que no se contraponen con el Recurso de Inconstitucionalidad, como es el caso del Recurso previo de inconstitucionalidad, el cual a diferencia del Recurso de Inconstitucionalidad, se trata de un control preventivo de la constitucionalidad; este medio de control *a priori* puede ser una excelente medida que coordinadamente con el recurso de inconstitucionalidad puede coadyuvar para disminuir los riesgos de la subsistencia de la anticonstitucionalidad, pues la incursión de un recurso previo no excluye que en un futuro, cuando la ley o el acto ya tenga plena vigencia, pueda ser sometida nuevamente a examen; además de la ventaja indiscutible de que al haber agotado un recurso previo se tenga mayor seguridad a la hora de someter a la ley a algún medio de democracia directa, pues sería aberrante que se apruebe, por parte del soberano, alguna disposición con vicios de anticonstitucionalidad.

Otro punto en el que hay que realizar matices es respecto al tipo de actos o normas en donde pueden converger los conflictos competenciales y los Recursos de Inconstitucionalidad, en este caso podríamos plantearnos un cuestionamiento; ¿qué sucede con aquellos conflictos de competencia entre el Estado y una Comunidad Autónoma en donde la competencia impugnada proviene de una ley, la vía procedente es el recurso o el conflicto de competencia? El artículo 67 de la Ley Orgánica del Tribunal Constitucional ayuda a responder esta pregunta; pues el contenido de dicho precepto determina que «si la competencia controvertida hubiera sido atribuida por una ley o norma con rango de ley, el conflicto de competencia se tramitará desde un inicio (...) en la forma prevista para el Recurso de Inconstitucionalidad»[420]; sobre este mismo apartado Pablo Pérez Tremps reitera que tales casos deben plantearse en forma de Recursos de Inconstitucionalidad, por lo que se aprecia que en muchas ocasiones estos medios de control abstracto posean «un contenido total o parcialmente com-

419. Mismo que fue referenciado en el apartado «2.3.3.1 Actualidad» del Capítulo II de esta investigación. En él se apreciará el concepto de cada una de las disposiciones normativas, así como de los actos y normas con fuerza de ley que son objeto de control de la constitucionalidad, sus ejemplos y lo que el Tribunal Constitucional ha dicho sobre cada uno de ellos.

420. Artículo 67 de la Ley Orgánica del Tribunal Constitucional.

petencial, lo que tiene repercusiones procesales importantes;[pues] el plazo está sometido a reglas especiales, pueden aceptarse coadyuvantes o el fallo puede ver modulado sus efectos como consecuencia de la disputa competencial»[421]. De igual forma, el Tribunal Constitucional ha delimitado aún más esta procedencia, tal como puede apreciarse en la STC 5/1987 de 27 de enero, en la cual en el primero de sus fundamentos jurídicos consideró «[e]n el caso que nos ocupa concurre la particularidad de que la competencia controvertida, esto es, el refrendo del Real Decreto de nombramiento del Lehendakari de la Comunidad Autónoma del País Vasco, es atribuida directamente al Presidente del Parlamento autonómico por una Ley ordinaria del País Vasco (la Ley 7/1981, de 30 de junio, en su art. 4, párrafo 2.°) y dicha Ley, junto con otros motivos, es expresamente invocada en el presente conflicto por su promotor, el Gobierno Vasco, como fundamento de su pretensión. Por esta razón, la cuestión de a quién corresponde la competencia debatida viene a ser inseparable de la apreciación de la adecuación o inadecuación de la citada Ley vasca al orden competencial derivado de la Constitución y del EAPV. El conflicto de competencia viene a convertirse así, a partir de dicha invocación, en un juicio sobre la constitucionalidad de una Ley, por lo que resulta procedente, en virtud de lo dispuesto en el art. 67 de la LOTC, su tramitación en la forma prevista para el recurso de inconstitucionalidad»[422].

Por lo tocante a México el recurso relativo al control abstracto es la denominada Acción de Inconstitucionalidad, la cual por determinación constitucional señala que sólo procederá para combatir la posible anticonstitucionalidad de una norma general.

Al respecto, se advierte en la Ley reglamentaria de las fracciones I y II del artículo 105 de la Constitución Política de los Estados Unidos Mexicanos el reconocimiento implícito de norma general que se le atribuye a las leyes y los tratados[423].

Cabe señalar que a diferencia de España, que cuenta con un listado determinado[424] de lo que puede impugnarse a través de los distintos medios de control de la constitucionalidad (artículo 27 de la Ley Orgánica del Tribunal Constitucional), en México no se establece en la Ley Reglamentaria de las fracciones I y II del Artículo 105 de la Constitución Política de los Estados Unidos Mexicanos, ni en la misma Constitución, una lista «diáfana» que determine con precisión el tipo de norma general susceptible de impugnación por el procedimiento de Acción de Inconstitucionalidad, sin embargo, puede llegar a clarificarse

---

421. Pérez Tremps, Pablo, *Sistema de justicia constitucional*, 2.ª ed., Navarra España, Aranzadi, 2016, p. 68.

422. SENTENCIA 5/1987, de 27 de enero, (BOE núm. 35, de 10 de febrero de 1987), FJ.1.

423. Artículo 60 de la Ley reglamentaria de las fracciones I y II del artículo 105 de la Constitución Política de los Estados Unidos Mexicanos.

424. A pesar de ello, existen casos como los estados de alarma en los cuales se ha controvertido si este tipo de actos pueden ser sometidos a control de la constitucionalidad.

«medianamente» al momento de observar el tipo de disposiciones que pueden impugnar los respectivos sujetos legitimados.

Aunado a lo anterior, la jurisprudencia ha debido de interpretar qué es lo que puede ser o no objeto en un procedimiento de Acción de Inconstitucionalidad, esta interpretación ha limitado fuertemente la procedencia de este medio derivado de su sentido estricto, prueba de ello es la sentencia de la Suprema Corte de Justicia de la Nación, en la Acción de Inconstitucionalidad 168/2007 y su acumulada 169/2007 en donde se estableció que en «la acción de inconstitucionalidad, sólo puede plantearse la no conformidad de `normas generales´, en sentido estricto, esto es, de leyes, federales o locales, mas no de cualquier otro tipo de normas generales, como podrían ser los reglamentos o cualquier otra normatividad que pudiera revestir las características de generalidad y abstracción»[425].

Esta idea se ha fijado en criterios obligatorios como las tesis jurisprudenciales P./J. 71/2000 de rubro CONTROVERSIAS CONSTITUCIONALES Y ACCIONES DE INCONSTITUCIONALIDAD. DIFERENCIAS ENTRE AMBOS MEDIOS DE CONTROL CONSTITUCIONAL. en donde se estatuyó que en «la acción de inconstitucionalidad se alega una contradicción entre la norma impugnada y una de la propia Ley Fundamental (...); que puede ser promovida por el procurador general de la República, los partidos políticos y el treinta y tres por ciento, cuando menos, de los integrantes del órgano legislativo que haya expedido la norma; (...) [que la] Suprema Corte de Justicia de la Nación reali[za] un análisis abstracto de la constitucionalidad de la norma; [ventilando] un procedimiento [y que los actos materia de ésta] sólo [serán] normas generales»[426]; así como la tesis P./J. 22/99 cuyo rubro es ACCIÓN DE INCONSTITUCIONALIDAD. SÓLO PROCEDE CONTRA NORMAS GENERALES QUE TENGAN EL CARÁCTER DE LEYES O DE TRATADOS INTERNACIONALES, en donde se sostuvo que «de conformidad con lo dispuesto en los artículos 59 y 19, fracción VIII, de la Ley Reglamentaria de las Fracciones I y II del Artículo 105 de la Constitución Política de los Estados Unidos Mexicanos, en relación con el artículo 1o. de la misma ley y con la fracción II del artículo 105 constitucional, las Acciones de Inconstitucionalidad sólo son procedentes contra normas de carácter general, es decir leyes o tratados, y son improcedentes en contra de actos que no tengan tal carácter»[427].

---

425. Acción de Inconstitucionalidad 168/2007 y su acumulada 169/2007, p. 252

426. Véase CONTROVERSIAS CONSTITUCIONALES Y ACCIONES DE INCONSTITUCIONALIDAD. DIFERENCIAS ENTRE AMBOS MEDIOS DE CONTROL CONSTITUCIONAL, Tesis: P./J. 71/2000, Controversia constitucional 15/98, aprobada el 11 de julio de 2000, y publicada en Semanario Judicial de la Federación y su Gaceta. Tomo XII, agosto de 2000, p. 965.

427. ACCIÓN DE INCONSTITUCIONALIDAD. SÓLO PROCEDE CONTRA NORMAS GENERALES QUE TENGAN EL CARÁCTER DE LEYES O DE TRATADOS INTERNACIONALES, Tesis: P./J. 22/99, Acción de inconstitucionalidad 4/98, aprobada el 26 de marzo d 1999, publicada en el Semanario Judicial de la Federación y su Gaceta. Tomo IX, abril de 1999, p. 257.

4.2.1. Conclusiones sobre este apartado

Después de la contrastación de la regulación de la procedencia de los medios de control abstracto de normas entre México y España, se observa que en ambos procedimientos se identifican problemas de indeterminación en cuanto a su objeto de control, ya que por un lado, en el recurso de inconstitucionalidad español, se aprecia una precisión de lo que son las disposiciones normativas pero no así de las disposiciones con fuerza de ley y de los actos con fuerza de ley[428], pues en el caso de las disposiciones con fuerza de ley, al materializarse dicha procedencia surgen problemas con lo que debe entenderse por éstas —ejemplo de ello son los Decretos-ley o el exceso en la delegación—[429]; en el caso mexicano acontece la misma situación, pero ahora con el término «normas generales», para ello la Corte mexicana ha tenido que interpretar lo que se entiende por éstas, dando a conocer que sólo se circunscribe al sentido estricto de leyes federales o locales y tratados internacionales, por lo cual quedan fuera de estas disposiciones especímenes tales como los Reglamentos, Normas Oficiales Mexicanas, Decretos,

428. «En este sentido tautológico que estamos analizando, "rango" y "valor" de ley no significan, por tanto, ni que las normas que tienen este rango o valor sólo puedan ser controladas por el Tribunal Constitucional, ni que sean las únicas susceptibles de ser sometidas a este control. Para despejar al menos en parte la equivocidad hay que precisar aún más el contenido del concepto, que queda así bien magro, indicando que lo que caracteriza a las normas con rango o valor de ley es el hecho de ser las únicas que pueden ser impugnadas ante el Tribunal Constitucional a través del recurso o cuestión de inconstitucionalidad. Estos conceptos, idénticos entre sí y puramente tautológicos de 'valor' y 'rango de ley', se nos quedan así reducidos a meras referencias procesales, a un puro rasgo de procedimiento que nada dice sobre la naturaleza propia de las normas de las que se predica». Rubio Llorente, Francisco, «Rango de ley, fuerza de ley, valor de ley (sobre el problema del concepto de Ley en la Constitución)», *Revista de Administración Pública,* Madrid, España, núms. 100-102, enero-diciembre 1983, pp. 421-422

429. Sobre este tema se ha pronunciado Pablo Pérez Tremps al señalar que por lo referente a «los Decretos-Leyes, aunque no existe duda alguna sobre la posibilidad de su control, desde un punto de vista práctico, en ocasiones es difícil llevarlo a cabo por razones procesales. En efecto, el artículo 86.2 CE exige que, en el plazo de treinta días desde su promulgación, los Decretos-Leyes se convaliden, se deroguen o se tramiten como proyectos de ley. (...) No obstante, el Tribunal Constitucional ha entendido 'el velar por el recto ejercicio de la potestad de emitir Decretos-Leyes dentro del marco constitucional, es algo que no puede eludirse'. En consecuencia, se acepta la posibilidad del control de un Decreto-Ley ya inexistente. (...) En relación con los Decretos Legislativos, también existen problemas para el control de su constitucionalidad. Dichos problemas surgen como consecuencia de la construcción doctrinal según la cual cuando un decreto legislativo incurre en *ultra iures* o exceso de delegación pierde su rango legal degradándose a nivel reglamentario. Desde la perspectiva de su control esta construcción, (...) supone la posibilidad de fiscalización por los órganos del poder judicial (...) No obstante, y tal como el último precepto citado deja puesto de manifiesto no resulta entonces claro cuándo procede ejercitar el control de constitucionalidad encomendado al Tribunal Constitucional, y cuándo el control del exceso en la delegación, correspondiente a los tribunales ordinarios», Pérez Tremps, Pablo, *Sistema de justicia constitucional, op cit.*, pp. 56-57.

Bandos de Policía y Buen Gobierno; no obstante aquello que parecía salvado vuelve a ser un reto interpretativo cuando se analiza a detalle la procedencia para incoar la Acción de Inconstitucionalidad de cada uno de los sujetos legitimados, pues llama la atención la redacción del inciso c), de la fracción II del artículo 105 de la Constitución Federal, la cual prescribe la procedencia que tiene el Ejecutivo Federal para promover este medio de control abstracto; en dicho inciso se observa que a diferencia de los demás sujetos legitimados, sólo en el caso del Presidente se sigue manteniendo el término de «normas generales». Para corroborar lo anterior, en la tabla siguiente se clasifica por sujetos legitimados la procedencia:

Sujetos Legitimados	Procedencia
33 % Diputados	Leyes federales
33 % Senadores	Leyes federales o de Tratados Internacionales celebrados por el Estado Mexicano
Ejecutivo Federal a través del Consejero Jurídico de Gobierno	**Normas generales de carácter federal y de las entidades federativas**
33 % de los integrantes de alguna de las Legislaturas locales	Leyes expedidas por el propio órgano
Partidos Políticos Nacionales Partidos Políticos con registro local	Leyes electorales federales o locales
	Leyes electorales expedidas por la Legislatura de la entidad federativa que lesotorgó el registro
Comisión Nacional de Derechos Humanos Organismos de protección de Derechos Humanos Locales	Leyes de carácter federal o de las entidades federativas, así como de tratados internacionales que vulneren los derechos humanos consagrados en el parámetro de regularidad constitucional
	Leyes expedidas por las Legislaturas locales
Organismo garante que establece el artículo 6° de la Constitución Federal (INAI) Organismo garante equivalente en las entidades federativas	Leyes de carácter federal y local, así como de tratados internacionales que vulneren el derecho al acceso a la información pública y la protección de datos personales
	Leyes expedidas por las Legislaturas locales
Fiscal General de la República	Leyes federales y de las entidades federativas, en materia penal y procesal penal, así como las relacionadas con el ámbito de sus funciones

En este sentido resulta, por lo menos curioso apreciar que mientras a todos los otros sujetos legitimados se les faculta con disposiciones «precisas» e incluso una procedencia limitada por materia, como en el caso de lo electoral, la transparencia y protección de datos personales o derechos humanos; la competencia para iniciar Acciones de Inconstitucionalidad al Presidente de la República no queda clara, dejando entonces un espectro amplio a la especulación respecto a lo que el órgano reformador de la Constitución quiso decir o bien, a qué circunstancias atiende dicha indeterminación, pues bastaba sustituir la expresión «normas generales» por leyes federales y locales y tratados internacionales —tal como se determinó en los demás incisos de la fracción— para solucionar esa vaguedad.

De lo descrito, se desprende la necesidad de que en ambos países deba clarificarse aún más la procedencia de sus respectivos medios, o por lo menos, que el legislador establezca las características mínimas de lo que debe entenderse por «actos con fuerza de ley» y «normas con rango de ley» en el caso de España; así como «normas generales» en el caso de México, en éste último también debe ser sujeta a modificación el inciso c) de la fracción II del artículo 105 constitucional con miras a esclarecer sobre qué tipo de normas generales el Ejecutivo, a través del Consejero Jurídico del Gobierno puede promover Acciones de Inconstitucionalidad, si deben ser entendidas en sentido estricto, como sucede para los demás sujetos legitimados o si la ambigüedad del término atiende a una procedencia más amplia. De igual manera y en virtud de que las leyes por sus propias características no pueden prever todos los supuestos; sería de gran ayuda que el legislador establezca en ambas figuras aquellos casos de improcedencia en donde en sentido amplio pueda entenderse que se combaten «normas generales» tratándose del caso mexicano, o «actos con fuerza de ley y normas con rango de ley» en España; y a pesar de ello, no pudieran ser combatidos éstos a través de medios de control abstracto. Lo anterior no sólo ampliaría el espectro de protección en la seguridad jurídica, sino también disminuiría el ámbito de interpretación discrecional que pudiera llegar a tener el juzgador sobre lo que debe ser entendido por norma general, acto o norma con fuerza de ley en sentido amplio.

Finalmente, a diferencia de España en donde el artículo 67 de la Ley Orgánica del Tribunal Constitucional, sí prevé los casos en los cuales aunque el objeto de un medio de control sea una competencia, si ésta tiene su origen en una norma se podrá tramitar el medio de control como un Recurso de Inconstitucionalidad, en México no queda claro esa delimitación y la procedencia, lo cual empeoró a raíz de la reforma de 11 de marzo de 2021 en donde se modificó entre otras figuras, la Controversia Constitucional, de modo tal que actualmente, el artículo 105, fr. I constitucional dispone que la Suprema Corte de Justicia conocerá «de las controversias constitucionales que, sobre la constitucionalidad de las normas generales, actos u omisiones, con excepción de las que se refieran a la materia electoral, se susciten entre...»[430]; es decir la reciente reforma amplió el ámbito de procedencia de la Controversia desnaturalizando la figura, ya que como la propia jurisprudencia de la Corte lo reconoce «la controversia constitucional, [fue] instaurada para garantizar el principio de división de poderes, [en donde] se plantea una invasión de las esferas competenciales establecidas en la Constitución»[431], por lo cual, ahora y con la nueva figura no sólo es posible impugnar invasión de esferas competenciales, sino también normas generales, actos u omisiones. Si a dicha redacción adicionamos que ni la jurisprudencia ni la regulación han determinado en qué casos procederá impugnar una norma general por controversia constitucional y en qué casos por Acción de Inconstitucionalidad o bien, si el término «normas generales» en las controversias serán entendidas bajo el sentido estricto que se utiliza para las Acciones de Inconstitucionalidad o si por el contrario será posible impugnar «normas generales» en un sentido amplio como en el amparo contra normas. Todo lo anterior, aún se desconoce puesto que la reforma es reciente; pero si lo pensamos un poco, si lo que se buscaba era la posibilidad de impugnar una norma general porque su contenido entrañaba una invasión de competencia, acaso no era viable reformar la fracción II del artículo 105 constitucional y otorgar esa procedencia a la Acción de Inconstitucionalidad —procedimiento similar en España con el Recurso de Inconstitucionalidad— y no desnaturalizar así —como finalmente se hizo— a la Controversia Constitucional, ya que la redacción actual cuenta con muchos problemas de interpretación que seguramente el orden jurídico mexicano y sus jueces constitucionales están por descubrir.

4.2.2. Casos relevantes a considerar en ambos países: Estados de alarma en España y Artículo 29 de la Constitución Política de los Estados Unidos Mexicanos

Un caso a llamar la atención respecto a la regulación de los estados de alarma como actos con rango o valor de Ley (equiparable a una Ley) es la actuación que realizó el Tribunal Constitucional en la sentencia 183/2021, de 27 de octubre de 2021. Lo inédito del asunto[432] hizo llamativo el tema, ya

---

430. Artículo 105, fr. I de la Constitución Política de los Estados Unidos Mexicanos.

431. CONTROVERSIAS CONSTITUCIONALES Y ACCIONES DE INCONSTITUCIONALIDAD. DIFERENCIAS ENTRE AMBOS MEDIOS DE CONTROL CONSTITUCIONAL, Tesis: P./J. 71/2000, Controversia constitucional 15/98, aprobada el 11 de julio de 2000, y publicada en Semanario Judicial de la Federación y su Gaceta. Tomo XII, agosto de 2000, p. 965.

432. Anterior a la pandemia por CoVid-19 «sólo se había decretado el estado de alarma en una ocasión. Fue raíz de una huelga de controladores que paralizó el tráfico aéreo. Se aprobó el Real Decreto 1673/2010 de 04 de diciembre, por el que se declarara el estado de alarma para la normalización del servicio público esencial del transporte aéreo. Sobre

que como se estableció en el «ATC 40/2020, FFJJ 2 y 4» (fundamento 11 de la sentencia) fue la primera vez que el orden jurídico español pudo aplicar la declaración de los estados excepcionales dadas en la ley de 1981, todo lo anterior en el marco de la emergencia sanitaria ocasionada por el SARS-CoV-2, lo cual se relacionaba con la posible conculcación de derechos fundamentales, como la movilidad, la reunión, el culto público; en resumen todo lo anterior se gestó en un ambiente de desconfianza «ante la posibilidad de que el poder pudiera recurrir al estado de alarma para restringir indebidamente los derechos que la Constitución reconocía»[433], en cualquier caso se apreció que los actos con rango o valor de ley pueden ser controlados vía Recurso de Inconstitucionalidad.

Por su parte, en México lo más parecido a la regulación es decir, el equivalente a los estados de excepción, alarma y sitio contemplados en el artículo 116 de la Constitución Española, es lo estipulado en el artículo 29 de la Constitución Mexicana, el cual pretende regular invasión, perturbación grave de la paz pública, o de cualquier otro que ponga a la sociedad en grave peligro o conflicto, siendo que en este caso el Presidente de los Estados Unidos Mexicanos «con la aprobación del Congreso de la Unión o de la Comisión Permanente cuando aquel no estuviere reunido, podrá restringir o suspender en todo el país o en lugar determinado el ejercicio de los derechos y las garantías que fuesen obstáculo para hacer frente, rápida y fácilmente a la situación; pero deberá hacerlo por un tiempo limitado, por medio de prevenciones generales y sin que la restricción o suspensión se contraiga a determinada persona». En este tiempo de regulación excep-

---

esta norma se pronunció la STC 83/2016, de 28 de abril. Se trataba de un recurso de amparo en que se alegaba vulneración del derecho a la tutela judicial efectiva del art. 24 CE por no haberse estimado fiscalizable ante la jurisdicción contenciosa, la actividad administrativa impugnada. El recurso fue desestimado, pero el Tribunal Constitucional estableció que solo él era competente para controlar las declaraciones de estado de alarma, pues, aunque son dictadas por el gobierno, tienen rango de ley» Carmona Cuenca, Encarnación, «Estado de alarma, pandemia y derechos fundamentales ¿Limitación o suspensión?», *Revista de Derecho Político*, España, núm. 112, septiembre-diciembre 2021, p. 19.

433. Al respecto, la profesora Encarnación Carmona Cuenca reconoce otras doctrinas en donde destaca que el estado de alarma es el punto intermedio entre el estado de normalidad y el de excepción, por lo que en el estado de alarma no se suspenden derechos pero sí se establecen grandes limitantes a los mismos y por ende, no podrían quedar afectados en un estado de este tipo, derechos a la libertad personal, la inviolabilidad del domicilio o el secreto de la correspondencia, prerrogativas que sí podrían estar conculcados en los estados de excepción y de sitio. En este sentido, la Doctora coincide con el profesor Guillermo Escobar al sostener que la suspensión de derechos es un concepto superfluo y que puede resultar peligroso si se concibe como una supresión de derechos en los estados de excepción y de sitio, ya que los derechos fundamentales no desaparecen ni se desconstitucionalizan en esas situaciones, en virtud de que esas vulneraciones pueden ser atacadas a través del control judicial y la aplicación del principio de proporcionalidad. *Ibidem*, pp. 27 y 39.

cional, de acuerdo al último párrafo del referido artículo 29, «Los decretos expedidos por el Ejecutivo durante la restricción o suspensión, serán revisados de oficio e inmediatamente por la Suprema Corte de Justicia de la Nación, la que deberá pronunciarse con la mayor prontitud sobre su constitucionalidad y validez»; es decir, el control de los actos del Presidente[434] en este tiempo ante ciertas causas de excepcionalidad, corresponderán de manera directa y de oficio a la Suprema Corte de Justicia de la Nación, lo cual se considera acertado como límite al poder de la institución ejecutiva, pero incompleto por lo que hace al control de los decretos del ejecutivo, ya que sobre estos actos como se describe, no puede operar el juicio de amparo, aunque se trate de normas generales, porque hay un mandamiento constitucional que lo impide y deja su exclusividad a la Corte, aunado a lo anterior, pero también a pesar de lo previsto en la Constitución Política de los Estados Unidos Mexicanos, no existe Ley Reglamentaria del artículo 29 y por ende no existe tampoco un procedimiento que indique la manera del control de los acuerdos o decretos del Presidente mientras dure el estado excepcional. Por lo cual es evidente la urgencia de contar con la Ley Reglamentaria del artículo 29 de la Constitución Política de los Estados Unidos Mexicanos en donde se exprese con claridad meridiana cómo será que la Corte pueda llevar a cabo el control de todos los decretos que expida el Presidente en ese tiempo. Asimismo, se observa la diferencia entre el control de constitucionalidad que sobre este tipo de actos prevalece en cada uno de estos países, por un lado, España mediante el Recurso de Inconstitucionalidad y, por otro, la Corte mediante un procedimiento *ex profeso* que, aunque previsto en la Constitución, no existe ley que lo regule.

Manuel Aragón sostiene la conveniencia de dotar de una nueva competencia al Tribunal Constitucional para que éste realice el control de los estados excepcionales; para ello propone la implementación de un procedimiento especial dentro de la competencia que ya posee —Recurso de Inconstitucionalidad—, como se aprecia, este autor propone regular una especie dentro del Recurso de Inconstitucionalidad cuyas notas esenciales sean un procedimiento en vía preferente, urgente y sumaria con el fin de «ofrecer la seguridad de que la declaración de los estados excepcionales previstos en el artículo 116 de la Constitución Española, y sus prórrogas, se adecúan a la CE y a la Ley Orgánica 4/1981 de desarrollo. Porque no

---

434. Al respecto, se ha dicho que este es un medio de control «nuevo en nuestro sistema jurídico, se puede entender como: i) institucional; ii) de carácter concentrado, en tanto que es el Pleno el único que tiene competencia para ello; iii) a priori o preventivo, puesto que se ejerce antes de que pueda entrar en vigor el decreto; iv) con efectos generales, ya que de considerarse constitucional la ley respectiva conserva su carácter de General y abstracta, mientras que de resolverse su inconstitucional e invalidez no afecta a ningún gobernador por no entrar en vigor y procede de oficio e inmediatamente que se expida el decreto». *Cfr*. Rodríguez Pérez, Ramiro, *El papel de la Suprema Corte de Justicia de la Nación en el estado de excepción*, México, Porrúa, 2018, p. 65.

basta con el control parlamentario previsto a esos efectos, basado, como es propio, en razones de oportunidad y en su voluntario ejercicio (lo que ha conducido, en el presente y con ocasión de la actual pandemia, a lamentables recortes de ese control), pues, al control político, propio del Estado democrático, debe acompañarle el control jurisdiccional, propio del Estado de derecho.

Para que ese control jurisdiccional sea una realidad, fácilmente practicable y de eficaz resultado, y dado que los decretos de declaración, y sus prórrogas, de los estados excepcionales son normas con fuerza de ley, la única vía jurisdiccional para controlarlos de manera inmediata, como el Estado de derecho requiere, es la de otorgar al TC una nueva competencia, para añadirla a la única que ahora tiene (a través del recurso de inconstitucionalidad o la cuestión de inconstitucionalidad), cuya larga sustanciación e ineludible tardía resolución privan de eficacia inmediata al control (cuando resulta que lo que están en juego con la adopción de las medidas excepcionales son situaciones institucionales y personales de tan alto valor y, por ello, de tan urgente vigilancia, como el funcionamiento ordinario del Estado y el ejercicio de los derechos y libertades ciudadanas)»[435]. De ahí la pretensión de que se ejerza en vía sumaria, pues permite que en lapsos breves el Tribunal Constitucional se pronuncie en actos de esta naturaleza; asimismo refiere que la legitimación para incoar este procedimiento debiera corresponder a las minorías parlamentarias (50 diputados y 50 senadores). En lo personal coincidimos con un control preferente y directo de parte del Tribunal Constitucional para los estados de alarma, de excepción y de sitio, es decir, sin que medie solicitud alguna. Esto sería una fórmula parecida a la que se reconoce en México, pues en este modelo de acuerdo al artículo 29 constitucional tan sólo al declararse el estado de alarma o de excepción la Suprema Corte de Justicia de la Nación revisa oficiosamente la constitucionalidad de todos los actos del gobierno. De este modo, se garantizan los derechos fundamentales de las personas sin la necesidad de intermediación de ninguna otra institución pública.

4.3. Sujetos legitimados

Tanto la Acción de Inconstitucionalidad en México, como el Recurso de Inconstitucionalidad en España son procedimientos diseñados para asegurar la supremacía constitucional mediante análisis abstractos, es decir, fuera de la concreción. Para ello los órdenes constitucionales de cada país legitiman a

435. Aragón Reyes, Manuel, «Cuarenta años de Tribunal Constitucional», *Anuario Iberoamericano de Justicia Constitucional*, Madrid, España, Vol. 25, Núm. 1, 2021, pp. 47 y 48. Disponible en: https://recyt.fecyt.es/index.php/AIJC/article/view/90228

ciertos sujetos de la institucionalidad estatal para incoar estos procedimientos, excluyendo a las personas civiles de esta acción, pero no por ello dejándolas en indefensión, pues para tal efecto existen otros mecanismos, como el juicio de amparo en contra de normas generales[436].

En los capítulos II y III de esta investigación referimos que los sujetos legitimados para accionar el control abstracto de la constitucionalidad atienden a distintas fuentes, como las políticas y democráticas; el nivel de competencia territorial; por ser desarrolladores de funciones públicas ejecutivas de representación gubernamental; para asegurar derechos de las minorías legislativas o por el carácter de órganos constitucionales autónomos que ostentan —ya en la primera conclusión referimos la importancia de este tipo de órganos para la existencia política del Estado—. Así, observamos que en la comparación que se realiza de ambos países —México y España— se observa que, a pesar de ser medios de control abstracto de la constitucionalidad, conocidos en exclusiva por un solo órgano, la legitimación, aunque similar, es más amplia en México, la cual se aprecia en el siguiente cuadro:

436. En el Juicio de Amparo en contra de normas generales autoaplicativas, basta con la sola entrada en vigor de la misma para que una persona que considere que le genera o generará un perjuicio a su esfera jurídica se encuentre en posibilidad de promover este medio de control; además, la procedencia de esta especie de juicio de Amparo es más amplia que la propia Acción de Inconstitucionalidad (puesto que en estos casos, el concepto de «norma general» puede entenderse en sentido amplio, por lo que un «reglamento», «acuerdos», entre otros sí pueden someterse a análisis de constitucionalidad) en este sentido, apreciamos que a través del amparo se lleva a cabo un control de constitucionalidad realizado en abstracto, a pesar de tratarse de un medio de control difuso y concreto de la constitucionalidad, pues sus sentencias continuarán siendo *interpartes*.
Cabe hacer mención que el Juicio de Amparo contra normas generales regulado en el orden jurídico mexicano es similar al Recurso de Inconstitucionalidad que tenía como origen la excepción de inconstitucionalidad regulado por la Ley Orgánica del Tribunal de Garantías de 1933, en el cual, tratándose de un acto de aplicación dentro de un juicio, la persona podía acudir a la excepción de inconstitucionalidad ante la jurisdicción ordinaria, siendo que, en caso de que el juez ordinario resolviera en forma negativa la excepción, el promovente tenía la posibilidad de acudir al Recurso de Inconstitucionalidad para que fuera el Tribunal de Garantías quien conociera de la supuesta contrariedad constitucional, de modo que si el Tribunal llegara a la conclusión de la existencia de una anticonstitucionalidad, esta misma definiría los efectos de la sentencia. Es decir, un medio de control abstracto y concentrado podía tener efectos generales o concretos dependiendo del tipo de inconstitucionalidad impugnada, por lo que en ocasiones los efectos no eran acordes con lo que pudiera esperarse de un medio de control abstracto y concentrado. En el caso del juicio de amparo contra normas generales establecido en México, se trata de un medio de control concreto y difuso, pues regularmente pueden conocerlo los jueces federales e incluso la jurisdicción local, asimismo sus sentencias tienen efectos «inter partes»; sin embargo, debido a que no se requiere un acto de aplicación, el análisis se realiza en abstracto, pudiendo existir la posibilidad de tener carácter *erga omnes* a través de la Declaratoria General de Inconstitucionalidad.

Sujetos legitimados para promover recurso de inconstitucionalidad en España ante el Tribunal Constitucional	**Sujetos legitimados para promover acción de inconstitucionalidad en México ante la Suprema Corte de Justicia de la Nación**
50 Diputados	33 % Diputados
50 Senadores	33 % Senadores
Presidente del Gobierno	Ejecutivo Federal a través del Consejero Jurídico de Gobierno
Órganos colegiados ejecutivos y las Asambleas de las Comunidades Autónomas	33 % de los integrantes de alguna de las Legislaturas locales
	Partidos Políticos Nacionales Partidos Políticos con registro local
Defensor del Pueblo	Comisión Nacional de Derechos Humanos y sus homólogos en las entidades federativas (Organismos de protección de Derechos Humanos Locales)
	Organismo garante que establece el artículo 6.° de la Constitución Federal (INAI) Organismo garante equivalente en las entidades federativas.
	Fiscal General de la República

Para el caso de España, Pablo Pérez Tremps destaca que en primer término, la legitimación para incoar el Recurso de Inconstitucionalidad es muy acotada, y lo es aún más, para el caso de los órganos autonómicos, ya que el artículo 32.2 de la Ley Orgánica del Tribunal Constitucional condiciona la legitimación de los mismos a la afectación que pudieran causarle el objeto del recurso de inconstitucionalidad «a su propio ámbito de autonomía»; sin embargo, señala también que a pesar de que esta interpretación es restrictiva, posteriormente fue modificada para entenderla en un sentido amplio, «que va más allá de la estricta defensa de las competencias propias alcanzando a la "posición institucional que en el ordenamiento ostentan las Comunidades Autónomas, es decir, al conjunto de sus competencias y facultades y también a las garantías, constitucionales y estatutarias que preservan dicha autonomía"»[437], no obstante a pesar de que en algunos aspectos se ha interpretado en sentido amplio —como el que ya señalamos—, en otros no se

437. Pérez Tremps, Pablo, *Sistema de Justicia Constitucional*, *op. cit.*, p. 67.

corre con la misma suerte, como el caso planteado ante el Tribunal Constitucional en el «que se discutió la legitimación de los Parlamentos y Gobiernos autonómicos para impugnar normas con fuerza de ley de su propia comunidad; o casos en donde las Comunidades Autónomas pueden impugnar leyes de otras Comunidades; supuestos en donde el Alto Tribunal ha determinado la desestimación de las mismas»[438].

Es importante destacar el carácter de sujeto legitimado que tiene el Defensor del Pueblo en España para promover Recursos de Inconstitucionalidad, pues es la persona que ostenta la legitimación más amplia; así lo ha interpretado el propio Tribunal Constitucional y también replicado muchos doctrinarios, por ejemplo, Francisco Sospedra Navas, quien expresa retomando los criterios del Tribunal Constitucional, que el Defensor del Pueblo no tiene «sujeción a límites o condiciones objetivas de ningún tipo, por lo que está legitimado para el ejercicio de la acción en los mismos términos y con la misma amplitud que los demás sujetos legitimados, pues dicha legitimación se le confiere no en atención a su interés, sino en virtud de la alta cualificación política que se infiere de cometido constitucional»[439].

De igual manera y respecto a la representación para incoar los recursos de inconstitucionalidad, el artículo ochenta y dos de la Ley Orgánica del Tribunal Constitucional determina que, en el caso de los Diputados y Senadores facultados para promover procesos o procedimientos constitucionales, éstos actuarán en dichos medios de control a través de uno de los miembros que ellos designen o bien, por un comisionado para tal efecto; mientras que por lo que hace a los órganos ejecutivos de las Comunidades Autónomas, éstos deberán ser representados por sus abogados, tratándose de los órganos ejecutivos del Estado actuará para tal efecto el Abogado del Estado. En este sentido, vemos una notable diferencia entre el Recurso de Inconstitucionalidad conocido por el Tribunal de Garantías y el que actualmente se promueve ante el Tribunal Constitucional, ya que en el primero de ellos, existía la figura del defensor de la constitucionalidad (potestad de las Cortes para nombrarlo) mientras que ahora el Abogado del Estado sólo se limita a labores de representación del Órgano Ejecutivo del Estado.

---

438. *Cfr. Ibidem*, pp. 67-68.

439. Sospedra Navas, Francisco José, *Justicia constitucional y procesos constitucionales,* España, Civitas, 2011. Recurso digital brindado por el Buscador de Recursos-e de la Universidad de Alcalá, Aranzadi Instituciones. Disponible en:https://insignis.aranzadidigital.es/maf/app/document?srguid=i0ad82d9a0000017fbec9324a24deaf98&marginal=BIB\2011\5551&docguid=I6616c9b0fb8011e0a911010000000000&ds=ARZ_LEGIS_CS&infotype=arz_biblos;&spos=1&epos=1&td=0&predefinedRelationshipsType=documentRetrieval&fromTemplate=&suggestScreen=&&selectedNodeName=&selec_mod=false&displayName=# El autor al referirse a la legitimación del Defensor del Pueblo hace referencia a las sentencias del Tribunal Constitucional SSTC 150/1990, de 4 de octubre (RTC 1990, 150) y 274/2000, de 15 de noviembre (RTC 2000, 274) STC 180/2000, de 19 de junio (RTC 2000, 180).

Por lo que hace a la Acción de Inconstitucionalidad en México y los sujetos legitimados, ya se expresó que la Constitución mexicana otorga a un mayor número de autoridades la facultad para promover Acciones de Inconstitucionalidad, de este modo, puede observarse que además de las minorías legislativas, el Ejecutivo Federal, la Comisión Nacional de Derechos Humanos y las minorías legislativas estatales, también pueden promover Acción de Inconstitucionalidad otros órganos e instituciones, como los partidos políticos con representación nacional y local, los Organismos de protección de Derechos Humanos Locales, el Organismo garante que establece el artículo 6° de la Constitución Federal (INAI), así como los Organismo garantes equivalente en las entidades federativas y la Fiscalía General de la República; sin embargo su procedencia es muy limitada pues ésta atiende al ámbito territorial de competencia, a la función pública que desarrollan o bien, a la materia que regula la norma sujeta a impugnación.

Por otro lado, mientras que en España se observa que la legitimación amplia la ostenta el Defensor del Pueblo, en México quien la detenta es el Ejecutivo Federal a través del Consejero Jurídico de Gobierno.

Otro aspecto a destacar del Recurso de Inconstitucionalidad y que se diferencia con la legitimación para la Acción de Inconstitucionalidad en México, son el número de diputados y senadores que pueden promover este medio de control, ya que para el caso español, la ley fija cláusulas cerradas, independientemente del número de integrantes que conforman los órganos legislativos, es decir 50 diputados o 50 senadores, mientras que en México, se establecen porcentajes de los órganos legislativos para accionar a estos medios; (33 % se senadores o 33 % de diputados o 33 % de los integrantes de las legislaturas locales).

Sobre este porcentaje de los órganos legislativos locales o federales para promover Acción de Inconstitucionalidad, ni la Constitución, ni la ley de la materia ni la jurisprudencia han sido claras sobre lo que se entenderá como la totalidad de cada una de las cámaras; es decir, pueden existir supuestos en donde debido a casos fortuitos los integrantes de los órganos legislativos sean menos que los que la Constitución establece, —por ejemplo que un diputado o senador fallezca y no se llame a su suplente para protestar el cargo; o bien, al inicio de la instalación de la legislatura dos diputados no se hayan presentado aún a protestar el cargo— en esos casos a pesar de que formalmente el texto constitucional determina que los órganos legislativos se integrarán por 128 senadores y 500 diputados, en los ejemplos dados, materialmente se integran por menos, de ahí que surja la duda respecto a cómo determinamos el 33 % de los legisladores que pueden promover una Acción.

Aunado a ello, confunde todavía más la jurisprudencia emitida por la Corte para el caso del porcentaje de las legislaturas locales, en donde ha expresado que derivado del análisis al inciso d), fracción II del artículo 105 constitucional, el único requisito para la procedencia de la Acción de Inconstitucionalidad promovida por alguna legislatura estatal es que ésta se interponga «por el equivalente al treinta y tres por ciento de los integrantes del órgano legislativo estatal que haya expedido la norma que se combate»[440].

De la interpretación antes citada se desprende que la totalidad del porcentaje que se tomará en cuenta para obtener el treinta y tres por ciento de legisladores para promover este medio de control abstracto será el número total de integrantes del órgano que expidió la norma. Esta interpretación permite que legisladores pertenecientes al órgano legislativo emisor de la norma que no intervinieron en el procedimiento legislativo puedan promover el medio de control e incluso a aquellos diputados que habiendo participado en el trámite hayan votado a favor de la norma que se impugna.

4.3.1. Conclusiones sobre este apartado

Por lo que hace a la legitimación en ambos países de sus medios de control abstracto —Recurso de Inconstitucionalidad y Acción de Inconstitucionalidad— es posible expresar que existen muchas similitudes entre ellos, aunque como es de esperarse cada uno tiene sus diferencias, las cuales ya fueron abordadas en el apartado anterior; por lo cual es menester señalar los puntos que podrían coadyuvar a mejorar ambos medios de control.

En este orden de ideas se considera propicio que en México se aclare el número de legisladores que integra el porcentaje total sobre el cual se aplicará el 33 % que da legitimación para incoar la Acción de Inconstitucionalidad, pues en el presente quedan dudas no solucionadas por la interpretación constitucional sobre qué sucedería en aquellos casos en donde no pudiera llegar a completarse la conformación total de los integrantes de las legislaturas locales o los órganos legislativos federales; ni tampoco se considera propicio que en normas aprobadas apenas pon el quórum necesario para que los órganos legislativos sesionen, se exija un 33 % de la totalidad del órgano (por ejemplo, la Cámara de Diputados Federal se compone de acuerdo a la Constitución de 500 legisladores, pero su quórum para empezar a sesionar es de cuando menos 251 diputados, en este sentido, si una ley fuera aprobada con ese número de votos a favor y, pretendiera impugnarse a la postre vía Acción de Inconstitucionalidad sería necesario, en los términos que la Constitución y la jurisprudencias señalan, el 33 % de legisladores que integran todo el órgano, es decir, 165, lo que en los hechos representa más de la mitad de los diputados que aprobaron la norma).

---

440. ACCIÓN DE INCONSTITUCIONALIDAD. LOS DIPUTADOS QUE CONFORMEN EL TREINTA Y TRES POR CIENTO DE LA INTEGRACIÓN DE UNA LEGISLATURA ESTATAL TIENEN LEGITIMACIÓN PARA PROMOVERLA, AUN CUANDO NO HUBIERAN VOTADO EN CONTRA DE LA NORMA GENERAL IMPUGNADA, Tesis P./J. 20/2001, Acción de inconstitucionalidad 9/2001, aprobada el 08 de marzo de 2001, publicada en el Semanario Judicial de la Federación y su Gaceta. Tomo XIII, marzo de 2001, p. 448.

Por lo que hace al caso mexicano, siguiendo la evolución del artículo 105 y de los medios de control de la constitucionalidad concentrado que ejerce la Suprema Corte (Controversias Constitucionales y Acciones de Inconstitucionalidad) no se entiende por qué no se legitima a todos los órganos autónomos constitucionales para iniciar Acciones de Inconstitucionalidad respecto de normas generales con contenido sobre la materia que regulan, dejando esa oportunidad solamente a tres de ellos[441] —Instituto Nacional de Transparencia, Acceso a la Información y Protección de Datos Personales y a sus órganos homólogos en las entidades federativas, a la Comisión Nacional de Derechos Humanos y a la Fiscalía General de la República— lo anterior se contrapone con la reciente reforma constitucional publicada el 11 de marzo de 2021, a la cual ya nos hemos referido y en la que se reformó la fr. I del artículo 105 constitucional con la finalidad de ampliar la legitimación y la procedencia para incoar controversias constitucionales. En este sentido llama la atención el por qué no se amplío la legitimación para todos los órganos constitucionales autónomos también para promover Acciones de Inconstitucionalidad que afecten la materia que éstos desarrollan.

Un hecho que llama la atención en el control de la constitucionalidad abstracto en España es que a diferencia de México las minorías parlamentarias autonómicas no cuentan con legitimación para promover un Recurso de Inconstitucionalidad, pues aunque el artículo 32 de la Ley Orgánica del Tribunal Constitucional reconoce la legitimación a los órganos colegiados ejecutivos y a las Asambleas de las Comunidades Autónomas, previo acuerdo adoptado al efecto, esto no implica que las minorías de estos órganos puedan promover este medio de control abstracto, en la práctica esta deficiencia de legitimación se subsana a través de las representaciones en el Senado, ya que la minoría parlamentaria en este órgano sí tiene legitimación para interponerlo.

4.4. Procedimiento

Respecto al trámite de los medios de control abstracto éstos ya fueron abordados en términos generales en los capítulos respectivos (II y III); en dicho análisis, llama la atención, por lo que hace al Recurso de Inconstitucionalidad el plazo para su interposición, pues a diferencia de México con su Acción de Inconstitucionalidad, el Recurso en España goza de un término muy amplio para promoverlo, de tres meses, el cual se computará a partir

441. A nivel federal se reconocen nueve órganos constitucionales autónomos los cuales son: Banco de México, Instituto Nacional Electoral, Instituto Nacional de Transparencia Acceso a la Información y Protección de Datos Personales, Instituto Nacional de Estadística y Geografía, Comisión Nacional de los Derechos Humanos, Fiscalía General de la República, Consejo Nacional de Evaluación de la Política de Desarrollo Social, Comisión Federal de Competencia Económica e Instituto Federal de Telecomunicaciones.

del día en el que se publica la ley, disposición o acto con fuerza de ley en el Boletín Oficial del Estado. Sin embargo, en el caso de leyes autonómicas el *dies a quo* comienza a partir de su publicación en el Boletín Oficial de la Comunidad Autónoma[442].

Sobre este mismo tema, en México se contempla un término de treinta días naturales contados a partir del día siguiente a la fecha en que la ley o tratado internacional impugnado sean publicados en el correspondiente medio oficial[443]. En este marco, se aprecia un plazo similar al otorgado para promover Juicio de Amparo contra normas generales; no obstante, la exposición de motivos de dicha modificación constitucional no aclara de ningún modo el porqué de este plazo, por lo cual sólo cabría a la especulación expresar que ese fue el término que el legislador consideró razonable para que los sujetos legitimados pudieran impugnar una norma.

Otra de las características importantes en este apartado es que la interposición del Recurso de Inconstitucionalidad en España o la Acción de Inconstitucionalidad en México no implica la suspensión de los efectos de la ley, acto o norma con fuerza de ley —en España— ni la norma general —en México—; sin embargo, en el Recurso de Inconstitucionalidad existe una excepción y ésta ocurre cuando el gobierno de la Nación como promovente impugna una norma con fuerza de ley de una Comunidad Autónoma, en este caso se aplicará lo dispuesto en el artículo 161.2 de la Constitución Española, en el cual se determina que la impugnación de dicha norma producirá la suspensión, sin embargo, será el Tribunal Constitucional quien la pueda ratificar o bien levantarla en un plazo no superior a cinco meses[444].

Por otro lado, una de las diferencias más notables entre los medios de control de la constitucionalidad que se comparan en este estudio, es la inclusión de medios alternativos de solución de carácter político antes de judicializar por completo la supuesta inconstitucionalidad y continuar el trámite del Recurso de Inconstitucionalidad, sin embargo esto sólo acontece en los casos en que el Presidente del Gobierno y los órganos colegiados ejecutivos de las Comunidades Autónomas promuevan Recurso de Inconstitucionalidad, ya que cuando esto acontece, existe la posibilidad de ampliar el plazo —de tres a nueve meses— debido a la instalación de la Comisión Bilateral de Cooperación entre la Administración General del Estado y la correspondiente Comunidad Autónoma con la finalidad de llegar a un acuerdo antes de que se judicialice plenamente la controversia; para ello una vez instalada la

442. Auto 579/1989, de 28 de noviembre, Recurso de inconstitucionalidad 1.926/1989. Acordando la inadmisión del recurso de inconstitucionalidad 1.926/1989. Disponible en:https://hj.tribunalconstitucional.es/es/Resolucion/Show/14491

443. Artículo 60 de la Ley Reglamentaria de las Fracciones I y II del artículo 105 de la Constitución Política de los Estados Unidos Mexicanos.

444. *Cfr.* Pérez Tremps, Pablo, *Sistemas de Justicia Constitucional*, *op cit.*, p. 69 así como el artículo 161.2 de la Constitución Española.

Comisión y en caso de adoptarse un acuerdo, éste será puesto a la vista del Tribunal Constitucional dentro de los tres meses siguientes contados a partir de la fecha de publicación de la ley, acto o norma con fuerza de ley[445].

4.4.1. Conclusiones sobre este apartado

Uno de los puntos que debe considerarse es la posibilidad de reducir los plazos de tres y nueve meses para el Recurso de Inconstitucionalidad en España, en virtud de que, al ser lapsos muy amplios, genera una mayor dilación del procedimiento constitucional y esto podría implicar la vulneración reiterada a la esfera jurídica de los sujetos cuyas conductas encuadren en los supuestos regulados por la ley sujeta al análisis de la constitucionalidad.

Recordemos que, como regla general, la ley sometida a control no se suspende; por lo tanto, aunque se dude de su constitucionalidad, los actos jurídicos regulados por la misma seguirán teniendo vigencia a pesar de que con posterioridad se declare su anticonstitucionalidad. En este orden de ideas, si bien, los particulares pueden acudir a otros medios de control, como la cuestión de inconstitucionalidad o el recurso de amparo constitucional, tanto los efectos de las sentencias como la procedencia de los mismos son distintos; en el caso de la cuestión, ésta sólo procede para combatir normas con rango de ley; mientras que el recurso de amparo podrá promoverse cuando se combatan «violaciones a derechos y libertades reconocidos en los artículos catorce a veintinueve de la Constitución originadas por las disposiciones, actos jurídicos, omisiones o simple vía de hecho de los poderes públicos del Estado, las Comunidades Autónomas y demás entes públicos de carácter territorial, corporativo, o institucional, así como de sus funciones o agentes»[446]. Por lo que respecta a los efectos de la sentencia, la cuestión de inconstitucionalidad tiene efectos abstractos, pero el análisis constitucional es concreto; mientras que en el recurso de amparo el análisis también se realiza en concreto y los efectos de la sentencia son *interpartes*[447], salvo en el

445. *Cfr. ibidem*, p. 67

446. Artículo 41 de la Ley Orgánica del Tribunal Constitucional.

447. «...la doctrina del Tribunal Constitucional recogida en las sentencias de amparo es vinculante siempre que se refiera a interpretación constitucional, y en este punto ha de matizarse que la existencia de una zona difusa entre interpretación constitucional-interpretación de la legalidad ordinaria, puede provocar algunos conflictos interpretativos como el que se produjo entre el Tribunal Constitucional y la Sala Segunda del Tribunal Supremo en materia de interpretación de la interrupción de la prescripción en el proceso penal» SOSPEDRA NAVAS, *op cit*. Disponible en: https://insignis.aranzadidigital.es/maf/app/document?srguid=i0ad82d9a000001801ce37299a3b56f12&marginal=BIB\2011\5561&docguid=I6e20e4b0fb8011e0a911010000000000&ds=ARZ_LEGIS_CS&infotype=arz_biblos;&spos=2&epos=2&td=0&predefinedRelationshipsType=documentRetrieval&global-result-list=global&fromTemplate=&suggestScreen=&&selectedNodeName=&selec_mod=false&displayName=

caso previsto en el punto dos del artículo 55.2 de la Ley Orgánica del Tribunal Constitucional (recurso de amparo se convierta en cuestión de inconstitucionalidad) donde existe la posibilidad de que los efectos sean generales.

En este orden de ideas, dado que los efectos generales de la inconstitucionalidad de una ley sólo son posibles a través del Recurso de Inconstitucionalidad —y excepcionalmente a través del Recurso de Amparo— es cuestionable seguir manteniendo lapsos tan prolongados para accionar medios abstractos con efectos de la sentencia generales; pues aunque el principio que tutela directamente este tipo de procedimientos es la supremacía constitucional, de manera indirecta y por los efectos generales de sus resoluciones se garantiza a la población la no aplicación de las normas que resulten contradictorias al texto constitucional. Sin embargo, no basta con que se estipule en la ley que el trámite del procedimiento del recurso sea más corto, sino que auténticamente los plazos para su respectiva resolución se cumplan, ya que observamos que a pesar del establecimiento de plazos (artículo 34 de la LOTC), el Tribunal Constitucional puede demorar décadas en resolver asuntos[448].

Por otra parte, después de leer la Ley Orgánica del Tribunal Constitucional se observa que no existe un capítulo destinado a la improcedencia o desechamiento ni ante cuestiones obvias (como que inicie un recurso

448. Víctor Ferreres Comella señala que «El problema en España, ... es que este esquema institucional está completamente en ruinas, por la espectacular tardanza del TC en dictar sentencias en los procedimientos de control de constitucionalidad (a veces, hasta diez años). Es natural que, ante esta deficiencia estructural, los jueces ordinarios prefieran no demorar la resolución de los casos y, por tanto, en lugar de plantear cuestión al TC, opten por reajustar el texto de la ley por vía 'interpretativa'. Lo que ha ocurrido con el artículo 136 del Código Civil, por ejemplo, es ilustrativo. Este precepto establece que el marido puede impugnar la paternidad matrimonial dentro del plazo de un año desde la inscripción de la filiación en el Registro Civil (salvo que ignore el hecho del nacimiento, en cuyo caso el plazo no corre hasta que conozca ese dato). Varios jueces consideraron que este precepto lleva a resultados injustos, en la medida en que el marido ve caducada su acción por transcurso de un año desde la inscripción de la filiación, aunque todavía no haya tenido conocimiento de los indicios que le permiten sospechar que no es el padre. Algunos jueces (incluido el Tribunal Supremo) optaron en algunas sentencias por una lectura 'antiformalista' del artículo 136 del Código Civil, de manera que el plazo no empiece a correr hasta que el marido no obtenga esos indicios. Otros jueces, más correctamente, estimaron que la lectura antiformalista era inadmisible, por contraria al claro tenor literal de la ley, y que lo procedente era plantear una cuestión de inconstitucionalidad al TC. Pues bien, el TC tardó más de nueve años en dar respuesta al primer juez que elevó la cuestión (véase STC 138/2005, de 26 de mayo). Durante todo ese tiempo, naturalmente, el pleito de impugnación de la paternidad quedó suspendido». No obstante, y a pesar de que se consideró dicho precepto inconstitucional, esto no pudo ser expulsado del orden jurídico español, pues el Tribunal Constitucional consideró que declarar inválido dicho artículo implicaría crear una laguna jurídica a los particulares que acabaría por dejarlos en una incertidumbre jurídica. En este sentido, se aprecia una sentencia que reconoce la inconstitucionalidad de la norma, pero rechaza su nulidad. Ferreres Comella, Víctor, «El imperio de la ley y sus enemigos», *Revista Española de Derecho Constitucional*, España, núm. 87, septiembre-diciembre 2009, pp. 424-425.

de inconstitucionalidad alguna persona sin legitimación), ni tampoco por cuestiones eminentemente sustantivas, como no enunciar las razones de la posible anticonstitucionalidad en el escrito correspondiente —todo ello sólo puede ser consultable a través de la jurisprudencia que para tal efecto ha fijado el Tribunal Constitucional— por ello se considera idóneo incluir un artículo o capítulo de desechamiento o denegación del recurso para conseguir certeza sobre este rubro, de esta forma no se dejaría en absoluto arbitrio la admisión de un recurso a los miembros del Tribunal Constitucional sin reglas ciertas[449].

Por lo tocante a México y respecto al análisis del procedimiento que debe seguirse para el trámite de la Acción de Inconstitucionalidad sobre leyes electorales creemos oportuno que la Suprema Corte de Justicia de la Nación siempre que conozca de un procedimiento de esta naturaleza deberá solicitar la opinión de la Sala Superior del Tribunal Electoral del Poder Judicial de la Federación[450], habida cuenta que en el presente esta petición es optativa de la Corte[451], lo cual no está justificado en virtud de que la materia electoral es sumamente especializada y si bien el tema específico es la constitucionalidad, también es verdad que la esencia del debate recae sobre consideraciones político comiciales, materia que desarrolla con cotidianeidad el Tribunal Electoral, por lo cual los aportes que ofrezca serán de gran valor. Aunado a ello, la obligatoriedad de la consulta se atribuye a que en la actualidad la Sala Superior analiza y conoce de control de la constitucionalidad y convencionalidad a través de medios de control concreto y difuso —Juicio para la protección de los derechos de la ciudadanía y Juicio de Revisión Constitucional— y otros con jurisdicción excluyente y concreta —Recurso de recon-

449. A diferencia de la admisión de una cuestión de inconstitucionalidad que se publica en el Boletín Oficial del Estado con la intención de que quienes son partes en el proceso judicial que dio origen puedan apersonarse para formular los alegatos que consideren, en el recurso de inconstitucionalidad, la admisión no se publica en el referido Boletín, sino que ésta traerá como consecuencia el emplazamiento del órgano creador de la norma con rango de ley para efecto de formular alegaciones. Una explicación que pudiera llegar a comprender el porqué de esta diferenciación entre ambos medios es probablemente a la forma en cómo se originó el estudio de constitucionalidad, mientras que en una se origina a partir de la posible aplicación de una norma con rango de ley presuntamente inconstitucional dentro de un proceso judicial —cuestión de inconstitucionalidad—, en el recurso este es un procedimiento constitucional y no un proceso, lo que implica que no existen partes que directamente puedan verse vulneradas en sus derechos, sino que sólo se limita a sujetos legitimados que accionan un procedimiento constitucional con el fin de asegurar la supremacía constitucional.

450. Lo anterior tiene una relevancia toral pues desde la creación de la Acción de Inconstitucionalidad, la impugnación de leyes electorales y fiscales ha sido el objeto que más se ha impugnado *Cfr*. Suprema Corte de Justicia de la Nación, *Art. 105 Dilemas de control constitucional,* Ciudad de México, México, Centro de Estudios Constitucionales de la Suprema Corte de Justicia de la Nación, 2016, p. 12.

451. Artículo 68 de la Ley Reglamentaria de las fracciones I y II del artículo 105 de la Constitución Política de los Estados Unidos Mexicanos.

sideración—; de ahí que si el Tribunal Electoral a través de su Sala Superior realiza control de legalidad en una materia tan especializada como la electoral y además ejerce el control de la constitucionalidad por vía concreta, no habría razón para no considerar la opinión de este órgano como de carácter obligatorio. Lo anterior cobra mayor relevancia si consideramos que la Sala Superior sólo puede ejercer control concreto, como ya se refirió, por lo cual resulta temerario permitir que se siga aplicando una ley inconstitucional —a quienes no acudieron al control concreto— en una materia con contenido político como lo es la electoral.

Independientemente de todo lo anterior se cree conveniente advertir que a partir de la inclusión material de México en el Sistema Regional de Derechos Humanos, éste se encuentra obligado a la aplicación y análisis de los dispositivos legales a la luz no sólo de la Constitución, sino también atendiendo a la «interpretación conforme»; en este sentido por lo tocante a la materia electoral la experticia y experiencia pueden ser un gran factor para que la Corte no incumpla obligaciones de Derecho Internacional Público en materia de derechos político electorales, por lo cual este argumento constituye una razón más para considerar la obligatoriedad de las consultas a la Sala Superior.

Por lo tocante a la inclusión de los Tratados Internacionales en el orden jurídico mexicano, sería conveniente implementar en México una figura similar a la Declaración sobre la constitucionalidad de los Tratados Internacionales establecida en España, ya que como se ha expuesto, el control de la constitucionalidad y convencionalidad en México aún no está claro, no sólo por el tipo de control jurisdiccional que prevalece o por las autoridades que pueden ejercerlo, sino además porque hoy en día no se conoce a ciencia cierta qué conforma el parámetro de constitucionalidad sobre el cual se adoptarán las decisiones jurisdiccionales. Algunos tratadistas y autoridades podrían expresar que a raíz de la Contradicción de Tesis 293/2011, este tema ya quedó solventado, puesto que en México no se habla de «bloque de constitucionalidad», sino de un «parámetro de regularidad constitucional» el cual no se relaciona en términos jerárquicos, sino de contenido; por ende, los criterios de la Suprema Corte de Justicia de la Nación nos han llevado a reconocer, que el parámetro de regularidad constitucional lo integran también «los derechos humanos, con independencia de su fuente, conforme al cual debe analizarse la validez de todas las normas y actos de autoridad que forman parte del ordenamiento jurídico mexicano»[452]. En este sentido, apreciamos también que en el mismo procedimiento —Contradicción de Tesis— dio origen a la tesis jurisprudencial P./J. 20/2014 (10a.), de rubro «DERECHOS HUMANOS

452. Seguimiento de Asuntos Resueltos por el Pleno de la Suprema Corte de Justicia de la Nación, Contradicción de Tesis 293/2011, «SCJN determina que las normas sobre derechos humanos contenidas en Tratados Internacionales tienen rango constitucional». Disponible en: https://www2.scjn.gob.mx/asuntosrelevantes/pagina/seguimientoasuntosrelevantespub.aspx?id=129659&seguimientoid=556

CONTENIDOS EN LA CONSTITUCIÓN Y EN LOS TRATADOS INTERNACIONALES. CONSTITUYEN EL PARÁMETRO DE CONTROL DE REGULARIDAD CONSTITUCIONAL, PERO CUANDO EN LA CONSTITUCIÓN HAYA UNA RESTRICCIÓN EXPRESA AL EJERCICIO DE AQUÉLLOS, SE DEBE ESTAR A LO QUE ESTABLECE EL TEXTO CONSTITUCIONAL», misma que ya nos referimos en la primera de las conclusiones de este capítulo y la cual describe que ante la incongruencia entre la Constitución y el Tratado, prevalecerá el texto constitucional; si bien, esta interpretación preserva la soberanía del Estado mexicano y privilegia el derecho doméstico por encima del internacional, lo cierto es que genera inconsistencias constitucionales que sólo pueden ser resueltas a través de la presentación de casos en concretos, puesto que ante un caso de contradicción entre un tratado internacional y la Constitución, la regla es preferir al texto constitucional, lo que puede traer como consecuencia un incumplimiento del Estado Mexicano al derecho internacional. Por si fuera poco, debido a términos introducidos en el derecho mexicano apenas en la reforma constitucional de 06 y 10 de junio de 2011 —como la interpretación conforme, el principio *pro personae*, control difuso y control de convencionalidad ex officio— se confundieron los procedimientos —por lo menos en sede administrativa[453] y en sede jurisdiccional ordinaria sobre todo— para llevar a cabo control de convencionalidad, y control difuso de la constitucionalidad, aunado a criterios jurisprudenciales del Poder Judicial que no han sido claros en delimitar las competencias[454], dando a entender

453. Existen criterios no vinculantes del Poder Judicial en el que se expresa que las autoridades administrativas no pueden inaplicar normas, aun cuando esta inaplicación implique tutelar derechos humanos, pues ello atentaría con el principio de legalidad que rige su actuación, en todo caso, podrían interpretar la ley para asegurar una mayor protección a la persona (principio *pro personae*) *Cfr*. CONTROL CONSTITUCIONAL CONCENTRADO O DIFUSO. LAS AUTORIDADES ADMINISTRATIVAS NO ESTÁN FACULTADAS PARA REALIZARLO, Tesis 2.ª CIV/2014 (10.ª), Amparo directo en revisión 1640/2014, publicada en la Gaceta del Semanario Judicial de la Federación. Libro 11, octubre de 2014, Tomo I, p. 1097. Sin embargo, existen otras criterios orientadores en los cuales se describen los pasos a seguir para llevar un control de la constitucionalidad y convencionalidad *ex officio*, el cual está dirigido a los jueces del Poder Judicial, no obstante dentro de su contenido se observa que también está dirigida la interpretación conforme a todos los jueces del país y a todas las autoridades del Estado mexicano en el ámbito de sus atribuciones; de ahí que no se pueda conocer auténticamente quiénes son los sujetos competentes para aplicar el control de convencionalidad, (*Cfr*. PASOS A SEGUIR EN EL CONTROL DE CONSTITUCIONALIDAD Y CONVENCIONALIDAD EX OFFICIO EN MATERIA DE DERECHOS HUMANOS, Tesis P. LXIX/2011(9.ª), Varios 912/2010, publicada en el Semanario Judicial de la Federación y su Gaceta. Libro III, diciembre de 2011, Tomo 1, p. 552) o cuando estamos hablando de interpretación conforme, principio pro-persona o bien control de convencionalidad *ex officio* que se encuentra dentro del control difuso de la constitucionalidad, como también lo ha sostenido la jurisprudencia del Poder Judicial de la Federación.

454. *Cfr.* CONTROL DE CONVENCIONALIDAD EX OFFICIO EN UN MODELO DE CONTROL DIFUSO DE CONSTITUCIONALIDAD, Tesis P. LXVII/2011(9.ª), Varios 912/2010, publicado Semanario Judicial de la Federación y su Gaceta, Libro III, diciembre de 2011, Tomo 1, p. 535.

que el control de la constitucionalidad «supuestamente concentrado»[455] llevado a cabo por el Poder Judicial subsume[456] todos los controles, tanto el difuso de la constitucionalidad como el de convencionalidad *ex officio*, teniendo como consecuencia que al día de hoy no se conozca a ciencia cierta si verdaderamente se aplica un control de convencionalidad *ex officio*.

En esta línea argumental y para finalizar esta conclusión se cree conveniente que México adopte el modelo de control español *a priori* para regular las normas generales de Tratados Internacionales y «Constituciones» locales, esta opción, aunque no es típica en la historia jurídica mexicana, si se implantara generaría beneficios significativos como por ejemplo, para el caso de los Tratados, contar con la posibilidad de llevar a cabo un estudio jurídico profundo que permita establecer que la norma de derecho internacional público creada a la luz de del Derecho de los tratados de la Convención de Viena no sea opuesta al orden jurídico local y por lo tanto su inclusión llegue no sólo por la suscripción del Tratado por parte del Jefe de Estado (Presidente) y ratificación del Senado, sino además bajó un análisis de autoridad realizado por la Suprema Corte, de esta manera se sabrá con mayor precisión, cómo entender el tratado, si éste violenta o no al texto de la ley suprema y que su inclusión permita al Estado con relativa seguridad que no se ha vulnerado su Constitución, asimismo no se incumplirían por parte del orden nacional obligaciones internacionales[457]; ahora bien, por el lado de las Constituciones locales la implantación de un control preventivo de la constitucionalidad sería óptimo, ya que las entidades federativas tienen como parámetro de todas sus leyes a la Constitución local, pero a su vez ésta debe respetar todas las decisiones políticas fundamentales y mandamientos que imponga la Constitución federal, en este entendido, cualquier reforma o proyecto de «nueva» Constitución local si pasara por la Corte a petición de ciertos sujetos legitimados contribuiría a consolidar en el país mexicano un régimen constitucional mucho más coherente, además de no limitar la facultad de las entidades federativas de configurar su orden jurídico (leyes y normativa locales diversas), pues el control constitucional sólo se llevaría a cabo exclusivamente sobre el texto que hace las veces de estatuto de autonomía, en este orden de ideas no se atentaría en ningún instante contra el federalismo mexicano y además se aseguraría que todo el orden jurídico de las entidades federativas sea coherente con la Constitución federal.

---

455. *Cfr.* SISTEMA DE CONTROL CONSTITUCIONAL EN EL ORDEN JURÍDICO MEXICANO, Tesis P. LXX/2011 (9.ª), Varios 912/2010, publicada en el Semanario Judicial de la Federación y su Gaceta. Libro III, diciembre de 2011, Tomo 1, p. 557.

456. *Cfr.* CONTROL DIFUSO DE CONSTITUCIONALIDAD EX OFFICIO. SUS PRESUPUESTOS FORMALES Y MATERIALES DE ADMISIBILIDAD Y PROCEDENCIA, Tesis XXVII.1o.(VIII Región) J/8 (10.ª), Amparo en revisión 29/2013, aprobada el 06 de diciembre de 2013 publicado en la Gaceta del Semanario Judicial de la Federación. Libro 1, diciembre de 2013, Tomo II, p. 953

457. Al mismo tiempo coadyuva a armonizar el parámetro de regularidad constitucional y eludir posibles contradicciones entre normas que pertenecen al mismo.

4.5. La sentencia, sus efectos y cumplimiento

Por lo que hace a las sentencias emitidas por el Tribunal Constitucional, en el capítulo II hicimos referencia a las características propias de éstas en el Recurso de Inconstitucionalidad en España, la generalidad que revisten en sus efectos, la afectación que en caso de declararse la inconstitucionalidad tendrá a la jurisprudencia y la irretroactividad de la ley, salvo que se trate de materia penal.

No obstante, conviene desarrollar en este apartado un tema que ha causado polémica dentro y fuera del Tribunal Constitucional, nos referimos pues al cumplimiento de las resoluciones de este órgano. Sobre este tema, el 17 de octubre de 2015 fue publicado en el Boletín Oficial del Estado (BOE) la reforma de 16 de octubre de 2015, a través de la cual se modificó el contenido de los artículos 80, 87, 90 y 92 de la Ley Orgánica del Tribunal Constitucional, dentro de la exposición de motivos se hacía hincapié en la necesidad de proporcionar instrumentos jurídicos tendientes a garantizar el cumplimiento de las sentencias emitidas por la función jurisdiccional, pues constituyen un elemento esencial del Estado de Derecho, ante ello se optó por proveer al Tribunal Constitucional —máximo intérprete constitucional— de instrumentos que tuvieran como finalidad el cumplimiento pleno de sus sentencias; así, dentro de las nuevas facultades se contempla a) el auxilio jurisdiccional; b) carácter de título ejecutivo a las resoluciones del Tribunal Constitucional; c) la posibilidad de que las resoluciones del Tribunal Constitucional pudieran ser notificadas a cualquier autoridad o servidor público[458] y la inclusión de un procedimiento ante el incumplimiento de una resolución, de hecho, la misma exposición de motivos alude que «el Tribunal solicitará un informe a quienes deban cumplirlas y, una vez se reciba el informe o venza el plazo que se hubiera dado, el Tribunal podrá imponer multas coercitivas, acordar la suspensión de las autoridades o empleados públicos responsables del incumplimiento, o encomendar al Gobierno de la Nación, aún en funciones, la ejecución sustitutoria. Todo ello, sin perjuicio de que puedan exigirse las responsabilidades penales que correspondan.

Asimismo, se permite que, en situaciones en las que concurran circunstancias de especial trascendencia constitucional, como, por ejemplo, los supuestos de incumplimiento notorio, y se trate de la ejecución de las resoluciones que acuerden la suspensión de las disposiciones, actos o actuaciones impugnadas el Tribunal pueda adoptar las medidas de ejecución necesarias *inaudita parte*»[459].

---

458. *Cfr.* Exposición de motivos de Ley Orgánica 15/2015, de 16 de octubre, de reforma de la Ley Orgánica 2/1979, de 3 de octubre, del Tribunal Constitucional, para la ejecución de las resoluciones del Tribunal Constitucional como garantía del Estado de Derecho. Disponible en: https://www.boe.es/buscar/doc.php?id=BOE-A-2015-11160

459. *Idem.*

Cabe resaltar que la causa que motivó esta reforma es la negativa reiterada al cumplimiento de las sentencias del Tribunal Constitucional por parte de las autoridades autonómicas de Cataluña, al respecto, Ignacio Díez-Picazo se ha pronunciado sobre esta causa expresando que «no estamos ante una ley de caso único, pero sí ante una ley motivada e impulsada por un único caso»[460], otros autores como Germán Fernández Farreres han señalado que la modificación realizada a la Ley Orgánica del Tribunal Constitucional ha sido poco útil, ya que las consecuencias marcadas en la reforma ante el incumplimiento de una sentencia de este órgano no se han aplicado (por lo menos, hasta 2018 —refiere el autor— no ha sido utilizado la suspensión de funciones de servidores públicos como medida ante el incumplimiento de una sentencia) excepto la multa coercitiva, la cual a juicio del referido doctrinario sí ha demostrado su eficacia[461].

A pesar de no ser tan llamativa esta reforma en cuanto al aspecto sustantivo y excepcional, puesto que la regla general es que la sentencia recaída en un procedimiento o proceso constitucional sea cumplida en los términos que se establece, generó debates dentro y fuera del Tribunal Constitucional sobre algunos aspectos, se dijo por ejemplo, que los nuevos mecanismos para garantizar el cumplimiento de las sentencias desnaturalizaban al órgano supremo de interpretación constitucional transformándolo en «una suerte de Tribunal Administrativo y sancionador del orden público»[462], pues no eran facultades inherentes al mismo, sin embargo la justificación para combatir este argumento fue que tratándose del Tribunal Constitucional —el cual ya expresamos que posee una dualidad de naturaleza jurídica, como Órgano constitucional autónomo y como Órgano jurisdiccional— actuando en su carácter de órgano jurisdiccional debe garantizar que sus resoluciones se cumplan, de ahí que las competencias atribuidas a éste no desnaturalizan al mismo, al contrario lo fortalecen no sólo como órgano jurisdiccional sino también como garante de la supremacía constitucional.

Por lo que hace a la modificación del artículo 80 de la Ley Orgánica del Tribunal Constitucional se estableció el carácter supletorio de la Ley de la Jurisdicción Contencioso administrativa para la materia de ejecución de resoluciones, algunos autores han sentenciado la dificultad de lo que este precepto representa en la práctica y los vicios que trae consigo, puesto que una supletoriedad sin modulación no garantiza certeza jurídica, lo cual

---

460. Díez-Picazo, Ignacio, «Breves reflexiones sobre la ejecución y compulsión al cumplimiento de las resoluciones del Tribunal Constitucional». *Elderecho.com*, 2017, Lefebvre, accesible en: https://elderecho.com/breves-reflexiones-sobre-la-ejecucion-y-compulsion-al-cumplimiento-de-las-resoluciones-del-tribunal-constitucional

461. *Cfr.* Fernández Ferreres, Germán, «Las nuevas facultades del Tribunal Constitucional para asegurar el cumplimiento de sus resoluciones», *Revista Española de Derecho Constitucional*, Madrid, España, núm. 112, enero-abril 2018, p. 22.

462. *ibidem*, p. 20

representa un peligro mayor en leyes como la del Tribunal Constitucional, en donde lo que más se observa es un contenido de la norma sucinto y carente de detalle; por dicha razón algunos autores han citado ejemplos para ilustrar esta problemática como Díez Picazo, quien señala que la supletoriedad de la Ley de la Jurisdicción Contencioso administrativa no tiene razón de ser en recursos de amparo cuyo origen sea la materia civil, penal o social, por el contrario adquiere sentido tratándose de amparos cuya fuente sea la materia contenciosa administrativa; por lo cual estima prudente que la interpretación de este artículo debiera atender a la *«ratio»* del procedimiento así como a la aplicación supletoria de la ley contenciosa administrativa, pero sin dejar de un lado la posibilidad de aplicación de otras leyes de carácter procesal para los medios cuyo origen atienda a materias distintas a la contenciosa administrativa[463], por su parte, el artículo 87 de la Ley Orgánica en comento también fue modificado para incluir el carácter de título ejecutivo a las sentencias del Tribunal Constitucional, pero este carácter sólo lo tendrían cuando los Juzgados y Tribunales actuaran en auxilio jurisdiccional del Tribunal Constitucional. Cabe precisar que un título ejecutivo es «el documento en que consta la sentencia firme, es decir, el documento público que contiene la declaración de voluntad irrevocable de un órgano jurisdiccional de que una persona sea sometida a una pena o a una medida de seguridad. (...) Por consiguiente, sólo la sentencia firme es título ejecutivo»[464] por lo tanto, cuando en la ley orgánica se estipuló que, para el caso del auxilio de las Juzgados y Tribunales, las resoluciones del Tribunal Constitucional estarían bajo este *status*, algunos autores criticaron esta redacción, pues argumentaron que existía una carencia en el manejo de conceptos procesales, pues no se puede señalar que para unos casos tenga el carácter de título ejecutivo y para otros no, sino que se es o no. Aunado a lo anterior, se ha mencionado también que esta redacción atiende a lo ya descrito con anterioridad, que el legislador realizó la redacción pensando en el caso de Cataluña —el cual, como ya se dijo fue una de las causas que motivaron la reforma— Una de las explicaciones que podrían dar lugar a entender el porqué de la redacción del artículo 87 es la relacionada con querer darle el *status* de título ejecutivo a todos los actos realizados por el Tribunal Constitucional, llámese sentencias o resoluciones[465]. Es menester precisar que como podrá observarse de la redacción del precepto en comento e incluso de todo el contenido de la reforma, si bien no se aluden términos correctos —como los de título ejecutivo— puesto que éstos sólo implican que sean actos firmes y es evidente que una resolución no es una sentencia; sobre esto Diez-Picazo señala «no es difícil entrever que

463. Díez-Picazo, Ignacio, https://elderecho.com/breves-reflexiones-sobre-la-ejecucion-y-compulsion-al-cumplimiento-de-las-resoluciones-del-tribunal-constitucional

464. Montero Aroca, Juan *et. al.*, *Derecho Jurisdiccional III Proceso penal*, 27.ª ed., Valencia, España, Tirant lo Blanch, 2019, p. 553.

465. *Crf.* Díez-Picazo, Ignacio, https://elderecho.com/breves-reflexiones-sobre-la-ejecucion-y-compulsion-al-cumplimiento-de-las-resoluciones-del-tribunal-constitucional.

la razón de ser del precepto es la de que todas las resoluciones del Tribunal Constitucional y no solo las sentencias les sean aplicables las medidas previstas para el caso de incumplimiento (...) y de que en caso de que se deba recabar el auxilio de otros tribunales la forma de la resolución no sea un obstáculo [de modo tal que] se evita el riesgo de que un tribunal que actuara por vía de auxilio entendiera que sólo podía actuar en ejecución de una sentencia [y no así de una resolución]»[466].

Finalmente y probablemente el artículo más controversial de la reforma en comento es el 92 de la Ley Orgánica del Tribunal Constitucional, en dicho precepto se resume el corazón de la reforma; su redacción comienza atribuyendo la competencia al Tribunal Constitucional para velar por el efectivo cumplimiento de sus sentencias y resoluciones dentro de la cual podrá señalar —o en actos posteriormente— la autoridad o sujeto que la ejecutará, las medidas necesarias de ejecución y en su caso, resolver las incidencias de ejecución; asimismo, reitera el carácter de órgano jurisdiccional supremo de la interpretación de la constitucionalidad, al tener la posibilidad de declarar la nulidad de otro acto que sea contradictorio con lo dictado por el Tribunal Constitucional —previa audiencia del Ministerio Fiscal y del órgano que las dictó— Ridao Martín señala que las resoluciones del Tribunal Constitucional no sólo tienen el valor de cosa juzgada sino también vinculan a los poderes públicos por lo cual las determinaciones tomadas por ese órgano deben ser acatadas por las instituciones públicas y para reafirmar esa obligatoriedad, las decisiones del Tribunal se publican en el BOE, tienen valor de cosa juzgada y los efectos de sus sentencias son generales, por lo menos aquellas que no se limiten a la estimación subjetiva de un derecho[467].

Asimismo, el numeral 2 de dicho precepto materializa y completa la posibilidad que ya se estipulaba también en el artículo 87.2 de la Constitución, esto es, la opción del auxilio de las autoridades para garantizar la efectividad y ejecutoriedad de cualquier resolución, este auxilio —el que se estipula en el artículo 92— no se ciñe sólo a los jueces sino también a las administraciones o poderes públicos, de modo tal que el Tribunal Constitucional está facultado para pedir la colaboración de cualquier autoridad para garantizar las decisiones de éste.

A pesar de lo ya relatado, tal vez lo más destacado de todo este precepto se estipula en su numeral cuatro, pues en él se imponen una serie de infracciones con miras a cumplimentar las resoluciones del Tribunal, a saber, se estipula la imposición de multas de carácter coercitivo, misma que tiene una «función disuasoria o de estímulo respecto a la obligación de todos los ciu-

466. *Idem.*

467. *Cfr.* Ridao Martin, Joan, «Las nuevas facultades ejecutivas del Tribunal Constitucional como sustitutivo funcional de los mecanismos de coerción estatal del artículo 155 de la Constitución», *Revista Vasca de la Administración Pública*, España, 2016, núm. 106, septiembre-diciembre 2016, p. 160.

dadanos y poderes públicos de cumplir las resoluciones del Tribunal Constitucional (arts. 9.1 CE y 87.1 LOTC), tendente a la modificación del comportamiento de quien incumple una resolución del Tribunal Constitucional, estando obligado a su cumplimiento. De modo que no se trata de una medida sancionadora en sentido propio, pues no se impone con una finalidad represiva o retributiva por la realización de una conducta antijurídica, sino como coerción o estímulo para el cumplimiento de un deber jurídico o, lo que es lo mismo, como disuasión para su incumplimiento»[468].

Ahora bien, en relación al inciso b) del mismo apartado relativo a la posibilidad de suspender en sus funciones a las autoridades o servidores públicos que recaigan en incumplimiento de la decisión del tribunal una vez vencido el plazo para acatarlo, el Tribunal Constitucional ha sostenido que a pesar de ser una medida gravosa, ésta no tiene un carácter sancionador, o de «infligir un castigo ante un comportamiento ilícito», sino que es una «medida para facilitar la ejecución plena de las resoluciones del Tribunal Constitucional», por lo cual ésta sólo podrá implementarse cuando resultare idónea para el fin que persigue, es decir, para «garantizar la efectividad y el cumplimiento de las resoluciones dictadas por el Tribunal en el ejercicio de su jurisdicción», de ahí que no se acredite esta medida como de carácter punitivo. Como se observa, el propio órgano constitucional ha expresado que tan pronto cese la voluntad incumplidora de la autoridad o servidor público responsable del cumplimiento de la resolución, esta medida debe ser levantada[469].

Por su parte, en México el control abstracto de normas se lleva a cabo por vía concentrada por quien pretende ser, o se dice ser, Tribunal Constitucional, la Suprema Corte de Justicia de la Nación, quien en la tramitación del procedimiento atiende al artículo 105 de la Constitución Política de los Estados Unidos Mexicanos y a la Ley Reglamentaria de las Fracciones I y II del Artículo 105 de la Constitución Política de los Estados Unidos Mexicanos, en esas disposiciones se estipulan obligaciones a la Corte tales como corregir los errores de cita de los preceptos invocados[470], así como fundar la sentencia que declara la anticonstitucionalidad de alguna norma de carácter general en cualquier artículo constitucional aunque el correspondiente no haya sido referenciado en el escrito inicial en donde se alegó la inconstitucionalidad[471]; lo anterior se considera pertinente pues la apreciación de la anticonstitucionalidad debe manifestarse para asegurar la supremacía del propio texto constitucional, ya que sería ilógico que en un control de normas

---

468. FJ.6, SENTENCIA 215/2016, de 15 de diciembre, (BOE núm. 17, de 20 de enero de 2017).

469. *Ibidem*, FJ. 10

470. Artículo 71 *ab initio* de la Ley Reglamentaria de las Fracciones I y II del Artículo 105 Constitucional.

471 Artículo 71 *in media res* de la Ley Reglamentaria de las Fracciones I y II del Artículo 105 Constitucional.

abstracto, percatándose el competente de asegurar la inconsistencia se deje a salvo una disposición «no pura» tan sólo porque no fue alegado originalmente; no obstante esta regla tiene una excepción, la materia electoral[472], circunstancia que se cree un error para los fines de la coherencia normativa, máxime porque la finalidad tutelada no es el aseguramiento de derechos sustantivos para una persona o grupo de personas, sino que prevalezca la supremacía constitucional, por lo tanto, establecer normas que generalmente son aplicables a medios de control concreto —como el estricto derecho— en la Acción de Inconstitucionalidad en materia electoral es incongruente con la finalidad que ésta última persigue, por lo que el orden jurídico mexicano debe redimensionar los términos de la presente regla con miras a reparar la regularidad constitucional en la asignatura comicial si es que se aprecia algún dispositivo contrario a la Constitución.

Por otro lado, debe señalarse que en el sistema mexicano, en las normas reguladoras de control abstracto no existe una metodología propia para asegurar la ejecución de la sentencia en caso de incumplir la misma; sino que para hacerla cumplir es necesario recurrir a otras disposiciones reguladoras de medios de control concreto —una vez más, al juicio de amparo— así, la propia Constitución estipula en el último párrafo del artículo 105 que «en caso de incumplimiento de las resoluciones a que se refieren las fracciones I y II [Acción de Inconstitucionalidad] de este artículo se aplicarán, en lo conducente, los procedimientos establecidos en los dos primeros párrafos de la fracción XVI del artículo 107 de esta Constitución»[473]. Este mandato se «complementa» con una supletoriedad prevista en la propia ley reglamentaria, pues el procedimiento previsto para activar estas medidas es el recurso de queja (procedimiento previsto en el Título II de la Ley reglamentaria del Artículo 105 que rige en materia de Controversias Constitucionales), lo cual se confirma con la jurisprudencia P./J. 15/2004, de rubro «ACCIÓN DE INCONSTITUCIO-

---

472. Artículo 72 de la Ley Reglamentaria de las Fracciones I y II del Artículo 105 Constitucional.

473. Los dos primeros párrafos de la fr. XVI del artículo 105 de la Constitución Política de los Estados Unidos Mexicanos determina «Si la autoridad incumple la sentencia que concedió el amparo, pero dicho incumplimiento es justificado, la Suprema Corte de Justicia de la Nación, de acuerdo con el procedimiento previsto por la ley reglamentaria, otorgará un plazo razonable para que proceda a su cumplimiento, plazo que podrá ampliarse a solicitud de la autoridad. Cuando sea injustificado o hubiera transcurrido el plazo sin que se hubiese cumplido, procederá a separar de su cargo al titular de la autoridad responsable y a consignarlo ante el Juez de Distrito. Las mismas providencias se tomarán respecto del superior jerárquico de la autoridad responsable si hubiese incurrido en responsabilidad, así como de los titulares que, habiendo ocupado con anterioridad el cargo de la autoridad responsable, hubieran incumplido la ejecutoria.
Si concedido el amparo, se repitiera el acto reclamado, la Suprema Corte de Justicia de la Nación, de acuerdo con el procedimiento establecido por la ley reglamentaria, procederá a separar de su cargo al titular de la autoridad responsable, y dará vista al Ministerio Público Federal, salvo que no hubiera actuado dolosamente y deje sin efectos el acto repetido antes de que sea emitida la resolución de la Suprema Corte de Justicia de la Nación».

NALIDAD. PROCEDE EL RECURSO DE QUEJA POR EXCESO O DEFECTO EN LA EJECUCIÓN DE LA SENTENCIA DICTADA EN ESE MEDIO DE CONTROL CONSTITUCIONAL»[474]. No obstante, y a pesar de esta supletoriedad, el apartado de la norma que regula la queja en ninguna parte advierte quienes serán los sujetos legitimados para promoverla, sino que esta respuesta nos la proporciona «parcialmente» la jurisprudencia de la Suprema Corte de Justicia en la tesis P./J. 17/2004, de rubro «ACCIÓN DE INCONSTITUCIONALIDAD. PARA LA PROCEDENCIA DEL RECURSO DE QUEJA INTERPUESTO POR EXCESO O DEFECTO EN LA EJECUCIÓN DE LA SENTENCIA DICTADA EN AQUÉLLA, NO ES NECESARIO QUE EL PROMOVENTE RESIENTA AGRAVIO ALGUNO»[475]. En ella, se advierte que cuando se trate de recursos derivados de medios de control abstracto —Acciones de Inconstitucionalidad— en donde lo que se garantiza es el principio de supremacía constitucional no es necesario que quien promueva contienda con la autoridad que no estuviere cumpliendo la sentencia o que el objeto que pretenda recurrirse les cause un agravio, pues lo que se pretende garantizar, como ya fue referido, es el principio de supremacía constitucional.

Esta solución no proporciona certeza en su interpretación ya que si bien —como hemos abordado en capítulos anteriores— los promoventes son autoridades cuyo fin no es proteger un derecho subjetivo sino preservar la coherencia del orden jurídico con la Constitución —supremacía constitucional— o con el llamado parámetro de regularidad constitucional, lo cierto es que dejan sendas lagunas que pueden dar pie a interpretar la norma y sus criterios de muchas formas, como el hecho de quién puede promover el recurso de queja; ¿cualquier sujeto legitimado para promover la Acción de Inconstitucionalidad? o ¿la autoridad que promovió la Acción de Inconstitucionalidad? o ¿Cualquier persona acreditando tener un interés legítimo aun cuando no tenga reconocida una legitimación para promover la Acción de Inconstitucionalidad?

Respecto a este recurso de queja, doctrinalmente la Suprema Corte de Justicia de la Nación ha expresado «...en el caso de la Acción de Inconsti-

---

474. ACCIÓN DE INCONSTITUCIONALIDAD. PROCEDE EL RECURSO DE QUEJA POR EXCESO O DEFECTO EN LA EJECUCIÓN DE LA SENTENCIA DICTADA EN ESE MEDIO DE CONTROL CONSTITUCIONAL, Tesis P./J. 15/2004, Recurso de queja deducido de la acción de inconstitucionalidad 37/2001 y sus acumuladas 38/2001, 39/2001 y 40/2001, aprobada el 08 de marzo de 2004, publicada en el Semanario Judicial de la Federación y su Gaceta. Tomo XIX, marzo de 2004, p. 956.

475. ACCIÓN DE INCONSTITUCIONALIDAD. PARA LA PROCEDENCIA DEL RECURSO DE QUEJA INTERPUESTO POR EXCESO O DEFECTO EN LA EJECUCIÓN DE LA SENTENCIA DICTADA EN AQUÉLLA, NO ES NECESARIO QUE EL PROMOVENTE RESIENTA AGRAVIO ALGUNO, Tesis P./J. 17/2004, Recurso de queja deducido de la acción de inconstitucionalidad 37/2001 y sus acumuladas 38/2001, 39/2001 y 40/2001, aprobada el 08 de marzo de 2004, publicada en el Semanario Judicial de la Federación y su Gaceta, Tomo XIX, marzo de 2004, p. 956.

tucionalidad, procede contra la parte condenada por exceso o defecto en la ejecución de una sentencia. Lo pueden interponer la parte actora o la que tenga interés legítimo, la parte interesada en el cumplimiento de la sentencia dictada por el Pleno y la entidad o poder afectado por la ejecución.

Quien conoce de él es el Presidente de la Suprema Corte de Justicia dentro del año siguiente al de la notificación.

Admitido el recurso, la autoridad que conoce de él requiere a la autoridad contra la que se interpone, para que en los quince días siguientes deje sin efecto la norma general o el acto que haya dado lugar al recurso. El requerido deberá rendir un informe y ofrecer pruebas; de lo contrario, se presumirán ciertos los hechos que se le hayan imputado, lo que podría implicar la imposición de una multa. Puede haber una audiencia de pruebas y alegatos, y luego el Ministro instructor elabora un proyecto de resolución que es estudiado y resuelto por el Pleno»[476].

Ahora bien, otro punto a tratar respecto al cumplimiento de las sentencias dentro de la Acción es plantearnos el siguiente dilema, en qué casos es posible recurrir a la queja como forma de cumplimiento de una sentencia recaída a este medio de control abstracto, puesto que si la sentencia sólo le limita a declarar la invalidez de una parte o la totalidad de la norma impugnada no es necesario la ejecución de la sentencia pues ésta sólo mandata un acto negativo. Por el contrario, cuando en la sentencia existe un resolutivo consistente en un hacer por parte de la autoridad es cuando se puede solicitar el cumplimiento de la sentencia ante un exceso o deficiencia en el cumplimiento de la misma.

Cabe destacar también que a diferencia del Tribunal Constitucional donde se requiere el auxilio de jueces y tribunales de jurisdicción ordinaria para cumplir con sus sentencias —en virtud de la naturaleza del Tribunal Constitucional de órgano constitucional autónomo con jurisdicción exclusiva que no forma parte del Poder Judicial— en México no acontece así, porque el órgano encargado del control de la constitucionalidad en abstracto es la Suprema Corte de Justicia, —la cual aunque se autodenomine Tribunal Constitucional no lo es— pues, como ya se describió, formalmente forma parte del Poder Judicial, lo que implica que posee los medios jurisdiccionales necesarios para hacer cumplir sus sentencias, independientemente del auxilio que pueda solicitarles a las demás instituciones públicas para alcanzar el mismo fin.

Finalmente y por lo que respecta a la votación para declarar estimatorias las sentencias dictadas en las Acciones de Inconstitucionalidad en México, se considera prudente la modificación de la votación necesaria para que una sentencia ostente el carácter de estimatoria y por tanto tenga efectos gene-

---

476. SUPREMA CORTE DE JUSTICIA DE LA NACIÓN, *¿Qué son las Acciones de Inconstitucionalidad?*, 2.ª ed., Distrito Federal, México, Suprema Corte de Justicia de la Nación, 2004, pp. 49-51.

rales; ya que los ocho votos que en la actualidad se exigen por la ley para que tenga efectos generales una sentencia no tienen razón de ser, por lo menos no en un modelo de control de la constitucionalidad de corte jurisdiccional, en donde lo que prevalece son los argumentos jurídicos y se compruebe la falta de concordancia entre una norma y la Constitución, es decir algo constatable y no de diversa índole.

En este marco se entiende que la Suprema Corte de Justicia de la Nación está integrada por Ministros y Ministras revestidos de un gran conocimiento y experiencia en el Derecho que además debaten y someten la decisión respectiva a confrontación entre ellos a través de la deliberación que dará como resultado la votación respectiva, en este sentido, todo lo expresado deben ser razones sólidas para efecto de que la simple mayoría absoluta sea el requisito suficiente para decretar la anticonstitucionalidad, tal como sucede en el Tribunal Constitucional Español cuando los Magistrados y Magistradas votan las determinaciones que recaen a los procedimientos de control de la constitucionalidad.

Siguiendo con la descripción de las sentencias y efectos de las Acciones de Inconstitucionalidad viene bien señalar otra regla que da pie a análisis y debates interesantes, consistente en el requisito *sine qua non* que para declarar la invalidez de la norma impugnada debe ser votada por cuando menos ocho votos, ya que de no contar con ese número el asunto se desestimará quedando así como única vía para el control de la constitucionalidad sobre esa norma un medio de control concreto, como el juicio de amparo, el cual por su propia naturaleza tiene mucho menor alcance. En este marco no se comprende jurídicamente la razón por la cual se exige una cantidad de votos tan «elevada» y mucho menos si se tiene conocimiento que la iniciativa de modificación constitucional que dio como resultado esa cantidad mínima tan elevada, exigía todavía más votos, pues eran nueve originalmente[477] para que la sentencia tuviera efectos generales[478].

---

477. Ismael Reyes Retana dice que la iniciativa presidencial respectiva proponía que para lograr que la sentencia tuviera efectos generales debía de contarse con nueve votos. *Cfr.* López -Ayllón, Sergio y Valladares, Florencio, «Las acciones de inconstitucionalidad en la Constitución Mexicana: Balance empírico de doce años de ejercicio», *Cuestiones Constitucionales Revista Mexicana de Derecho Constitucional*, núm. 21, julio-diciembre 2009, p 201.

478. En el mismo sentido que la cita anterior, se transcribe el texto original de la iniciativa de reforma constitucional que presentó el Presidente Ernesto Zedillo Ponce de León que aludía a la exigencia de nueve votos para que una sentencia de la Corte tuviera efectos generales: «Las resoluciones de la Suprema Corte de Justicia sólo podrán declarar la invalidez de las normas impugnadas, siempre que fueren aprobadas por una mayoría de cuando menos nueve votos»., la cual puede ser revisada en el siguiente vínculo de la Suprema Corte de Justicia de la Nación: https://legislacion.scjn.gob.mx/Buscador/Paginas/wfProcesoLegislativoCompleto.aspx?q=b/EcoMjefuFeB6DOaNOimNPZPsNLFqe0s7fey1FqrieYeyKVT/HxmmfVi/cb3HWaRN/k/w+3sjK0/ILptB9DZw==

4.5.1. Conclusiones sobre este apartado

Dentro de este apartado podemos destacar las siguientes posturas; en España se aprecia la notoria necesidad de haber implementado formas de ejecución de las sentencias en su Ley Orgánica del Tribunal Constitucional, no sólo por las causas que motivaron la reforma a la referida Ley, sino también por la propia naturaleza del órgano que tiene a cargo la función de intérprete máximo de la Constitución, ya que ésta es distinta a la de los demás órganos jurisdiccionales pertenecientes al Poder Judicial; lo que implica estar fuera de los demás órganos constituidos, incluido el Judicial, por lo cual es indispensable reconocer en la Ley Orgánica del Tribunal Constitucional la necesidad de la colaboración de otras autoridades para hacer eficaces sus sentencias, aun cuando el uso de estos procedimientos sea esporádico. Esta afirmación permite al mismo tiempo develar de manera más clara lo que se ha venido sosteniendo en esta investigación respecto al órgano encargado de control de la constitucionalidad en México, en el sentido de expresar que la Corte no es un Tribunal Constitucional, puesto que al continuar perteneciendo al Poder Judicial continúa gozando de todo el aparato judicial para hacer cumplir sus sentencias. Aunado a lo anterior, y en virtud de que la procedencia de la Acción de Inconstitucionalidad es mucho más restringida que la del Tribunal Constitucional, puede afirmarse que los medios procesales establecidos para combatir un exceso o defecto en el cumplimiento de las sentencias emitidas por la Suprema Corte en las Acciones de Inconstitucionalidad sólo será necesario cuando se vinculen a las autoridades responsables de un hacer; esto es, cuando la sentencia no se limita solamente a invalidar la norma general (entiéndase leyes y tratados internacionales).

Por lo que hace a España, y el carácter supletorio de la Ley de la Jurisdicción Contencioso Administrativa a la materia de ejecución de las resoluciones del Tribunal Constitucional, al igual que lo señalan otros autores —mismos que ya fueron referidos en páginas anteriores— es menester la modulación de esta supletoriedad, pues no en todos los procesos constitucionales será aplicable ya que, como lo evidencia Díez Picazo en «los procesos de amparo, que es en los que realmente puede haber genuinos pronunciamientos ejecutables, bastaría con que la Ley Orgánica del Tribunal Constitucional remitiera a las normas de ejecución forzosa del respectivo orden jurisdiccional». O bien, en vez de la supletoriedad colocar un procedimiento en la ley *exprofeso* para el cumplimiento de sentencias.

Cabe señalar una consideración importante respecto a la ejecución de las sentencias y la cual se desconoce de qué manera se puede resolver, pues sucede en ambos sistemas de control de la constitucionalidad comparados —México y España— y esto es, qué sucede ante el incumplimiento reiterado de una sentencia por parte de órganos o autoridades elegidos popularmente ¿es posible la suspensión de sus funciones en estos casos? En España, autores como Díez Picazo se han posicionado al respecto, expresando que «ni los *interna corporis* ni la elección por sufragio universal pueden oponerse al cumplimiento de las resoluciones del Tribunal Constitucional. Lo contrario sería tanto como negar al Tribunal su jurisdicción»[479].

En México por el contrario aunque se han planteado estos cuestionamientos para los casos del Amparo, en donde la ley reglamentaria del Juicio de Amparo prevé un título para el cumplimiento y Ejecución de las sentencias (cumplimiento e inejecución, repetición del acto reclamado, recurso de inconformidad, incidente de cumplimiento sustituto, incidente por exceso o defecto en el cumplimiento de la suspensión, denuncia por incumplimiento de la declaratoria general de inconstitucionalidad) es aún más cuestionable ya que no se habla de una suspensión del empleado público en su encargo ante la negativa de cumplimiento de la resolución, sino que en México la medida es aún más drástica, pues ante el incumplimiento injustificado de una sentencia de Acción de Inconstitucionalidad la Constitución prevé la separación del servidor público en su encargo, de ahí que resulte difícil —ante una sentencia de la Corte en una Acción de Inconstitucionalidad en donde se resuelva algo más que la mera declaración de invalidez de la norma por inconstitucional— separar de su cargo a todo el senado, o a toda la cámara o bien, a toda una legislatura local pues implicaría colocar en una crisis constitucional a los poderes públicos ya sea federales o locales.

Con respecto a las sentencias emitidas en los medios de control de la constitucionalidad abstracto de normas, los órganos encargados de conocer del control abstracto de éstas —Tribunal Constitucional en España con el Recurso de Inconstitucionalidad y Suprema Corte de Justicia de la Nación en México con la Acción de Inconstitucionalidad— requieren de cierta votación para que sus resoluciones sean consideradas estimatorias.

Sobre este aspecto, es destacable la regulación que sobre la votación se ha logrado en el orden jurídico español, puesto que de acuerdo a la Ley Orgánica del Poder Judicial 6/1985, bastará con la mayoría absoluta para estimar o desestimar una resolución contenida en el Recurso de inconstitucionalidad, es decir, basta con la postura a favor de la mitad más uno de votos de los integrantes de este órgano constitucional para expulsar la norma del orden jurídico. Esta votación de mayoría absoluta confirma que no se requieren mayores requisitos para declarar una norma inconstitucional que la expresión consensuada mínima (la mitad más uno) de especialista en la materia (pues la inconstitucionalidad o constitucionalidad no se demuestra ni debe demostrarse con mayorías calificadas) sino con razones y argumentos lógico jurídicos.

En el caso mexicano no acontece así, puesto que la Ley reglamentaria de las fracciones I y II del artículo 105 de la Constitución Política de los Estados Unidos Mexicanos establece en el artículo 72 que para que una norma pueda ser declarada inválida se requiere por lo menos de la aprobación de ocho

479. DÍEZ-PICAZO en FERNÁNDEZ FERRERES, *op cit.*, p. 35.

votos, es decir, ante la inconstitucionalidad de una norma no sólo debe acreditarse con argumentos jurídicos la invalidez, sino que se exige el convencimiento de una mayoría calificada de los integrantes para que una norma pueda declararse inválida. Es por eso que consideramos pertinente que el legislador realice modificaciones sobre la votación requerida para declarar la anticonstitucionalidad de una norma, ya que esta votación de por lo menos ocho integrantes genera suspicacias políticas, pues pareciera que las resoluciones en materia de control abstracto de normas no atiende solamente a razones jurídicas, sino a un consenso de por lo menos ocho miembros de la Suprema Corte de Justicia, lo que representa en términos de porcentaje, más del 70 % de sus integrantes, circunstancia que rebasa por mucho una mayoría absoluta, pues bastaría la acreditación de por lo menos seis miembros de la Corte que estén convencidos de la anticonstitucionalidad de la norma sujeta a control para que dicha ley sea expulsada del orden jurídico mexicano. En este sentido, resulta incongruente que en casos en donde se obtenga una votación favorable de seis o siete ministros en el sentido de declarar la anticonstitucionalidad de una norma, ésta no pueda separarse del orden jurídico, porque no se alcanzó la votación de ocho miembros de los once ministros que integran el órgano.

BIBLIOGRAFÍA

Ahumada Ruiz, María Ángeles, «La regla de la mayoría y la formulación de doctrina Constitucional. Rationes decidendi en la STC 136/1999», *Revista Española de Derecho Constitucional*, Madrid, España, Año 20, Núm. 20, enero-abril 2000.

Alegre Martínez, M. Ángel, «El recurso previo de inconstitucionalidad según la Ley Orgánica 12/2015: un regreso esperado, una reforma insuficiente», *Revista de Derecho Político*, Madrid, España, 2016, Núm. 97, septiembre a diciembre de 2016.

Andrés Ibáñez, Perfecto y **Alexy**, Robert, *Jueces y Ponderación Argumentativa*, México, Instituto de Investigaciones Jurídicas, 2018.

Aragón Reyes, Manuel, «Artículo 161 Competencias del Tribunal Constitucional», en Oscar Alzaga Villamil (Coord), *Comentarios a la Constitución Española*, España, Edersa, 1999, T. XII.

Aragón Reyes, Manuel, «Cuarenta años de Tribunal Constitucional», *Anuario Iberoamericano de Justicia Constitucional*, Madrid, España, Vol. 25, Núm. 1, 2021.

Aragón Reyes, Manuel, «El control de constitucionalidad en la Constitución Española de 1978», *Revista de Estudios Políticos*, Madrid, España, 1979, num.7.

Aragón Reyes, Manuel, «La deliberación en los Tribunales Constitucionales», en *Revista Española de Derecho Constitucional*, Centro de Estudios Políticos Constitucionales, N.° 112, enero-abril 2018.

Arévalo Gutiérrez, Alfonso (Director), *et al*, *Introducción a la Constitución Española de 1978*, Madrid, España, Dykinson, 2019.

Barceló Rojas, Daniel *et al.*, *Manual de Derecho Constitucional. Estructura y Organización Constitucional del Estado Mexicano*, México, UNAM Instituto de Investigaciones Jurídicas y Fondo de Cultura Económica, 2018.

Bassols Coma, Martín, *El Tribunal de Garantías Constitucionales de la II República, la primera experiencia de justicia constitucional en España*, Madrid, España, Boletín Oficial del Estado, 2010.

Brage Camazano, Joaquín, *La acción abstracta de inconstitucionalidad*, Ciudad de México, Universidad Nacional Autónoma de México-Instituto de Investigaciones Jurídicas de la UNAM, 2005.

Brage Camazano, Joaquín, *La acción de inconstitucionalidad*, México, Universidad Nacional Autónoma de México -IIJ, 2005.

Burgoa Orihuela, Ignacio, *El Juicio de Amparo*, 27.ª ed., México, Porrúa, 1990.

Burgoa Orihuela, Ignacio, *El juicio de amparo*, 41.ª ed., México, Porrúa, 2005.

Cappelletti, Mauro, «El Control judicial de la constitucionalidad de leyes», trad. de Cipriano Gómez Lara y Héctor Fix Zamudio, *Revista de la Facultad de Derecho de México*, México, 1965, Tomo XV, núm. 60, octubre-diciembre de 1965

Cappelletti, Mauro, *Obras la Justicia Constitucional dimensiones de la justicia en el mundo contemporáneo*, Ciudad de México, México, Porrúa, 2007.

Carmona Cuenca, Encarnación, «Estado de alarma, pandemia y derechos fundamentales ¿Limitación o suspensión?», *Revista de Derecho Político*, España, núm. 112, septiembre-diciembre 2021.

Carrillo, Marc, «El Tribunal Constitucional un balance de cuarenta años», *Revista de Derecho Político*, Madrid, España, 2018, N.º 101, enero- abril.

Castañeda, Mireya, *La protección no jurisdiccional de los derechos humanos en México*, Ciudad de México, México, Comisión Nacional de los Derechos Humanos, 2015.

Castellanos Madrazo, José Francisco, *El control de constitucionalidad de la ley en México*, México, Porrúa, 2014.

Cetina Menchi, David, «El control de la constitucionalidad de las leyes electorales», *Apuntes de derecho electoral una contribución institucional para el conocimiento de la ley como valor fundamental de la democracia*, México, Tribunal Electoral del Poder Judicial de la Federación, 2000.

Claria Olmedo, Jorge A., «La excepción procesal», *Boletín Mexicano de Derecho Comparado*, México, D.F., Nueva Serie, año VIII, Número 22-23, 1975.

Cortez Salinas, Josafat, *La Suprema Corte de Justicia en México ¿Cuándo vota contra el Presidente?*, México, Instituto de Investigaciones Jurídicas UNAM, 2014.

Cortez Salinas, Josafat, «Sobre el origen de la Corte Suprema de Justicia de 1824», *Boletín de Derecho Comparado*, México, Vol. 48, N.º 142, enero-abril 2015.

Cossío Díaz, José Ramón, *Sistemas y Modelos de Control Constitucional en México*, 2da. ed., Ciudad de México, México, Instituto de Investigaciones Jurídicas UNAM.

Covián Andrade, Miguel, *Diez estudios antidogmáticos sobre el sistema constitucional mexicano*, Distrito Federal, México, Centro de Estudios de Ingeniería Política y Constitucional A.C., 2009.

Covián Andrade, Miguel, *Fundamentos teóricos del control de la constitucionalidad,* México, Centro de Estudios de Ingeniería Política y Constitucional A.C., 2010.

Covián Andrade, Miguel, *Teoría Constitucional*, 2a ed., México, Centro de Estudios de Ingeniería Política y Constitucional A.C., 2000.

Cucarella Galiana, Luis Andrés, *Estudios de Derecho Procesal Constitucional y Convencional*, Bogotá, Colombia, Doctrina y Ley LTDA, 2015.

Delgado Ramos, David, «La legitimación del Presidente del Gobierno en la interposición del recurso de inconstitucionalidad», *Revista Parlamentaria de la Asamblea de Madrid*, Madrid, España, núm. 24, 2011

Díaz Crego, María, «Defensor del Pueblo y justicia constitucional: entre la declaración de intenciones y el exceso competencial», *Teoría y Realidad Constitucional*, Madrid, 2010, núm. 26.

Díaz Revorio, F. Javier, *Las sentencias interpretativas del Tribunal Constitucional,* México, Porrúa, 2011.

Díaz Revorio, Francisco Javier, «Tribunal Constitucional y procesos constitucionales en España: algunas reflexiones tras la reforma de la Ley Orgánica del Tribunal Constitucional de 2007», *Revista de Estudios Constitucionales*, Santiago, Chile, Año 7, Núm. 2, 2009.

Díez Sastre, Silvia, «La formación de conceptos dogmáticos en el Derecho Público», *Revista Jurídica Universidad Autónoma de Madrid*, Madrid, 2015, N.º 31.

Díez-Picazo, Ignacio, «Breves reflexiones sobre la ejecución y compulsión al cumplimiento de las resoluciones del Tribunal Constitucional», *Revista de Jurisprudencia*, septiembre 2017. Disponible en: https://elderecho.com/breves-reflexiones-sobre-la-ejecucion-y-compulsion-al-cumplimiento-de-las-resoluciones-del-tribunal-constitucional

Dworkin, Ronald, *Los derechos en serio*, trad. de Marta Gustavino, Barcelona, Ariel, 2009.

Escobar Roca, Guillermo, *El derecho, entre el poder y la justicia, una introducción crítica al sistema jurídico español*, Valencia España, Tirant lo Blanch, 2017.

Fernández Ferreres, Germán, «Las nuevas facultades del Tribunal Constitucional para asegurar el cumplimiento de sus resoluciones», *Revista Española de Derecho Constitucional*, Madrid, España, núm. 112, enero-abril 2018.

Fernández Rodríguez, José Julio, *La jurisdicción constitucional iberoamericana. El reto competencial*, México, Porrúa, 2014.

Fernández Segado, Francisco «Sir Edward Coke, El Bonham´s Case y la Judicial Review», *Observatório da Jurisdição Constitucional*, Brasilia, Año 6, n.º 2, julio-diciembre, 2013.

Fernández Segado, Francisco, *La evolución de la justicia constitucional*, España, Dykinson, 2013.

Ferrer Mac-Gregor, Eduardo y **Herrera**, Alonso (coords.), *El juicio de amparo en el centenario de la Constitución Mexicana de 1917. Pasado, presente y futuro*, México, Instituto de Investigaciones Jurídicas UNAM, 2017, Tomo I.

Ferrer Mac-Gregor, Eduardo y **Sánchez Gil** Rubén, *El nuevo Juicio de Amparo, guía de la reforma constitucional y la nueva Ley de Amparo*, 8va. ed., México, Porrúa-UNAM- Instituto Mexicano de Derecho Procesal Constitucional, 2016.

Ferrer Mac-Gregor, Eduardo y **Zaldívar Lelo de Larrea**, Arturo, (coords.), *La ciencia del Derecho Procesal Constitucional. Estudios en Homenaje a Héctor Fix-Zamudio en sus cincuenta años como investigador del Derecho*, México, IIJ-UNAM, Porrúa, 2009, Tomo VIII.

Ferrer Mac-Gregor, **Eduardo**, **Magaña de la Mora**, **Juan Antonio** y **Roa Ortiz**, **Emmanuel** Coords., *Derecho procesal constitucional en perspectiva histórica*, Ciudad de México, México, Instituto de Investigaciones Jurídicas, 2018, tomo II.

Ferrer Mac-Gregor, Eduardo, **Martínez Ramírez**, Fabiola y **Figueroa Mejía,** Giovanni A. (coords.), *Diccionario de Derecho Procesal Constitucional y Convencional*, México, Poder Judicial de la Federación, Consejo de la Judicatura Federal, UNAM, Instituto de Investigaciones Jurídicas, 2014, Serie Doctrina Jurídica, Núm. 692, Tomo I.

Ferrer Mac-Gregor, Eduardo, **Martínez Ramírez**, Fabiola y **Figueroa Mejía**, Giovanni (coords.), **Ackerman Rose**, **John Mill** *et al.*, *Diccionario de Derecho Procesal Constitucional y Convencional*; Ciudad de México, México, Poder Judicial de la Federación Consejo de la Judicatura Federal, Universidad Nacional Autónoma de México e Instituto de Investigaciones Jurídicas; 2014, Serie Doctrina Jurídica, Núm. 693, Tomo II.

Ferreres Comella, Víctor, «El imperio de la ley y sus enemigos», *Revista Española de Derecho Constitucional*, España, núm. 87, septiembre-diciembre 2009.

Fix Zamudio, Héctor y **Ferrer Mac-Gregor**, Eduardo, *Derecho de Amparo*, México, Ciudad de México, México Porrúa e Instituto de Investigaciones Jurídicas, 2011.

Fix Zamudio, Héctor y **Valencia Carmona**, Salvador, *Derecho Constitucional Mexicano y Comparado*, 3.ª ed., Ciudad de México, Porrúa, 2003.

Gabarda Polo, Laura, *et. al.*, *Principios de Gestión Administrativa Pública*, Madrid, España, Ministerio de Educación y Cultura, 1998, p. 64.

Gambino, Silvio, *et al.*, *El sistema constitucional español*, Madrid, España, Instituto Nacional de Administración Pública (INAP), 2019.

García Morelos, Gumesindo, *El proceso de Acción de Inconstitucionalidad*, México, UBIJUS, 2010.

García Pelayo, Manuel, «El status del Tribunal Constitucional», *Revista Española de Derecho Constitucional*, núm. 100, enero-abril, 2014.

Garita Alonso, Arturo *et al.*, *Medios de Control Constitucional*, México, Senado de la República, publicado durante la LXVI legislatura.

Garrote de Marcos, María y Vila Ramos, **Beatriz**, *Jurisdicción constitucional y el procedimiento de defensa de los derechos*, Madrid, España, Dykinson, 2015.

González Álvarez-Bugallal, María Cristina, y **Medina Rubio**, Ricardo, *Apuntes de derecho procesal constitucional*, Alicante, España, Editorial club universitario, 2009.

González Calvet, Jaume, *Otros. Practicum Proceso Laboral 2016*, Lex nova, 2015, recurso Aranzadi.

González Madrid, Miguel, «Justicia Constitucional y Configuración de un Tribunal Idóneo para la Eficacia del Estado», *Revista de Ciencias Sociales y Humanidades*, Distrito Federal, México, año 32, año 32, núm. 71, Julio-diciembre de 2011.

Guastini Riccardo, *Estudios sobre la interpretación jurídica*, 9a. ed., trad. de Marina Gascón y Miguel Carbonell, México, Porrúa-UNAM, 2016.

Hallivis Pelayo, Manuel, *Teoría general de la interpretación*, 3a. ed., México, Porrúa, 2009.

Hamilton, Alexander *et. al.*, *El federalista*, 2da. Ed. en español, trad. Gustavo R. Velasco, Ciudad de México, México, Fondo de Cultura Económica, 2001.

Hernández Macías, Juan Luis, «La declaratoria general de inconstitucionalidad: análisis del nuevo principio de relatividad», *Revista del Instituto de la Judicatura Federal*, México 2014, N. 38.

Huber Olea Contró, Jean Paul, *Derecho contencioso electoral*, Ciudad de México, Porrúa, 2005.

Huerta Ochoa, Carla, *Conflictos normativos*, 2da. edición, México, IIJ-UNAM, 2017.

Huerta Ochoa, Carla, *Teoría del derecho, cuestiones relevantes*, Ciudad de México, México, Instituto de Investigaciones Jurídicas de la UNAM, 2009.

Izaguirre Treviño, Edy, *Medios de impugnación en materia electoral*, Ciudad de México, Novum, 2012.

Jinesta Lobo, Ernesto, *Derecho procesal constitucional*, México, Porrúa-Instituto Mexicano de Derecho Procesal Constitucional, 2014

Kelsen, Hans, *Escritos sobre justicia constitucional*, trad. de Juan Luis Requejo Pagés, Madrid, España, Tecnos, 2021, Clásicos del pensamiento.

Kelsen, Hans, *La garantía jurisdiccional de la Constitución (La justicia constitucional),* trad. de Rolando Tamayo Salmorán, Ciudad de México, México, Universidad Nacional Autónoma de México Instituto de Investigaciones Jurídicas y Defensoría de los Derechos Universitarios, 2016, Serie Ensayos Jurídicos, núm. 5.

Kelsen, Hans, *Teoría general del derecho y del estado*, 2.ª ed., México, Universidad Nacional Autónoma de México, 1958.

Kelsen, Hans. «El control de la constitucionalidad de las leyes. Estudio comparado de las constituciones austriaca y norteamericana», traducción de Domingo García Belaunde, *Ius Et Veritas*, Perú, Año IV, No (6), 1993.

Lampué Pierre, *Noción de acto jurisdiccional*, trad. Jesús Toral Moreno, San José, Costa Rica, Editorial Jurídica Universitaria, Serie Obras selectas de derecho procesal, Vol. 1, 2001.

Langshaw Austin, John, *Cómo hacer cosas con palabras*, trad. de Genaro R. Carrió y Eduardo A. Rabossi, Barcelona, España, Paidós, 1962.

Lara Chagoyán, Roberto, *El constitucionalismo mexicano en transformación: Avances y retrocesos,* Querétaro México, Instituto de Estudios Constitucionales del Estado de Querétaro e Instituto Tecnológico y de Estudios Superiores de Monterrey, 2020, Colección Constitucionalismo contemporáneo.

Londoño S., Néstor Raúl, «La obligatoriedad de los principios del derecho en el common law de los Estados Unidos», *Revista Facultad de Derecho y Ciencias Políticas*, Medellín, Colombia, Vol. 37, núm. 106, enero-junio, 2007.

López-Ayllón, Sergio y **Valladares Florencio**, «Las acciones de inconstitucionalidad en la Constitución Mexicana: Balance empírico de doce años de ejercicio», *Cuestiones Constitucionales Revista Mexicana de Derecho Constitucional*, Núm. 21, julio-diciembre 2009.

López Sánchez, Eduardo y **Soberanes Fernández, José Luis**, Coords., *La Constitución de Cádiz de 1812 y su Impacto en el Occidente Novohispano*, Ciudad de México, México, Instituto de Investigaciones Jurídicas UNAM, 2015.

Márquez Rábago, Sergio (coord.), *Constitución Política de los Estados Unidos Mexicanos comentada y con jurisprudencia,* Aldana Ugarte, Gabriela, *et al.*, México, Porrúa Print, 2017.

Márquez Rábago, Sergio, *Derecho Constitucional en México*, 4a ed., México, PorrúaPrint, 2018.

Molina Giménez, Andrés, «Los Defensores del Pueblo en España. Reflexiones sobre su funcionamiento y utilidad», *Revista de Administración Pública*, España, 2016, núm. 199.

Montesillos Padilla, Carmen (Coord.), *Comentarios a la Constitución Española, 40 aniversario 1978-2018, Libro- Homenaje a Luis López Guerra*, España, Tirant lo Blanch, 2018, Tomo II.

Montero Aroca, Juan *et. al.*, *Derecho Jurisdiccional III Proceso penal*, 27.ª ed., Valencia, España, Tirant lo Blanch, 2019.

Pérez Tremps, Pablo y **Saiz Arnaiz, Alejandro** (directores), **Montesinos Padilla, Carmen, Aguiar de Luque, Luis,** *et al.*, *Comentario a la Constitución Española 40 Aniversario 1978-2018, Libro Homenaje a Luis López Guerra*, Valencia, Tirant lo Blanch, Tomo I.

Pérez Tremps, Pablo, «La cuestión de Inconstitucionalidad en el Derecho Español», *Revista del Centro de Estudios Constitucionales*, Santiago, Chile, Vol. 3, núm. 1, 2005.

Pérez Tremps, Pablo, Sistema de justicia constitucional, segunda edición, Navarra, España, Aranzadi, 2016.

Peschard Mariscal, Jacqueline y **Astorga Ortiz, Fidel**, *Los partidos políticos frente al escrutinio. De la fiscalización a la transparencia*, México, Tribunal Electoral del Poder Judicial de la Federación, 2012, Serie Temas selectos de derecho electoral N.º 31.

Rabasa, Emilio O, *Historia de las Constituciones Mexicanas*, 3.ª ed., Ciudad de México, México, Instituto de Investigaciones Jurídicas y Universidad Nacional Autónoma de México, 2008.

Ridao Martin, Joan, «Las nuevas facultades ejecutivas del Tribunal Constitucional como sustitutivo funcional de los mecanismos de coerción estatal del artículo 155 de la Constitución», *Revista Vasca de la Administración Pública*, España, 2016, núm. 106, septiembre-diciembre 2016.

Rodríguez Merino, Abelardo, «Consideraciones en torno al planteamiento de la denominada cuestión de inconstitucionalidad» (Comentario de la sentencia del Tribunal Constitucional de 1 de junio de 1981)», pp. 73, 74. Disponible en: http://ibdigital.uib.es/greenstone/collect/cuadernosFacultadDerecho/archives/Cuaderno/s_1983v0/05p061.dir/Cuadernos_1983v005p061.pdf

Rodríguez Molero, Antonio, «El alcance de la Inconstitucionalidad», *Revista de Política Social,* Centro de Estudios Constitucionales, Madrid, España, 1980, N.º 126, abril-junio.

Rodríguez Pérez, Ramiro, *El papel de la Suprema Corte de Justicia de la Nación en el estado de excepción*, México, Porrúa, 2018.

Rodríguez-Piñero y Bravo Ferrer, Miguel y **Casas Baamonde**, María Emilia (Directores), **Pérez Manzano**, Mercedes y **Borrajo Iniesta**, Ignacio (Coords.), *Comentarios a la Constitución Española XL Aniversario*, España, Fundación Wolters Kluwer-Boletín Oficial del Estado-Tribunal Constitucional y Ministerio de Justicia, 2018.

Rojas Rivera, Victorino, *Control difuso de constitucionalidad y convencionalidad. Origen y evolución en México*, Morelia México, 2017.

Rosario Rodríguez, Marcos Francisco, en *Diccionario de Derecho Procesal Constitucional y Convencional*; Ciudad de México, México, Poder Judicial de la Federación Consejo de la Judicatura Federal, Universidad Nacional Autónoma de México e Instituto de Investigaciones Jurídicas; 2014, Serie Doctrina Jurídica, Núm. 692, Tomo I.

Roura Gómez, Santiago A., *La defensa de la Constitución en la Historia Constitucional Española: Rigidez y control de Constitucionalidad en las experiencias Republicanas. (1873-1931),* Tesis Doctoral, La Coruña 1997.

Rubio Llorente, Francisco, «Rango de ley, fuerza de ley, valor de ley (sobre el problema del concepto de Ley en la Constitución)», *Revista de Administración Pública*, Madrid, España, Núm. 100-102, enero-diciembre 1983.

Sagüés, Néstor Pedro, *Teoría de la Constitución*, Buenos Aires, Astrea, 2004.

Sánchez-Cordero de García Villegas, Olga, *Magistratura constitucional en México. Elementos de juicio*, México, Instituto de Investigaciones Jurídicas-Universidad Nacional Autónoma de México, 2005.

Santaolalla López, Fernando, «El voto de calidad del presidente del Tribunal Constitucional», *Revista Española de Derecho Constitucional,* Madrid, España, núm. 85, enero-abril 2009, p. 208.

Schmitt, Carl, *Teoría de la Constitución*, Madrid España, Alianza editorial, 1982.

Sospedra Navas, Francisco José, *Justicia constitucional y procesos constitucionales*, España, Civitas, 2011. Recurso digital brindado por el Buscador de Recursos-e de la Universidad de Alcalá, Aranzadi Instituciones. Disponible en:

https://insignis.aranzadidigital.es/maf/app/documentsrguid=i0ad82d9a-0000017fbec9324a24deaf98&marginal=BIB\2011\5551&docguid=I-6616c9b0fb8011e0a911010000000000&ds=ARZ_LEGIS_CS&infotype=arz_biblos;&spos=1&epos=1&td=0&predefinedRelationshipsType=documentRetrieval&fromTemplate=&suggestScreen=&&selectedNodeName=&selec_mod=false&displayName=#

Suprema Corte de Justicia de la Nación e Instituto de Investigaciones Jurídicas, *Improcedencia de la acción de inconstitucionalidad para impugnar el procedimiento de reformas a la Constitución Federal o el contenido de éstas*, México, Suprema Corte de Justicia de la Nación, 2010, Serie Decisiones relevantes de la Suprema Corte de Justicia de la Nación, núm. 52.

Suprema Corte de Justicia de la Nación, *¿Qué son las acciones de inconstitucionalidad?*, 2a ed., México, Suprema Corte de Justicia de la Nación, 2004.

Suprema Corte de Justicia de la Nación, *Art. 105 Dilemas de control constitucional,* Ciudad de México, México, Centro de Estudios Constitucionales de la Suprema Corte de Justicia de la Nación, 2016.

Suprema Corte de Justicia de la Nación, *Elementos de Derecho Procesal Constitucional,* 3.ª ed., Ciudad de México, México, Suprema Corte de Justicia de la Nación, 2018.

Suprema Corte de Justicia de la Nación, *Homenaje a Don Manuel Crescencio Rejón*, México, Suprema Corte de Justicia de la Nación, 1960.

Suprema Corte de Justicia de la Nación, *La defensa de la Constitución*, Ciudad de México, México, Coordinación de Compilación y Sistematización de Tesis de la Suprema Corte de Justicia de la Nación, 2005, Serie Grandes Temas del Constitucionalismo Mexicano.

Suprema Corte de Justicia de la Nación, *La ley de amparo en lenguaje llano*, Ciudad de México, Suprema Corte de Justicia de la Nación, 2014.

Suprema Corte de Justicia de la Nación, *Las Controversias Constitucionales y las Acciones de Inconstitucionalidad: Análisis de las fracciones I y II del artículo 105 constitucional,* a partir de los criterios de la Suprema Corte de Justicia de la Nación,, México, Suprema Corte de Justicia de la Nación, 2009.

Suprema Corte de Justicia de la Nación, *Los tribunales constitucionales y la Suprema Corte de Justicia de la Nación*, 3a. ed., México, Suprema Corte de Justicia de la Nación, 2014.

Textos Constitucionales Españoles Extranjeros, Editorial Athenaeum. Zaragoza, 1930.

Torres Muro, Ignacio, «Los recursos del Defensor del Pueblo ante el Tribunal Constitucional. Una revisión» *Teoría y Realidad Constitucional*, España, núm. 26.

Tortolero Cervantes, Francisco y **Pérez Vázquez**, **Carlos** (coords), *El Juicio de Amparo en la Declaración Universal de los Derechos Humanos*, el patrimonio documental de la SCJN: Una postulación a la UNESCO, México, Suprema Corte de Justicia de la Nación, 2015.

Valdés S., Clemente, «Marbury vs. Madison. Un ensayo sobre el origen del poder de los jueces en los Estados Unidos», Jurídica. *Anuario del Departamento de derecho de la Universidad Iberoamericana,* Ciudad de México, México, núm. 35, 2005.

Vallarta Plata, **José G.**, *Introducción al Estudio del Derecho constitucional comparado*, México, Porrúa, 1998,

Varela Suanzes-Carpegna, **Joaquín**, *La construcción del Estado en la España del siglo XIX. Una perspectiva constitucional*. Alicante, Biblioteca Virtual Miguel de Cervantes, 2012. http://www.cervantesvirtual.com/obra-visor/la-construccion-del-estado-en-la-espaa-del-siglo-xix-una-perspectiva-constitucional/html/dcd3569e-2dc6-11e2-b417-000475f5bda5_2.html#I_1_

Velásquez García, Eric, *et. al.*, *Nueva Historia General de México*, México, Colegio de México, 2016.

Villaverde Menendez, **Ignacio**, «Algunas reflexiones acerca de la cuestión de inconstitucionalidad», *Cuaderno de Derecho Público*, Madrid España, núm. 18, enero-abril 2003.

Von Bogdandy, Armin, **Mac-Gregor Ferrer**, Eduardo y **Morales Antionazzi**, Mariela Coords., *La Justicia Constitucional y su internacionali-*

zación ¿Hacia un ius constitutionale commune en América Latina?, t.I, VALADÉS, Diego, «La protección de los derechos fundamentales frente a particulares», México, Instituto de Investigaciones Jurídicas de la UNAM, Max Planck-Institut Für Ausländisches Öffentliches Recht Und Völkerrecht, Instituto de Derecho Constitucional, 2010.

WEBER, Albrecht, «Tipos de Jurisdicción Constitucional», *Anuario Iberoamericano de Justicia Constitucional*, Madrid, España, Número 6, año 2002.

Fuentes electrónicas

BARRERA ROBLERO, Eduardo, «A 180 años del Supremo Poder Conservador», Nexos, *Blog El juego de la Suprema Corte*, México, 2016.

https://eljuegodelacorte.nexos.com.mx/?p=5773

Buscador de Jurisprudencia constitucional.

http://hj.tribunalconstitucional.es/HJ/es/Busqueda/Index

CORTE INTERAMERICANA DE DERECHOS HUMANOS, *Caso Radilla Pacheco Vs Estados Unidos Mexicanos*, sentencia de 23 de noviembre de 2009, pp. 92-93.

https://www.corteidh.or.cr/docs/casos/articulos/seriec_209_esp.pdf

Decreto por el que se declara reformadas y adicionadas diversas disposiciones de la Constitución Política de los Estados Unidos Mexicanos, relativos al Poder Judicial de la Federación. Publicado en el Diario Oficial de la Federación el jueves 11 de marzo del año 2021. Los cambios constitucionales recayeron concretamente en los párrafos primero, quinto, sexto, séptimo, noveno y décimo primero del artículo 94; los párrafos primero y actual tercero del artículo 97; los párrafos séptimo y décimo quinto del artículo 99; los párrafos séptimo y actual noveno del artículo 100; la fracción I y los incisos h), i), j), k), l), el párrafo tercero y el primer párrafo de la fracción III, del artículo 105; los párrafos segundo y tercero de la fracción II, fracciones VIII, IX, XI, XII, XIII y XVI, del artículo 107 y; se adicionan un párrafo décimo segundo al artículo 94, recorriéndose los subsecuentes; un segundo párrafo al artículo 97, recorriéndose los subsecuentes; tres párrafos, para quedar en orden de octavo, décimo primero y décimo segundo, recorriéndose en su orden los anteriores y subsecuentes, del artículo 100; un párrafo quinto al artículo 105, de la Constitución Política de los Estados Unidos Mexicanos, relativos al Poder Judicial de la Federación.

Decreto por el que se reforman los artículos 46, 76 y 105 de la Constitución Política de los Estados Unidos Mexicanos, publicado en el Diario Oficial de la Federación el 15 de octubre de 2012.

Decreto por el que se reforman, adicionan y derogan diversas disposiciones de los artículos 94, 103, 104 y 107 de la Constitución Política de los Estados Unidos Mexicanos, publicado en el Diario Oficial de la Federación el 06 de junio de 2011, disponible en:

https://www.diputados.gob.mx/LeyesBiblio/ref/dof/CPEUM_ref_193_06jun11.pdf

Diccionario de la Real Academia Española

http://dle.rae.es/?id=AeYZ09V

Dictamen de las Comisiones Unidas de Puntos Constitucionales y de Estudios Legislativos con Proyecto de Decreto por el que se reforman, adicionan, y derogan diversas disposiciones de los artículos 94, 100, 103, 104 y 107 de la Constitución Política de los Estados Unidos Mexicanos,

http://legislacion.scjn.gob.mx/Buscador/Paginas/wfProcesoLegislativoCompleto.aspx?q=b/EcoMjefuFeB6DOaNOimNPZPsNLFqe0s7fey1FqrifEWfUQOH36fIC7PmLluV5BON9eB9ylHvgLg5DViuepFQ==

Ejecutoria CONTRADICCIÓN DE TESIS 4/2000-PL. ENTRE LAS SUSTENTADAS POR EL TRIBUNAL PLENO DE ESTA SUPREMA CORTE DE JUSTICIA DE LA NACIÓN Y LA SALA SUPERIOR DEL TRIBUNAL ELECTORAL, AMBOS DEL PODER JUDICIAL DE LA FEDERACIÓN. Considerando Quinto. Ministro Ponente Juan Díaz Romero. Semanario Judicial de la Federación y su Gaceta, Tomo XXIV, septiembre de 2006, p. 424.

EXPEDIENTE VARIOS 912/2010, Acuerdo del Tribunal Pleno de la Suprema Corte de Justicia de la Nación, correspondiente al día catorce de julio de dos mil once. Ponente: Margarita Beatriz Luna Ramos. Encargado del engrose, José Ramón Cossío Díaz. Disponible en:

https://www.scjn.gob.mx/sites/default/files/estrado_electronico_notificaciones/documento/2018-08/SENTENCIA-EXP-VARIOS-912-2010-PLENO.pdf

Exposición de motivos de *Ley Orgánica 15/2015, de 16 de octubre, de reforma de la Ley Orgánica 2/1979, de 3 de octubre, del Tribunal Constitucional, para la ejecución de las resoluciones del Tribunal Constitucional como garantía del Estado de Derecho*. Disponible en: https://www.boe.es/buscar/doc.php?id=BOE-A-2015-11160

Fallo de la Suprema Corte de Justicia Nacional, Sentencia Sojo, Eduardo sobre recurso de hábeas corpus, 22 de septiembre de 1887, Corte Suprema de Justicia de la Nación, Capital Federal, Ciudad Autónoma de Buenos Aires, Magistrados: De La Torre - Ibarguren - Frias - Victorica - Zavalia, Id SAIJ: FA87001154, pp. 127-131. Disponible en

http://www.saij.gob.ar/corte-suprema-justicia-nacion-federal-ciudad-autonoma-buenos-aires-sojo-eduardo-recurso-habeas-corpus-fa87001154-1887-09-22/123456789-451-1007-8ots-eupmocsollaf?

https://www.tribunalconstitucional.es/es/tribunal/historia/Paginas/default.aspx

Informe Anual 2021. Anexos, Anexo D5 Solicitudes de Recursos ante el Tribunal Constitucional, p. 62. Disponible en la siguiente liga electrónica:

https://www.defensordelpueblo.es/wp-content/uploads/2022/03/D.5-Solicitudes-de-recursos-ante-el-Tribunal-Constitucional.pdf

Proceso legislativo completo reforma constitucional de 31 de diciembre de 1994, vínculo de la Suprema Corte de Justicia de la Nación:

https://legislacion.scjn.gob.mx/Buscador/Paginas/wfProcesoLegislativoCompleto.aspx?q=b/EcoMjefuFeB6DOaNOimNPZPsNLFqe0s7fey1FqrieYeyKVT/HxmmfVi/cb3HWaRN/k/w+3sjK0/ILptB9DZw==

Reforma constitucional de 13 de noviembre de 2007, publicada en el Diario Oficial de la Federación el 13 de noviembre de 2007. Disponible en:

https://www.diputados.gob.mx/LeyesBiblio/ref/dof/CPEUM_ref_178_13nov07_ima.pdf

Seguimiento de Asuntos Resueltos por el Pleno de la Suprema Corte de Justicia de la Nación, Contradicción de Tesis 293/2011, «SCJN determina que las normas sobre derechos humanos contenidas en Tratados Internacionales tienen rango constitucional». Disponible en:

https://www2.scjn.gob.mx/asuntosrelevantes/pagina/seguimientoasuntosrelevantespub.aspx?id=129659&seguimientoid=556

Sentencias controversias constitucionales

https://www.scjn.gob.mx/pleno/seccion-tramite-controversias/controversias-constitucionales-1917-1994

Sistema de consulta de ordenamientos de la Suprema Corte de Justicia de la Nación,

http://legislacion.scjn.gob.mx/Buscador/Paginas/wfOrdenamientoDetalle.aspx?q=b/EcoMjefuFeB6DOaNOimE2VCMjflsnCECSIArvq0I5HCFIXkN9QRimN4pk8I165

Legislación

España

Código Civil Español.

Constitución de 1845.

Constitución de 1876.

Constitución de 1931.

Constitución de la Segunda República Española de 09 de diciembre de 1931.

Constitución Democrática de la Nación Española de 1869.

Constitución Española de 1978.

Constitución Política de la Monarquía Española de 1812.

Estatuto Real de 1834.

La Constitución de la Monarquía Española de 1837.

Ley Orgánica 12/2015, de 22 de septiembre, de modificación de la Ley Orgánica 2/1979, de 3 de octubre, del Tribunal Constitucional, para el establecimiento del recurso previo de inconstitucionalidad para los Proyectos de Ley Orgánica de Estatuto de Autonomía o de su modificación.

Ley Orgánica 2/1979, de 3 de octubre, del Tribunal Constitucional.

Ley Orgánica 6/1985, de 1 de julio del Poder Judicial.

Ley Orgánica del Tribunal de Garantías Constitucionales de 1933.

Francia

Constitución Francesa del 04 de octubre de 1958.

Guatemala

Constitución Política de la República de Guatemala.

México

Acta constitutiva y de Reformas, sancionada por el Congreso Extraordinario constituyente de los Estados Unidos Mexicanos el 18 de mayo de 1847.

Acta de Reformas de 1847.

Acuerdo 1/2001 que establece reglas para acelerar el trámite y la resolución de las controversias constitucionales y las acciones de inconstitucionalidad.

Acuerdo 3/2000 relativo a la suplencia en caso de ausencia de algún ministro instructor para la sustanciación de los procedimientos de controversias constitucionales y de acciones de inconstitucionalidad, publicado en el diario oficial de la federación del 25 de febrero de 2000.

Acuerdo 3/2004 relativo a la forma y los plazos para la firma de los engroses de las resoluciones dictadas en las controversias constitucionales y en las acciones de inconstitucionalidad.

Acuerdo 4/1996 relativo a los efectos de los considerandos de las resoluciones (aprobadas por cuando menos ocho votos) de los recursos de reclamación y de queja interpuestos en las controversias constitucionales y en las acciones de inconstitucionalidad.

Acuerdo 6/2005 relativo a la publicación de las sentencias dictadas en las controversias constitucionales y acciones de inconstitucionalidad.

Acuerdo General número 15/2008 del Tribunal pleno, del ocho de diciembre de dos mil ocho, del Pleno de la Suprema Corte de Justicia de la Nación, por el que se determina la designación y el pago de los peritos o especialistas que intervengan en las controversias constitucionales o acciones de inconstitucionalidad.

Acuerdo General número 15/2013, de veintitrés de septiembre de dos mil trece, del Pleno de la Suprema Corte de Justicia de la Nación, relativo al procedimiento para la Declaratoria General de inconstitucionalidad.

Acuerdo General número 16/2013, de ocho de octubre de dos mil trece, del Pleno de la Suprema Corte de Justicia de la Nación, relativo a la atención prioritaria de juicios de amparo, de controversias constitucionales y de acciones de inconstitucionalidad, incluidos los recursos o procedimientos derivados de esos juicios constitucionales, a solicitud del ejecutivo federal o bien, de las cámaras del Congreso de la Unión.

Acuerdo General número 19/2013, de veinticinco de noviembre de dos mil trece, del Pleno de la Suprema Corte de Justicia de la Nación, por el que se regula la difusión del Semanario Judicial de la Federación vía electrónica, a través de la página de internet de este Alto Tribunal.

Acuerdo General número 2/2008, de diez de marzo de dos mil ocho, del Pleno de la Suprema Corte de Justicia de la Nación en el que se establecen los lineamientos para la celebración de audiencias relacionadas con asuntos cuyo tema se estime relevante, de interés jurídico o de importancia nacional.

Acuerdo General número 5/2013, de trece de mayo de dos mil trece, del Tribunal Pleno de la Suprema Corte de Justicia de la Nación, relativo a la determinación de los asuntos que el Pleno conservará para su resolución, y el envío de los de su competencia originaria a las Salas y a los Tribunales Colegiados de Circuito. (Acuerdo segundo).

Acuerdo General número 7/2008, de veinte de mayo de dos mil ocho, del Pleno de la Suprema Corte de Justicia de la Nación, en el que se regula el aplazamiento de la resolución de controversias constitucionales o acciones de inconstitucionalidad con motivo de la ausencia de alguno o algunos de sus integrantes.

Acuerdo General número 8/2020, de veintiuno de mayo de dos mil veinte, del Pleno de la Suprema Corte de Justicia de la Nación, por el que se regula la integración de los expedientes impreso y electrónico en controversias constitucionales y en acciones de inconstitucionalidad, así como el uso del sistema electrónico de este Alto Tribunal para la promoción, trámite, consulta, resolución y notificaciones por vía electrónica en los expedientes respectivos.

Acuerdo General número 9/2011, del Pleno de la Suprema Corte de Justicia de la Nación, por el que se determina el inicio de la décima época del Semanario Judicial de la Federación.

Bases de Organización Política de la República Mexicana 1843.

Constitución Federal de los Estados Unidos Mexicanos de 1824.

Constitución Federal de los Estados Unidos Mexicanos de 1857.

Constitución Política de los Estados Unidos Mexicanos.

Decreto de fecha 06 de abril de 1990, publicado en el Diario Oficial de la Federación.

Decreto del 10 de agosto de 1987. Diario Oficial de la Federación, por el cual se modifica el artículo 94 de la Constitución Política de los Estados Unidos Mexicanos.

Decreto mediante el cual se declaran reformados los artículos 21, 55, 73, 76, 79, 89, 93, 94, 95, 96, 97, 98, 99, 100, 101, 102, 103, 104, 105, 106, 107, 108, 110, 111, 116, 122 y 123 de la Constitución Política de los Estados Unidos Mexicanos, Diario Oficial de la Federación, publicado el sábado 31 de diciembre de 1994, Primera Sección.

Ley de Amparo, reglamentaria de los artículos 103 y 107 de la Constitución Política de los Estados Unidos Mexicanos.

Ley de Transparencia y Acceso a la Información Pública

Ley Federal sobre Metrología y Normalización.

Ley General de Partidos Políticos

Ley General del Sistema de Medios de Impugnación en materia electoral.

Ley Orgánica del Poder Judicial de la Federación

Ley Reglamentaria de las fracciones I y II del artículo 105 de la Constitución Política de los Estados Unidos Mexicanos.

Leyes constitucionales de 1836

Ius Electoral (Jurisprudencia en materia electoral México)

Tesis XXXVI/99, Juicio para la protección de los derechos político-electorales del ciudadano SUP-JDC-021/99, aprobada el 11 de noviembre de 1999 y publicada en la Revista del Tribunal Electoral del Poder Judicial de la Federación, Suplemento 3, Año 2000, pp. 59 y 60.

Acuerdos, Sentencias y Jurisprudencia

ACCIÓN DE INCONSTITUCIONALIDAD EN MATERIA ELECTORAL. DEBE PRIVILEGIARSE EL ANÁLISIS DE LOS CONCEPTOS DE INVALIDEZ REFERIDOS AL FONDO DEL ASUNTO Y SÓLO EN CASO DE QUE ÉSTOS RESULTARAN INFUNDADOS, SE PROCEDERÁ AL ANÁLISIS DE LAS VIOLACIONES PROCEDIMENTALES; Jurisprudencia P./J. 6/2003, Acción de Inconstitucionalidad 33/2002 y acumulada 34/2002, aprobada el 13 de marzo de 2003, publicada en el Semanario Judicial de la Federación y su Gaceta; Tomo XVII, marzo de 2003, p. 915.

ACCIÓN DE INCONSTITUCIONALIDAD EN MATERIA ELECTORAL. EL PLAZO PARA PROMOVER LA DEMANDA RESPECTIVA FENECE A LOS TREINTA DÍAS NATURALES CONTADOS A PARTIR DEL SIGUIENTE A LA FECHA EN QUE LA NORMA GENERAL CONTROVERTIDA SEA PUBLICADA, AUN CUANDO EL ÚLTIMO DÍA DE ESE PERIODO SEA INHÁBIL., Jurisprudencia P./J. 81/2001, Acción de Inconstitucionalidad 15/2001 y sus acumulados 16/2001 y 17/2001, aprobada el 21 de mayo de 2001, publicada en el Semanario Judicial de la Federación y su Gaceta Tomo XIII, junio de 2001, p, 353.

ACCIÓN DE INCONSTITUCIONALIDAD. CUANDO SE IMPUGNAN NORMAS GENERALES EN MATERIA ELECTORAL LA SUPREMA CORTE DE JUSTICIA DE LA NACIÓN DEBE SUPLIR LOS CONCEPTOS DE INVALIDEZ, PERO NO PUEDE FUNDAR LA DECLARATORIA DE INCONSTITUCIONALIDAD EN LA VIOLACIÓN A CUALQUIER PRECEPTO DE LA CONSTITUCIÓN POLÍTICA DE LOS ESTADOS UNIDOS MEXICANOS (INTERPRETACIÓN DEL ARTÍCULO 71 DE LA LEY REGLAMENTARIA

DE LAS FRACCIONES I Y II DEL ARTÍCULO 105 CONSTITUCIONAL., Jurisprudencia P./J. 97/2009, Acción de Inconstitucionalidad 34/2006, aprobada el 01 de julio de 2009, publicada en Semanario Judicial de la Federación y su Gaceta, Tomo XXX, julio de 2009, p. 1053.

ACCIÓN DE INCONSTITUCIONALIDAD. EFECTOS DE LA DECLARATORIA DE INVALIDEZ DE UNA PORCIÓN NORMATIVA EN LA REGULACIÓN DE DERECHOS POR SERVICIOS REGISTRALES., Jurisprudencia P./J. 14/2014, Acción de Inconstitucionalidad 6/2013, aprobada el 27 de febrero de 2014, publicada en Semanario Judicial de la Federación y su Gaceta, Libro 4, Tomo I, marzo de 2014, p. 88.

ACCIÓN DE INCONSTITUCIONALIDAD. EL CARÁCTER POTESTATIVO DE LAS NORMAS NO ES MOTIVO SUFICIENTE PARA DETERMINAR SU CONSTITUCIONALIDAD O INCONSTITUCIONALIDAD CUANDO SE REFIEREN AL GOCE O EJERCICIO DE DERECHOS HUMANOS. Tesis P./J. 10/2012, Acción de Inconstitucionalidad 36/2011, aprobada el 07 de junio de 2012, publicada en el Semanario Judicial de la Federación y su Gaceta, Libro X, Tomo I, Julio de 2012, p. 7.

ACCIÓN DE INCONSTITUCIONALIDAD. EN EL CASO DE UNA RESOLUCIÓN MAYORITARIA EN EL SENTIDO DE LA INCONSTITUCIONALIDAD DE LA NORMA IMPUGNADA, QUE NO SEA APROBADA POR LA MAYORÍA CALIFICADA DE CUANDO MENOS OCHO VOTOS EXIGIDA POR EL ARTÍCULO 105, FRACCIÓN II, ÚLTIMO PÁRRAFO, DE LA CONSTITUCIÓN FEDERAL, LA DECLARATORIA DE QUE SE DESESTIMA LA ACCIÓN Y SE ORDENA EL ARCHIVO DEL ASUNTO DEBE HACERSE EN UN PUNTO RESOLUTIVO., Jurisprudencia P./J. 15/2002, Acción de Inconstitucionalidad 10/2000, aprobada el 14 de febrero de 2002, publicada en el Semanario Judicial de la Federación y su Gaceta, Tomo XV, febrero de 2002, p. 419.

ACCIÓN DE INCONSTITUCIONALIDAD. ES PROCEDENTE PARA IMPUGNAR CONSTITUCIONES LOCALES, AL SER ÉSTAS, NORMAS DE CARÁCTER GENERAL Y ESTAR SUBORDINADAS A LA CONSTITUCIÓN FEDERAL; Jurisprudencia P./J. 16/2001, Acción de Inconstitucionalidad 9/2001, aprobada el 08 de marzo de 2001, publicada en el Semanario Judicial de la Federación y su Gaceta; Tomo XIII, marzo de 2001; p. 447.

ACCIÓN DE INCONSTITUCIONALIDAD. LA SUPREMA CORTE DE JUSTICIA DE LA NACIÓN CUENTA CON AMPLIAS FACULTADES PARA DETERMINAR LOS EFECTOS DE LAS SENTENCIAS ESTIMATORIAS. Jurisprudencia P./J. 84/2007, Acción de Inconstitucionalidad 47/2006 y sus acumuladas 49/2006, 50/2006 y 51/2006, aprobada el 15 de octubre de 2007, publicada en el Semanario Judicial de la Federación y su Gaceta, Tomo XXVI, diciembre de 2007, p. 777.

ACCIÓN DE INCONSTITUCIONALIDAD. LA SUPREMA CORTE DE JUSTICIA DE LA NACIÓN ESTÁ FACULTADA PARA DAR EFECTOS RETROACTIVOS A LA SENTENCIA QUE DECLARE LA INVALIDEZ DE NORMAS LEGALES EN MATERIA PENAL., Jurisprudencia P./J. 104/2008, Acción de Inconstitucionalidad 31/2006, aprobada el 18 de agosto de 2008 y publicada en el Semanario Judicial de la Federación y su Gaceta; Tomo XXVIII, septiembre de 2008 p. 587.

ACCIÓN DE INCONSTITUCIONALIDAD. LAS FACULTADES DE LA SUPREMA CORTE DE JUSTICIA DE LA NACIÓN PARA DETERMINAR LOS EFECTOS DE LAS SENTENCIAS ESTIMATORIAS FRENTE A UN SISTEMA NORMATIVO QUE HA REFORMADO A OTRO, INCLUYEN LA POSIBILIDAD DE ESTABLECER LA REVIVISCENCIA DE LAS NORMAS VIGENTES CON ANTERIORIDAD A AQUELLAS DECLARADAS INVÁLIDAS, ESPECIALMENTE EN MATERIA ELECTORAL, Jurisprudencia P./J. 86/2007, Acción de Inconstitucionalidad 47/2006 y sus acumuladas 49/2006, 50/2006 y 51/2006, aprobada el 15 de octubre de 2007, publicada en el Semanario Judicial de la Federación y su Gaceta; Tomo XXVI, Diciembre de 2007, p. 778.

ACCIÓN DE INCONSTITUCIONALIDAD. LAS PARTES LEGITIMADAS PARA PROMOVERLA SÓLO ESTÁN FACULTADAS PARA DENUNCIAR LA POSIBLE CONTRADICCIÓN ENTRE UNA NORMA GENERAL Y LA PROPIA CONSTITUCIÓN., Jurisprudencia P/J. 129/99, Acción de Inconstitucionalidad 2/99 y su acumulada 3/99, aprobada el 26 de octubre de 1999 y publicada en el Semanario Judicial de la Federación y su Gaceta Tomo X, noviembre de 1999, p. 791.

ACCIÓN DE INCONSTITUCIONALIDAD. LOS DIPUTADOS QUE CONFORMEN EL TREINTA Y TRES POR CIENTO DE LA INTEGRACIÓN DE UNA LEGISLATURA ESTATAL TIENEN LEGITIMACIÓN PARA PROMOVERLA, AUN CUANDO NO HUBIERAN VOTADO EN CONTRA DE LA NORMA GENERAL IMPUGNADA., Jurisprudencia P./J. 20/2001, Acción de inconstitucionalidad 9/2001, aprobada el 08 de marzo 2001, publicada en el Semanario Judicial de la Federación y su Gaceta Tomo XIII, marzo de 2001, p. 448.

ACCIÓN DE INCONSTITUCIONALIDAD. NO PROCEDE CONTRA UN DECRETO QUE ABROGA UN PROYECTO DE LEY QUE, AUNQUE FUE APROBADO POR EL CONGRESO LOCAL, NO SE PUBLICÓ EN EL PERIÓDICO OFICIAL (LEGISLACIÓN DEL ESTADO DE JALISCO). Jurisprudencia P./J. 103/2006, Acción de inconstitucionalidad 13/2006, aprobada el 15 de agosto de 2006, publicada en el Semanario Judicial de la Federación y su Gaceta, Tomo XXIV, agosto de 2006, p. 1563.

ACCIÓN DE INCONSTITUCIONALIDAD. PARA LA PROCEDENCIA DEL RECURSO DE QUEJA INTERPUESTO POR EXCESO O DEFECTO EN LA EJECUCIÓN DE LA SENTENCIA DICTADA EN AQUÉLLA, NO ES NECESARIO QUE EL PROMOVENTE RESIENTA AGRAVIO ALGUNO, Tesis P./J. 17/2004, Recurso de queja deducido de la acción de inconstitucionalidad 37/2001 y sus acumuladas 38/2001, 39/2001 y 40/2001, aprobada el 08 de marzo de 2004, publicada en el Semanario Judicial de la Federación y su Gaceta, Tomo XIX, marzo de 2004, p. 956.

ACCIÓN DE INCONSTITUCIONALIDAD. PROCEDE EL RECURSO DE QUEJA POR EXCESO O DEFECTO EN LA EJECUCIÓN DE LA SENTENCIA DICTADA EN ESE MEDIO DE CONTROL CONSTITUCIONAL, Tesis P./J. 15/2004, Recurso de queja deducido de la acción de inconstitucionalidad 37/2001 y sus acumuladas 38/2001, 39/2001 y 40/2001, aprobada el 08 de marzo de 2004, publicada en el Semanario Judicial de la Federación y su Gaceta. Tomo XIX, marzo de 2004, p. 956.

ACCIÓN DE INCONSTITUCIONALIDAD. QUIÉNES SE ENCUENTRAN LEGITIMADOS PARA PROMOVERLA ATENDIENDO AL ÁMBITO DE LA NORMA IMPUGNADA, Jurisprudencia P./J. 7/2007, Recurso de reclamación 340/2006-PL derivado de una Acción de Inconstitucionalidad 44/2006, aprobada el 17 de abril de 2007, publicada en el Semanario Judicial de la Federación y su Gaceta, Tomo XXV, mayo de 2007, p. 1513.

ACCIÓN DE INCONSTITUCIONALIDAD. RESULTA INNECESARIO PRONUNCIARSE SOBRE LOS CONCEPTOS DE INVALIDEZ PLANTEADOS EN LA DEMANDA CUANDO SE ADVIERTE UN VICIO DE INCONSTITUCIONALIDAD QUE PROVOCA LA NULIDAD TOTAL DEL ACTO LEGISLATIVO IMPUGNADO., Jurisprudencia, P./J. 42/2013, Acción de Inconstitucionalidad 26/2012, aprobada el 03 de diciembre de 2013, publicada en la Gaceta del Semanario Judicial de la Federación; Libro 2, Tomo I, enero de 2014, p 356.

ACCIÓN DE INCONSTITUCIONALIDAD. SÓLO PROCEDE CONTRA NORMAS GENERALES QUE TENGAN EL CARÁCTER DE LEYES O DE TRATADOS INTERNACIONALES. Jurisprudencia P/J. 22/99, Acción de Inconstitucionalidad 4/98, aprobada el 25 de marzo de 1999 y publicada en el Semanario Judicial de la Federación y su Gaceta, Tomo IX, abril de 1999, p. 257

ACCIÓN DE INCONSTITUCIONALIDAD. SON INOPERANTES LOS CONCEPTOS DE INVALIDEZ ORIENTADOS A SALVAGUARDAR DERECHOS DE PARTICULARES., Jurisprudencia P/J. 32/2010, Acción de Inconstitucionalidad 52/2009 y su acumulada 53/2009, aprobada el 17 de marzo de 2010 y publicada en el Semanario Judicial de la Federación y su Gaceta Tomo XXXI, marzo de 2010, p. 2501.

ACCIÓN DE INCONSTITUCIONALIDAD. SUPUESTO EN EL QUE SE JUSTIFICA LA DECLARATORIA DE INVALIDEZ Y CONSECUENTE EXPULSIÓN DE TODO EL SISTEMA NORMATIVO IMPUGNADO, Y NO SÓLO DE LAS PORCIONES NORMATIVAS DIRECTAMENTE AFECTADAS DE INCONSTITUCIONALIDAD., Jurisprudencia P./J. 85/2007, Acción de Inconstitucionalidad 47/2006 y sus acumuladas 49/2006, 50/2006 y 51/2006, aprobada el 15 de octubre de 2007, publicada en el Semanario Judicial de la Federación y su Gaceta; Tomo XXVI, diciembre de 2007, p. 849.

AMPARO CONTRA LEYES. SUS EFECTOS SON LOS DE PROTEGER AL QUEJOSO CONTRA SU APLICACIÓN PRESENTE Y FUTURA., Jurisprudencia P./J. 112/99, Amparo en revisión 3912/86, 4823/87, 1897/95, 1404/95, 6/97, aprobada el 26 de octubre de 1999, publicada en el Semanario Judicial de la Federación y su Gaceta; Tomo X, noviembre de 1999, p. 19.

AMPARO. ES IMPROCEDENTE CUANDO SE IMPUGNAN NORMAS, ACTOS O RESOLUCIONES DE CONTENIDO MATERIALMENTE ELECTORAL O QUE VERSEN SOBRE DERECHOS POLÍTICOS. Tesis Aislada P. LX/2008, Amparo en Revisión 1043/2007, aprobada el dieciocho de agosto de 2018, publicada en el Semanario Judicial de la Federación y su Gaceta, Tomo XXVIII, septiembre de 2008, p. 5.

CONTROL CONCENTRADO Y CONTROL DIFUSO DE LA CONSTITUCIÓN. SUS DIFERENCIAS Y FINALIDAD DENTRO DEL PROCESO ORDINARIO, Tesis Aislada I.7.°. A. 8 K, Revisión fiscal 197/2012, publicada en el Semanario Judicial de la Federación y su Gaceta, Libro XII, Tomo 3, septiembre de 2012, p. 1679.

CONTROL CONCENTRADO Y DIFUSO DE CONSTITUCIONALIDAD Y CONVENCIONALIDAD. SUS DIFERENCIAS. Tesis aislada 1.ª CCLXXXIX/2015, Amparo directo en revisión 4927/2014, publicada el 09 de octubre de 2015, Semanario Judicial de la Federación y su Gaceta, Libro 23, Tomo II, octubre de 2015, p. 1647.

CONTROL CONSTITUCIONAL CONCENTRADO O DIFUSO. LAS AUTORIDADES ADMINISTRATIVAS NO ESTÁN FACULTADAS PARA REALIZARLO, Tesis Aislada, 2.ª CIV/2014, Amparo directo en revisión 1640/2014, publicada el 03 de octubre de 2014, Semanario Judicial de la Federación y su Gaceta, Libro 11, Tomo I, octubre de 2014, p. 1097.

CONTROL DE CONSTITUCIONALIDAD Y DE CONVENCIONALIDAD (REFORMA CONSTITUCIONAL DE 10 DE JUNIO DE 2011), Jurisprudencia, Tesis 1.ª/J. 18/2012, Contradicción de tesis 259/2011, aprobada el 18 de enero de 2012, Semanario Judicial de la Federación y su Gaceta Libro XV, Tomo 1, diciembre de 2012, p. 420.

CONTROL DE CONVENCIONALIDAD EX OFFICIO EN UN MODELO DE CONTROL DIFUSO DE CONSTITUCIONALIDAD, Tesis P. LXVII/2011(9a.), Varios 912/2010, publicado Semanario Judicial de la Federación y su Gaceta, Libro III, diciembre de 2011, Tomo 1, p. 535.

CONTROL DIFUSO DE CONSTITUCIONALIDAD EX OFFICIO. SUS PRESUPUESTOS FORMALES Y MATERIALES DE ADMISIBILIDAD Y PROCEDENCIA, Jurisprudencia XXVII.1.° (VIII Región) J/8, Amparo en revisión 29/2013, aprobada y publicada el 06 de diciembre de 2013, Semanario Judicial de la Federación y su Gaceta, Libro 1, Tomo II, diciembre de 2013, p. 953.

CONTROL DIFUSO DE LA CONSTITUCIONALIDAD DE NORMAS GENERALES. NO LO AUTORIZA EL ARTÍCULO 133 DE LA CONSTITUCIÓN. Jurisprudencia P./J. 74/99, Amparo directo en revisión 914/98, aprobada el 14 de julio de 1999 y publicada en el Semanario Judicial de la Federación y su Gaceta, Tomo X, agosto de 1999, p. 5.

CONTROL DIFUSO, Tesis Aislada P. I/2011, Solicitud de modificación de jurisprudencia 22/2011, aprobada el 29 de noviembre de 2011 y publicada en el Semanario Judicial de la Federación y su Gaceta, Libro III, Tomo 1, diciembre de 2011, p. 549.

CONTROL JUDICIAL DE LA CONSTITUCIÓN. ES ATRIBUCIÓN EXCLUSIVA DEL PODER JUDICIAL DE LA FEDERACIÓN. Jurisprudencia P./J. 73/99, Amparo directo en revisión 914/98, aprobada el 14 de julio de 1999 y publicada en el Semanario Judicial de la Federación y su Gaceta, Tomo X, agosto de 1999, p. 18.

CONTROVERSIA CONSTITUCIONAL CONTRA NORMAS GENERALES. EL PRIMER ACTO DE APLICACIÓN QUE DA LUGAR A SU IMPUGNACIÓN PUEDE CONSISTIR EN UNA DIVERSA DISPOSICIÓN DE OBSERVANCIA GENERAL. Tesis P. XIV/2009, Controversia constitucional 26/2008, Semanario Judicial de la Federación y su Gaceta, Tomo XXIX, abril de 2009, p. 1152.

CONTROVERSIA CONSTITUCIONAL. LA FRACCIÓN I DEL ARTÍCULO 105 DE LA CONSTITUCIÓN POLÍTICA DE LOS ESTADOS UNIDOS MEXICANOS, QUE PREVÉ LOS ENTES, PODERES U ÓRGANOS LEGITIMADOS PARA PROMOVERLA, NO ES LIMITATIVA., Tesis P./J. 21/2007, Controversia constitucional 31/2006, Semanario Judicial de la Federación y su Gaceta, Tomo XXVI, diciembre de 2007, p. 1101.

CONTROVERSIA CONSTITUCIONAL. LAS SALAS DE LA SUPREMA CORTE SON COMPETENTES PARA RESOLVERLA, CUANDO NO PROCEDA EL EXAMEN DE LAS CUESTIONES DE CONSTITUCIONALIDAD PROPUESTAS, Tesis Aislada 2a. CXXIII/98, Controversia Constitucional 11/97, publicada en el Semanario Judicial de la Federación y su Gaceta. Tomo VIII, septiembre de 1998, p. 1009.

CONTROVERSIA CONSTITUCIONAL. LOS MUNICIPIOS CARECEN DE INTERÉS LEGÍTIMO PARA PROMOVERLA CONTRA DISPOSICIONES GENERALES QUE CONSIDEREN VIOLATORIAS DE DERECHOS DE LOS PUEBLOS Y COMUNIDADES INDÍGENAS QUE HABITEN EN SU TERRITORIO, SI NO GUARDAN RELACIÓN CON LA ESFERA DE ATRIBUCIONES QUE LA CONSTITUCIÓN POLÍTICA DE LOS ESTADOS UNIDOS MEXICANOS LES CONFIERE, Tesis: P./J. 83/2011, Controversia Constitucional 59/2006, aprobada el 27 de octubre de 2011, publicada en el Semanario Judicial de la Federación y su Gaceta, Libro III, Tomo 1, Diciembre de 2011, p. 429.

CONTROVERSIAS CONSTITUCIONALES Y ACCIONES DE INCONSTITUCIONALIDAD. DIFERENCIAS ENTRE AMBOS MEDIOS DE CONTROL CONSTITUCIONAL., Jurisprudencia P/J. 71/2000, Controversia Constitucional 15/98, aprobada el 11 de julio de 2000, publicada en el Semanario Judicial de la Federación y su Gaceta Tomo XII, agosto de 2000, p. 965.

CONTROVERSIAS CONSTITUCIONALES. REGLAS A LAS QUE DEBE ATENDER LA SUPREMA CORTE DE JUSTICIA DE LA NACIÓN PARA LA FIJACIÓN DE LA NORMA GENERAL O ACTO CUYA INVALIDEZ SE DEMANDA EN EL DICTADO DE LA SENTENCIA, Jurisprudencia P./J. 98/2009, Controversia constitucional 97/2004, aprobada el 01 de julio de 2009, publicada en el Semanario Judicial de la Federación y su Gaceta. Tomo XXX, Julio de 2009, p. 1536.

DERECHOS HUMANOS CONTENIDOS EN LA CONSTITUCIÓN Y EN LOS TRATADOS INTERNACIONALES. CONSTITUYEN EL PARÁMETRO DE CONTROL DE REGULARIDAD CONSTITUCIONAL, PERO CUANDO EN LA CONSTITUCIÓN HAYA UNA RESTRICCIÓN EXPRESA AL EJERCICIO DE AQUÉLLOS, SE DEBE ESTAR A LO QUE ESTABLECE EL TEXTO CONSTITUCIONAL, Jurisprudencia P./J. 20/2014, Contradicción de tesis 293/2011, aprobada el 25 de abril de 2014, Semanario Judicial de la Federación y su Gaceta, Libro 5, Tomo I, abril de 2014, p. 202.

ESTADO MEXICANO. ÓRDENES JURÍDICOS QUE LO INTEGRAN, Jurisprudencia P./J. 136/2005, Controversia constitucional 14/2001, aprobada el 11 de octubre de 2005, publicada en el Semanario Judicial de la Federación y su Gaceta. Tomo XXII, octubre de 2005, p. 2062.

INTERÉS JURÍDICO O INTERÉS LEGÍTIMO PARA EFECTOS DE LA PROCEDENCIA DEL JUICIO DE AMPARO. REQUISITOS PARA ACREDITARLO A PARTIR DE LA REFORMA AL ARTÍCULO 107, FRACCIÓN I, CONSTITUCIONAL DE 6 DE JUNIO DE 2011. Jurisprudencia XXVII. 1°. (VIII Región) J/4, Amparo en Revisión 500/2012, aprobada el 18 de febrero de 2013 y publicada en el Semanario Judicial de la Federación y su Gaceta, Libro XIX, Tomo III, abril de 2013, p. 1807.

INTERPRETACIÓN CONFORME EN ACCIONES DE INCONSTITUCIONALIDAD, CUANDO UNA NORMA ADMITA VARIAS INTERPRETACIONES DEBE PREFERIRSE LA COMPATIBLE CON LA CONSTITUCIÓN. Tesis aislada, P. IV/2008, Acción de Inconstitucionalidad 27/2005, aprobada el 14 de enero de 2008, publicada en el Semanario Judicial de la Federación y su Gaceta, Tomo XXVII, febrero 2008, p. 1343.

JUICIO DE AMPARO. ES UN MEDIO PARA EL CONTROL DE LA LEGALIDAD, CONSTITUCIONALIDAD Y CONVENCIONALIDAD DE LOS ACTOS DE AUTORIDAD, Jurisprudencia I.5o.C. J/1, aprobada el 14 de junio de 2012; publicado en el Semanario Judicial de la Federación. y su Gaceta, Libro XX, mayo de 2013, Tomo 2, p. 1305.

JURISDICCIÓN CONCURRENTE. LOS TRIBUNALES UNITARIOS DE CIRCUITO TIENEN COMPETENCIA PARA CONOCER DEL JUICIO DE AMPARO INDIRECTO PROMOVIDO CONTRA ACTOS DE JUECES DE DISTRITO CUANDO SE ALEGUE VIOLACIÓN DE LAS GARANTÍAS CONTENIDAS EN LOS ARTÍCULOS 16, 19 Y 20 DE LA CONSTITUCIÓN FEDERAL, EN MATERIA PENAL., Jurisprudencia 1a./J. 30/2006, Contradicción de Tesis 179/2005-PS, aprobada el 19 de abril de 2006 y publicada en el Semanario Judicial de la Federación y su Gaceta, Tomo XXIV, agosto de 2006, p. 113.

PARTIDOS POLÍTICOS NACIONALES Y AGRUPACIONES POLÍTICAS LOCALES. SU NATURALEZA Y FINES (CÓDIGO ELECTORAL DEL DISTRITO FEDERAL). Jurisprudencia P./J. 62/99, Acción de Inconstitucionalidad 5/1999, aprobada el 12 de Julio de 1999, publicada en el Semanario Judicial de la Federación y su Gaceta, Tomo X, agosto de 1999, p. 565.

PASOS A SEGUIR EN EL CONTROL DE CONSTITUCIONALIDAD Y CONVENCIONALIDAD EX OFFICIO EN MATERIA DE DERECHOS HUMANOS, Tesis P. LXIX/2011(9a.), Varios 912/2010, publicada en el Semanario Judicial de la Federación y su Gaceta. Libro III, diciembre de 2011, Tomo 1, p. 552.

REVISIÓN EN AMPARO DIRECTO. EL PRESIDENTE DE LA SUPREMA CORTE DE JUSTICIA DE LA NACIÓN TIENE FACULTADES PARA DESECHAR ESE RECURSO, POR NO REUNIR LOS REQUISITOS DE IMPORTANCIA Y TRASCENDENCIA, SIN ENCONTRARSE OBLIGADO A RAZONAR DE MANERA DETALLADA LOS MOTIVOS PARA ELLO, Jurisprudencia 2a./J. 132/2019 (10a.), Recurso de reclamación 1342/2019, aprobada el 11 de septiembre de 2019, publicada en la Gaceta del Semanario Judicial de la Federación. Libro 70, septiembre de 2019, Tomo I, p. 276.

SISTEMA DE CONTROL CONSTITUCIONAL EN EL ORDEN JURÍDICO MEXICANO, Tesis Aislada P. LXX/2011, Varios 912/2010, aprobada el 28 de noviembre de 2011 y publicada en el Semanario Judicial de la Federación y su Gaceta, Libro III, Tomo 1, diciembre de 2011, p. 557.

Sentencias y Acuerdos

Acción de Inconstitucionalidad 168/2007 y su acumulada 169/2007.

Auto 155/1998, de 30 de junio, Recurso de inconstitucionalidad núm. 469/98.

Auto 229/2014, de 23 de septiembre, Recurso de inconstitucionalidad 1996-2014.

Auto 547/1989, de 15 de noviembre de 1989, Recurso de inconstitucionalidad 1.926/1989.

Auto 579/1989, de 28 de noviembre, Recurso de inconstitucionalidad 1.926/1989. Acordando la inadmisión del recurso de inconstitucionalidad 1.926/1989. Disponible en:https://hj.tribunalconstitucional.es/es/Resolucion/Show/14491

Auto ATC 132/2011 de 18 de octubre (BOE, núm. 275 de 15 de noviembre de 2011), Recurso de inconstitucionalidad 825-2011.

Cuestión de Inconstitucionalidad 1837/1988

Cuestión de Inconstitucionalidad 929/96

Sentencia 103/1989, de 8 de junio de 1989 (BOE núm. 158, de 04 de julio de 1989). Recurso de inconstitucionalidad 682-1984.

Sentencia 11/1981, de 8 de abril, (BOE núm. 99, de 25 de abril de 1981), En el recurso de inconstitucionalidad promovido por don Nicolás Redondo Urbieta y cincuenta y un diputados más, representados por el Comisionado don José Vida Soria contra diversos preceptos del Real Decreto-Ley 17/77.

Sentencia 118/2016, de 23 de junio (BOE núm. 181, de 28 de julio de 2016), Recursos de inconstitucionalidad 3443-2010, 4138-2010, 4223-2010 y 4224-2010.

Sentencia 124/2017, de 8 de noviembre, (BOE núm. 278, de 16 de noviembre de 2017), Recurso de inconstitucionalidad núm. 4386-2017.

Sentencia 138/2005, de 26 de mayo (BOE núm. 148, de 22 de junio de 2005) FJ. 6.

Sentencia 141/2013, de 11 de julio, (BOE núm. 183, de 01 de agosto de 2013), en el recurso de inconstitucionalidad núm. 1735-2002.

Sentencia 183/2021, de 27 de octubre.

Sentencia 185/2016 de 3 de noviembre, (BOE núm. 299, de 12 de diciembre de 2016), en el recurso de inconstitucionalidad núm. 229-2016.

Sentencia 194/2004, de 4 de noviembre, (BOE núm. 279, de 02 de diciembre de 2004), Recursos de inconstitucionalidad acumulados núms. 460/98, 469/98 y 483/98.

Sentencia 215/2016, de 15 de diciembre, (BOE núm. 17, de 20 de enero de 2017), Recurso de inconstitucionalidad núm. 7466-2015.

Sentencia 24/1982, de 13 de mayo, (BOE núm. 137, de 09 de junio de 1982), Recurso de inconstitucionalidad 68/1982.

Sentencia 4/1981, de 2 de febrero, (BOE núm. 47, de 24 de febrero de 1981), Recurso de inconstitucionalidad promovido por cincuenta y seis Senadores representados por el Comisionado don José María Mohedano Fuertes, contra diversos preceptos del Texto Articulado y Refundido de las Leyes de Bases de Régimen Local de 17 de julio de 1945 y 3 de diciembre de 1953.

Sentencia 45/1989, de 20 de febrero (BOE núm. 52, de 02 de marzo de 1989).

Sentencia 49/2008 de 9 de abril dictada en el recurso de inconstitucionalidad promovido contra la Ley Orgánica 6/2007.

Sentencia 5/1987, de 27 de enero, (BOE núm. 35, de 10 de febrero de 1987).

Sentencia 56/1990, de 29 de marzo, (BOE núm. 107, de 04 de mayo de 1990), Recursos de inconstitucionalidad acumulados núms. 859/1985.

Sentencia 66/1985, de 23 de mayo, (BOE núm. 134, de 05 de junio de 1985), Recurso previo de inconstitucionalidad núm. 872/1984.

Sentencia 82/2020, de 15 de julio, (BOE núm. 220, de 15 de agosto de 2020), Recurso de inconstitucionalidad núm. 3135-2019.

Sentencia 83/2016, de 28 de abril, (BOE núm. 131, de 31 de mayo de 2016), Cuestión de inconstitucionalidad 2577-2015.

Sentencia 89/2019, de 02 de julio, (BOE núm. 192, de 12 de agosto de 2019), Recurso de inconstitucionalidad 5884-2017.

Sentencia 90/2019 de 02 de julio (BOE núm. 192, de 12 de agosto de 2019), Recurso de inconstitucionalidad 143-2018.

Sentencia de la Contradicción de Tesis 293/2011. Disponible en: https://www2.scjn.gob.mx/asuntosrelevantes/pagina/seguimientoasuntosrelevantespub.aspx?id=129659&seguimientoid=556

Sentencia número 66/1985, de 23 de mayo (BOE núm. 134, de 05 de junio de 1985), Recurso previo de inconstitucionalidad número 872/1984.

Sentencia Recurso de Inconstitucionalidad 90/2019, de 2 de julio (BOE núm. 192, de 12 de agosto de 2019) Fundamento jurídico número 2 y Sentencia 215/2016 de 15 de diciembre.

Sentencia STC 140/2018, de 20 de diciembre de 2018 (BOE núm. 22, de 25 de enero de 2019). Recurso de inconstitucionalidad 3754-2014.

Proposiciones de Ley

122/000140 Proposición de Ley Orgánica de reforma de la Ley Orgánica 2/1979, de 3 de octubre, del Tribunal Constitucional. Presentada por el grupo parlamentario socialista en el Congreso.

122/000141 Proposición de Ley Orgánica de modificación de la Ley Orgánica 2/1979, de 3 de octubre, del Tribunal Constitucional para la recuperación del Recurso Previo de Inconstitucionalidad para los Proyectos de Ley Orgánica, de Estatutos de Autonomía o de su modificación. Presentada por el grupo parlamentario socialista en el Congreso.

122/000194 Proposición de Ley Orgánica por la que se establece el control previo de inconstitucionalidad de los Estatutos de Autonomía. Presentada por el grupo parlamentario popular en el Congreso.

Made in United States
Cleveland, OH
06 November 2026

47787687R00185